עד בלי די

עד בלי די

21 התוועדויות חסידיות עם
הרב עדין אבן־ישראל שטיינזלץ

מרכז שטיינזלץ
למד את עמי
מוסדות הרב עדין אבן ישראל שטיינזלץ

מגיד

המכון הישראלי לפרסומים תלמודיים ירושלים

Rabbi Adin Even-Israel (Steinsaltz)
Farbrengen with Rabbi Steinsaltz

עד בלי די
21 התוועדויות חסידיות עם הרב עדין אבן־ישראל שטיינזלץ

עורך אחראי: אלחנן ישראלי

עורכי משנה: אלעד שלזינגר, ידידיה אבינר ואהרן בילט
הגהה: דוד פיאלקוף
כתיבת המבואות: ישראל מלכיאל
ייעוץ וסיוע בעריכה: שרה פרידלנד בן־ארזה

תודה מיוחדת לתלמידי הרב שהקליטו והשקיעו שעות רבות בהאזנה וכתיבת הדברים עבור הספר.

הבאה לדפוס: אפרת גרוס
עימוד: רינה בן גל
עיצוב עטיפה: אליהו משגב
ציור העטיפה: שחר גזונדהייט

הספר יוצא לאור בשיתוף עם מרכז שטיינזלץ.

ספרי מגיד, הוצאת קורן
ת"ד 4044 ירושלים 9104001
טל': 02-6330530 פקס: 02-6330534
www.maggidbooks.com

מסת"ב ISBN 978-965-526-322-0

נדפס בישראל Printed in Israel 2021

קריאה בספר התוועדויות אינה דומה לקריאה וללימוד
של כל ספר אחר.

קריאת התוועדות צריכה להיעשות מתוך שמיעת הקול של הַמְּדַבֵּר,
מתוך התחברות לבערת נשמתו,
ומתוך דביקות ברוחו הגדולה.

ובכן, את הקריאה והלימוד בהתוועדויות הללו אנו מבקשים להקדיש
לעילוי נשמת מורנו ורבנו

הרב עדין אבן־ישראל שטיינזלץ זצ"ל

את המילים שבספר הזה חצב הרב עדין מאש נשמתו,
ולאורך עשרות שנים ומאות אירועי התוועדות האיר בהן נשמות של
רבבות שומעים ותלמידים.

כוונתנו בכתיבתו ועריכתו של הספר היא
להמשיך את בערת נשמתו.

יהי הספר הזה נר ולפיד ומנורה טהורה,
ויאיר את נשמות הקוראים בו, בכל מקום שהם,
מאור נשמת הרב.

תוכן העניינים

הקדמה

התוועדות טובה היא התוועדות שאי אפשר לסכם אותה בכתב.

(מתוך התוועדות 1)

הספר שלפניכם הוא אוסף של דברים שאמר הרב ב'התוועדויות' חסידיות עם תלמידיו ושומעי לקחו. 'התוועדות' בעגה של חסידי חב"ד היא התכנסות של חסידים לשם התעלות והתחזקות. בהתוועדות אוכלים, שותים 'לחיים', שרים ניגונים ומדברים בענייני עבודת ה'. להתוועדות אין מהלך קבוע מראש והיא מתפתחת וצומחת מתוך ההתרחשות בהתאם לנוכחים ובהתאם לזמן ולמקום.

קשה לתאר בכתב או בעל פה מה התרחש בהתוועדויות עם הרב. עבור רבים מן השומעים היו בהתוועדויות הללו רגעים מן הסוג שאדם זוכר וחי אותם משך כל חייו. הרב חזר והדגיש כי התוועדות איננה זמן לדברי תורה או, להבדיל, ל'דיבורים בטלים' כאלו ואחרים. התוועדות היא זמן של אמת, זמן של השלת הקליפות כדי שמשהו ייכנס, שמשהו יחדור אל הלב ואל המוח ויגרום לאדם לעשות שינוי. השינוי יכול להיות קטן או גדול, צעד זעיר או קפיצה גדולה, העיקר שיהיה ממשי ואמיתי, לא דמיון ולא חוויה רוחנית חולפת.

הרב היה נוכח בהתוועדויות הללו בכל הווייתו; לא הייתה זו שיחה או הרצאה אלא דיבור חי, ישיר ולפעמים דוקר, הפונה אל האנשים שבחדר בכלל ובפרט. הרב היה מוביל את ההתוועדות בכל

השלבים שלה: בכניסה אל ההתוועדות ובאמירת ה׳לחיים׳, בריקודי השמחה ובניגוני הגעגועים, בדיבורים הכלליים על ׳מהי התוועדות׳ או ׳מה עניינו של י״ט כסלו׳ ובדיבורים הנמרצים והבוערים שנגעו ב׳תמצית העניין׳ ו׳בלפני הכול ואחרי הכול׳.

לעתים היו הדברים של הרב לובשים צורה של מהלך ארוך ומתמשך ולפעמים היו הדברים נוגעים בכמה נקודות שונות. הרב היה מסביר את הנקודה באופן מוחשי, הופך בה שוב ושוב ומתאר את צדדיה השונים, מביא משלים ומספר סיפורים עד שהדברים קיבלו צבע וצורה. הוא היה קשוב להתרחשות והגיב לשאלות ולאמירות של הנוכחים, לניגונים שהושרו ולמידת ההתלהבות של הנוכחים. לא פעם פנה בשאלות אל אנשים מתוך הקהל, תלמידים או אורחים מזדמנים, על חייהם ועל האופן שבו הם מתכוונים ׳לעשות משהו׳ עם הדברים שנאמרו.

ההתוועדויות היו נמשכות לא פעם עד השעות הקטנות של הלילה, הדיבור של הרב היה מתכנס ומגיע אל הסיכום, אל ה׳סך הכול׳ של ההתוועדות, מה יוצא מכל האמור לעיל. פעמים רבות לפני שהרב יצא מההתוועדות הוא היה אומר לנו: ״אני אמנם צריך ללכת, אבל אתם – שבו והמשיכו להתוועד עד אור הבוקר״.

במשך השנים התוועד הרב במקומות רבים בארץ ובעולם; במוסדות שבנשיאותו ובאירועים ציבוריים, באירועים רשמיים ובהתכנסויות מצומצמות ופרטיות. מרבית ההתוועדויות שמובאות בספר הזה התקיימו בישיבת תקוע, חלקן בישיבת מקור חיים ומיעוטן במקומות אחרים. הרב התוועד בדרך כלל במועדים קבועים סביב לוח השנה. רוב התאריכים הללו הם ימים שבהם נוהגים חסידי חב״ד להתוועד, ובהתאם לכך תוכנן של רוב ההתוועדויות היה קשור במידה זו או אחרת באדמו״רי חב״ד ובדברי ימי חב״ד (יוצאות דופן היו ההתוועדויות ביארצייט של הרבי מקוצק וההתוועדויות ביום ההולדת של הרב). שערי הספר מוקדשים לתאריכים הללו, ובכל שער מובאות התוועדויות שהתקיימו באותו התאריך.

זהו אתגר לא פשוט להעלות אל הכתב דברים שנאמרו בעל פה, בפרט כשמדובר בהתרחשות חיה ודינמית כהתוועדות. ניסינו לשמור על השפה החיה והרעננה ועל הדיבור החד והישיר של הרב, ועם זאת להתאים את הצורה ואת הניסוחים לספר מודפס. מכיוון שהספר נערך לאחר הסתלקותו של הרב ולא הוגה על ידו, אפשר שנפלו טעויות או אי־דיוקים בהעברת דבריו של הרב לכלל חיבור כתוב. למותר לציין כי האחריות לכל אלה היא עלנו בלבד. בעריכת הספר התייחסנו לכל התוועדות כיחידה לעצמה, כהתרחשות שלמה שמורכבת מסך חלקיה. כל התוועדות בספר עומדת בפני עצמה ומשום כך ייתכן שיימצאו בספר רעיונות או סיפורים שיחזרו על עצמם. עם הצורך לצמצם את החזרות של רעיון או סיפור, הרשינו לעצמנו להותיר כמה חזרות במידה והן משרתות את מהלך ההתוועדות.

ואחר כל זאת, הספר שלפניכם איננו ניסיון לסכם את תוכנן של ההתוועדויות של הרב; ניסיון כזה הוא בלתי אפשרי וגם מחטיא את הנקודה. הוא בלתי אפשרי משום שאי אפשר להעביר בכתב התוועדות על כל מרכיביה – ההתרחשות החיה, הזמן, המקום, הנוכחים, האווירה, הניגונים, ה'ביחד' ובפרט הדיבור הישיר של הרב אלינו. הוא מחטיא את הנקודה משום שעיקר ההתוועדות, כפי שהרב אמר לא פעם, איננו התוכן שנאמר בה אלא מה שנכנס פנימה, מה שנשאר בלב השומעים ומה שנוכח בחייהם.

הספר הזה הוא, אפוא, ניסיון להעביר בכתב גרעינים או זרעים של התוועדויות, כך שיוכלו לצמוח ולחיות שוב בליבו של הקורא. מטרת הספר כמטרתן של ההתוועדויות עצמן, גם אם הדרך שונה ואולי בעייתית: לעורר את הקורא־השומע לשנות ולהזיז משהו בחייו. אם בהתוועדויות חיות נדרשים הנוכחים להטות את אוזנם ולפתוח את ליבם, הרי שבקריאת ספר זה האחריות על הקורא גדולה הרבה יותר משום שהוא נדרש להקשיב ולתת את הדברים אל ליבו שבעתיים ולקרוא אותם כדברים שפונים ומכוונים אליו באופן אישי.

* * *

הספר יוצא לקראת תום שנת האבל על הסתלקותו של מורנו ורבינו הכ"מ. זהו איננו ספר זיכרון; ראשית משום שהרב מעולם לא ביקש להציב לעצמו מצבה או לעשות לו שם, ושנית משום ש"צדיקים במיתתם קרויים חיים" ו"צדיק שנפטר נמצא בכל העולמות יותר מבחייו". הספר איננו מבטא את לכתו של הרב מעימנו אלא את נוכחותו בעולם ואת חייו שממשיכים גם כעת. ייעודו של הספר איננו להעלות את זכרונו של הרב בליבותיהם של הקוראים, אלא לעורר אותם להשתנות ולזוז מכוחו.

חלק מהספר עוסק בהתקשרות לצדיקים שהסתלקו מן העולם אך ממשיכים לחיות ולהימצא בו. מי שיחפש יוכל למצוא בין דפיו של ספר זה פתח ממשי להתקשרות אל הרב ואל הדרך שאותה סלל. הספר על צדדיו השונים מחזיק בתוכו משהו מחייו הפנימיים של הרב, מרעיונותיו וממחשבותיו, מאמונתו ומדבקותו בחי העולמים, ועל כן יש בו עבורנו שביל ודרך לא רק להמשיך ולקבל מהרב הדרכה וחיי נפש אלא גם להתקשר בו ולהתעלות יחד איתו.

העורכים

מבוא

1

מה עושים בהתוועדות

דברים שיש בהם ממש ודברים בטלים

בהתוועדות הזו ננסה לא לדבר דברים בטלים. אני זוכר את מה שאמרתי בהתוועדות בשנה שעברה, והדברים שאמרתי היו בלי ספק דברים בטלים. אני יודע זאת מפני שהם לא פעלו כלום.

ההגדרה של דברים בטלים אינה קשורה בתוכן הדברים אלא בפעולתם. אם הדברים שנאמרים אינם פועלים שום פעולה הם הופכים להיות בטלים, ואין זה חשוב מה נאמר וכיצד זה נאמר. אלה הם דברים בטלים פשוטו כמשמעו – דברים שהולכים ומתבטלים ולא עושים שום פעולה.

ההבדל בין דברים שיש בהם ממש לדברים בטלים הוא דק וקשה להבחנה. אפשר להמשיל זאת לסוללות חשמליות. הסוללות המלאות והסוללות הריקות נראות זהות לחלוטין. ההבדל היחיד הוא שבסוללות המלאות יש מטען חשמלי, שיכול לגרום למכשירים לפעול, ואילו הסוללות הריקות אינן יכולות להפעיל כלום. באותו האופן בדברים של ממש יש מטען שפועל ומשפיע על השומע, ודברים בטלים אינם מניעים כלום במציאות.

אין מבחן שיוכל לקבוע מייד מה הם דברים בטלים, משום שהשאלה אם הם בטלים או לא אינה תלויה במי שאומר אותם אלא

במי ששומע אותם. לכאורה, אילו הייתה משמעות לדברים, הם היו צריכים לחדור אל תוך השומעים, אך לא פעם קורה שמסיבות שונות גם דברים חשובים ומשמעותיים אינם פועלים, ואז מתברר שהם דברים בטלים. מן הבחינה הזו גם גדולי ישראל עלולים לחטוא באמירת דברים בטלים, כשהם אומרים דברים ובפועל שום דבר לא נכנס אל השומעים ולא פועל את פעולתו.

לפני שנים רבות, כשהייתי בחור צעיר, ישבתי בהתוועדות י״ט כסלו שנמשכה לילה שלם. כשהגיע הבוקר, שאלתי את המשפיע שישב שם, שהיה איש חכם: ״מה אני לוקח איתי מההתוועדות?״ המשפיע אמר לי דבר חוכמה: ״מה שתזכור מההתוועדות הוא הדבר שאתה לוקח אתך״. השאלה איננה רק אם האדם הקשיב או לא הקשיב אלא אם הוא ייתן אל ליבו. מה שהשומע נתן אל ליבו הוא מה שנשאר מההתוועדות. אם השומע אינו לוקח לליבו את הדברים שנאמרו, הם יהיו בטלים גם אם הם עסקו בדברים שברומו של עולם, שכן אם הדברים השייכים למעלה מעלה נשארים למעלה ואינם יורדים למטה, אין להם שום השפעה ממשית בתוך העולם. בהתוועדות צריך לדבר על מה שחשוב ועל מה שנוגע. אם אדבר כעת על השאלה מה קורה עכשיו במלכות דחכמה דאצילות – דברים שלא אכפת לכם מהם ושאינם נוגעים אליכם – לא יהיה חשוב כלל אם אומר עליהם דברים בעלי משמעות או לא.

יש ביטוי שמתאר איך הכהן הגדול היה מזה את הדם בבית המקדש; כתוב שהוא ״לא היה מתכוון להזות לא למעלה ולא למטה אלא כמצליף״.[1] גם בהתוועדות כשמדברים למעלה והדיבורים אינם נכנסים אל הלב, ומדברים למטה והם אינם נכנסים אל הלב, צריך להצליף כדי שהדיבורים ייכנסו וייגעו.

אינני רוצה לדבר איתכם על דברים גדולים בשמיים ובארץ אלא על השאלה: מה עושים בהתוועדות? יש שיר עממי ביידיש של חסידי חב״ד שהתרגום שלו הוא כך: ״מה עושים בליובוויץ׳? שותים

1. משנה יומא ה, ג.

יי"ש, מתהוללים, ורוקדים במעגל". כמובן, חסידי חב"ד פירשו את השיר הזה על דרך החסידות, אבל בפשטות הוא מתאר חוויה והווי. אני שואל שאלה דומה לשאלה שבשיר: מה עושים בהתוועדות?

יחד

בהתוועדות יושבים יהודים יחד. היחד הזה הוא עניין גבוה וחשוב מאין כמותו. תחושת היחד הפשוטה הזו היא גם אחת המעלות הגדולות של בתי הכנסת. אינני מתכוון לבתי הכנסת המרובעים שיש בהם כיסאות מסומנים ששולמו מראש, וכל אחד מתיישב בהתאם למעמדו, אלא לבתי הכנסת הפשוטים שאנשים נכנסים אליהם ויושבים היכן שהם רוצים. לא תמיד שמים לב עד כמה האווירה בבתי הכנסת הללו נדירה, אבל קרה כבר לא פעם שאדם שתעה בדרכו והסתובב שנים במקומות שונים, חזר במקרה לבית הכנסת, למקום שבו יושבים אנשים ביחד בפשטות ובשוויון גמור, ופתאום הוא הרגיש שהנה, זה הדבר שהוא חיפש כל השנים. מה יש בבית הכנסת? למעשה אין מקום כל כך דמוקרטי כמו בית הכנסת. באיזה מקום יכול לשבת גביר גדול במושב צמוד ליהודי שאין לו מה לשלם במכולת, בלי פירוד ובלי חציצות?

בבית הכנסת כולנו שווים. כל אחד מאיתנו יכול להצטרף למניין, מהרב החשוב ועד לפשוטי עם. כבר אמרו על כך: "מתשעה רבנים אי אפשר לעשות מניין; מעשרה סנדלרים – אפשר ואפשר". בבית הכנסת יושבים יהודים מכל הסוגים ומכל המינים, מתפללים יחד, אוכלים יחד הרינג בסעודה שלישית, מזייפים יחד את השירים ומרגישים את היחד. בבית הכנסת אני יכול לשבת עם אנשים שאינני צריך להטריד את עצמי במחשבות על כמה כסף יש בחשבון הבנק שלהם, או אם הם יופיעו מחר בעיתון. אני יושב עם אדם – יהיה מי שיהיה – ומרגיש איתו בסדר. האם כל האנשים בבית הכנסת אוהבים זה את זה בפועל? לא בהכרח. האווירה הזו של בית הכנסת היא לאו דווקא תולדה של אהבה גדולה; היא בנויה הרבה יותר על הרגשת שותפות והצטרפות למניין.

בתי הכנסת של החסידים יצרו במודע את שבירת החציצות. שם ביטלו את סימון המושבים שבהם יושבים המכובדים ואת סימון מושביהם של פשוטי העם. בבתי הכנסת שלהם יושבים יחד אנשים מכל הסוגים ומכל המינים. אולם לאמיתו של דבר, תחושת היחד הזו עומדת ביסודו של בית הכנסת באשר הוא בית כנסת. עצם הכינוי 'בית כנסת', שאנו משתמשים בו אף על פי שיש במקורות כינויים אחרים כמו 'בית תפילה' או 'מקדש מעט', מלמד שזהו עניינו של בית הכנסת. בשפות אחרות מכנים בית כנסת במילה היוונית 'סינגוגה', שגם פירושה הוא אנשים שיושבים ביחד. כך קורה בכל בית כנסת – אחד לומד, השני מתפלל, השלישי מגהק והרביעי מפהק, וכולם יחד הם קהילה קדושה.

יותר מזה ולמעלה מזה צריך להיות בהתוועדות. בהתוועדות לא לומדים ולא מתפללים אלא אוכלים יחד, שותים יחד ונמצאים ביחד. אם אושיב בהתוועדות את המכובדים לפנים ואת הפשוטים מאחור, ההתוועדות תהפוך למין הרצאה אקדמית. נקודת המוצא של התוועדות היא הישיבה ביחד וההרגשה הנוחה יחד.

אינני מתכוון לחיבוקים הדדיים; זו כבר מעלה גבוהה יותר של אהבת ישראל. אני מדבר על יהודים שיושבים ביחד, שוהים ביחד, אוכלים ושותים יחד, שמחים זה בזה ומרגישים שהם יכולים לחיות בשלום עם מי שיושב לידם. זהו הבסיס הראשון לכל דרגה של אהבת ישראל.

לפני חמישים שנה הייתה לי חוויית יחד כזו שאני זוכר אותה עד היום: הרבי הקודם מבעלז היה מגיע אז לירושלים לימים הנוראים. כל התפילות והטישים היו מתחילים בדרך כלל באיחור גדול, ובליל שבת הרבה אנשים היו מגיעים לבית המדרש שלו אחרי שכבר אכלו את סעודת השבת שלהם, והיו יושבים ומחכים עד שהרבי היה יוצא ועורך את הטיש. ישבו שם האנשים באולם לא מפואר וחיכו לרבי, ומתוכם כמאה אנשים ישבו על ספסל אחד ארוך. מכיוון שהם כבר סעדו את סעודת השבת, והם לא היו עסוקים בדברי תורה, מטבע הדברים התחילו להתנמנם. באותו רגע ראיתי שורה של מאה אנשים, שכל

אחד מהם הניח את ראשו על כתפי מי שישב לידו, וכולם מתנמנמים. אני זוכר את החוויה הזו עד היום משום שהיא חיממה את ליבי. אני בטוח שהיו שם עשירים ועניים, בעלי מדרגה ואנשים פשוטים, אבל מעבר לכל ההבדלים הם חשו שהם יושבים ביחד ונשענים זה על זה מפני שכולם שייכים לאותו העניין. אינני מדבר כאן על מליצות, על דמוקרטיה, על שוויון ועל אחווה אלא על משהו הרבה יותר פשוט: על היכולת של אנשים לשבת זה עם זה בפשטות ולהרגיש את היחד.

תחושת היחד של ההתוועדות אינה מבוססת על קשר עמוק שהאנשים מרגישים ביניהם; לא תמיד יש בין האנשים אהבה עזה כאהבת דוד ויהונתן, לפעמים מדובר על קשר הרבה יותר בסיסי. לא פעם אפשר לראות קבוצה של אנשים שונים ומשונים שמתיישבים כאחד, ומזה נוצרת התוועדות.

היחד של ההתוועדות דומה במידה רבה ליחד של חיילים שיושבים יחד בטנק. האנשים בטנק לא בחרו זה את זה, הם אינם קשורים בקשר מיוחד זה לזה, אבל אחרי שישבו יחד במשך זמן ארוך בקרבה אינטנסיבית, נוצר ביניהם איזה קשר. גם בהתוועדות אנשים מתקרבים זה לזה עד שמאוסף של אנשים נוצרת חבורה שיש בה תחושת אחדות ויחד.

בספר מלאכי מופיע הפסוק: "אָז נִדְבְּרוּ יִרְאֵי ה' אִישׁ אֶל רֵעֵהוּ וַיַּקְשֵׁב ה' וַיִּשְׁמָע וַיִּכָּתֵב סֵפֶר זִכָּרוֹן לְפָנָיו".[2] לא כתוב שם על מה בדיוק נדברו יראי ה'. אולי ירא ה' אחד שאל את האחר: "'מה אתה חושב – איפה אפשר לקנות בהנחה כרטיס טיסה לניו יורק?" ובכל זאת – "ויקשב ה' וישמע ויכתב ספר זכרון לפניו". הקדוש ברוך הוא מקשיב לשני היהודים שיושבים יחד ובסך הכול מחבבים זה את זה. שני יהודים יכולים לדבר זה עם זה בגילוי לב בלי לחשוש זה מפני זה, ודי בכך בשביל שהקדוש ברוך הוא ישמע ויכתוב את העניין בספר זיכרון.

2. מלאכי ג, טז.

היסוד הראשון בהתוועדות הוא ההגעה למצב של "אז נדברו", למצב של ישיבה ביחד באמת, בלי צורך לחשוב מה היהודי שלידי חושב עליי ומה אני חושב עליו. כשאני הולך להתוועדות, אני צריך לחשוב לא רק אם אשמע שם דברים שיקפיצו אותי, יעליבו אותי או יעודדו אותי; אני צריך לחשוב אם אוכל לשבת שם עם אנשים שחלקם במדרגה גבוהה ממני, וחלקם במדרגה נמוכה ממני, בלי שארגיש זר או בלתי שייך. אני צריך לחשוב אם אני מסוגל להיות יחד עם כל המשתתפים בהתוועדות בכפיפה אחת.

אל מקור הנשמות

גם אם היחד הזה נשמע פשוט, הוא בעצם עניין גבוה מאוד. יש אמרה חסידית שמייחסים לאדמו"ר הזקן, שאולי אמר אותה בשם רבי אברהם המלאך בנו של המגיד ממזריץ': "מה שיכולים לפעול עשרה יהודים בהתוועדות, גם המלאך מיכאל אינו יכול לעשות". יהודים שיושבים יחד בהתוועדות יכולים בברכותיהם לפעול רפואה וישועה יותר מהמלאך מיכאל עצמו. מאין מגיע הכוח הזה? מה העניין הסגולי שיש בהתקבצות כזו? ביחד כזה יש כמה וכמה עניינים קדושים שמגיעים עד כיסא הכבוד.

כתוב בספרים שיש חמש דרגות של הנשמה: הדרגה הפשוטה ביותר שיש לכל אחד בישראל היא 'נפש'; אם האדם זוכה יותר, הוא מקבל 'רוח'; אם הוא זוכה עוד יותר, הוא מקבל 'נשמה'. דרגת 'נשמה' היא על פי רוב הדרגה הגבוהה ביותר שהאדם זוכה לה. אדם שהוא 'בעל נשמה' איננו אדם רגיל; יש לו מעלה יתרה. מעל לדרגת 'נשמה' ישנה 'חיה'. הכינוי הזה מופיע בתהלים כאחד משמותיה של הנשמה. מדרגת 'חיה' שבנפש מתגלית רק אצל אנשים מיוחדים ורק בזמנים מיוחדים מאוד.

לפני שנים רבות למדתי אצל יהודי שהיה רב שנים רבות בברית המועצות ופעל שם במסירות נפש גדולה. אותו רב סיפר לי שהוא זכה להרגיש פעם אחת התגלות של בחינת 'חיה' שבנפש. הדבר קרה אחרי שהשלטונות תפסו אותו בעקבות פעילותו. בשלב מסוים

העמידו אותו ליד קיר ועמדו להוציאו להורג, ואז קרה מה שקרה, והוא הצליח איכשהו להינצל. הוא אמר לי שאחרי האירוע הזה הוא הרגיש את ה'חיה' שבנפש, וכשהוא למד והתפלל אז, הייתה לו בהירות שלא הרגיש כל חייו. מדרגת 'חיה' נסתרת בתוך הנפש פנימה, והיא מתגלה בזמנים נדירים אצל אנשים נדירים.

מעל למדרגת 'חיה' ישנה מדרגת 'יחידה' שבנפש שגם היא נזכרת בספר תהלים. הדרגה הזו נקראת 'יחידה' מפני שבה הנשמות מגיעות עד למקורן הראשון, במקום שבו כל הנשמות מתאחדות לנקודה אחת. ה'יחידה' שלי ושל אנשים אחרים היא אותה 'יחידה' עצמה. ב'נפש' או ב'רוח' יכול להיות הבדל גדול ביני לבין יהודי אחר, אבל במדרגת ה'יחידה' שבנפש אין הבדלים משום שה'יחידה' היא הניצוץ הראשון, המקור הראשון של כל הנשמות לפני שהן מתפרטות ומתחלקות במדרגות התחתונות והנפרדות.

כשאנשים מישראל יושבים יחד, הם אינם יושבים במדרגת ה'יחידה' שבנפש; הם יושבים למטה, במדרגה שבה הם יכולים לאכול ולשתות. ובכל זאת, מבחינה מסוימת היחד שלהם קשור למדרגת ה'יחידה', למקום שבו כל הנשמות הן בעצם נשמה אחת. במובן הזה אפילו האוכל שיהודים אוכלים בזמן שהם נמצאים יחד שייך למדרגות גבוהות מאוד. לכן מעבר לתוכן ההתוועדות, מעבר לשאלה מה נאמר בה ומה נשמע בה, קיימת המעלה העצמית של הישיבה יחד באמת, הקשורה ונוגעת ל'יחידה' שבנפש.

אנשים שיושבים בהתוועדות זה עם זה, שותים משהו ואולי מנמנמים יחד, הם במידה מסוימת בבואה של הצטופפותן של הנשמות יחד – לא בגן עדן העליון אלא הרבה למעלה מזה – בתוך כנסת ישראל. בכנסת ישראל – משכן הנשמות – יושבות הנשמות ומצטופפות יחד בלי שום חלוקה והפרדה. בבחינה של כנסת ישראל הנשמות אינן מסתכלות מי עני ומי עשיר, מי למדן ומי אינו למדן, מי הולך לחיי עולם ומי הולך לדיראון עולם.

בין שמדובר בהתוועדות י"ט כסלו, בין שמדובר בהתוועדות ח"י אלול, בין שזוהי התוועדות לרגל יום הילולא של צדיק כזה

ובין שהיא לרגל הילולא של צדיק אחר, העניין של ההתוועדות הוא שיהודים יושבים ומסתכלים זה על זה, נדבקים יחד מנסים איכשהו, עד כמה שיכולים, להוריד את כל הכיסויים, שרובם שווא ושקר, ולהיות באחווה גמורה. כך יוכלו אולי להגיע לבחינה של חיים בתוך כנסת ישראל.

כתוב במדרש שכאשר הקדוש ברוך הוא רצה לברוא את העולם, הוא נמלך בנשמותיהם של הצדיקים.[3] הוא לא נמלך בצדיקים אלא בנשמות הצדיקים. איך נתאר לעצמנו את הנשמות הללו, שקדמו בהרבה למתן תורה, שקדמו לגן עדן או לגיהינום ושקדמו למציאות העולם? הן היו נשמות פשוטות, ערומות וחסרות כול, ודווקא אותן הקדוש ברוך הוא שאל אם כדאי לברוא את העולם. הוא לא התייעץ בנושא זה עם המלאכים; מתברר שעם המלאכים אי אפשר לדבר על כך משום שהם דומים לחבורה של אינטלקטואלים שאינם מפסיקים לריב. הקדוש ברוך הוא גם לא התייעץ עם תלמידי החכמים או הצדיקים. הוא שאל את הנשמות הערטילאיות של הצדיקים אם כדאי לברוא עולם. הנשמות הללו ישבו ביחד, אולי כמו שיושבים יהודים במקווה ומשוחחים, והחליטו אם יהיה עולם, ואיך הוא יהיה.

בהתוועדות אנחנו יושבים יחד, שותים משהו ואוכלים משהו כאן למטה, אבל על ידי זה אנחנו מגיעים אל השורשים הראשונים של המציאות. כאשר אנחנו יושבים יחד, אנחנו נמצאים במקום שבו נמצאים כל הדברים במקורם הראשון, במדרגת קדושתם העצמית. בהתוועדות אנחנו חוזרים אחורה, מעבר לכל הדורות והזמנים, ונמצאים יחד במקום שבו נותנות הנשמות העליונות ידיים זו לזו.

במקוואות מהנוסח הישן אפשר היה לראות אוסף של יהודים שיושבים להם בתוך המים, נינוחים לגמרי ומדברים זה עם זה בלי פירוד ובלי מחיצות. למעשה, ככה בדיוק מתחילה התוועדות, בישיבה נינוחה של יהודים זה עם זה. מהנקודה הזו אפשר להגיע למעלות גבוהות מאוד.

3. בראשית רבה ח, ז.

זו התשובה הראשונה לשאלה מה עושים בהתוועדות. כאשר אדם בא להתוועדות, הוא אינו יודע אם הוא ישמע דברי תורה, וגם אם הוא ישמע, הוא אינו בטוח שיזכור אותם. מה שבטוח הוא שתהיה שם ישיבה יחד. בהתוועדות יושבים יחד, שותים משקה יחד ואוכלים משהו יחד, לפעמים רוקדים ביחד ולפעמים שותקים יחד, ולפתע פתאום נמצאים בתוך איזה מצב אחר – מרגישים יחד. הדבר הראשון שיש בהתוועדות הוא, אם כן, היחד. בראש ובראשונה צריך לשאוף את היחד פנימה, להרגיש אותו ולהיות בתוכו. אחרי זה אפשר לעבור אל כל השאר.

והחי יתן אל לבו

מעבר לנקודת הראשית הזו, תמצית העניין של ההתוועדות היא "וְהַחַי יִתֵּן אֶל לִבּוֹ"[4] – יושבים, משוחחים ומנסים לתת לדברים להיכנס פנימה וליצור שינוי. בשביל שאדם ייתן אל ליבו הוא צריך להיות חי, ובשביל להיות חי הוא צריך להרגיש את מצבו ולרצות שדברים ייכנסו אל ליבו.

כל אדם חושב מחשבות על עצמו ועל מצבו. לפעמים אדם חושב על מצבו, ובעקבות זה ליבו נשבר בקרבו ונפשו מזדעזעת, ולפעמים אין לאדם לא זעזועים גדולים ולא נפילות או תקוות גדולות. אבל כל זמן שאדם חי, הוא מרגיש את הכאב ואת החוסר, והוא מוכרח לחולל שינוי.

סיפרו שפעם הלך הרבי מפשיסחא עם חסידיו בדרך, והם ראו קבוצת אנשים מהלכת. הרבי אמר לתלמידיו להתקרב אל אנשי הקבוצה ולהסתכל מתחת לבגדים שלהם. הלכו התלמידים וראו שכל האנשים הללו היו לבושים תכריכים מתחת לבגדיהם. התברר שהאנשים הללו היו בעצם מתים שחיו בעולם הדמיון. באו החסידים אל הרבי בזעקה גדולה: "אולי גם אנחנו מהם? אולי גם אנחנו מתים, וכל חיינו אינם אלא דמיון שווא?" הרבי ענה להם: "כל עוד יש לאדם הרהור תשובה, זהו סימן מובהק שהוא אינו אחד מהמתים". הסימן

4. קהלת ז, ב.

המבחין בין אדם חי למת הוא תחושת הכאב. אם כואב לו – סימן שהוא חי.

הרבי מפשיסחא אמר פעם שכל אדם צריך לראות את עצמו כאילו ראשו מונח על סדן, ומישהו מחזיק מעליו חרב שלופה ועומד לחתוך את ראשו. אחד התלמידים שאל: "רבי, מה אעשה אם אינני יכול לדמות לעצמי דבר כזה?" הרבי השיב לו: "אם אינך יכול לראות דבר כזה – סימן שכבר חתכו לך את הראש".

הכלב החי

זהו גם ההסבר למה שכתוב בספר קהלת: "כִּי לְכֶלֶב חַי הוּא טוֹב מִן הָאַרְיֵה הַמֵּת, כִּי הַחַיִּים יוֹדְעִים שֶׁיָּמֻתוּ וְהַמֵּתִים אֵינָם יוֹדְעִים מְאוּמָה".[5] מדוע הכלב החי טוב מהאריה המת – הלא האריה המת לא היה סתם אריה, הוא בוודאי היה רב חשוב ומיוחס שפעל גדולות ונצורות בשמים ובארץ?! כשהספידו את האריה המת, קראו לו בוודאי "מוהר"ר אריה־לייב, רב במניין שני ומגיד שיעור בבית מדרש פלוני, בנו של הרב לביא, שהיה רב של קהילה פלונית, נכדו של הרב שחל שהיה רב הכולל במקום הזה והזה", וכשקברו אותו, בוודאי כתבו על המצבה שלו את כל השבחים שבעולם. לעומת הדמות המרשימה של האריה המת עומד לו הכלב, יצור קטן ובלתי חשוב, מסוג הכלבים הללו שאפשר לראות שהם תערובת של כל הגזעים שבעולם. אבא שלו היה אחד מכלבי הרחוב, סבא שלו התרוצץ מי יודע היכן, וכשהוא ימות אפילו לא יעמידו על קברו מצבה. ועל הברייה הזו אני אומר שהוא טוב מהאריה המת?

הנקודה היא שהאריה המת הגיע לסוף דרכו. ייתכן שהוא היה איש מעלה וצדיק גדול, אבל כעת הוא אינו יודע מאומה. לעומת זאת, כל עוד הכלב חי, הוא יכול לעשות משהו בעולם. גם אם הוא יצור עלוב ושפל, הוא עומד ומכשכש בזנב, ואילו האריה המת אינו יכול להזיז את קצה רעמתו; הוא שוכב דומם ואינו עושה דבר.

החיים של הכלב מתבטאים בכך שהוא איננו יכול להישאר

5. קהלת ט, ד–ה.

היכן שהוא נמצא. האריה המת נשאר כפי שהוא. הדבר הגרוע ביותר שיכול לקרות לו הוא שגופתו תירקב. לעומתו, הכלב החי הוא יצור מסכן. הוא צריך לאכול, לשתות ולמצוא מחסה, וכל הבעיות הללו מחייבות את הכלב החי ללכת, לפעול ולהתקדם. הוא יושב וחושב על שורה של שאלות – מהשאלה איך ימצא דבר מאכל, ועד השאלה איפה יחביא את הזנב שלו מפני הגשם. האריה המת כבר אינו חושב על דברים כאלה. הכלב החי, באשר הוא עדיין חי, רואה את העולם שמסביבו, והוא מוכרח לשבת ולחשוב מה הוא עושה בעולם, ואיזה דבר מועיל הוא יפעל בעולם. השאלה הזו מגדירה את הכלב החי, ואין זה משנה מאין בא, והיכן הוא נמצא כעת. הכלב החי, יהיה מי שיהיה, מסוגל לשאול שאלות על מצבו ועל חייו. משהו יוכל להיכנס אליו ולהזיז אותו ממקומו. זו תפארתו של הכלב החי.

קהלת, החכם באדם, הגדיר את הדברים באופן תמציתי. המקסימום שאפשר לעשות באריה המת הוא להכניס אותו למוזיאון, לכתוב עליו ספרים ולספר עליו זיכרונות. הכלב החי, כל כמה שהוא עלוב, יכול להתקדם ולעשות משהו בעולם.

כל התוועדות עומדת על הנקודה של הכלב החי. בהתוועדות אני תופס את הכלב החי ואומר לו: "אינני יודע מי אתה, אינני יודע כמה אתה מוכשר, אינני יודע כמה עבירות עשית וכמה מצוות עשית, אבל אם אתה כבר כאן – למה אתה עומד במקום? למה שלא תזוז קדימה? למה שתדחה את הצעד הזה למחר? מה יש מחר שאין לך היום? למה שלא תקפוץ? למה שלא תרוץ?" את כל השאלות הללו אני יכול לשאול רק את הכלב החי; לאריה המת השאלות הללו כבר אינן רלוונטיות.

ספרי האריות

האריות המתים כתבו ספרים נפלאים בכל מיני נושאים. כמעט כל התורה שלנו היא מאריות מתים. אנחנו יושבים כל היום ולומדים את התורה של האריות המתים. השאלה איננה כמה הספרים הללו נפלאים, אלא כמה הם פועלים עליי ונוגעים בי.

אמרתי פעם שספרי המוסר העתיקים הם ספרי הדרכה למלאכים, ובתור ספרי הדרכה למלאכים הם מצוינים. כשאני פותח את ׳חובת הלבבות׳, את ׳ארחות צדיקים׳ או את ׳ספר הישר׳, אני מוצא בהם עצות נפלאות, אבל לא בשביל אדם כמוני. אני מבין מה שהספרים האלו אומרים, אבל אינני יודע לאיזה אדם הם מתייחסים. הבעיה היא שאת כל הספרים הללו כתבו אריות, ואני לא אריה. הבעיה של הכלב החי לא תיפתר אם ישאל את האריה המת מה הוא צריך לעשות משום שבמובנים רבים בעיותיו מעולם לא הטרידו את האריה.

לכן בהתוועדות לא יושבים ומדברים על האריה המת פלוני בן בנו של האריה המת אלמוני, ולא מצטטים בהן את מה שכתוב בספרי האריות הקדושים. האריות המתים כתבו דברים גדולים ונשגבים, אבל אינני אריה. אני כלב חי שעומד בחוץ בגשם, קר לי, והבטן שלי מקרקרת, ואני שואל מה צריך לעשות אדם שחי בעולם הזה, ואיך אעשה שמחר יהיה טוב יותר מהיום. בשביל השאלות הללו מתוועדים.

בהתוועדות לא מדברים דברי תורה או דברי הגות, לא מנסים לומר מליצות ורעיונות יפים. בהתוועדות מדברים על השאלות שצריכות להטריד את הכלב החי כדי שהחי ייתן אל ליבו, שאדם יאחז בנקודת חייו ויחליט שהוא רוצה לזוז ממקומו.

התוועדות טובה היא התוועדות שאי אפשר לסכם אותה בכתב. יש מקומות שבהם בכל התוועדות השומעים מוציאים את הפנקסים שלהם ורושמים לעצמם את דברי התורה ואת דברי החוכמה, ואחרי כך וכך התוועדויות מצטבר אוסף גדול של ווארטים ודברי תורה שבו הם יוכלו לעשות שימושים אלו ואחרים. התופעה הזו מזכירה מה שאמר יהודי אחד שכתב דוקטורט על ההתגלות בסיני. פעם הוא דרש בבית כנסת של אנשים מיושבים. שאלו אותו אם הקדוש ברוך הוא יכול להתגלות בימינו כמו שהוא התגלה בהר סיני. הוא ענה להם: ״בוודאי שהקדוש ברוך הוא יכול להתגלות כך. הוא אינו מתגלה באופן הזה משום שהוא מפחד שיצלמו אותו וימכרו את התמונות בכמה גרושים בחנויות לתיירים״. כך אפשר לומר על האנשים שיושבים בהתוועדות ואוספים ווארטים: האוספים הללו בסופו של דבר אינם מעלים ואינם

מורידים משום שתכלית ההתוועדות היא כאן ועכשיו. התוועדות איננה אירוע שאפשר לשמוע בו דברים גבוהים או עמוקים, אלא היא אירוע שבו אני פותח את ליבי כדי שמשהו ייכנס לתוכי ויגרום לי לזוז.

אל מי מדברים

כשאדם נמצא במצב הנפש הנכון בהתוועדות, הוא יכול לשמוע אפילו אמירות כלליות לגמרי ולהרגיש שהן נאמרות בדיוק בעבורו. לעומת זאת, כאשר אדם שרוי כולו במין מצב נפש של אדם מהוגן, אטום וחתום מכל הצדדים, הוא אינו יכול לשמוע שום דבר שנאמר לו, גם אם הדבר ייאמר לו בצורה פרטית שבפרטית, ברחל בתך הקטנה. אצל אדם כזה כל אמירה תתורגם באופן אוטומטי לאמירה כללית על העולם או על מישהו אחר. כך קורה לנו הרבה פעמים כשאנחנו מתוודים ואומרים: "אשמנו". הלב אינו מקבל את העול הזה. לאדם היה נוח הרבה יותר אילו הוא היה יכול לומר את הווידוי על השכן שעומד לידו, ולהכות על החזה של השכן במקום להכות על החזה של עצמו.

בעניין זה יש סיפור נורא ואיום על הרשל'ה מאוסטרופולי, שהיה הבדחן בחצרו של רבי ברוך ממז'יבוז'. פעם שאל אותו הרבי אם יש לו איזה סיפור חדש לספר. הרשל'ה סיפר לו כך: "לפני זמן מה פגשתי את הס"מ (השטן). שאלתי אותו מה שלומו, והוא אמר לי שנמאס לו מהעבודה שלו; נמאס לו לשבת עם כל מיני אנשים מלוכלכים ושפלים ולהסית אותם לעבור עבירות; נמאס לו להסתובב עם כל הגועל הזה ולהתעסק בו יומם ולילה. אחרי כמה זמן פגשתי אותו שוב וראיתי שהוא מחייך ושמח. שאלתי אותו מה קרה, והוא סיפר לי שהוא שינה את הגדרות התפקיד שלו – עכשיו הוא הולך לצדיקים, ויש לו פרנסה בשקט ובהרווחה". רבי ברוך פנה אל הרשל'ה ואמר לו: "אתה לא מתכוון אליי", והרשל'ה ענה: "כל הרבנים שסיפרתי להם אמרו בדיוק את אותו הדבר".

התוועדות טובה היא התוועדות שבה אני מבין שמדברים אליי, שהדברים נוגעים קודם כל לי, ורק אחר כך לכל האנשים האחרים. לא יעזור לי שהאחרים יקיימו את המצוות ואת המעשים הטובים;

לא יעזור לי שפלוני ילך ויתעלה, ואני אשאר בבוץ שלי. אינני יכול לומר: "האריה המת יקיים את המצוות, ואני אתלקק לי עם חתיכת הגבינה הרקובה שלי". כשאומרים לאדם לזוז, הוא אינו צריך לחשוב שהוריו, סביו, חבריו או שכניו צריכים להתחיל לזוז. עכשיו מדברים אליו. זה מה שחשוב ברגע הזה.

מה יקרה מחר

בסיום של כל התוועדות, אחרי שישבנו יחד כך וכך שעות באחווה ורעות, ואחרי כל הדברים שנאמרו וכל הדברים שהצליחו או לא הצליחו להיכנס, השאלה הרצינית היחידה שנשארת היא: מה אעשה מחר? כל שאר השאלות בטלות ומבוטלות כעפרא דארעא, לא שרירות ולא קיימות. אחרי שיושבים אנשים בהתוועדות שעתיים או עשר שעות, אחרי כל המשקה והניגונים, אחרי כל הדברים שנאמרו, השאלה היא מה יקרה עכשיו.

אסור שאחרי ההתוועדות ילך אדם הביתה, יתכסה בשמיכה ויירדם ובזה תסתכם המשמעות והתועלת של ההתוועדות. ההתוועדות צריכה לדחוף דחיפה שלא תניח לאדם לישון, להשאיר בו מין סימן של מכה לזמן ממושך, סימן שלא ייתן לו מנוח. ההתוועדות צריכה להיות דומה לזריקת חיסון שמקבלים מפעם לפעם, והאפקט צריך להישאר לכל הפחות במשך כמה שנים.

סכנה גדולה אחרת ביציאה מהתוועדות היא שאדם יתלה את השינוי שהוא צריך לעשות בדברים שצריכים לקרות מחוצה לו. אדם אומר לעצמו: "בהמשך החיים שלי, כשאעשה את השינוי הגדול – הכול ייראה אחרת. בינתיים אמשיך להתעסק בשטויות שלי". יש אנשים שמחכים לרגע שבו הם יפרשו לגמלאות כדי להתחיל לחיות; יש כאלה שדוחים את השינוי בחייהם לרגע בו יקבלו קידום בקריירה; ויש בוודאי אנשים שדוחים את ההחלטות לשלב שבו הם יזכו להתחתן. אני מכיר כך וכך אנשים נשואים, חלקם באמת מאושרים יותר אחרי החתונה, אבל החתונה כשלעצמה לא הפכה אותם למהות אחרת. גם כשמתרחשים שינויים, לא תמיד זהו השינוי

הכולל והמוחלט שאנשים מדמים לעצמם. אסור לאדם לדחות את הפעולות שהוא צריך לעשות ואת עצם החיים לזמן אחר, לזמן שבו הוא יהיה אדם חדש ומופלא.

השאלה החשובה בכל התוועדות היא השאלה – מה יקרה מחר? התמצית של כל התוועדות היא מה שאדם לוקח ממנה. אדם צריך לצאת מהתוועדות כך שיהיה בידו דבר אחד שאותו הוא מתכוון לעשות, נקודה אחת שהוא מתכוון לשנות. אם אדם עובר התוועדות אחרי התוועדות ואינו זז בכלל, אולי הוא היה צריך לסובב את הזמן חזרה, לחזור אחורה אל ההתוועדות, ולחולל את השינוי שהוא היה צריך לעשות.

צעד קטן קדימה

מההתוועדות לא חייבים לקחת דבר גדול. אפשר לצעוד בעקבותיה גם צעד קטן.

יש דרכים שונות לחולל שינוי משמעותי בחיי אדם. אפשר לעשות זאת כמו שמפוררים הר – לוקחים כך וכך קילוגרמים של חומר נפץ ומפוצצים אותם. הדרך הזו אמנם יכולה להסתיים בשינוי גדול, אבל היא עלולה גם להסתיים בכך שהאדם יתפרק לחתיכות קטנות שאי אפשר לעשות בהן כלום. לפעמים השינוי צריך להיעשות בדרך הרבה יותר מתונה.

נסעתי פעם בשוודיה בכביש בן כמה מאות קילומטרים שעובר לכל אורכו דרך יער עצום. נוסעים בכביש ורואים עצי אורן מכאן ועצי אורן מכאן, נוסעים עוד קילומטר ועדיין – עצי אורן מכאן ועצי אורן מכאן, וכך לאורך מאות קילומטר רואים רק עצי אורנים ועוד עצי אורנים. הדרך הזו חדגונית להפליא, אבל למרבה הפלא, אחרי שעוברים את הקילומטרים הללו מגיעים בסוף למקום אחר. הרבה מאוד אנשים היו רוצים שהשינוי בעצמם יקרה בפיצוץ אחד דרמטי ומוחלט, אבל גם אם מתרחשים שינויים כאלו, לא פעם הם בגדר של אחיזת עיניים, תעתוע חולף, תרמית של החושים. לעומת זאת, הדרך של השינויים הקטנים והרציפים אמנם יכולה להיראות חדגונית

ומשעממת, אבל בסופו של דבר אם אדם הולך בה ברצינות, הוא יכול לחולל שינוי אמיתי בנפשו ובחייו.

אם אדם צועד צעד אחד קטן – נניח לומד משנה אחת – הוא לפחות זז כמלוא הנימה מהמקום שבו הוא היה אתמול. יתר על כן, מבחינה מסוימת עצם התזוזה הזו חשובה ומשמעותית יותר מעוצמת השינוי, שהרי גם אם אדם יחולל בעצמו שינוי גדול, אף פעם זה לא מספיק. גם אם אדם יוצא מהתוועדות ומפניו בוקעות קרני הוד כמו קרניו של משה רבנו – אין בכך די. כל עוד אדם חי, הוא צריך לזוז ולהתקדם. במובן הזה לא חשוב כל כך אם השינוי הוא קטן או עצום – שניהם לא מספיקים.

אמנם לפעמים אדם זוכה לקבל אור חדש מלמעלה, ואז השערים פתוחים, והוא יכול לחולל שינוי גדול, אבל ברוב הפעמים השינויים צריכים להיעשות בצורה סיזיפית לאורך זמן, בחושך ובאור, בשמחה ובדכדוך. אם אדם רוצה באמת לשנות דבר בתוך מסגרת חייו, הוא אינו צריך לצפות לפיצוץ הגדול שיהפוך את חייו מן הקצה אל הקצה; הוא חייב להתחיל לצעוד ולזוז כמה שהוא יכול, בדברים קטנים ובדברים גדולים. רק כך אפשר לחולל שינוי של ממש.

לתת יד לאדם אחר

לבסוף, גם אם אדם מגיע למסקנה שהוא עצמו אינו יכול להשתנות, הוא יכול לעזור לאחרים. אמרו פעם ששלושה אינם טובים כשהם זקנים: סוס זקן, חייל זקן, וחסיד זקן. סוס זקן כבר אינו יכול לרוץ ומוטב לפשוט ממנו את עורו; חייל זקן כבר אינו יכול להילחם, ולכן אין בו שום תועלת; וחסיד זקן – אם הוא כבר זקן, הוא צריך להיות רבי. זו אינה רק בדיחה. אם אדם מרגיש שהוא בבחינת חסיד זקן, שהוא הגיע לנקודה שבה הוא הפסיק להתקדם הלאה, הוא לפחות יכול לעזור לאחרים להתקדם. גם אם אדם כבר אינו יכול לתקן את עצמו, גם אם הוא מרגיש גמור, חרוך וכבוי, עדיין הוא יכול לתקן אחרים. אריה שעומד למות יכול לפחות לתרום את הרעמה שלו לתועלת אחרים. אמנם אדם לא יכול

להשפיע מעבר למדרגה שבה הוא נמצא, אבל בתוך גבולות המדרגה שלו יש אנשים שהוא יכול לעזור להם ולהושיט להם יד.

העולם שלנו נעשה יותר ויותר דומה לאיים רחוקים באוקיינוס. כל אחד מבודד במקומו, ולאיש לא אכפת מהקיום של זולתו. ההתאספות יחד בהתוועדות נועדה בין השאר לשבור את הדבר הזה, לעורר אותנו שיהיה אכפת לנו זה מזה, שנושיט ידיים זה לזה. בהתוועדות יושבים אנשים ומסתכלים זה על זה בעין טובה, ולכן זו הזדמנות להושיט יד למישהו אחר. כל אחד בדרגתו שלו יכול לעזור לאחרים. כל אחד מהאנשים שמתאספים יחד בהתוועדות צריך לחשוב: "הנה עומד פה מישהו. מה אני יכול לעשות בשבילו? מה אני יכול להגיד לו?" כשיושבים שבת אחים גם יחד, יש לכל אחד הזדמנות להסתכל על אדם שהוא לא חשב עליו במיוחד לפני כן, ולשאול את עצמו במה הוא יכול לתת לו יד.

לא תמיד אני יכול לשנות חיים שלמים של מישהו אחר בכמה מילים, אבל לפעמים מספיק שאני מחייך למישהו כדי להפוך את היום שלו ליום חדש. היה לי קרוב משפחה שהיה נהג ב'אגד'. אחרי שנים שהוא היה נהג בקו מסוים, העבירו אותו לקו אחר. באותו יום התחילו להגיע להנהלת 'אגד' מכתבים רבים שבהם דרשו שיחזירו אותו לקו המקורי שלו. אישה אחת כתבה להם, למשל: "הייתי רואה אותו כל בוקר, והוא היה אומר לי: 'בוקר טוב', וזה היה עושה לי את היום. הדבר הזה חסר לי". מתברר שנהג 'אגד' שנוסע כל יום מרעננה לתל אביב, יכול להאיר את היום של מישהו אחר.

התוועדות אינה עוסקת בדברים גדולים ונשגבים אלא בכאבי הבטן של פלוני השכן שלי. מה עושים כשלמישהו יש כאב בטן? הצדיק הגדול יכול אולי לעשות שמיים חדשים בכאב הבטן שלו; אני יכול לפחות לנסות ללכת אליו, להושיט לו יד, לחייך אליו ולהגיד לו שיהיה טוב. לא תמיד אני יכול להגביה את השמיים של עצמי, אבל אולי אני יכול להקל על מישהו אחר את כובד המשא שלו. כשאני עושה דבר כזה, בצד מסוים הזזתי את כל העולם.

כל העולם שלנו מחכה לעת קץ. אנחנו עובדים ומתפללים ומצפים לזמן שבו פתאום כל העולם יתחיל להאיר. אנחנו מחכים לרגע שבו הקדוש ברוך הוא יתקן את התיקון הגדול שאנחנו איננו מצליחים לתקן, לרגע שהוא יחליט שעד שהבריות הקטנות שלו יתקנו את התיקון הגדול יעבור יותר מדי זמן, ולכן אין ברירה אלא לשלוח את המשיח והוא כבר יעשה סדר בעולם. הקדוש ברוך הוא יאמר: "נמאס לי כבר מכם. את הפרק הזה של הסיפור אתם לא יודעים לספר כמו שצריך – בואו נגמור את הפרק הזה, בואו ונאמר: 'תם ונשלם', ונתחיל את הפרק הבא". בינתיים אנחנו יכולים להזיז את הדברים הקטנים; לסלק את הסרפדים מהגינה הקטנה שלנו, ולנסות לעזור גם בגינה של זה שיושב לידי. האם על הוצאת הסרפדים הזו עומד העולם? אינני בטוח, אבל אם ננכש אותם, לפחות יהיו פחות סרפדים בגינה.

הכנת הכלים*

שטיפה והדחה

כל השפעה צריכה כלי שיוכל לקבל אותה. לפעמים קורה שמדברים ומדברים והדברים לא נכנסים, וגם אם נכנס איזה דבר הוא יוצא כלעומת שבא. אפשר לדבר דברים גדולים בשמיים ובארץ, והדברים יתבזבזו וילכו להבל ולריק ושום דבר לא יצא מהם; והסיבה היא מפני שהם לא נכנסו לתוך כלי. כאשר יש לאדם הרהור טוב, מחשבה טובה או רעיון הנוגע לתקנת נפשו באיזה עניין – אין דבר טוב יותר מאשר לעשות להם כלי. כשאדם לוקח איזו מחשבה טובה ועושה לה כלי, אפילו כלי קטן – משהו מהאור, מההשפעה שירדה, יכול להישאר ולא להתבזבז.

מעבר להכנת הכלי צריך גם לדאוג לכך שהכלי לא יהיה

* נספח מלוקט מהתוועדויות שונות.

מלוכלך. כששופכים יין לכלי מלוכלך, נוצרת תגובה כימית מהמשקה והלכלוך, ומה שיוצא זה לא יין אלא סתם לכלוך עם כך וכך אחוזי אלכוהול שזה גרוע בהרבה מלכלוך רגיל. לכלוך רגיל לא כל כך מזיק, אבל כשנוצר לכלוך עם עוצמה משלו – זו בעיה הרבה יותר רצינית. לעיתים קורה, בהתוועדות או במקומות אחרים, שאדם שומע דברים שלא זו בלבד שאינם מביאים לו תועלת אלא גם גורמים לו נזק, מפני שהכלי מלוכלך והוא מקלקל גם את היין שבתוכו.

כתוב שכוס של קידוש טעונה שטיפה והדחה - שטיפה מבחוץ והדחה מבפנים. אם מנקים את הגביע רק מצד אחד הוא נשאר מלוכלך מהצד השני, ולכן צריך לנקות את הגביע משני הצדדים. איך, אם כן, דואגים שאדם יהיה נקי מבחוץ ומבפנים? כשם שבכלי גשמי עושים שטיפה והדחה, טהרת חוץ וטהרת פנים, כך גם בכלי רוחני צריך לשטוף מבחוץ ולהדיח מבפנים. בהתוועדות מנקים את הכלי משני הצדדים: שותים משקה ושרים ניגון. המשקה, אף על פי שהוא נכנס לגוף פנימה, פועל כשטיפה מבחוץ. הניגון, לעומת זאת, משפיע באופן של הדחה מבפנים.

כשעושים שטיפה במשקה והדחה בניגון צריכים לעשות אותן כראוי. לפעמים שופכים מעט מים על כתם, והכתם שהיה קטן קודם לכן, הופך לגדול בהרבה. באותו אופן, לפעמים אדם שיש לו עבירה קטנה בראש שותה קצת משקה, והעבירה הולכת וגדלה יחד עם המשקה. בהתוועדות אדם צריך לשתות באופן כזה שהכתם ירד, ולעבוד על כך שהכתם באמת יימחק. גם כששרים ניגון לא מספיק ששרים ניגון פעם אחת וזהו. זה אולי טוב בשביל לצאת ידי חובה, אבל בשביל להדיח את הכלי יפה צריך לחזור ולשיר את הניגון שוב ושוב עד שהלכלוך יתחיל להתנקות.

יש הבדל בין שני הניקיונות של הכוס. אם הכוס מלוכלכת מבחוץ לא נעים לגעת בה, הניקיון בצד החיצוני של הכלי נוגע בעיקר לאסתטיקה. אבל אם הכוס מלוכלכת מבפנים כל מה שנכנס אליה מתלכלך, יש כאן פגם פנימי שעלול לפגום גם בדברים אחרים. השתייה של המשקה לא כל כך חשובה כי בסך הכול היא עושה

שטיפה מאוד חיצונית. כדי שהניקוי יהיה פנימי צריך לשיר ניגונים. לכן, אף על פי שבהתוועדות צריכים לדאוג ששני הדברים, גם המשקה וגם הניגונים, ייעשו כראוי, בכל זאת שטיפת הפנים צריכה להיעשות ביתר שאת משטיפת חוץ.

צריך לשיר ניגון כמו ששוטפים כלי: שוטפים פעם אחת ועוד פעם, משפשפים שוב ושוב כדי שכל הלכלוך יישטף. באותו האופן צריך לשיר כל ניגון כמה פעמים, כדי שהכלי ישתפשף, כדי שעוד שכבה של לכלוך ועוד שכבה של מיאוס יישטפו ויצאו החוצה. צריך לחזור על הניגונים עוד ועוד ולתת להם להיכנס פנימה עד שהכלי יהיה ראוי.

טהרת הנפש

העניין של ניגון והכוח שיש לו לטהר את הנפש קשורים לתכונה המרכזית של הניגון: בניגוד לדברים אחרים שבקדושה, לניגון מצד עצמו אין תוכן. אם אדם רוצה לספר סיפור – למשל, הבוקר קמתי ואכלתי ארוחת בוקר – הוא יכול לספר אותו במילים בכל שפה שבעולם, והוא יכול גם לספר אותו בפנטומימה. אבל אי אפשר לספר סיפור במוזיקה. מוזיקה במהותה איננה מעבירה תכנים אלא מצבי נפש. מבחינה זו המוזיקה יכולה לעשות מה שהמילים אינן יכולות לעשות. כשאומרים שמישהו שמח - אומרים מילים, אבל לא מעבירים את תחושת השמחה עצמה. כשמנסים לצייר את זה, זה עוד יותר קשה. אבל כששרים את זה, אפשר באמת להעביר את ההרגשה. הנגינה היא בבחינה של מה שמכונה בספרי קבלה וחסידות 'אור מקיף' ולא של 'אור פנימי', מפני שאי אפשר להפנים את הניגון במובן של "מה הניגון הזה אומר". אפשר להבין דרכו משהו, להבין את המהלך שלו ולאן הוא מוליך, אבל אי אפשר להעביר דרכו או לקבל ממנו תוכן.

התכונה הזו של הניגון קשורה לעניינה של הטהרה. אפשר להגיד המון מילים אודות טהרת הנפש אבל המילים הללו בדרך כלל אינן פועלות את הטהרה עצמה; מה שהיה מלוכלך נשאר מלוכלך גם

אחרי המילים, הדיבורים והדרשות. אדם יכול להכות על הלב המון פעמים, והלב עדיין נשאר כמו שהיה קודם לכן. כדי להגיע לטהרת הנפש צריך להשתמש בדבר שאיננו פועל במסלול של הבנה והשגה ושל תוכן מוגדר אלא מעורר כוחות יותר עליונים בנפש.

יש סיפור שקראתי בכמה ספרים אבל באופן מעניין לא מצאתי אותו באף ספר של חב״ד. זה סיפור על הניגון הידוע של האדמו״ר הזקן, ניגון 'ארבע בבות'. האדמו״ר הזקן אמר הרבה דברי תורה; כמות המאמרים שלו שנשארו בידינו גדולה מאוד, וידוע לנו גם שהרוב הגדול הלך לאיבוד. מי שמכיר את המאמרים של האדמו״ר הזקן יודע שאי אפשר לסכם אותם בפתגמים קצרים או באמרות חדות משום שבדרך כלל הם מסובכים ומורכבים. סיפרו שיום אחד, אחרי שהאדמו״ר הזקן סיים לומר מאמר מסוים, ניגש אליו חסיד זקן שהיה חסיד שלו במשך הרבה שנים ואמר לו: ״רבי, מה אני יכול לעשות. אני לא תלמיד חכם, וכשהרבי מדבר אני לא מבין מילה. האם הרבי יכול להסביר לי את מה שאמר במילים פשוטות שגם אני אוכל להבין?״ האדמו״ר הזקן ישב וחשב, ואז אמר לחסיד: ״להסביר לך במילים, אני לא יכול. אבל אשיר לך ניגון שיש בו את כל התורה שלי״, והאדמו״ר הזקן ישב ושר לחסיד את ניגון 'ארבע בבות'. כפי שאמרתי, הסיפור הזה איננו נמצא בספרי חב״ד, אולי מפני שבמובן מסוים הוא לא עולה בקנה אחד עם השיטה של חב״ד שהיא שיטה שבנויה על הפנמה והשגה פנימית ושכלית. אינני יודע אם הסיפור התרחש בדיוק כך, אבל מה שבוודאי נכון הוא שמי שסיפר אותו שמע את הניגון וחשב שהוא מבטא את מהות דרכו של אדמו״ר הזקן אף על פי שהוא איננו מבטא אותה במילים.

יש מנגינות שאפשר לשיר אותן ויחד איתן לעשות ספונג'ה או לבקע נסרים של עץ. עם הניגון של האדמו״ר הזקן אי אפשר לעשות כך, לא רק משום שזה לא מתאים אלא משום שהניגון הזה לוקח את האדם לעולם אחר. זהו לא עולם בעל תוכן מסוים ומוגדר, ולכן הניגון הוא אולי לא בחינת המשקה עצמו שנכנס לתוך הכוס, אבל הוא לכל הפחות בגדר של הדחה.

ניגון שמציל מעבירה

הניגון לא יכול לומר לי את כל מה שצריך לומר לי משום שהניגון לא יודע לדבר. הוא לא אומר לי "חזור בתשובה", אבל הוא יכול להגיד לי שאני לא נמצא במקום טוב; הוא יכול להגיד לי שהדברים שאני שוקע הם בעצם דברים מייגעים; הוא יכול להגיד לי שלא טוב לי; הוא יכול להגיד לי שאסור להיות כמו שאני. זה כוחו של הניגון.

גם אחרי שאדם שומע ניגון כמה פעמים הוא עדיין לא יודע מה הוא צריך לעשות מחר בבוקר, אבל יכול להיות שהניגון עוזר לו לדעת מה לא לעשות מחר בבוקר. כאשר ניגון מתרוצץ אצל אדם בראש, אפילו אם הוא לא מבין מה הניגון אומר, בכל זאת הניגון מכניס אותו לאווירה מסוימת, והאווירה הזו יכולה לעיתים להשפיע עליו יותר מהרבה דרשות.

בגמרא מסופר על אדם שהציצית הצילה אותו מעבירה חמורה. בדומה לכך יש סיפורים רבים על ניגונים שהצילו אנשים מעבירה. האנשים הללו התכוונו לעשות עבירה ופתאום התחיל להתנגן בתוכם איזה ניגון והוא פשוט לא נתן להם לעשות את העבירה. אפשר לעשות הרבה דברים עם ניגון חסידי בעל מדרגה, אבל אי אפשר לאכול איתו חזיר. תארו לכם מישהו שהולך לעשות איזה מעשה מגונה ופתאום מתחיל להתנגן לו משהו בפנים, וכשניגון מתחיל להתנגן לו כבר אי אפשר לעצור אותו. כשנכנס באדם איזה ניגון ומסתובב אצלו, בין אם הוא מבין ובין אם הוא לא מבין – זה עניין גדול.

כדי שניגון יתנגן בפנים, לא מספיק לשמוע אותו פעם אחת. בקונצרט זה בהחלט מספיק; סוף סוף כמה פעמים מנגנים את אותה מנגינה?! אבל ניגון ששרים בהתוועדות הוא לא קונצרט, אלא הוא יותר דומה למכבסה. שטיפה אחת לא מספיקה, צריך לשטוף פעם אחר פעם עד שאולי משהו יקרה.

להגעיל את הכלי ברותחים

יש נגינה שהיא בבחינת שטיפה בצונן, יש נגינה שהיא בבחינת מריקה בחמין ויש נגינה שהיא בבחינת הגעלה. כשם שבין מים קרים למים

רותחים אין הבדל של מהות, כך ההבדל בין סוגי הנגינה איננו הבדל של תוכן. ההבדל הוא בשאלה כיצד הם משפיעים.

באופן כללי, כל המנגינות שאפשר לקרוא להן מנגינות 'הוּ־הָא', מנגינות ששרים אותן ברעש גדול ובהתלהבות ומוחאים כפיים, הן במקרה הטוב בגדר של שטיפה בצונן. גם אם המנגינות הללו לא נשמעות צוננות, הן צוננות במהות. אכן, עבור לכלוך חיצוני וקטן, שטיפה בצונן מספיקה.

יש ניגונים שהם בבחינת מריקה בחמין. אלה הם ניגונים עם יותר משמעות ויותר תוכן. הניגונים הללו אינם בהכרח רועשים יותר, ולפעמים הם אפילו שקטים, אבל הם מגיעים למקומות יותר עמוקים. נגינה כזו יכולה לשטוף לכלוך יותר גס.

ויש ניגונים עמוקים באמת שהם בבחינת הגעלה ברותחים. כאשר אדם נכנס לתוך ניגון כזה ושוֹרֶה בתוכו, נעשה בו תיקון: מצד אחד נפלטים ממנו כל מיני צדדים של איסור וטרפה, ומצד שני הוא נעשה כלי כשר ואפשר להכניס בו דברים אחרים. כשמישהו לא רק נכווה ברותחים אלא שורה כולו ברותחים, זה עושה בו רושם.

אומרים בשם הבעל שם טוב שבפסוק "בֹּא אַתָּה וְכָל בֵּיתְךָ אֶל הַתֵּבָה", המובן של המילה 'תיבה' הוא מילה. הבעל שם טוב דיבר על כך בהקשר של התפילה – אדם צריך להיכנס לתוך המילה שהוא אומר; לא רק לומר אותה ולירוק אותה החוצה, אלא להיכנס כל כולו אל תוכה. כאשר אדם נכנס אל התיבה, היא יכולה לסוכך עליו ולהוליך אותו בכל ה'מים רבים' שיש בעולם.

באותו אופן, אדם צריך להיכנס בשלמות לניגון. בשביל לבוא אל התיבה או אל הניגון צריך להיכנס עד הסוף. בשעה שאדם מתפלל או שר ניגון הוא צריך להיות כל כולו בפנים. אם הוא נמצא בפנים רק למחצה - הוא דומה לאדם שטובל או מגעיל כלי וחלק מהכלי נשאר מבחוץ, שאז הטבילה וההגעלה לא מועילות. אבל אם הוא באמת נכנס פנימה כל כולו – הוא יוצא לגמרי אחרת ובאותה השעה הוא גם יכול להגיע לתיקון ולטהרה.

ח"י אלול

ביום י"ח באלול מציינים חסידי חב"ד את ימי הולדתם של שני צדיקים גדולים ומרכזיים בתולדות החסידות. על פי המסורת החסידית, מחולל החסידות, רבי ישראל בעל שם טוב (תנ"ח–תק"ס; 1760–1698), וגם מייסדו של הזרם החב"די בחסידות, רבי שניאור זלמן מלאדי, 'האדמו"ר הזקן' (תק"ה–תקע"ג; 1812–1745), נולדו ביום זה.

הבעל שם טוב חי ופעל בפודוליה (באוקראינה של ימינו), במחצית הראשונה של המאה ה־18. הוא ריכז סביבו חבורת תלמידים, שלימים הרחיבו וביססו את התנועה שחולל, והפיצו אותה ברחבי מזרח אירופה כולה. הבעל שם טוב יצר עולם חדש של יהדות, עולם תוסס, חי ובעל משמעות ליהודים מכלל רובדי החברה, מן היהודי הפשוט ועד תלמידי החכמים. עד ימינו דמותו היא מקור השראה לחיים יהודיים עמוקים, רלוונטיים ומתחדשים.

רבי שניאור זלמן, מחברו של ספר התניא, שהיה מצעירי תלמידיו של המגיד ממזריץ', פעל בעשורים האחרונים של אותה המאה ובתחילת המאה ה־19. הוא אחראי להתבססות החסידות ברחבי רוסיה הלבנה. רבי שניאור זלמן יצר זרם מחשבה ייחודי ודרך מיוחדת בעבודת ה' בתוך העולם החסידי. ממנו מתחילה השושלת של אדמו"רי חב"ד, שושלת שהנהיגה את החסידות במשך שבעה דורות ברחבי רוסיה ולאחר מכן בארה"ב.

משום שח"י באלול הוא יום של התקשרות בדמותם ובפועלם של הבעל שם טוב ורבי שניאור זלמן מלאדי, שכאמור נולדו ביום זה, זהו יום של התעוררות גדולה עבור השואפים ללכת בדרך החסידות בחיות ובהתחדשות.

בי"ח באלול חל גם יום הפטירה של המהר"ל (ר' יהודה ליווא בן בצלאל) מפראג (רע"ב–שס"ט; 1609–1512). האדמו"ר הזקן היה

צאצא שלו ובאופן מסוים המשיך את דרכו המחשבתית. בשער ספר התניא כותב המחבר שהספר מלוקט "מפי ספרים ומפי סופרים", ולפי מסורת חב"ד, עם ה"ספרים" הללו נמנים גם כתבי המהר"ל מפראג. הרב אבן־ישראל שטיינזלץ נהג לציין גם את המהר"ל ברבות מהתוועדויות ח"י אלול ולדבר עליו.

לא מקרה הוא ששני האישים שנחשבים פורצי הדרך של החסידות – מכונן התנועה החסידית הרחבה ומייסד הענף החב"די שלה – נולדו באותו יום. מבחינת החשבון הפשוט של שנות חייהם, הייתה ביניהם חפיפה של שנים אחדות בלבד. המסורת החסידית מספרת שכשהיה בעל התניא ילד, הוא ביקר את הבעל שם טוב, וזה בירכו וחזה את עתידו כמנהיג.

לעומת הנוהג הרווח לציין את ימות פטירתן של דמויות גדולות, עצם ציון יום הולדתו של צדיק הוא חריג. ברבות מן ההתוועדויות נקודה זו היא אחת מצירי השיחה של הרב.

חלק חשוב מציון התאריך י"ח באלול מתחבר לכינויו ח"י אלול, ומכאן מרכזיות המוטיבים של החיים והחיות המודגשים ביום הזה – החיות בעבודת ה', החיות בחסידות, החיות בתהליך התשובה. בנוסף, בדיבוריו של הרב בח"י אלול במהלך השנים השתלב ציון ימי ההולדת הללו גם בכך שח"י אלול הוא מעין תחנה אחרונה של התוועדות במהלך חודש אלול ולקראת הימים הנוראים. המחשבות על אישים אלה ומשמעותם לחיינו השתרגו במחשבות ובתביעות סביב התשובה וסביב ההכנה הפנימית לחגי תשרי. לפיכך בהתוועדויות ח"י אלול עם הרב הורגשו תמיד חיות גדולה ובצידה התרגשות וציפייה לימים הנוראים.

2

החידוש של הבעל שם טוב

להחיות את חודש אלול

אמרו בדורות האחרונים שעניינו של ח"י אלול הוא להחיות את חודש אלול. הצורך 'להחיות את אלול' היה קיים בדורות קודמים משום שבדורות ההם אלול היה חודש כבד. בחודש הזה אנשים ישבו והרהרו בתשובה – ולא מדובר רק באנשים שהייתה להם רשימת העבירות שרשומות ב'על חטא', אלא גם אנשים כשרים, ואפילו צדיקים גמורים. גם אם אדם לא היה צריך לעשות תשובה על העבירות שלו, הוא היה עושה תשובה על המצוות שלו; גם מי שלא היה צריך להתחרט על העבירות שעשה לפי סעיף זה או אחר בשולחן ערוך, היה שואל את עצמו: איך נראו התפילות שלי בשנה האחרונה? האם הן היו שוות משהו או שהן נראו כמו שתיאר ביאליק את התפילה בקיצור – "כריכה, נשיקה, רקיקה"? וכיוון שחודש אלול היה חודש של תשובה, ואנשים היו יושבים בו ועושים חשבונות, הייתה בו איזושהי אווירה של קדרות, ולפעמים גם מרה שחורה. עצם העיסוק בכל מיני חשבונות היה יוצר איזשהו מתח. ולכן אמרו שח"י אלול צריך להחיות את אלול.

היום, לעומת זאת, אנשים עוברים את חודש אלול בנוחיות גמורה. אפילו תקיעת השופר, שכתוב עליה "אִם יִתָּקַע שׁוֹפָר בְּעִיר

וְעָם לֹא יֶחֱרָדוּ",[1] כבר לא מזעזעת בימינו אף אחד. לכל היותר אנשים בודקים כמה טרומיטין התוקע תקע. אם פעם היו אומרים שבאלול אפילו הדגים בים רועדים – בימינו הדגים בים כבר לא רועדים, וגם האנשים כבר לא רועדים. אם האנשים לא רועדים והדגים לא רועדים, אז את מה צריך להחיות?

ובכל זאת צריך לחגוג את ח"י אלול, ולהגיע בו לפחות לאיזו עלייה קטנה. השאלה היא – מה בעצם עושים בח"י אלול?

וחי בהם

בח"י אלול נולד הבעל שם טוב. אם בוחנים את העניין באופן היסטורי אובייקטיבי, מתברר שבכל הדברים שאמר הבעל שם טוב, אין למעשה שום דבר חדש. אפילו אמירות או מעשים שמיוחסים באופן ספציפי לחסידות או נחשבים טיפוסיים לחסידות, למעשה אינם מיוחדים לחסידות; הם נכתבו ונאמרו עוד לפני החסידות, אלא שאנשים לא הכירו אותם או לא שמו לב אליהם. מה בכל זאת היה הדבר שהתחדש על ידי הבעל שם טוב? תוספת החיות – "וָחַי בָּהֶם", שהיא גם העניין של ח"י אלול.

הבעל שם טוב ניסה להתמודד עם בעיה שיש לנו, היהודים: אנחנו סובלים מכך שיש לנו יותר מדי מילים, יותר מדי תורות ויותר מדי ספרים. יש מילים שכל יהודי דתי מכיר, כמו אהבת ה', יראת ה', גדולת ה'. המילים האלה, שאדם דתי שומע אותן פעמים רבות במהלך חייו, נעשות בשבילו הברות ריקות מתוכן. הוא שומע אותן פעם אחר פעם, והן פשוט נכנסות לאוצר המילים שלו, ולא יותר. השאלה היא: האם המילים האלה באמת נוגעות לו?

הבעיה הזו הייתה קיימת גם בזמנו של הבעל שם טוב. יהודים קראו כל כך הרבה ספרים וידעו כל כך הרבה חומר תורני, ובחודש אלול באופן מיוחד היו קוראים ספרי מוסר וידעו בדיוק מה כתוב בהם, וכל זה לא הועיל משום שהייתה חסרה חיות. הבעל שם טוב

1. עמוס ג, ו.

חידש שצריך לקחת את הדברים הללו ולנסות לעשות איתם דבר שהוא פשוט מאוד וגם מסובך מאוד – להתייחס אליהם באמת ברצינות.

מה זאת אומרת להתייחס לדברים באמת ברצינות? תארו לכם, למשל, אדם שישן טוב, ואני מנסה לעורר אותו. אני אומר לו: "הגיעה השעה, השעון מצלצל, וצריך לקום לתפילה או ללכת לעבודה"; וזה לא עובד. הוא לא קם. ואז אני אומר לו: "מתחת לכרית שלך שוכב עכשיו נחש ארסי", ומייד הוא קופץ מהמיטה. איך הנחש מצליח להשפיע על בן אדם יותר מהמילים שאמרתי לו? גם אם אדם יודע שיש חובה וגם מצווה גדולה לקום מהמיטה, הנחש הוא זה שיגרום לו להרגיש שזה רציני, שבאמת צריך לקום מהמיטה. כשאדם רואה נחש, הנחש מדבר אליו; אולי הוא לא מדבר הרבה, אולי הוא משתמש בסוג אחר של מילים, אבל הוא מדבר ברור מאוד.

הייתה לי פעם חוויה כזו: כשהייתי ילד קטן נשארתי יום אחד חולה בבית. פתאום הרגשתי משהו שזוחל מתחת לפיג'מה שלי, ובאופן טבעי נתתי לו מכה. התברר שהיו שם חמישה עקרבים צהובים קטנים, והם לא אהבו את המכה שנתתי להם. אני חושב שאת הצעקה שלי שמעו עד קצה השכונה. זה ההבדל בין החוויה של עקרב שזוחל לאדם בתוך הפיג'מה, ובין החוויות שנוצרות, בדרך כלל, מקריאה בספרי יראים. העקרב לא יודע לדבר – לא עברית טובה, לא צרפתית טובה ולא רוסית טובה – אבל אני שומע אותו. הוא משפיע עליי. אם אדם שומע דברי תורה או מתפלל ולא נוצרת אצלו חוויה כזו, זה מכיוון שהוא לא לוקח את הדברים באותה מידה של רצינות.

חידוש המנהגים

הבעל שם טוב לא ניסה לגרום לאנשים לקיים יותר מצוות או להקפיד על סעיף כזה או כזה בשולחן ערוך, אלא להיות בבחינת "וָחַי בָּהֶם". היו אמנם הלכות ומנהגים מסוימים שהחסידים היו אלה שהתחילו לנהוג בהם; אלא שגם כאן מדובר על הלכות ומנהגים שמופיעים בספרים הקדושים הרבה לפני זמנם של החסידים. העניין הוא שעד אז נהגו בהם בדיוק כמו בהוראות בטיחות או חוקי נהיגה שאף אחד לא מציית

להם. גם בתחום הזה הבעל שם טוב בסך הכול אמר: "יהודים, מה דעתכם שניקח את היהדות ברצינות?"

לא מדובר על עניינים עליונים שמופיעים רק בספרי יראים, אלא על הלכות ומנהגים שרבים מהם מופיעים בשולחן ערוך. לשם הדוגמה: ההלכה שלפני התפילה צריך לחגור אבנט, מה שקרוי 'גארטל' לא כתובה רק בספרי יראים; היא כתובה במפורש בשולחן ערוך,[2] והיא מחייבת כל יהודי באשר הוא, בין אם הוא חסיד או מתנגד, יקה או הונגרי. למרות שההלכה הזו, כאמור, הייתה כתובה כבר בשולחן ערוך יהודים לא נהגו בה, ורק כשבאו החסידים הם התחילו לחגור גארטל. ההבדל בין החסידים ובין קודמיהם היה שכשחסיד ראה שכתוב שצריך לעשות דבר מסוים, הוא אמר לעצמו: אולי זה מדבר אליי? ואם כשכתוב שצריך לחגור גארטל זה פונה אליי, אני אחגור גארטל. כך התחיל הגארטל להיכנס לתוך העולם. וזה קרה לא מפני שהיה בזה חידוש, אלא מפני שמישהו ראה שכתוב דבר כזה, והוא אמר לעצמו: אם אני רציני, אני אעשה את זה.

בשולחן ערוך עצמו מופיעות גם דרישות מסוג אחר. בשולחן ערוך יש שני סעיפים שהיו דורשים עליהם את הפסוק "עַד מָתַי אַתֶּם פֹּסְחִים עַל שְׁתֵּי הַסְּעִפִּים",[3] כלומר, עד מתי אתם מדלגים על שני הסעיפים – לא מתייחסים אליהם ברצינות ולא מקיימים אותם. בסעיף הראשון של שולחן ערוך כתוב שכשאדם מתעורר בבוקר, הוא צריך לזכור ולהרגיש שהקדוש ברוך הוא עומד עליו, וממילא הוא קופץ מהמיטה "לעבודת בוראו".[4] בסעיף השני שרגילים לפסוח עליו, כתוב שהמתפלל צריך לחשוב כאילו שכינה כנגדו, ושחסידים ואנשי מעשה "היו מתבודדים ומכוונין בתפלתם עד שהיו מגיעים להתפשטות הגשמות... עד שהיו מגיעים קרוב למעלת הנבואה".[5]

לעצם העניין, העובדה שהסעיפים הללו כתובים בשולחן ערוך

2. אורח חיים צא, ב.
3. מלכים א' יח, כא.
4. אורח חיים א, א.
5. אורח חיים צח, א.

ולא בספרי יראים לא מעלה ולא מורידה; אדם יכול אפילו לדעת אותם בעל פה וגם לדעת שיש כמה אנשים שמקיימים אותם. השאלה היא אם הוא מתייחס אליהם כמו אל פרסומת או אל הוראה שאומרת שכולם צריכים לעשות כך, ומן הסתם היא פונה אל השכן שלו ולא אליו, או שהוא מרגיש שמתכוונים אליו.

אדם יכול לדעת שיש תרי"ג מצוות ואולי אלפי אלפים של הלכות מפורטות, ועדיין להרגיש שהן לא נוגעות לו. ברגע שאדם מגיע למסקנה שהדברים דווקא נוגעים לו הוא מתחיל לחשוב שאולי הם נאמרו ברצינות. הבעל שם טוב לא חידש כלום חוץ מדבר אחד: צריך ללמוד ולעשות את הדברים האלה ברצינות.

למה לדבר בלשון בוטה?

הנקודה הזו מופיעה בתנ"ך הרבה פעמים. היא גם יכולה להסביר תופעה תמוהה בספר יחזקאל. מי שלומד את ספר יחזקאל יכול לראות שיש בו הרבה יותר ביטויים גסים מאשר בכל מקום אחר בתנ"ך, עד כדי כך שיש פרקים ביחזקאל שהמורים בבתי הספר דואגים לדלג עליהם. במשך הרבה זמן תהיתי מה ראה יחזקאל הכהן הסופר לדבר דווקא בלשון כל כך בוטה.

מסתבר שכשיחזקאל דיבר, אנשים באו לשמוע אותו משום שהדברים היו בעיניהם כשיר של משורר "יְפֵה קוֹל וּמֵטִב נַגֵּן".[6] הם בוודאי אמרו אחד לשני: "יחזקאל מדבר היום בשעה שמונה בערב. חייבים לבוא! איך יחזקאל מדבר! העברית שלו. איזו דיקציה. איך הוא עושה בידיים... אתה לא יכול להחמיץ את זה!". כך כולם באו לשמוע את יחזקאל ונהנו מכל רגע. אמנם יחזקאל אמר גם כמה דברים רציניים, אבל את הדברים האלה הקהל לא היה מעוניין לשמוע, בדיוק כמו שהקהל לא לומד מוסר מ'אותלו' ומ'המלך ליר'. הקהל נהנה, חזר עייף אך מאושר לביתו, ואנשים בוודאי גם היו מספרים אחד לשני:

6. יחזקאל לג, לב.

"הנביא יחזקאל היה היום ממש למעלה מהמשוער! איזו דרשה הוא אמר! נפלא, פשוט נפלא!".

כדי לעצור את ההתייחסות הזו, יחזקאל דיבר אליהם במילים גסות, כך שהם לא יוכלו לקבל את דבריו באותה הרגשה נעימה כשהוא מדבר כל כך יפה. הוא רצה לזעזע אותם. האם אנשים באמת הזדעזעו? לא בטוח. אבל אופן הדיבור שלו וגם השפה הקשה שהוא בחר לדבר בה נבעו בדיוק מהנקודה הזו.

בעבר, לפחות בצבא, היה דבר כזה – היו אומרים לבן אדם משהו, והוא באמת שמע. עכשיו גם מהצבא זה כבר יצא. פעם סמל יכול היה לבוא ולומר לחייל דברים בוטים וחריפים, ולפעמים זה גם היה נכנס פנימה. היום לכל חייל יש פלאפון, ועם כל דבר שהוא שומע הוא הולך ישר לאימא שלו. לכן הסמל לא יכול להגיד לו דברים כאלה, והחייל באמת לא לומד שום דבר.

כשלוקחים את הדברים ברצינות

בראשית דרכה של החסידות היו בה אנשים מסוגים שונים, חלקם בעלי מדרגה וחלקם אנשים פשוטים, וזה אולי הדבר המרכזי שהבעל שם טוב אמר להם: קחו את זה ברצינות. יש לכם מספיק תורה ומספיק חוכמה ומספיק יראת שמים. השאלה היא אם אתם לוקחים אותם ברצינות. אם אתם לא לוקחים אותם ברצינות, שום דבר לא יקרה; ואם כן תיקחו אותם ברצינות, משהו יכול לקרות. נכון שבספרים הגדולים של החסידות התיאור הזה לא מופיע, ואף על פי כן, זה מה שקרה בתחילתה של החסידות; החסידים הקטנים והגדולים הגיעו למסקנה הזו: כולנו קוראים יותר מדי ספרים, יודעים יותר מדי וחושבים יותר מדי, ושום דבר מהדברים האלה לא עושה רושם משום שאנחנו לא לוקחים אותם ברצינות.

ברגע שאדם עובר את השינוי הקטן הזה ומבין שמתכוונים לכל הדברים הללו ברצינות – החוויה שלו שונה לגמרי. כמו אדם שנוהג במכונית ובלוח מולו מהבהבים כל מיני סימני אזהרה; כל זמן שהוא לא שם לב לכך, הוא ממשיך לשבת ולנהוג כאילו לא קרה דבר. ברגע

שהוא מתחיל להבין שאם הפנס האדום מהבהב זה רציני, ואולי זה אומר שעוד רגע המנוע יישרף – הוא עובר חוויה אחרת לגמרי. ועל החוויה הזאת אני מדבר, על ההרגשה שכל הדברים שאנחנו מדברים עליהם – אנחנו מתכוונים אליהם ברצינות.

ההשפעה שיכולה להיות לדברים אם רק לוקחים אותם ברצינות, נכונה גם ביחס לדברים מאוד פשוטים. היא נכונה אפילו לגבי תפילה כמו 'מודה אני' שאין בה לא שמות קדושים ולא שום דבר מיוחד. כשמישהו אומר 'מודה אני' ומתכוון למה שהוא אומר, הוא לא יכול להישאר אחר כך אותו אדם. אלא שבדרך כלל ה'מודה אני' יוצא אוטומטית מהפה, בלי שום כוונה, ולכן זה לא עושה לאדם שום דבר.

גם כשאברהם אבינו בא לעולם והתחיל לקרוא בשם ה', אנשים כבר ידעו את הדברים שהוא אמר, אבל אף אחד לא התכוון לכך ברצינות. הם אמרו: "טוב, שמענו את זה כבר. גם הסבים שלנו אמרו כך. לא צריך לשים לב לדברים הללו". ופתאום בא אדם, שאולי היה ילד לא ממושמע, והחליט לקחת את הדברים הללו ברצינות. וברגע שהוא עשה זאת, הוא שינה את דעתו ואת אורח החיים שלו, וכל העולם שלו השתנה לגמרי.

החוויה הזו יכולה לקרות בכל מיני תחומים. למשל כשאדם מקבל הוראות מהרופא, השאלה החשובה היא אם הוא מתייחס אליהן ברצינות. אספר לכם סיפור קטן שקשור לעניין: לפני שנים רבות ישבתי עם פרופסור לרפואה, שהיה הרופא של כל העילית של מדינת ישראל, וכשהוא ערך לי בדיקה רפואית, שאלתי אותו: "למה אתה רופא כל כך מפורסם?" הוא בהחלט היה יכול לענות לי שזה משום שהוא הרופא הכי טוב בארץ, אבל זה לא מה שהוא ענה. הוא אמר: "אני רופא לב. יש בארץ עוד רופאי לב שהם בוודאי לא גרועים ממני, יש גם כאלה שהם בוודאי טובים ממני. מה ההבדל ביני לבינם? כשבא אליהם שר או פקיד גבוה במדינה שעבר התקף לב, הם אומרים לו: 'אתה עברת התקף לב, ולכן אתה צריך עכשיו לנוח תקופה מסוימת לפני שתחזור לעבודה. אחרי מנוחה של כמה שבועות אולי תוכל לחזור לאט לאט לעבודה'. ואז השר, שאמנם עבר התקף לב, אבל

עכשיו הוא כבר מרגיש טוב, ונוסף לכך יש לו המון עבודה, חוזר לעבודה מהר. וכיוון ששום דבר לא קורה לו, הוא מוסיף לעצמו עוד עבודה, כך שהוא לא ממש מחלים. אחרי זמן יש סיכוי טוב שהוא יקבל עוד התקף, וכשזה קורה, הוא אומר: הרופא הזה הוא רופא לא טוב. הוא לא הצליח לרפא אותי. לעומת זאת, כשאני מטפל במטופל כזה אני אומר לו: 'אתה צריך לנוח שלושה שבועות, ואם לא, אני ערב לך שעוד חצי שנה אתה מת'. הוא כמובן שומע בקולי. הוא מבריא, וכך אני מקבל שם טוב".

אותו הדבר בדיוק נכון גם לגבי כל הספרים הקדושים: ככל שאדם מקבל את הדברים יותר ברצינות, כך גדל הסיכוי שהם ישפיעו עליו. אדם "פרימיטיבי" חושב, למשל, שאם הוא יאכל משהו בלי ברכה, תרד אבן מהתקרה ותשבור לו את הראש, ולכן הוא מברך. לעומת זאת, אדם שמתייחס לעצמו בתור חכם ונבון, כבר לא מפחד שתרד לו אבן על הראש, וממילא פעם הוא מברך ופעם לא.

את הנקודה הזו הבעל שם טוב ניסה להדביק לאנשים: הוא הסתובב ממקום למקום ופגש אנשים, שחלקם היו פשוטים מאוד וחלקם חכמים, והוא אמר לחכמים כמו שהוא אמר לפשוטים: "תדעו לכם: אלה הדברים, והם רציניים".

החידוש של בעל התניא

הדרישה הבסיסית של החסידות

בח"י אלול, באותו יום שבו נולד הבעל שם טוב, נולד גם בעל התניא. המסר של בעל התניא דומה למסר של הבעש"ט, אבל הוא פחות ראשוני, פחות גולמי ופחות בסיסי. הוא בא כקומה נוספת על גבי הדרישה הבסיסית של החסידות בכללה.

הדרישה הבסיסית של החסידות מהאדם היא דרישה מעשית: מי שקיבל על עצמו לעשות דברים כלשהם, צריך לעשות אותם ברצינות ולא להסתפק בכוונת הלב, בנענוע הרגליים או בזעזוע העיניים.

כשם שמי שיש לו עבודה צריך לקום ולעבוד, ומי שיש לו ילד קטן צריך להאכיל אותו, ומי שהוא בחור ישיבה צריך לקום וללמוד. כך גם מופיע בגמרא ש"האי מאן דבעי למיהוי חסידא – לקיים מילי דנזיקין" או "מילי דאבות" או "מילי דברכות".[7] כלומר מי שרוצה להיות חסיד – שיקיים את הדברים של מסכת נזיקין או את הדברים שנאמרו במסכת אבות או את הדברים שנידונים במסכת ברכות. פירושו של דבר הוא שמי שרוצה להיות חסיד צריך **לעשות**. לא כתוב: יחגור גארטל ויגיד 'יצמח פורקניה'; הרי מהדברים האלה אף אחד לא נעשה חסיד. אדם שרוצה להיות חסיד צריך לקבל על עצמו דברים ולעשות אותם. לפעמים הוא עושה דברים ששייכים לכל התחומים הללו, ולפעמים הוא מתחיל להיזהר בתחום אחד. זה עלול להיות קשה. לקבל על עצמך לא להזיק לשכנים זה לפעמים יותר קשה מלדקדק בתפילות. אם אתה בכל זאת רוצה להיזהר ולהתנהג כמו בן אדם, אתה צריך לכפוף את היצר.

היכולת הבסיסית להחליט ולבצע היא יכולת חשובה; באופן הכי פשוט, מי שצריך לטפל בגינה שלו יודע שהוא צריך לעבד כך וכך מטרים היום וכך וכך מטרים מחר. אם הוא ימצא לעצמו תירוצים – למשל שרגשות הלב שלו היום לא חקלאיים – זה לא יעלה ולא יוריד. באותו אופן, בחור ישיבה צריך לשבת וללמוד, והוא צריך לעשות את זה ברצינות; לא כדי שהוא יוכל לעבור ביקורת כזו או אחרת או כדי לקבל תעודה כלשהי, אלא ללמוד כך שהוא בסוף באמת ידע משהו, שהוא יקנה דעת. גם בחור שיכול לומר שהוא למד מסכת אחת או שתיים, צריך לשאול את עצמו כמה הוא מבין, כמה הוא יודע, כמה הוא זוכר. זהו הבסיס – כשעושים דברים צריך לעשות אותם ברצינות. זהו עניין של החלטה ושל עשייה.

אלא שגם כשאדם עומד בדרישה הבסיסית הזו, עלולה להתעורר בעיה אחרת. הבעיה היא שהרבה פעמים אדם מנסה להשוות את עצמו לשכן שלו. הוא שואל את עצמו, למשל, אם החברותא שלו או הבחור

7. בבא קמא ל, א.

שלידו לומד יותר ממנו, ומכיוון שיש סיכוי סביר שלא, הוא מרגיש שהוא מילא את חובתו. לאמיתו של דבר השוואה כזו לא פוטרת אותו בכלל. תארו לכם, למשל, שמודיעים לאדם שהוא חולה באיזו מחלה, והרופאים אומרים לו: "אתה צריך לקחת כדורים מסוימים פעמיים בכל יום, בבוקר ובערב". ברור שבכלל לא משנה לאותו חולה מה השכן שלו עושה; הוא לוקח את הכדורים בבוקר ובערב משום שהוא יודע שאם הוא לא ייקח אותם, הוא משחק בחיים שלו. באותו אופן, בציווי "וְהָגִיתָ בּוֹ יוֹמָם וָלַיְלָה"[8] כל אחד מחויב בפני עצמו, בלי קשר לשאלה כמה השכן לומד. מי שפוטר את עצמו בגלל השכן, מרמה את עצמו. מי שמרגיש שהלימוד שלו בסדר משום שהוא לא יותר גרוע מאחרים, אולי יוכל לישון בשקט, אבל זה כמובן לא מספיק.

הדרישה לתודעה ערה

כנגד הבעיה הזו בעל התניא העמיק והוסיף, על גבי הקומה הבסיסית של המעשה, את הקומה של התודעה. על גבי הדרישה לעשייה, בעל התניא הוסיף דרישה לתודעה ערה.

אדם שמנסה לצאת ידי חובה עלול לומר לעצמו: טוב. עשיתי כך וכך דברים; אשתי לא מתקוטטת איתי; ההורים לא זורקים צלחות על הראש שלי; החיים הם פחות או יותר כסדרם; אז הכול בסדר. הרי אחרים לא לומדים בכלל, ואני בכל זאת לומד קצת. אשרי חלקי. כנגד הרגשת נוחות כזו בעל התניא מעמיד את השאלות של התודעה: מה היחס של אדם לחובות הללו? איך הוא בונה את עצמו ואת האישיות שלו? מהי בעצם חובתו? ומאותו רגע, למעשה, זו כבר לא שאלה של יציאה ידי חובה פשוטה משום שגם אם לצאת ידי חובת השכן תמיד אפשר, ולצאת ידי חובת האישה אפשר לעיתים קרובות, לצאת ידי חובת הקדוש ברוך הוא כנראה שאי אפשר. השאלה היא כבר לא איך לצאת ידי חובה, אלא מהי בעצם חובתי. איך למלא את החובה, ומה היחס שלי לחובה הזאת.

8. יהושע א, ח.

השאלה על היחס שלי לחובה היא הרבה יותר מושכלת. אחרי שאדם עושה דבר, והוא מרוצה מעצמו, וכבר נוח לו, הוא מתחיל לחשוב: אז זהו זה? זה מה שהייתי צריך לעשות? זה מה שרציתי? זה מה שחלמתי להיות?

בספר התניא אין דרישות טכניות חמורות יותר מבכל ספר אחר, אלא רק העמדה של הרקע לדרישות הללו בצורה הרבה יותר חריפה מהדרך שבה הן מוצגות במקומות אחרים. הוא לא שואל את האדם אם הוא יצא ידי חובה, אלא אם בתוך המלחמה הפנימית שלו הוא הצליח להגיע למקסימום שהוא מסוגל.

הצרות של ח"י אלול

הרבה אנשים מרוצים מעצמם ומהמשפחה שלהם. הם מרגישים שהכול נוח: יש להם פוך מלפנים ומאחור וקצת צמר גפן מהצדדים. מה קורה כשאין להם את כל אלה, כשהם מתחילים לשאול את עצמם שאלות? הן עלולות לעורר אי נוחות בינם לבין עצמם וגם מול המשפחה שלהם.

השאלות הללו, מצד אחד, עושות את החיים קשים יותר, אבל מצד שני, בגללן בסופו של דבר החיים טובים יותר. בעולם הזה מי ששואל שאלות כאלה מרגיש שהכול לא בסדר, אבל בסוף, כשהוא יגיע לעולם הבא, ישלחו אותו לגן עדן. לעומת זאת, מי שחי בעולם הזה בתחושה שהוא מילא את חובתו, ושהכול בסדר, לא ייכנס לגן עדן. בכניסה לגן עדן יעמוד מלאך קטן, וכשיגיע אדם עם פתק שהוא יצא זכאי, ושיש לו זכות כניסה, המלאך ישאל אותו: "האם עשית מה שהיית יכול לעשות?" אם יתברר שלא, המלאך יאמר לו: "אולי תלך לכיתה א' ותתחיל ללמוד מההתחלה? אולי קיבלת ציון 56, שזה מספיק בשבילך לעבור בקושי, אבל איך אתה בתור בן אדם? זה לא מספיק בכלל. אתה צריך לעשות יותר". התירוצים טובים בשביל המשטרה, אבל כשאדם עומד מול בעיות אמיתיות – למה דבר מסוים שעשיתי ריק? למה הוא לא עובד? – התירוצים לא מועילים בכלל.

ח"י אלול הוא לא יום של עצבות ושל מרה שחורה. לפעמים טוב לאדם לקבל מכה בחלק האחורי של הגוף. ברגע הראשון שהוא

מקבל את המכה הזו הוא אולי משפשף את האחוריים ואומר: אוי אוי, אבל אחר כך הוא מבין שהוא כבר לא באותו מקום שבו הוא היה. הוא ישב בתוך העולם המצומצם שלו כבר עשר שנים, ועכשיו מישהו נתן לו בעיטה. זה היה מאוד לא נעים, מאוד לא יפה ומאוד לא מכובד, אבל עכשיו הוא יצא מעצמו. בח"י אלול מנסים לתת את הבעיטה הזו לכל אחד ואחד מאיתנו בשביל שנפרוץ את הגבולות המצומצמים של התודעה שלנו.

ספר התניא דורש מן האדם להוסיף לעצמו עוד צרות: בנוסף להחלטה שכבר החלטת, בנוסף לכך וכך דברים שעשית, מהי התודעה שלך? איך אתה מתייחס לזה? זה עוד עולם שלם של הרבה צרות וקשיים. את ח"י אלול אנחנו חוגגים כדי שאדם לפחות ייזכר בצרות הללו.

לחיים!

3

לחיות את החיים

כל זמן שחיים צריך לחיות
לחיים!

הכרתי פעם חסיד ברסלב בשם ר׳ אברהם, נכד של ר׳ נתן מברסלב, שהרשים אותי מאוד. הוא היה בן תשעים וחמש, וסבל מאוד ממחלה ברגליו. אני זוכר אותו עומד במניין שבו התפלל, ומתנצל בפני הקהל כך: ״פעם הייתי עובר לפני התיבה בכל התפילות של יום הכיפורים. עכשיו אני חלוש. לכן אני אעבור לפני התיבה רק בתפילות מעריב, מוסף ונעילה״... יום אחד פגש אותו יהודי אחד כשהוא מהלך בדרך, וכיוון שר׳ אברהם היה חולה ברגליו, הוא היה מהלך בקושי, הוא כמעט זחל. היהודי שאל אותו: ״ר׳ אברהם, לאן אתה הולך?״ ר׳ אברהם אמר לו שהוא הולך למקווה. היהודי ידע שהדרך למקווה היא דרך של יותר מקילומטר, ומתוך אהבה ודאגה לר׳ אברהם הוא ניסה להגיד לו שאולי לא כל כך דחוף שילך למקווה; הרי סוף סוף הוא לא יהודי צעיר, שצריך לחשוש לעניינים שמצריכים טבילה, אז אולי הוא יוותר על המקווה ליום אחד. ר׳ אברהם אמר לו: ״מה זאת אומרת?! **כל זמן שחיים צריך לחיות!**״ תארו לעצמכם: עומד אדם בן תשעים וחמש, והוא יודע שבשביל לחיות צריך ללכת למקווה. הוא זוחל, וכל פסיעה כואבת לו, אבל הוא הולך בשביל לחיות.

המטרה של ח"י אלול היא להחיות את אלול. הכוונה איננה לבלות את הזמן או לעבור את הזמן אלא לחיות את הזמן. אדם יכול להסתבך עם עצמו או להכות על חטא בחודש אלול, אבל השאלה החשובה נשארת: האם היו פה חיים? השאלה של ח"י אלול היא איך אפשר **לחיות** את הימים של חודש אלול? על כן, אם אדם רוצה לצאת מח"י אלול עם מסקנה, זו לא צריכה להיות החלטה לעשות דבר כזה או כזה; זו צריכה להיות השאלה: איך הוא גורם לכך שהימים שלו יהיו חיים ולא מתים?

כתוב שאחת הדרכים לדבוק בקדוש ברוך הוא היא להידמות אליו. אפשר לחשוב על כל מיני אופנים להיות דומים לקדוש ברוך הוא. אפשר, למשל, להידבק בו בניסיון להיות כמוהו בבחינת האמת, שלפי הרמב"ם נמצאת בשלמות רק אצל הקדוש ברוך הוא. אבל יש דבר אחר שגם הוא שייך לקדוש ברוך הוא – החיים. צריך לזכור שהקדוש ברוך הוא הוא "אֱלֹהִים חַיִּים וּמֶלֶךְ עוֹלָם"; הוא אל חי ומחיה החיים, ועל כן מי שחי חיים של ממש, דבוק בקדוש ברוך הוא.

לחיות בסתם יום רגיל

לפעמים אנשים טועים וחושבים שחיים הם חוויות, הרפתקאות וחגיגות. אבל הדברים הללו אינם עיקר העניין. אדרבה, שאלת החיים מתחדדת דווקא בזמנים רגילים שאין בהם שום עניין מיוחד. חסידים היו אומרים שהיום הכי גדול בשנה הוא היום שאחרי יום הכיפורים, שאצל אשכנזים קראו לו יום 'גאָט'ס נאָמען' – שם ה'. הטעם הפורמלי לשם של היום הזה הוא שביום הזה מפסיקים לומר בתפילה "המלך הקדוש", וחוזרים לומר את שם ה', "האל הקדוש". אבל היום הזה הוא יום 'שם ה'' גם מבחינה אחרת: אחרי שעלינו מעלה אחר מעלה במהלך הימים הנוראים, אחרי שנעשינו טהורים ונקיים ביום הכיפורים, עומדת השאלה: האם באמת הגענו ל'יום שם ה''? זהו יום בלי שום חגיגות או טקסים מיוחדים; אפילו לא אוכלים בו מאכלים מיוחדים. מה שצריך לנסות לעשות בו הוא לחיות יום אחד עם הקדוש ברוך הוא.

איך אדם יכול לחיות עם הקדוש ברוך הוא? זו בעצם העבודה שאותה אדם צריך לעבוד בכל חודש אלול – בי"ט באלול, בכ' באלול,

בכ"ג באלול ובכל יום אחר – לעבוד על כך שיהיה עוד יום אחד שבו הוא יחיה. אפשר לקחת זמן קצר יותר מיום שלם – שלוש שעות או אפילו עשרים וארבע דקות – ולנסות לחיות אותן כך שלחיים הללו תהיה ממשות.

האופי של חודש אלול קשור ומתאים לעבודה הזו: מצד אחד יש בחודש הזה גילוי מיוחד של הקדוש ברוך הוא; בספרי חסידות כתוב שבחודש אלול הקדוש ברוך הוא הוא בבחינת "המלך בשדה", והוא מתגלה לכל העם. ומצד שני, שלא כמו הימים שבאים לאחריו – ראש השנה, יום הכיפורים וסוכות – אין בו שום חגיגות, ולא מרבים בו בתפילות מיוחדות. משום כך, השאלה איך אדם יכול לחיות את חודש אלול, משקפת את השאלה האמיתית – לא את השאלה איך לעשות חגיגה גדולה או קטנה, אלא איך לקום בסתם יום רביעי בבוקר, יום רביעי שאין בו שום דבר מיוחד, ולעשות שהיום הזה יהיה יום חי. ובשביל לחיות את היום לא צריך, בעצם, לעשות שום דבר מיוחד. אדם יכול ללמוד דף גמרא או להגיד פרק תהלים ולהיות חי, אבל הוא יכול גם לשבת בגינה ולשחק בעשב ולהיות חי.

מספרים על העבדים בארצות הברית שחיו חיים קשים באמת, חיים בלי רגיעה ובלי כבוד. כשעבד היה רוצה לחוש איזה תענוג, הוא היה סותם את האף כמה זמן שהוא היה יכול, עד שהוא היה מרגיש שהוא עומד להיחנק, ואז היה פותח את האף ונושם נשימה אחת עמוקה. בנשימה הזאת הוא היה מרגיש את עונג החיים. במובן מסוים, הניסיון לחיות הוא ניסיון להרגיש את העונג של החיים, וכמו שכתוב בספרים זהו עונג גדול יותר מכל עונג אחר.

מה היית?

יש אנשים שאף על פי שהם מסתובבים בעולם, למעשה הם אינם חיים. הם יכולים לחיות תשעים שנה ולהיות מתים במשך כל תשעים השנים הללו. אנשים מבלים את ימיהם בכל מיני עיסוקים – אוכלים, שותים, ישנים ועושים כל מיני דברים אחרים – אבל השאלה היא: בכמה מהימים הללו הם באמת חיים?

אחת הדרכים לספור את ימי חייו של אדם היא לבדוק כמה מתוכם הוא באמת חי. סיפרו, למשל, שלהארון א־ראשיד, שהיה סולטאן ערבי של הממלכה העבאסית כשהיא הייתה ממלכה עצומה ועשירה, היה כל מה שאדם יכול לבקש לעצמו בגשמיות וברוחניות. בסוף ימיו הוא סיפר: "ניסיתי לחשב כמה ימים של אושר היו לי בחיי. ספרתי את ימי האושר ולא הגעתי אפילו לשבעה ימים". כך יכול אדם לנסות לספור ולשאול את עצמו: כמה ימים או שעות של חיים היו בחייי? השאלה היא לא כמה תקתוקים השעון תקתק בימי חיי, או איך מילאתי אותם, אלא כמה זמן חייתי חיים של ממש.

בעולם העליון שואלים כל אדם שתי שאלות גדולות ואמיתיות. השאלה הראשונה היא: מה עשית בחייך? יש אנשים שיש להם תשובה טובה לשאלה הזו משום שהחיים שלהם היו מלאי עשייה, והם יכולים למסור דו"ח מפורט על כל מה שעשו. השאלה השנייה שונה בתכלית: מה היית?

זוהי שאלה קשה הרבה יותר מהשאלה הראשונה משום שהרבה אנשים שעובדים קשה מאוד ועושים הרבה מאוד דברים הם עדיין כלומניקים: יש כלומניקים שמשחקים כדורגל, יש כלומניקים שכותבים ספרים, ויש כלומניקים שהורגים אנשים. כל אחד מכם יכול לשאול את עצמו את שתי השאלות האלה: השאלה הראשונה: מה הוא עושה בעולם? והשנייה: מי הוא? השאלה השנייה קשורה לשאלה אם הוא חי חיים שיש בהם ממשות.

כתר שם טוב

עולה על גביהן

כמה וכמה 'בעלי שם' חיו בעולם עוד לפני שהבעל שם טוב נולד. הם היו מרפאים עממיים שהשתמשו בקמעות ולחשים, בייחודים ובשמות קדושים. אבל המובן של הכינוי 'בעל שם טוב' שונה. הוא קשור למה שכתוב במשנה: "שלושה כתרים הם, כתר תורה וכתר כהונה וכתר

מלכות, וכתר שם טוב עולה על גביהן".[9] שלושת הכתרים – תורה, כהונה ומלכות – הם כתרים גדולים, חשובים ומפורסמים. אולם מהו 'כתר שם טוב', שעולה על גביהן? כתר שם טוב מבטא מעלה שאי אפשר להגדיר אותה; מעלה שלא קשורה לתורה, כהונה או מלכות, וגם לא לכסף או לידיעה. היא קשורה לשאלה מה הוא האדם עצמו, ואת זה אי אפשר להגדיר.

מפרשי המשנה שואלים מדוע המשנה פותחת באמירה: "שלושה כתרים הם" – הרי היא מונה שלושה כתרים ומוסיפה את כתר שם טוב שעולה על גביהם? יש, אם כן, ארבעה, ולא שלושה כתרים. נראה כי התשובה לשאלה זו היא שבאמת ישנם שלושה כתרים, משום שכתר שם טוב עולה על גבי שלושת הכתרים האחרים; הוא לא נמצא במישור שלהם. כל אחד מהכתרים מבטא גדולה מסוימת שמתלווים אליה חשיבות וכבוד. לעומת זאת, כתר שם טוב, שמגדיר את מעלת האדם לעצמו, מעלת האדם באשר הוא אדם, אינו כולל כבוד או חשיבות, ובמובן הזה הוא לא כתר, ולכן איננו נמנה בין שאר הכתרים. מצד שני, כשהכתרים האחרים נמצאים וכתר שם טוב לא נמצא איתם – כאשר אדם הוא למדן, כהן גדול או אפילו מלך ישראל, ועדיין חסר לו כתר שם טוב – כל הכתרים הללו הם די חלולים, מפני שהכתר הזה מגדיר את האדם עצמו. הכתר הזה, שלא ניכר, שלא רואים ושלא שומעים אותו, הוא זה שנותן חיים בכל הכתרים האחרים.

יצא לי לפגוש הרבה אנשים מפורסמים ולא פעם הם הזכירו לי יצור שראיתי פעם בגן החיות – טווס מרוט. טווס הוא אחד היצורים הכי יפים שיש. טווס שפותח זנב יפה הוא אחד הדברים הכי יפים בטבע, אבל טווס מרוט נראה כמו תרנגולת גרומה ומכוערת. אחרי שראיתי את הטווס המרוט, חשבתי על אנשים גדולים ומפורסמים שיש להם זנב אמיתי של טווס שהוא באמת יפה, אבל אם מורידים להם את הזנב, כמו אצל הטווס, הם נשארים יצורים לא מרשימים.

9. אבות ד, יג.

הכרתי כמה אנשים גדולים ומפורסמים, שלכל אחד מהם הייתה איזו מעלה – אנשים עשירים, יהודים למדנים, פרופסורים מלומדים ועוד. לכל האנשים הללו היו זנבות גדולים ויפים או קרניים מפוארות שרק התלוו לעצם האישיות שלהם. הזנבות והקרניים הנפלאים הללו היו אמיתיים ולא מודבקים, והיופי היה יופי של אמת, כשם שזנב של טווס הוא אמיתי. אף על פי כן, כשמנסים לבדוק מה הוא האדם בעצמו, מתברר לעיתים קרובות שהאדם בעצמו הוא ברייה לא חשובה. גם אם אני מחשיב אותו מאוד בתחום שבו הוא רכש לעצמו מעלה, עדיין ייתכן שהוא כלומניק. יש אנשים גדולים ומפורסמים שעושים המון דברים בחיים, אבל כשבוחנים כמה טוב יש בהם עצמם, מגלים שיש בהם אולי פינה אחת של טוב, ואולי אין בהם אף נקודה של טוב בכלל.

לעומת זאת, לפעמים פוגשים אדם שהוא מבריק פחות מאחרים, אבל יש בו משהו שיש לו ערך אמיתי, יותר מכל הדברים שאנשים אחרים עושים. יש ראשי מדינות או מחברי ספרים, יש אנשים עם כישרון לדבר או לשיר, ולעומתם יש אדם כזה שאין לו שום זנב מיוחד, אבל יש לו כתר שם טוב – הכתר שלא רואים אותו, הכתר שאי אפשר למדוד אותו, הכתר של האישיות עצמה.

החיפוש שייסד הבעל שם טוב

זהו גם המובן של הכינוי 'בעל שם טוב': כשם שיש אנשים שיש להם כל מיני כתרים חשובים ומכובדים – בעלי כהונה, בעלי תורה או בעלי מלכות – כך יש אדם שהוא בעל שם טוב, האיש שמחזיק את הכתר שם טוב, את הכתר של האדם עצמו. הבעל שם טוב דרש מהחסידים לחשוב על כתר שם טוב ולחפש אותו, ואמר להם: "יש ביניכם אנשים עשירים ועניים, כשרים וחוטאים; בואו נוריד מכם את הצדדים שלא שייכים לעצם האישיות שלכם, ונראה כמה יישאר מכם, מן האדם שבכם".

הבעל שם טוב ייסד חיפוש. חסידי הבעל שם טוב חיפשו בתוך עצמם את כתר שם טוב. החיפוש הזה הוא התמצית של חסידות הבעל שם טוב. לעומת כל מיני סוגים אחרים של חסידים שמופיעים בגמרא

או במקורות אחרים כ"האי מאן דבעי למהוי חסידא", ולעומת כל מיני אנשים בכל הדורות שנקראו חסידים על שם הדקדוק במצוות, אהבת הבורא או מעלה אחרת שהייתה להם, הבעל שם טוב ניסה למצוא אצל החסידים איזושהי מהות פנימית שאיננה מוגדרת. החיפוש אחר כתר שם טוב איננו שולל או מוחק את העולם החיצוני וגם איננו מתחרה בו, ולכן גם מי שיש לו כתר שם טוב יכול לקנות לעצמו תכונות ומעלות אחרות. אלא שחסידי הבעל שם טוב לא ניסו ללמוד לעשות דבר מסוים. הם ניסו לקנות לעצמם כתר שם טוב.

כאשר יהודי מוצא את כתר שם טוב, זו מציאה של אמת. גם כשחסידים חיפשו לעצמם רבי, הם חיפשו אדם עם המהות הזו. העניין של רבי הוא לא לעשות דבר מסוים או ליצור חסידים מסוג מסוים; העניין של רבי הוא פשוט להיות. כמו שאמר לי פעם חב"דניק אחד: רבי של חסידים לא צריך לדעת ללמוד. למדנות איננה חלק מהמהות שלו אך כשאנחנו רואים את הרבי שלנו פוגש איזה למדן מתנגד ומראה לו שהוא לא יודע מה כתוב בירושלמי – זו סתם הנאת עולם הזה...

לא לשים לב לשטויות

אחד המקומות שבהם דיברו על הנקודה הזו היה בקוצק. בעניין זה מספרים סיפור על ר' לייבלה איגר, נכדו של רבי עקיבא איגר. רבי עקיבא איגר בעצמו היה איש גדול מאוד; הבן שלו, רבי שלמה איגר, היה רב גדול ומתנגד חריף; והנכד החליט להיות חסיד של הרבי מקוצק. מבחינת המשפחה הצעד הזה פירושו היה ללכת למקום הכי רחוק שאפשר. ר' לייבלה ברח לקוצק בתור אברך צעיר עם שטריימל. ברגע שהוא נכנס לבית המדרש והחסידים ראו את השטריימל היפה שלו, מישהו מהם דאג להוריד לו את השטריימל ולקנות במחירו משקה. כך הם שתו משקה תמורת השטריימל של ר' לייבלה. אביו של ר' לייבלה שלח שליח שימצא אותו, וכשהשליח הגיע לקוצק, הוא ניסה לחפש אותו בין החסידים. הוא פגש כמה חסידים ושאל אותם: "איפה נמצא פה הרב הגאון ר' לייבלה אייגר?" החסידים אמרו לו שהם לא מכירים איש כזה. הוא ניסה לתת כל מיני סימנים, עד שבסוף

הם אמרו: "אתה בטח מתכוון לליבלה שלמה'ס עקיבא'ס" – לייבל של שלמה של עקיבא. לא קראו לו 'הרב', כמו שראוי לקרוא לאדם גדול בתורה, אלא בשם הפרטי, כמו שקוראים לאדם רגיל. לאחר מכן, כשהשליח מצא אותו, הוא הסתכל עליו בעיניים כלות: מה קרה לבחור הזה שהיה פעם 'תפארת ישראל'? הרי הוא לא ברח מהבית בתור ילד קטן אלא בתור איש בוגר, וכולם ידעו שהוא בהחלט יכול למלא את מקום אבותיו בתורה ובחכמה.

ואכן, אחד הדברים שהשליח גילה אצל חסידי קוצק הוא שאין להם סדר וכללים קבועים. אנשים מפורסמים, רבנים גדולים וגבירים גדולים היו יושבים שם יחד עם פשוטי העם בשיוויון גמור: כולם פנו זה לזה בתואר 'אתה' כמו שפונים באידיש לאדם פשוט, ולא בתואר 'אתם', כמו שנהגו לפנות לאדם מכובד. השליח הבין שהוא הגיע, כנראה, למין מקום שאין בו שום דרך ארץ, ושום דבר לא נחשב שם. ופתאום הוא שמע שמישהו מכריז "הרשל'ה בא!" וראה שכולם רצים לקבל את פניו. כיוון שהשליח ראה שיש מישהו שאפילו במקום כזה כולם מקבלים את פניו, הוא רץ יחד עם כולם לראות במי מדובר, והנה הוא רואה יהודי קטן לבוש בבגד מהוּהֶ. הוא שאל את החסידים: "מי האיש הזה, ומדוע נותנים לו כל כך הרבה כבוד? האם הוא למדן?" ענו לו: "אולי הוא יודע להגיד פרק משניות ולא יותר". "האם הוא יחסן?" – "הוא בן של אופה". "האם הוא עשיר?" – "הרי אתה רואה איך הוא לבוש!" שאל אותם השליח: "אם כן, למה חולקים לו את כל הכבוד הזה?" אמרו לו: "משום שהוא עניו". מספרים שכשהשליח חזר למשפחת איגר וסיפר את הסיפור הזה, מישהו אמר: "הוא לא עשיר, לא למדן ולא יחסן – מה הפלא שהוא עניו?! למה שלא יהיה עניו?!" אבל מסתבר שבקוצק היה ברור שזה עובד בדיוק להיפך: אדם שיש לו איזו מעלה יכול להיות עניו; ודווקא לאדם שהוא לא עשיר, לא למדן ולא יחסן קשה מאוד להיות עניו, משום שאדם שאין לו שום מעלה – מה הוא יכול להיות חוץ מאשר להרגיש את עצמו גדול? אם תבדקו בין בני אדם, תמצאו שעד היום הזה העניין הזה פועל באותו אופן.

מה הייתה הנקודה בקוצק? לא ביטלו שם למדנים; היו בקוצק לא רק יהודים למדנים, אלא גם מאות רבנים, אחדים מהם רבני ערים גדולים וחשובים. אבל שם לא הבליטו שום דבר חיצוני אלא דברים ששייכים למהות. לא הדגישו דברים שאפשר לקנות במאמץ מסוים, כמו התורה, אלא דברים שהרבה יותר קשה לקנות – אישיות מיוחדת, כתר שם טוב.

החיפוש אחרי 'כתר שם טוב' עוזר לאנשים, בין השאר, לא לשים לב לשטויות. הוא גורם לכך שאחרי שאדם מודד את עצמו בכל מיני אופנים, למשל, כשהוא יודע שהוא מכובד ומפורסם, הוא מתחיל לחשוב: מה יוצא מהשטות הזו? כמה היא שווה? ואז אדם מתחיל לשאול את עצמו שאלה אחרת: כמה אני עצמי שווה? כדי שלאדם עצמו יהיה ערך, הוא לא צריך תארים, אפילו לא תואר של 'צדיק', אלא הוא צריך להיות דמות שלמה. עצם החיפוש של קבוצת אנשים אחרי דמות כזו מוציא מתוכם הרבה אנשים כאלה, בעלי שם טוב.

איפה מוצאים בעלי שם טוב

את האיש שהוא בעל שם טוב יש עניין לחפש. על איש כזה נאמר "אָדָם אֶחָד מֵאֶלֶף מָצָאתִי".[10] קשה למצוא אותו, אבל כשאני מוצא אותו, אני מוצא אדם שהוא עצמו בעל ערך. גם אם הוא לא עושה לי טובה, ואני לא עושה לו טובה, כדאי פשוט להידבק בו, כדאי להיות איתו. גם כשאני פוגש את מכריי, את תלמידיי או אנשים אחרים, אני מנסה לבדוק: על כמה מהם אני יכול להגיד שאני רואה אצלם את הנקודה הזו, אפילו מקצת כתר שם טוב.

כפי שאמרתי, האיש שהוא בעל שם טוב אינו מוגדר על ידי תארים. החיפוש אחריו קשור לשאלה מה היא הדמות הפנימית של אדם. גם באדם שיש בו נקודה של שם טוב, כדי למצוא אותה צריך להפשיט אותו פעם אחר פעם, להסיר ממנו את כל הקליפות ואת כל המַּעֲטים, ולנסות לבדוק מה נשאר אחרי שמסלקים את כל הדברים

10. קהלת ז, כח.

החיצוניים הללו. אם האדם הוא אכן אדם בעל שם טוב, מה שנשאר בפנים זה ה'כתר שם טוב'. צדפות הן יצורים לא יפים במיוחד, ולא רואים בקליפה שלהן שום דבר מיוחד, אבל בתוכן יש פנינה. כך גם אצל בני אדם: לפעמים לא רואים על האדם שום דבר מיוחד, אבל כשמורידים את הקליפות ואת המכסים, מתברר שיש בפנים דבר שלפעמים הוא זוהר ונוצץ ולפעמים לא, אבל הוא קשור לכתר שם טוב.

בגמרא מופיעה רשימה מעניינת של ארבעה אנשים שבניגוד לכל שאר האנשים בעולם, שמתים בגלל חטאים גדולים או קטנים, הם מתו בעטיו של נחש; כלומר, בעקבות מעשהו של הנחש הקדמוני שבגללו נגזר על בני אדם שימותו.[11] מלאך המוות לא יכול היה להתעסק באנשים האלה, והם נפלו לידיו רק בגלל הבירוקרטיה, רק משום שלפי הרישום גם הם צריכים למות. ברשימה הזו מופיעים ארבעה שמות: בנימין בן יעקב, עמרם אבי משה, ישי אבי דוד, וכלאב בן דוד. השמות האלה מפתיעים משום שעל אף אחת מהדמויות הללו אי אפשר לספר סיפורים מרשימים: מה אפשר להגיד על בנימין חוץ מהעובדה שהיו לו עשרה ילדים? לעומת יוסף, יהודה או אפילו שמעון, שלכל אחד מהם היה ייחוד מסוים, בנימין היה בסך הכול ילד טוב. מה אפשר לומר על עמרם אבי משה חוץ מהעובדה שהוא זכה להוליד שלושה ילדים שהיו פאר ישראל? על ישי אבי דוד לא ידוע שום דבר חוץ מהעובדה שהיה "בָּא בַאֲנָשִׁים",[12] ועל כלאב בן דוד אנחנו לא יודעים דבר חוץ משמו. יש בתנ"ך אנשים שהם מיוחדים שבמיוחדים – נביאים, חכמים, צדיקים, עשירים ומלכים – ואף אחד מהם לא נמצא ברשימה הזאת. מופיעים בה דווקא אנשים שאנו לא יודעים עליהם כמעט דבר. השאלה היא: איפה אפשר למצוא את האיש החמישי?

אספר לכם עוד כמה סיפורים על העניין הזה. יום אחד בא אלי

11. שבת נה, ב; בבא בתרא יז, א.
12. שמואל א' יז, יב.

אדם שהיה שליח חב"ד ואמר לי שהוא עומד לשהות בירושלים איזו תקופה. הוא שאל אותי מה לעשות בתקופה הזו. אמרתי לו: "אם אתה רוצה לעשות משהו מועיל, תסתובב בירושלים ותפגוש אנשים – לא את אלה שיושבים בישיבות, אלא את הסוחרים במחנה יהודה, את הסנדרלים, את השוטרים ואת כל שאר האנשים הפשוטים שמסתובבים בירושלים – ותשוחח איתם". הוא שאל אותי על מה לשוחח איתם, ואמרתי לו: "על מה שיוצא לך. אתה יכול לשאול אותם שאלות ולשמוע את התשובות שלהם". אולי העצה הזו נשמעה לו עצה משונה מאוד, אבל הייתה לו קבלת עול, והוא עשה כמו שאמרתי לו. אחרי שנתיים הוא בא אליי ואמר: "יש לי ספר שאספתי מכל דברי התורה והחוכמה ששמעתי מהאנשים הפשוטים בירושלים".

מפעם לפעם אני נוסע עם נהגי מוניות, חלקם יהודים וחלקם ערבים, והם משוחחים איתי. לא פעם יוצא שאני מתפלא על דברים שהם אומרים: מאין נהגי מוניות יודעים לצטט גמרא או דברי חכמים שהם מעולם לא למדו?! פעם נסעתי עם נהג מונית ערבי כשבחוץ ירד גשם, והוא אמר לי: "לדעתי, הגשם יורד לא בגלל בני האדם אלא בגלל העצים והפרות". הדבר הזה כתוב בגמרא, אלא שנהג המונית הזה בוודאי לא למד מעולם את הגמרא הזו. השאלה למה יורד הגשם ובשביל מי הוא יורד עלתה בדעתו של איש פשוט, והוא החליט שהגשם כנראה יורד בשביל העצים והבהמות.

לפני שנים העברתי שני שיעורי חסידות בשבוע: בשיעור אחד, שהתקיים ועדיין ממשיך להתקיים בימי חמישי ישבו אנשים מבוגרים ומכובדים, מלומדים ובעלי מעלה, מרום עם הארץ. זו הייתה חוויה מעניינת, בתור אדם צעיר, לשבת וללמד אותם. בשיעור הזה השתתפו, למשל, הרקטור של האוניברסיטה, שהיה מבוגר ממני לפחות פי שלוש, ואף על פי כן ישב וכתב מילה במילה את מה שאמרתי, או המומחה הגדול ביותר לחוקי המקרקעין בארץ שידע את כל החוק התורכי, ואנשים מכל הארץ היו באים להתייעץ איתו, ועוד כל מיני דמויות כאלו. השיעור השני התקיים בשבת אחרי הצהריים, וזו הייתה חוויה שונה לגמרי מהשיעור הראשון, מפני שבשיעור

הזה לא היה מקום לא לחידושי תורה, לא לחידושי פילוסופיה ולא לחידושים אחרים. השתתפו בו אנשים פשוטים מאוד שאינני יודע איך הם הבינו את מה שלימדתי, וגם לא ידעתי בדיוק מי ומה הם. ישבתי איתם, וכל אחד סיפר במה הוא עובד: אחד סיפר לי שהוא נגר, השני סיפר לי שהוא סנדלר, השלישי סיפר לי שהוא חנווני, והיה שם עוד יהודי אחד שישב ושתק. לימים פגשתי אותו ברחוב, והסתבר לי שהוא 'אלטע זאכען' – מוכר דברים ישנים – ומזה הוא חי. בכל פעם שהיינו נפגשים באקראי ברחוב – אני הייתי הולך הרבה ברחוב, והוא היה הולך ברחוב כחלק מהמקצוע שלו – תמיד הייתה לו שאלה אליי, בדרך כלל בתנ"ך. התברר לי שהאיש הזה ידע את התנ"ך, ושאל אותי בכל פעם שאלות חכמות. חשבתי על כך: הולך לו יהודי, אלטע זאכען, והרי ברור שהוא לא מתכוון לפגוש אותי מפני שאלה היו פגישות אקראי, והנה בכל פעם יש לו שאלה אליי. מכאן שהוא הולך בדרך וחושב כל הזמן על דברי תורה. כמה אנשים כאלה אתם מכירים?! אני בטוח שהיהודי הזה לא רצה שאני אקרא לו 'מר' או 'רב', אבל הוא ודאי חשב על דברי תורה יותר ממה שאני חשבתי. אמרתי לעצמי: מה אני יודע על אנשים? מה אני יודע על גדולתם?

מתברר שאת 'כתר שם טוב' כדאי לפעמים לחפש דווקא בין האנשים הפשוטים. אפשר אמנם למצוא אותו לפעמים אפילו בין הרבנים או בין העשירים, אלא שלשם כך צריכים להתאמץ יותר משום שיש להם יותר עטיפות שצריך לקלף כדי למצוא את המהות הפנימית שלהם.

כדי לעמוד על מהותו של אדם צריך לראות אותו כמו שהוא בעצמו; וכשמצליחים לגלות מה הוא האיש בעצמו, לפעמים מתברר שזהו איש של כתר שם טוב. הפגישה עם אדם כזה, אדם שהוא 'מנורת זהב כולו', שכולו יפה, נקי וטהור, היא עונג ואושר צרוף.

בסך הכול, ניסיתי לדבר איתכם על דברים שאולי לא כתובים בספרי חסידות, ובכל זאת הם נוגעים לנשמה. לא דיברתי איתכם על כך שאדם צריך להיכנס לעומק הלב ולבדוק אם הוא חטא או

לא חטא, אלא על החיפוש אחרי דבר שראוי לראות אותו, שכדאי להתחבר איתו.

כתר שם טוב הוא בבחינת "הנוי והנצח לְחַי עולמים", על דרך הסברו של הרבי מקוצק: בדרך כלל כשאדם רואה דבר יפה פעם אחר פעם, עם הזמן הוא מאבד את יופיו בעיניו. רק דבר שהוא "לחי עולמים", כמו כתר שם טוב, יכול לעמוד בנויו וביופיו לנצח.

לחיים!

4

הכתר שם טוב של כל אדם

בין יארצייט ליום הולדת

בח"י אלול אנחנו חוגגים שני ימי הולדת – של רבי ישראל בעל שם טוב ושל בעל התניא. עצם העניין שאנחנו זוכרים וחוגגים ימי הולדת הוא חריג, משום שאנחנו יודעים בערך מתי חיו רובם של אנשי השם הרבים בהיסטוריה הגדולה שלנו, ובאיזה תאריך חל היארצייט (יום הפטירה) שלהם, אבל בדרך כלל איננו יודעים את יום ההולדת שלהם. יש רק דמויות ספורות, יוצאות מן הכלל, מתוך כל ההיסטוריה היהודית, שאנחנו יודעים את תאריך יום ההולדת שלהן. אני רוצה להעלות את השאלה: מדוע יש לנו כל כך הרבה תאריכי פטירה וכל כך מעט ימי הולדת?

מהו יארצייט? למה מציינים את יום הפטירה? יארצייט מסמל את סוף החיים של אדם ואת סיכום החיים שלו. יש אנשים שאפשר לסכם את חייהם ברשימת מפעלים או עבודות שהם עשו. אם מנסים לסכם את חייו של רש"י, למשל, הסיכום לא יהיה קשור באנקדוטות או סיפורים, משום שהדבר העיקרי שרש"י עשה הוא מפעל של פירוש. במובן הזה רש"י נמצא בתוך כל חומש וחי בתוך כל גמרא. זה מה שנשאר ממנו. יש אנשים שהסיכום של ימי חייהם הוא סיכום של ספרים, ויש אנשים שימי חייהם מסתכמים במעשים אחרים; יש

כאלה שניצחו במלחמה או בנו יישוב וכן על זו הדרך. זה עניינו של יום היארצייט – יום של סיכום מעשיו של אדם בימי חייו.

יום ההולדת שונה בתכלית. מה אכפת לי שמישהו נולד בתאריך מסוים? האמת היא שיום ההולדת חשוב רק לגבי אנשים שעניין החיים שלהם איננו מסתכם בעבודה מסוימת שעשו או במפעל מסוים שפעלו, אלא בעצם הווייתם כבני אדם. ומכיוון שבניגוד למפעליו של אדם, שאותם אפשר לסכם בסוף חייו, להווייתו ולעצם החיים שלו אין נקודה מתאימה של סיכום. לכן השאלה מי היה אדם מסוים, אינה קשורה ליארצייט. זו שאלה שקשורה דווקא ליום הולדת.

מסיבה זו הגמרא במסכת ראש השנה דנה בשאלה באיזה חודש נולדו האבות.[13] תאריך לידתם של האבות חשוב משום שעיקר עניינם איננו מסתכם במעשים שהם עשו. ייתכן שאברהם אבינו או יצחק אבינו לא כתבו שום ספר, וגם יעקב אבינו לא השאיר אחריו יצירות – מוסיקה הוא לא הלחין, ספרים הוא לא כתב, ואפילו הילדים שהוא הוליד, שמהם נוצר עם ישראל, אינם יצירה שבה מסתכמים חייו. מה עשו האבות? הם חיו, ולחייהם כבני אדם יש משמעות הרבה מעבר למפעלים שהם עשו. כך גם דרשו את הפסוק הראשון בפרשת נח: "אֵלֶּה תּוֹלְדֹת נֹחַ – נֹחַ".[14] תולדותיו של נח הם שהוא חי; מה נח יצר? הוא יצר את נח, ונח עצמו היה מספיק חשוב.

צדיקים במיתתם קרויים חיים

האמירה "צדיקים במיתתם קרויים חיים, ורשעים בחייהם קרויים מתים" לא באה להעליב את הרשעים, אלא קשורה בדיוק לאותו העניין: יש איש שבמהותו הוא חי, ויש איש שבמהותו הוא מת. יש אנשים שמסתובבים בעולם שמונים שנה, ואולי הם גם עושים כל מיני דברים בחייהם, ובמובן הזה כאשר תגיע שעתם, אפשר יהיה אפילו לעשות להם יארצייט ולבנות להם מצבה. ובכל זאת, גם לפני כן הם לא ממש

13. ראש השנה י, ב–יא, א.
14. בראשית ו, ט.

חיו. אמנם בכל אותם הימים שום פתולוג עוד לא קבע את מותם, אבל בעצם הם לא היו חיים. לעומת זאת, יש אנשים שחייהם הם חיים של ממש, ולכן הם לא מסתכמים בכך וכך דברים שהם עשו. על אנשים כאלה אפשר לומר את מה שכתוב על בניהו בן יהוידע – "בֶּן אִישׁ חַי" גם אם באופן פיזי הם מתו, למעשה הם ממשיכים לחיות.

זהו ההסבר לתופעה מעניינת: בתורה כתוב באיזה חודש מתה מרים ובאיזה תאריך מת אהרן, אבל לא כתוב במפורש מתי מת אחיהם משה רבנו, ורק חכמים הם אלה שחישבו ושיערו שהוא מת בז' באדר. מדוע התורה בעצמה לא מציינת את יום פטירתו של משה רבנו? מפני שלאמיתו של דבר משה רבנו לא מת. גם כשהרמב"ם מתאר את פטירתו של משה רבנו הוא כותב שקרה למשה רבנו הדבר שאצל אנשים אחרים קוראים לו מוות.[15] הרמב"ם משתמש בתיאור הזה משום שאי אפשר להגיד שמשה רבנו מת. משה רבנו הוא עדיין משה רבנו; אמנם קרה לו דבר שמבחינה רפואית נחשב מוות, אבל למעשה הוא ממשיך לחיות.

זוהי גם הסיבה שבח"י אלול חוגגים את יום ההולדת של הבעל שם טוב. הבעל שם טוב נפטר ונקבר, ואני יכול להעיד שאפילו עמדתי ליד הקבר שלו. אבל לאמיתו של דבר הבעל שם טוב עדיין מהלך ברחובות. מפעם לפעם הוא מחייך למישהו, מפעם לפעם הוא טופח למישהו במקטרת הארוכה שלו כמו שהיה עושה בחייו. הוא ממשיך לחיות גם כשהוא מת. לא לחינם אנחנו לא לגמרי בטוחים מתי חל היארצייט שלו – אם הוא נפטר בו' בסיוון או בז' בסיוון – ואילו את תאריך יום ההולדת שלו אנחנו יודעים בבירור; שהרי הבעל שם טוב היה איש חי. איש חי כזה לא צריך לכתוב ספרים – גם אם בפועל לפעמים הוא כותב ספרים – משום שהמהות שלו יותר חשובה מאשר הכתיבה שלו.

הנקודה הזו נכונה גם לגבי רבי שניאור זלמן מלאדי: למרות שהוא ידוע בתור המחבר של ספר התניא, ולמרות שהוא כתב עוד

15. הקדמת הרמב"ם לפירוש המשנה.

ספרים חשובים בהלכה וגם בתחומים אחרים, מעבר לכל העניינים הללו הוא יצר עולם. הוא בנה בני אדם, וזה עניין יותר משמעותי מאשר הספרים שהוא כתב.

כתר שם טוב

עצם העניין שבח"י אלול חוגגים ימי הולדת, מבטא, כאמור, התייחסות שונה לדמויות שלכבודן חוגגים. אולם מעבר לכך, העניין הזה מבטא גם שינוי עקרוני בתפיסת העולם. זוהי, בתמצית, הנקודה שעליה עומדת החסידות: השאלות אם אדם פלוני כתב ספרים או לא כתב ספרים, אם הוא הוליד ילדים או לא הוליד ילדים, אינן השאלות החשובות. השאלה החשובה שצריך לשאול לגבי כל אדם ואדם היא: מי היה האיש הזה?

הנקודה הזו קשורה גם לכינוי 'בעל שם טוב'. הכינוי הזה מבוסס על משנה בפרקי אבות.[16] שם כתוב שישנם שלושה כתרים: הכתר הראשון הוא כתר תורה – זהו כתר גדול וחשוב מאוד, והוא יכול להינתן לכל אחד אף על פי שלא כל אחד מגיע אליו בפועל. הכתר השני הוא כתר כהונה, שהוא כתר שעובר בירושה. הכתר השלישי הוא כתר מלכות. באופן עקרוני הכתר הזה שייך לכל ישראל: לפי ההלכה ולפי הנביאים כל אדם מישראל ראוי להיות מלך, אלא שתמיד צריך מלך מבית דוד שייחשב כמלך העליון. אבל יש כתר נוסף שנגיש לכל אדם מישראל – כתר שם טוב. הכתר הזה לא נמדד בתורה, והוא לא קשור למלכות או לכהונה; הוא הכתר של האדם עצמו, של האישיות שלו. לכן רבי שמעון אומר ש"כתר שם טוב עולה על גביהן" – על גבי הכתרים האחרים.

הבעל שם טוב הפך את הכינוי הרגיל 'בעל שם' ל'בעל שם טוב' מפני שהוא העמיד את תורתו על הנקודה הזו של 'כתר שם טוב'. גם אם אדם לא יודע ללמוד, גם אם הוא לא ממש מתמיד, וגם אם הוא לא מאוד צדיק – יכול להיות לו כתר שם טוב, משום שהכתר הזה קשור בהכרח למה שהוא יכול להיות. והדבר הזה יכול לעלות

16. אבות ד, יג.

על כולם, על כהונה, תורה ומלכות. כל אדם מישראל יכול להיות בעל שם טוב.

ואת זה אני מנסה לגדל מבין תלמידיי: אולי לאחד מהם או לשניים מהם יש פוטנציאל להיות גדולים בתורה ואולי כמה מהם יכולים להיות צדיקים, אבל מה שאני באמת מקווה שיצא מהם הוא אנשים בעלי כתר שם טוב.

כתר שם טוב קשור בהוויה האישית ובמעלה המיוחדת של כל אדם, במתנה המיוחדת שהוא קיבל מהקדוש ברוך הוא. החסידות לא עסקה בשאלה אם אדם יצר דברים בימי חייו; היא עסקה בהוויית החיים. ייתכן שאדם לא יצר שום יצירה גדולה, אבל הוא הסתובב בעולם והפיץ נקודות קטנות של אור, וכל מי שהוא פגש יצא עם קצת יותר אור; זה לא מפעל חיים שאפשר לציין אותו ביארצייט שלו, משום שהוא לא נמדד באותו אופן שבו מסכמים את החיים בסופם, אבל המפעל הזה משמעותי כשעוסקים בעצם חייו של אדם. כמו שכתוב על שרה אימנו "וַיִּהְיוּ חַיֵּי שָׂרָה מֵאָה שָׁנָה וְעֶשְׂרִים שָׁנָה וְשֶׁבַע שָׁנִים שְׁנֵי חַיֵּי שָׂרָה"[17] – כל השנים הללו היו שנים של חיים.

"וַיּוֹלֶד... וַיָּמֹת"

בעולם מסתובבים כך וכך אנשים שחייהם חסרי משמעות. יש אנשים שהדבר הכי חשוב שהם עשו בחייהם הוא להוליד ילדים. גם אם הולדת ילדים היא דבר גדול וחשוב, בכל זאת הייתי רוצה שזה לא יהיה הדבר הכי חשוב שאנשים עושים בחייהם.

פעם אמרתי לאיזה בחור: ישנם סוסי מרוץ שתפקידם לרוץ ולנצח בכל מיני מרוצים, וכך להפיק רווחים לבעליהם. הסוסים הללו הם סוסים יקרים ומכובדים מאוד, ולפעמים יש להם שושלות יוחסין הרבה יותר ארוכות מאשר לבעלים שלהם. כשרגל של סוס כזה נפגעת עולה השאלה מה לעשות איתו; לרוץ הוא לא יכול ולזבל איתו את הדשן לא מספיק כדאי. בסוס כזה בדרך כלל משתמשים בתור סוס

17. בראשית כג, א.

הרבעה, וכך הוא מעביר לצאצאיו את כל הפוטנציאל הסוסי שלו; אולי הוא יוליד סוס אחר קטן, שממנו יצמח משהו. אמרתי לבחור הזה: תראה, בתור סוס מרוץ כבר גמרת מזמן את הקריירה שלך. כרגע כל מה שאתה יכול להיות זה להוליד ילדים ולשלוח אותם לישיבה טובה, ואולי יצא מהם משהו. על זה אני מדבר, על אדם כזה שחייו נעשו חסרי משמעות.

בתחילת ספר בראשית יש רשימות שלמות של אנשים כאלה, דורות ריקים – פלוני הוליד את אלמוני ולאחר מכן "וַיּוֹלֶד בָּנִים וּבָנוֹת... וַיָּמֹת".[18] כתוב שם, למשל, "וְעִירָד יָלַד אֶת מְחוּיָאֵל וּמְחִיָּיאֵל יָלַד אֶת מְתוּשָׁאֵל".[19] איש לא יודע מי היה מחויאל; אנחנו יודעים עליו רק שהוא נולד לעירד, הוליד את מתושאל, אולי הוא הוליד עוד בנים ובנות, ואחר כך הוא מת, וזהו זה. אלה היו החיים שלו.

גם תרח, שהוא אבינו מכמה וכמה צדדים, הוא דוגמא כזו. כל מה שכתוב עליו בתורה זה שהוא נולד לנחור, ושהיו לו שלושה בנים שאחד מהם היה בן לא טיפוסי, ושאת הבן הלא־טיפוסי הזה אנחנו מנסים להמשיך. תרח הוליד את אברהם, ומבחינה זו חייו לא היו חיים חסרי תוחלת, ובכל זאת החיים שלו עצמו אינם משמעותיים.

לפעמים קורה בעם ישראל מה שקורה במשפחות הכי טובות: נולד ילד שאמנם מבחינה גנטית הוא בן אברהם, אבל מבחינת האופי שלו הוא לא אברהם קטן, אלא הוא מקבל את הירושה דווקא מהסבא ונהיה עוד תרח אחד קטן – אדם שבסך הכול אפשר לתלות בו תקווה שמישהו יצא ממנו ולא יותר. על אדם כזה אפשר בסך הכול להגיד: הוא נולד, נשא אישה, ויולד בנים ובנות וימות. איש כזה – בעצם לא צריך לזכור לא את יום הולדת שלו ולא את היארצייט שלו; אפשר לזכור רק את מפעליו בתחום הילודה.

18. בראשית פרק ה.
19. בראשית ד, יח.

לא להיות בינוניים

סוג אחר של אנשים כביכול מקבלים על עצמם בנדר ובשבועה שכל ימי חייהם הם יהיו אנשים בינוניים, וחלילה לא יותר מזה. אדם כזה מקיים כפשוטו את מה שכתוב בקהלת: "אַל תְּהִי צַדִּיק הַרְבֵּה וְאַל תִּתְחַכַּם יוֹתֵר".[20] וכמו שהיו אומרים כשהייתי ילד: "מה זה בינוני? הוא לא סור מרע ולא עשה טוב", או בנוסח אחר: "איש בינוני הוא לא חכם גדול ולא טיפש קטן".

יש אנשים שכשבוחנים את ידיעותיהם בגמרא, מתברר שהם לא עמי הארצות גמורים ולא תלמידי חכמים; אי אפשר להגיד שהם עמי הארצות גמורים, משום שהם בכל זאת יודעים את האל"ף-בי"ת ועוד כמה דברים, אבל אי אפשר להגיד שהם תלמידי חכמים, משום שברגע שהם מרגישים שהתורה מתחילה לנגוע בהם, הם בורחים ממנה. אלה הם אנשים שרוצים להיות בינוניים.

לעומתם, יש כאלה שלא בוחרים להיות בינוניים אלא מוצאים את עצמם באמצע, מפני שהקדוש ברוך הוא אמנם נתן להם ראש, אבל לא גאונות. כשם שלא כל אדם נולד עם פוטנציאל לגדול לגובה של מטר ותשעים או לשקול מאתיים קילו, כך לא כל אדם מקבל איי־קיו של מאה וחמישים או כוח ויכולת לפעול בתוך המציאות או להט פנימי כזה שאי אפשר לשבת לידו בשקט.

אלא שעל פי החסידות כל אדם מישראל נולד כדי שלא להיות בינוני, גם אם לא תמיד הגדלות שלו היא באותם התחומים שעליהם אנשים מסתכלים. לא תמיד היא נמדדת באותו אופן שבו אנשים רגילים למדוד. יש, למשל, אנשים שבתור תלמידי חכמים, אנשי עסקים או אנשי ציבור הם בינוניים או פחות מכך, אבל כאשר הם נוגעים בירק, הירק הזה מתחיל לצמוח. אלה הם אנשים שיש להם 'אצבעות ירוקות'. אם הם ישתלו שתילי עגבניות באותו עציץ עם אנשים אחרים, השתילים של האחרים בקושי יצמחו, ואצלם יצמיחו השתילים פירות. שמעתי על כישרונות תמוהים ומוזרים כאלה בתחום

20. קהלת ז, טז.

הזה ובתחומים אחרים, וקשה היה לי להאמין. אבל עשו בדיקות מדוקדקות, והתברר שבאמת יש אנשים עם תכונות מיוחדות גם בתחומים מפתיעים.

מתנת ה׳

הבעל שם טוב האמין שכשאדם מקבל תכונה כזו – זה דבר משמעותי, משום שהתכונה המיוחדת הזו היא מתנת ה׳. כל אחד ואחד צריך לחפש את המתנה שה׳ נתן לו ולנסות לגלות איפה היא נמצאת. עניינה של החסידות ושל ח״י אלול קשור בדיוק לנקודה הזו: איך אפשר לגרום לאדם לא להיות בינוני במהותו.

יש אדם שיש לו ׳כתר חיוך׳, שכשהוא מחייך לאדם אחר הוא מאיר אותו. זהו כתר גדול שהרבה רבנים, כהנים ומלכים לא זכו לקבל אותו. יש אדם שיש לו כתר כזה שהוא יכול להושיט יד למישהו אחר, ואותו אדם מרגיש: עכשיו קיבלתי עזרה אמיתית; עכשיו יש לי מקור של כוח. אלה הן תכונות שלא נמדדות בכלים שבהם אנשים מודדים בדרך כלל גדולה.

יש אנשים שקיבלו את מתנת הריפוי, יש אנשים שקיבלו את מתנת המלחמה, ויש אנשים שקיבלו מתנה אחרת – למרות שהם עצמם לא מבינים שום דבר, הם יכולים לגרום לאנשים אחרים לחשוב. אלה הם אנשים שצריך להיעזר בהם לא כדי לדעת מהן התשובות הנכונות אלא כדי לדעת מהן השאלות הנכונות. אדם כזה הוא לא סתם מקשן עם הארץ, אלא הוא תמיד שואל את השאלות שאותן צריך לשאול. לדעת לשאול זו מעלה בפני עצמה, זהו כוח בפני עצמו.

אדם צריך לחפש ולשאול: לשם מה שלח אותי הקדוש ברוך הוא לעולם? יש אנשים שהקדוש ברוך הוא שלח אותם לעולם להושיט יד לאחרים, יש כאלה שהוא שלח אותם לעולם להגיד מילה טובה, יש אנשים שיכולים להפעיל אנשים אחרים, ויש כאלה שהוא שלח אותם לעולם בשביל שייתנו עצה טובה – לא בהכרח מחמת חכמתם אלא משום שהם מְכֻוונים למצוא דרך טובה. כל אחד מהכישורים הללו עומד בפני עצמו.

כאמור, לא מדובר על אחד הכתרים המפורסמים אלא על כל מיני כתרים אחרים, מהיכולת לטפל בגינה עד ליכולת להכין חביתה. אבל אם העניין של אדם הוא הכנת חביתה – שהחביתה הזו תהיה חביתה ל'שם טוב', ואז גם היא משמעותית. מספרים על טבח אחד שרצה ללמד טבחות וחתם על חוזה עם אדם שהבטיח שהוא ילמד אותו אלף מתכונים שונים להכנת ביצים. הטבח הצליח ללמד אותו רק שמונה מאות מתכונים ולכן אותו אדם תבע אותו לדין תורה אצל חכם אחד. ואותו חכם, שהיה עשיר מופלג, אמר: אין לי מושג איך יכולים להיות אפילו שמונה מאות מתכונים לביצים. אם כן, אולי יש גם אחד כזה שהוא 'בעל חביתות'.

יש אנשים שיש להם כישרון לאסוף כסף. לא כל אחד זוכה בכישרון הזה. והאמת היא שאנשים בעלי כישרון כזה יכולים להיות חשובים מאוד. היה, למשל, רב גדול אחד שהיה לו, כנראה, כישרון יוצא מן הכלל בתחום הזה. סיפרו שבזמננו היה נדבן יהודי חשוב, שעמד על כך שיתלו את תמונתו במוסד שהוא תורם לו כסף. הבעיה הייתה שליהודי הזה לא היה זקן, לא היו פאות ולא כובע. הרבנים לא רצו לתלות תמונה כזאת, ולכן גם לא קיבלו את התרומות שלו. הרב הזה קיבל ממנו כסף לישיבה שלו, וכשהנדבן בא לישיבה ורצה לראות איפה התמונה תלויה, הרב אמר לו: אתה חושב שתמונה חשובה כמו שלך אני אתלה במקום מרכזי בשביל שכולם יראו?! התמונה שלך תלויה במשרד שלי, תמיד לנגד עיניי! הוא הראה לו שהתמונה תלויה שם, לנגד עיניו, והנדבן שמח בכבוד הגדול שהוא זכה לו.

יש אנשים – מה לעשות – שיש להם כישרון לפוליטיקה. גם זה כישרון. הבעיה היא שאנשים לא משתמשים בו לדברים טובים. אבל ברגע שאדם בעל כישרון לפוליטיקה לוקח את הכישרון הזה ומשתמש בו לשם שמים – זהו ה'כתר שם טוב' שלו.

יש אנשים שיש להם כישרון למילים, יש אנשים שיש להם כישרון למנגינות, יש אנשים שיש להם כישרון לצבעים, ויש אנשים שיודעים לסדר בית. יש אנשים שמתנת ה' להם היא שהם יודעים להיות הורים טובים. יש כאלו שיכולים להיות מורים, וכאלו שיכולות

להיות גננות, כאלו שיכולים לטפל בעכברים, וכאלו שיכולים לטפל בנמרים. לכל אדם יש תפקיד ודרך לעשות דברים בעולם, ואם אדם יפתח את הכישרון שלו, הוא יעשה את עבודתו בשלמות. יש מאות כוחות, יש אלפי כוחות, ומי שינצל ויגדל את כוחו, לא יישאר קטן. לכן אני אומר: לשום אדם אין הצדקה להיות בינוני.

מהו ה'כתר שם טוב' שלי?

הבעיה היא שלעיתים קרובות אנשים לא יודעים מה הכוח שלהם, ולכן הם מנסים לגדול בתחום שאיננו התחום שלהם. זהו כישלון אנושי נפוץ. קורה, למשל, שיושבים להם כך וכך אנשים ומנסים ללמוד עוד ועוד, ומתוכם אולי לאחד יש זיכרון כזה שהוא בור סוד שאינו מאבד טיפה. שאר האנשים, שאין להם זיכרון כזה, יאבדו לא רק טיפה אלא חביות שלימות, משום שזו לא הדרך שלהם. לכן הם לא צריכים לנסות לעשות את זה, אלא ללכת בדרכים אחרות.

או למשל, יש אדם שהקדוש ברוך הוא נותן לו כישרון להיות מומחה לדקדוק, ובמקום שהוא ינסה להיות המגיה הגדול, הוא מנסה להיות משורר או סופר. בסוף הוא לא נהיה לא משורר ולא סופר, והבעיה היא שהוא גם לא נעשה מגיה.

לכל אדם הקדוש ברוך הוא נתן עניין שונה, וכשאדם מנסה תמיד למצוא את העניין שלו רק באותם התחומים המפורסמים, הוא לא ימצא אותו. אדם צריך לדעת להגיד: כתר תורה שייך לפלוני, ואני לא אוכל להגיע למדרגה הזאת; וכתר כהונה שייך לפלוני, ואני לא אוכל להגיע לזה; ויש גם כתר מלכות ששייך לפלוני ולא לי. לא כל אחד, למשל, יכול להיות מנהיג, אבל יש אנשים שיש להם הכישרון לדעת מיהו המנהיג, וזה כישרון אחר לגמרי. פעם אמר לי מישהו: "אני לא יכול להיות רבי, אבל אני מבין מי יכול להיות רבי". באותו אופן יש אנשים שיכולים להגיד: "אני לא יכול להיות מלך, אבל אני יכול לדעת מי יהיה, או מי צריך להיות, המלך". חשוב מאוד שאדם שמסוגל לכך, ידע את זה.

יש אנשים שנולדים מראש עם הידיעה מהו ה'כתר שם טוב' שלהם, ויש כאלה שמבזבזים את חייהם בניסיון להתחרות על כתר שאינו הכתר שלהם. לכן כדאי לאדם, אם הוא יכול, להתייעץ עם אחרים בעניין הזה.

איך אדם נעשה חסיד

כאמור, החסידות החשיבה מאוד את הכתר שם טוב, הכוח הלא מוגדר שיש לכל אדם, הדבר שאדם יכול לעשות בשלמות. החסידות שואלת כל אדם: מה **אתה** יכול לעשות. ולכן "האי מאן דבעי למהוי חסידא" צריך להסתכל בתוך עצמו ולראות: איזה דבר שיכול להיות כתר שם טוב נתן **לי** הקדוש ברוך הוא?

בניגוד למה שאנשים חושבים, אדם לא נעשה חסיד אם הוא לובש גארטל, כשם שאם צובעים חתול בפסים שחורים ולבנים, הוא לא הופך לזברה. אדם שרוצה להיות חסיד בעצם לא צריך לגדל פאות, להתחיל לצעוק בתפילה או להתחיל לדבר ביידיש, והוא אפילו לא צריך להתחיל להתפלל בנוסח ספרד. אלה הם רק סימנים שאדם עושה לעצמו כדי לזכור לאיזו חברה הוא שייך, או לאיזו חברה הוא רוצה להיות שייך. עיקרה של החסידות הוא השינוי שקורה לאדם בתוכו, העבודה שלו על מהות עצמו, מה שאדם עושה בנוגע לכתר הכללי שלא נמדד במידות של עושר, כבוד או משרה מכובדת, אלא בשאלה מיהו האדם עצמו.

החסידות גם לא עומדת על שמירת מצוות, משום שפשוט שאדם צריך לשמור מצוות. כדי להיות חסיד לא מספיק לשמור מצוות, משום ששמירת מצוות היא רק מסגרת החיים של האדם. נקודת החיים של אדם קשורה לשאלה: מה **אתה** יכול לעשות?

לצמוח ולגדול

כשאדם הופך להיות חסיד במובן הזה, לא מדובר בעניין קטן. זה אומר שהאיש הזה, שיש לו כתר שם טוב, גדל לשיעור שבו הוא

צריך להיות. הקדוש ברוך הוא נותן לכל אדם את הכוח לגדול ולצמוח בתחום מסוים, ומי שמנצל את הכוח הזה גדל וצומח עד גובהי מרומים בתחום שלו.

לדוגמא, קורה שאני שואל אדם שלומד הוראה: "באיזו כיתה אתה רוצה ללמד?" והוא אומר לי: "אני רוצה להיות מורה בכיתה א'". להיות מורה בכיתה א' זו לא ירידה, משום שאפשר למלא את התפקיד הזה באומץ גדול וביצירתיות גדולה. יש אנשים שלא מסוגלים להיות מורים בכיתה א' משום שהם יותר מדי חכמים ומלומדים, ויש אנשים שמסוגלים לדבר עם ילדים בכיתה א'. כשמורה בכיתה א' נותן לתלמידים את מה שהוא צריך לתת להם – אשרי חלקו. אני בטוח שיש כך וכך מורים נסתרים שכל תהילת העולם ראויה להם, משום שהם העבירו לתלמידים שלהם הרבה דברים טובים.

ויש גם סנדלרים כאלה. כך למשל כתוב על חנוך שהיה תופר מנעלים ועל כל תפירה היה אומר "ברוך שם כבוד מלכותו לעולם ועד". לכן הקדוש ברוך הוא לקח אותו כמות שהוא והעלה אותו למרום, והוא יושב מעל המלאכים ומעל הצדיקים ומשמש כשר הפְּנים של הקדוש ברוך הוא. הוא המלאך ששמו כשם רבו ושמכל המלאכים הוא היחיד שיש לו זכות לשבת על הכיסא.[21] מה היה המלאך הזה בעולם הזה? הוא היה סנדלר. מסתבר שיכול להיות סנדלר פשוט שלמעשה עבודתו מגיעה למעלה מעלה, והוא תופר מנעלים אצל הקדוש ברוך הוא ברקיע השביעי. ולעומת זאת, יש אנשים שיושבים בעולם ומחברים ספרי חידושים, והם לא מגיעים לא לעולם הזה ולא לעולם הבא.

הקדוש ברוך הוא מייצר מלאכים בחבילות, בייצור תעשייתי, כמו שכתוב: "אֶלֶף אַלְפִין יְשַׁמְּשׁוּנֵּהּ וְרִבּוֹ רִבְבָן קָדָמוֹהִי יְקוּמוּן".[22] יש לו כמה מלאכים שהוא רוצה, והם מסודרים בפלוגות ובמחלקות.

21. ראו חגיגה טו ע"א, הרמ"ע מפאנו, עשרה מאמרות, מאמר אם כל חי חלק ג, סימן כב.
22. דניאל ז, י.

אמנם הוא דואג שיהיו עוד ועוד מלאכים, אבל הוא לא דואג לתת לכל מלאך צביון מיוחד. לבני אדם, לעומת זאת, הוא דואג לתת לכל אחד צביון משלו, כמו שכתוב במשנה ש״הקדוש ברוך הוא טבע כל אדם בחותמו של אדם הראשון ואין אחד מהן דומה לחברו״.[23] המתנה שהקדוש ברוך הוא נותן לכל אחד מאיתנו היא החותם הייחודי שבו הוא חותם אותנו, שבו אני הוא אני ולא אחר. במעשה הזה הקב״ה בעצם אומר לכל אדם: ״מה רציתי ממך? לא רציתי שתהיה זהה לכל האחרים, אחרת לא היית מקבל טביעה וחותם מיוחד. גם לא רציתי שתצא אדם בינוני. רציתי שתצמח ותגדל בתחום הייחודי לך. אולי אתה לא יכול להגיע לתורה, לכהונה או למלכות, אבל אתה יכול להגיע לשם טוב, לכתר שעולה על גביהן״.

כתר שם טוב הוא הכתר שהקדוש ברוך הוא נותן בעצמו. וכשבאים אליו בניו, אחרי שהיו בעולם הזה ועשו מה שעשו, הוא שואל כל אחד ואחד מהם: ״שלחתי אותך לעבוד בגינה שלך, בעבודה שלך, ביצירה שלך, מה עשית? איפה הדברים שעשית? אולי בגלל סיבות ואילוצים כלשהם נהיית חייל או סופר או משהו אחר, אבל מעבר לכל אלה הייתה לך איזו נקודה פנימית, תפקיד מסוים שאותו יכולת למלא, ואת הנקודה הזאת היית צריך לגדל״.

ישרי לב

בח״י אלול לא חוגגים יום גאולה, יום של תורה או יארצייט, אלא לידה של אנשים מסוימים. ואף על פי שגם בספר ׳כתר שם טוב׳ וגם בכתבי רבי שניאור זלמן מלאדי הרעיון הזה לא כתוב בניסוח הזה, זאת היא תמצית העניין של ח״י אלול: יש אנשים, גדולי הדורות, שנולדו כך שבעצם הווייתם, כל מקום שאליו הם הולכים וכל דבר שהם עושים הם רצון ה׳. וכמו שכותב רבי צדוק הכהן מלובלין: יש צדיקים שעושים

23. משנה סנהדרין ד, ה.

את רצונו של הקדוש ברוך הוא, ויש צדיקים גדולים מהם, שכל מה שהם עושים זה הרצון של הקדוש ברוך הוא.[24]

הרשו לי לדרוש דרשה על הפסוק "אוֹר זָרֻעַ לַצַּדִּיק וּלְיִשְׁרֵי לֵב שִׂמְחָה".[25] צדיק הוא אדם שעובד את עבודתו, אבל מי הם ישרי לב? ישרי לב הם אלה שמקיימים את הציווי של הקדוש ברוך הוא – "וְעָשִׂיתָ הַיָּשָׁר וְהַטּוֹב".[26] זהו ציווי לא מוגדר, אבל פירושו הוא: הנה אתה עומד פה בתוך העולם, תעשה משהו בשביל שהוא יהיה מושלם. ישרי לב הם אנשים שאפילו לא מנסים להיות צדיקים, הם בסך הכול מנסים ללכת בדרך הראויה. הם עושים דברים לא מפני שהם יודעים שכך צריך לעשות. הם אפילו לא תמיד יודעים אם באמת כך צריך לעשות. הם עושים את מה שהם עושים מפני שהם ישרי לב. ואמנם על ישרי לב לא כתוב שהם גם צדיקים, אבל מה שכתוב על ישרי לב הוא תמיד למעלה ממה שכתוב על הצדיקים, משום שלמי שעושה את הישר והטוב הקדוש ברוך הוא נותן את כל מה שהוא נותן לצדיקים ועוד יותר.

ולכן מדרגת חסיד היא למעלה ממדרגת צדיק. חסיד, גם אם הוא לא עושה שום דבר מסוים – הוא לא בונה בתים ולא כותב ספרים ולא יוצר יצירות – בכל זאת הווייתו היא דבר בעולם. כשאדם זוכה ועוסק ב"מילי דחסידותא" – בין שאלה "מילי דנזיקין" ובין שאלה "מילי דאבות" או "מילי דברכות" – הוא עוסק במה שצריך לעשות. לאדם כזה אנחנו חוגגים יום הולדת.

כשאנחנו חוגגים יום הולדת לאדם גדול, אנחנו בעצם אומרים שהוא היה אדם גדול מבחינה זו שמאז שהוא נולד הוא נותן דברים לעולם בעצם הווייתו, בעצם חייו. אולי הוא לא כתב ספרים ולא חיבר חיבורים, אבל הוא היה אדם שחי בתוך העולם. צריך לזכור את יום ההולדת שלו משום שכמו אברהם אבינו, הוא "בא בימים" – הוא בא

24. ראו פרי צדיק לך לך ג, ובשלח יב.
25. תהלים צז, יא.
26. דברים ו, יח.

אל הקדוש ברוך הוא ומביא איתו את כל ימי חייו. אחרים מביאים איתם חצי מהזמן, רבע מהזמן, עשירית מהזמן, וכל השאר הולך לאיבוד. לעומתו אדם כזה מביא איתו את כל הימים.

אנשים כאלה לעיתים קרובות נולדים עם ידיעה או הרגשה ברורה איפה הם צריכים להיות ומה הם צריכים לעשות. אנחנו, שלא נולדנו עם ידיעה כזאת, צריכים לחפש את הכתר שם טוב שלנו. זו הנקודה, וכמו שאמר הלל: "ואידך... זיל גמור". יש הרבה עבודה, והיא לא פשוטה – למצוא ולגלות מה אנחנו צריכים לעשות.

לחיים!

י"ט כסלו

בי"ט בכסלו מציינים חסידי חב"ד את שחרורו של רבי שניאור זלמן מלאדי, האדמו"ר הזקן, מהכלא הרוסי. האדמו"ר הזקן נאסר בשנת תקנ"ט (1798) בעקבות האשמת שווא שהוא מסייע לאימפריה העות'מנית, שהייתה מדינת אויב. בהאשמה זו הגיע לשיאו מאבקם של הזרמים המתנגדים לחסידות נגד התנועה החסידית הגדלה במהירות. בעקבות זיכויו של האדמו"ר הזקן ושחרורו נחשב י"ט בכסלו ליום חג לחסידות, והוא מייצג את ניצחון השיטה החסידית על דרכם של המתנגדים לה. משום כך נקרא י"ט כסלו בפי חסידי חב"ד 'ראש השנה לחסידות', ומציינים בו את הגושפנקא של מעלה שניתנה לדרך החסידות. לכן ביום זה גם מעוררים ומתעוררים להתחזק בהליכה בדרכיה. בי"ט בכסלו נוהגים חסידי חב"ד לסיים את ספר התניא שנלמד במשך השנה כולה. כמו כן נוהגים לחלק את מסכתות הש"ס בין משתתפי ההתוועדות על מנת ללמוד אותן במשך השנה ולסיים יחד את הש"ס כולו בי"ט בכסלו של השנה הבאה.

י"ט בכסלו הוא גם יום ההסתלקות של רבי דב בער, המגיד ממזריץ' (נפטר בשנת תקל"ג; 1772), ממשיכו של הבעל שם טוב בהנהגת התנועה החסידית ומורו של האדמו"ר הזקן. המגיד ממזריץ' התוודע לבעל שם טוב בגיל מבוגר, בהיותו כבר מקובל ותלמיד חכם מוכר, אך כפף את עצמו תחת הבעל שם טוב. לאחר הסתלקותו של הבעל שם טוב הנהיג המגיד את העדה. תקופת הנהגתו הייתה תקופת הביסוס וההתרחבות הגדולה של התנועה החסידית הן מצד דרכי המחשבה ואופני העבודה הפנימית שפיתח ולימד לתלמידיו, והן מבחינה פוליטית – עשרות תלמידיו הפיצו את דרך החסידות בכל מזרח אירופה והיו למנהיגי עדות וראשי חצרות חסידיות שרבות מהן קיימות עד ימינו. המגיד עצמו היה סבו הגדול של רבי ישראל

מרוזי'ן, שצאצאיו בדורות הבאים הנהיגו, ועדיין מנהיגים, חצרות חסידיות רבות.

התאריך י"ט בכסליו, שבו אירעו שני המאורעות הללו, כורך יחדיו את הרב מבסס החסידות, ואת תלמידו שמסר את נפשו על קיומה וקוממיותה. י"ט כסלו הוא יום חגה של החסידות, לא בתור תופעה היסטורית בלבד אלא בתור מהות פנימית, ייצוג של דרך חדשה־ישנה בעבודת ה'.

ההתוועדויות עם הרב בי"ט בכסלו התקיימו בדרך כלל בחיות גדולה. זה היה הזמן שבו מדברים על הדברים עצמם – איך מתקדמים, איך מתעלים ואיך מממשים את התביעה המופנית אל מי שמבקש להיות חסיד.

5

הגאולה של י"ט כסלו

גאולתו של האדמו"ר הזקן

בי"ט בכסלו השתחרר האדמו"ר הזקן ממאסרו הראשון. המשפט של האדמו"ר הזקן נערך בבית דין של מטה – אמנם בפני השלטון העליון של רוסיה, אבל בכל זאת זהו בית דין של מטה, ולפי טבעם אפשר לומר שזהו בית דין של מטה מטה. מעבר לכל מיני האשמות שווא קטנות – כמו ההאשמה שהאדמו"ר הזקן מסייע לתורכים שהיו אויבי רוסיה, האשמה שתלו אותה בכך שהוא שלח כסף לארץ ישראל – האשמה הבסיסית, שהייתה הנושא העיקרי שהשלטונות הרוסיים היו צריכים להכריע בו, הייתה שהחסידות היא כת חדשה. נוצר מצב מוזר: בית הדין של הצאר הרוסי ואנשיו היה צריך לדון במהותה של החסידות.

השלטון הרוסי לא התיר בשום פנים ואופן היווצרות של כיתות ודיכא כל כת חדשה בכל תוקף. האיסור הזה לא היה, כמובן, מכוון נגד היהודים. הרי יהודי הסביבה הפכו לנתיני האימפריה הרוסית זמן לא רב לפני כן, והרוסים לא ידעו על היהודים ולא התעסקו בהם, והיהודים גם לא היו חשובים בעיניהם כל כך. האיסור הזה נועד בעיקר לדיכוי הכיתות שהיו בין הרוסים, שגרמו להם הרבה צרות, ולשם כך הם חוקקו חוק מיוחד שאסר יצירת כיתות חדשות

ואיים בעונשים חמורים מאוד על מי שיהיו חברים בכיתות הללו. על הדברים הקטנים ביותר היו שולחים אדם לבלות מחצית יובל בסיביר או הישר אל העולם הבא.

על כל פנים, זה היה הבסיס המשפטי של ההאשמה. השלטונות הרוסיים היו צריכים לדון אם החסידות היא כת חדשה, והם ישבו ודנו בכך עד כמה ששכלם הגיע. בסופו של דבר, החליטו שזו הייתה האשמת שווא, ושהחסידות איננה כת חדשה. כיוון שההאשמה המרכזית נדחתה, ממילא התבטלו גם כל ההאשמות הקטנות שנבנו מסביבה.

האדמו״ר הזקן השתחרר בדיוק בי״ט בכסלו, והוא שמח על כך מאוד משום שזהו גם יום פטירתו של רבו המובהק, המגיד ממזריץ׳. לאחר מכן, החסידים ישבו וחיפשו בספרים ומצאו עוד התייחסות לתאריך הזה – בספר מעניין שנקרא ׳שו״ת מן השמים׳ שאת השאלות בו כתב אחד מבעלי התוספות שהיה עושה ׳שאלת חלום׳ ומקבל תשובה מן השמים לשאלותיו. בספר הקטן הזה, שנמצא עד היום בידינו, יש כמה תשובות מעניינות, חלקן תשובות קצרות בנות מילה אחת או שתיים וחלקן ארוכות יותר. לגבי אחת מן השאלות בספר מצוין שנשאלה בי״ט בכסלו, והתשובה שהתקבלה עליה הייתה ״יום בשורה הוא״.[1] החסידים נאחזו בביטוי הזה, שנאמר לגבי י״ט בכסלו.

גם הניגון ששרים ביום הזה, שפותח במילים ״פָּדָה בְשָׁלוֹם נַפְשִׁי״,[2] משתייך באופן ישיר לצד הזה של הגאולה. יתר על כן, האדמו״ר הזקן סיפר שהוא קרא את הפסוק הזה בדיוק בזמן שבו יצא לחופשי.

מהצד הזה החגיגה בי״ט בכסלו מבוססת גם על ההלכה הפשוטה: כתוב שכשם שחייב אדם לברך כשהוא רואה מקום שנעשה בו נס לאבותיו, כך מי שנעשה נס לרבו המובהק חייב לברך באותו מקום שבו קרה הנס, משום שתלמידיו של אדם והבאים אחריו קשורים לנס

1. שו״ת מן השמים, סימן ה.
2. תהלים נה, יט.

הזה.[3] העניין הזה קשור גם למנהגן של כמה וכמה קהילות לציין ימים טובים לזכר ניסים שאירעו בקהילה, ולמנהגן של כמה משפחות שקבעו לעצמן יום טוב לזכר נס שאירע לאביהן. היום המפורסם ביותר מבין הימים הללו הוא 'פורים' של צאצאי בעל התוספות יום־טוב. הם חוגגים עד היום את היום שבו נפדה אבי המשפחה.

בי"ט בכסלו, אם כן, חוגגים ומודים על הנס שנעשה לאדמו"ר הזקן. אולם הסבר זה אינו ממצה את מלוא משמעותו של היום.

'אדם עצמי' בבית הסוהר

מישהו פעם שאל: "בעצם, מה היה קורה אילו היו משאירים את האדמו"ר הזקן במאסר עולם?". יש אנשים שאם יכניסו אותם למאסר, תוך יום אחד הם יפסיקו להיות בני אדם. זה מה שעלול לקרות לרוב בני האדם בעולם. רוב האנשים – קיומם מותנה; הם אמנם חיים, נושמים ועושים דברים, אבל רוב מעשיהם קשורים ותלויים באנשים אחרים, וכשמבודדים אותם לגמרי ומוציאים אותם מהסביבה שהם תלויים בה, הם נעשים פחות בני אדם. אנחנו, בני האדם, נזקקים להיזון חוזר מתמיד איש מחברו ומשכנו, מהחיים שמחוץ לנו.

לעומת זאת, האדמו"ר הזקן היה 'אדם עצמי', הוויה עצמית, כלומר נמצא בתוך עצמו ולא נזקק לחוץ, משום שבתוכו היה כל העולם שהוא היה זקוק לו. אדם כמו האדמו"ר הזקן, שהוא 'דמות עצמית', אינו זקוק לעולם החיצוני. מבחינה זו, האדמו"ר הזקן יכול היה לחיות בתוך העולם שלו ובתוך המציאות שלו גם כשהיה בבית הסוהר, בדיוק כפי שהוא חי בהם מחוץ לבית הסוהר. מבחינתו, היינו הך אם הוא מחוץ לבית הסוהר או בתוכו. (למעשה, זוהי שאלה שכל אדם יכול לשאול את עצמו: כמה עולם יש לו בפנים, וכמה עולם יש לו בחוץ. לפעמים הוא יגלה שבתוכו יש רק פירורים קטנים של עולם שאינם יכולים להצטרף יחד).

3. שו"ע או"ח ריח, ו.

מבחינה זו, חשיבותם של המשפט ופסק הדין לא היו ביחס לשחרור של אדם פרטי – ולוּ גם אדם גדול ורבם של ישראל – משום שהאדמו"ר הזקן מצד עצמו לא באמת נזקק לשחרור הזה. חשיבותם נבעה מכך שהם גילו בעולם פסק דין בהיקף גדול הרבה יותר. הפדות והגאולה לא היו הפדות והגאולה הפרטיים שלו אלא פדות וגאולה בהיקף הכולל. על כן אומרים שי"ט כסלו הוא יום גאולתנו ופדות נפשנו.

מי פוסק את הדין

כנגד הקביעה הזו אפשר לטעון: הרי מי שפסק במשפט הזה היה הצאר הרוסי פאול, שידוע לנו שהיה די משוגע, ואם הוא האיש שקבע את פסק הדין, מה משמעות הקביעה שלו? כמובן, הייתה לפסיקה שלו משמעות מעשית מציאותית, אבל מה משמעותה מנקודת הראות הרחבה של משך זמן גדול יותר?

העניין הזה מקביל לנס פורים. מקובל שאת מגילת אסתר צריך לקרוא לפחות בשתי רמות. בכל פעם שמופיעה במגילה המילה 'המלך', צריך לקרוא אותה הן במשמעות המלך של מטה – המלך אחשוורוש, שאנחנו יודעים עליו שהיה שיכור, לא יוצלח ושוטה קטן או גדול, הן במשמעות המלך של מעלה.

קריאה כפולה זו נעוצה בתובנה רחבה יותר: המאורעות שקורים בארץ, בזמן ובמקום מסוימים, הם חלק ממאורעות בהיקף רחב יותר שמגיעים עד למעלה מעלה. ולכן כל דין הוא דין כפול. הדין שנעשה במלכותא דארעא מקביל לדין שנעשה במלכותא דרקיעא. אם דין מסוים מועלה בבית דין של מטה כדיון עקרוני, לא כהאשמה פרטית, אף על פי שזהו בית דין של מטה, ולפעמים אפילו של מטה מטה, בית הדין הזה מבטא, בדרך כלל בלא יודעין, דמות של מעלה, והמשפט שנידון בו מבטא משפט אחר שנעשה בעולם אחר ובדרגה אחרת. כך בית הדין של מטה שופט, באיזושהי צורה, את המשפט של מעלה.

בזמן אחשוורוש הועלתה כנגד עם ישראל הטענה, "יֶשְׁנוֹ עַם

אֶחָד מְפֻזָּר וּמְפֹרָד בֵּין הָעַמִּים... וְאֶת דָּתֵי הַמֶּלֶךְ אֵינָם עֹשִׂים וְלַמֶּלֶךְ אֵין שֹׁוֶה לְהַנִּיחָם".[4] ההאשמה הזו הועלתה לא רק בעולם הזה; גם בית דין של מעלה היה צריך לדון אם עם ישראל הוא אכן עם "מפזר ומפרד בין העמים". זוהי האשמה שמופנית כלפי עם ישראל – מדוע הוא מפוזר ומפורד? ובאותו אופן: "ואת דתי המלך אינם עשים", המן ואחשוורוש התכוונו לאחשוורוש עצמו, אבל בבית דין של מעלה הכוונה הייתה למלך אחר. השאלה הגדולה של המשפט של מעלה הייתה אם "שוה להניחם" – האם באמת יש בהם צורך? לשם מה בכלל צריך אותם?

מאורע לדורות

ההיקף הגדול שבו קרו המאורעות הללו נותן להם גם את המשמעות לדורות. ההבדל בין מאורע שהוא לשעתו לבין מאורע שהוא לדורות אינו תלוי במשך הזמן שלו עצמו, אלא בשאלה כמה זמן הוא ימשיך להיות משמעותי. יש מאורעות שבשעתם זעזעו את כל העולם כולו, וככל שעוברות השנים, ערכם מתמעט והולך; ייתכן שכעבור חמש או עשר שנים תתמסמס משמעות המאורעות הללו לגמרי. לעומת זאת, יש מאורעות שמשמעותם נמשכת חמישים שנה, מאה שנה ולפעמים אלף שנים.

למשל, אף על פי שאנחנו מזכירים את הניסים שקרו לדניאל בגוב האריות או לחנניה, מישאל ועזריה בכבשן האש, איננו מציינים אותם בחג. מדוע? מפני שאלה הם ניסים שקרו לאנשים מסוימים ולא שינו את פני המציאות. ביסודו של דבר, מה שנשאר לדורות מחנניה, מישאל ועזריה איננו הנס שקרה להם, אלא העובדה שהם נכנסו לכבשן האש. מדניאל, חנניה, מישאל ועזריה, וכן מהנס של אברהם אבינו בכבשן האש באור כשדים לא נשארה הבטחה. הקדוש ברוך הוא לא הבטיח לנו אחרי הסיפור של חנניה, מישאל ועזריה ואחרי כניסת אברהם לכבשן האש שכל יהודי יוכל להיכנס למדורת

4. אסתר ג, ח.

האש ולצאת משם חי, שהרי ההיסטוריה שלנו מלאה באנשים שהלכו למות על קידוש השם, ובאמת נשרפו בכבשן האש ולא יצאו חיים. מה שנשאר הוא מסירות הנפש, הכוח להיכנס לכל מיני כבשנים על קידוש ה׳, גם אם איננו חוגגים את הכוח הזה. הנס לא נשאר, ולכן אותו לא ציינו בחג.

לעומת זאת, יש מאורעות אחרים שנשארו ולא התעמעמו עם הזמן, והם נשמרו במיוחד ביום שבו המאורעות התרחשו. באותו יום אנחנו חוגגים ושמחים לכבוד המאורע שהתרחש בו. את ימי הפורים איננו שומרים מפני שהיינו בצרה ויצאנו ממנה, אלא מפני שההאשמות של המן, במובן הרחב שלהן, היו האשמות כלליות כלפי עם ישראל, וגם הדיון בהן היה דיון כללי, ומשמעות העובדה שעם ישראל יצא זכאי בדינו חורגת בהרבה מן ההחלטה הפרטית של מלך מסוים. זוהי החלטה לדורות. לכן חנוכה ופורים אינם בטלים לעולם.

המשפט העליון בי"ט בכסלו

באותו אופן יש להבין את הדיון בבית הדין של הממשלה הרוסית למטה שדן בבעיה מהותית שהיא בעיה של מעלה. השאלה הייתה באיזו מידה מותר, ואף ראוי, לפרסם ולגלות את שיטת החסידות בקרב כל ישראל בלי להבדיל בין גדולי הצדיקים והלמדנים לבין יהודים פשוטים ואף עמי־הארץ. היה חשש גדול שמא הפצת שיטת החסידות ברבים – אף בין אותם שאינם גדולי תורה ומוכשרים לקבל את הדברים כראוי – תביא לידי ירידה במקום עלייה; שמא תורת החסידות על גילוי האלוקות שבכל הדברים ועל מעלתו של כל אדם מישראל באשר הוא ישראל, תביא לידי השתוללות, לידי ירידה בלימוד התורה וזלזול בכבוד שמיים. השאלה הייתה אם הדור מוכשר לקבלת הגילויים הללו, כך ששיטת החסידים תביא אותו לעלייה והתרוממות, או שמא הדור אינו ראוי לכך, והגילוי שלא בזמנו ובמקומו יביא נזק יותר מאשר תועלת. זהו הדין הפנימי שנידונה בו החסידות, והקטרוג הפנימי שהיה עליה להשיב עליו.

כשבית דין של מטה קבע שראוי ומותר, ואולי אפילו מצווה,

להניח לאנשים הללו, לא רק נפתח פתח לחסידים למטה, אלא נפסק פסק דין למענם בהיקף גדול ומלא הרבה יותר למעלה.

לפי ההבנה הזו החגיגה בי"ט בכסלו היא מעבר למנהג לחגוג ניסים שקרו לאבותינו או לרבותינו. הגאולה לא התרחשה במשפט הפרטי אלא בפסק הדין שיצא בשמיים. ואף על פי שאולי מפעם לפעם, גם באותם הזמנים, היו עליו ערעורים, בסופו של דבר פסק הדין נשאר בתוקפו לדורות.

הכנסת החגים אל תוכנו

מהו עניין ההתוועדות בי"ט כסלו? ובעצם, מהו תפקיד השמחה והחגיגה בחגים בכללם?

באופן מהותי, ימים יוצאי דופן במהלך השנה הם מיוחדים בפני עצמם, גם בלי שנציין אותם. כמעט כשם שכתוב על שבת שהיא "מיקדשא וקיימא", כלומר מקודשת ועומדת, בלי תלות בשאלה אם אנחנו שומרים אותה או לא, כך אפשר לומר גם על חגים אחרים: פסח הוא פסח, ופורים הוא פורים, בין שאדם חוגג אותם, ובין שאינו חוגג אותם. אלה הם ימים מיוחדים באופן מהותי.

אם כן, למה אנחנו צריכים לקיים את החלק שלנו – את המשתה, את השמחה ואת כל המעשים האחרים שעושים לכבוד יום או חג מסוים? אנחנו עושים אותם לא כדי ליצור את היום אלא כדי להביא אותו אל תוכנו. היום הזה באמת קיים, ואנחנו חוגגים ועושים את מה ששייך לאותו יום כדי להעביר דבר שישנו במציאות אל תוך ההוויה שלנו. בעמדת הנפש הזאת אדם צריך להגיע אל החג: תפקידו הוא להגיע מצד עצמו להרגשת העניינים ששייכים לאותו חג. הוא אינו צריך להביא ליצירתם של העניינים הללו אלא להרגשתם.

גם כשאנחנו יושבים ומתוועדים בי"ט כסלו, איננו עושים זאת כדי לחגוג את היום, שהרי אם היום הזה חגיגי מעצם טיבו, הוא יחגוג את עצמו. אנחנו מתוועדים כדי להכניס אותו אל תוכנו. אנחנו מושכים משהו מן ההוויה האובייקטיבית אל תוכנו, כך שהיא תפעל בתוך המציאות שלנו, לא רק מבחוץ אלא גם מבפנים.

אדעתא דנפשיה

אי אפשר להכניס את היום לתוכנו מן החוץ. אפשר לעשות זאת רק מבפנים. שום כמות של אוכל או של משקה לא תשנה דבר בעניין הזה; אם אדם מחליט שהדבר איננו נוגע לו – הוא באמת איננו נוגע לו.

העניין הזה נכון לגבי כל חג וכל שמחה. אדם יכול להחליט ולהרגיש שהחג הוא חג של מישהו אחר: שפסח הוא פסח של מישהו אחר, שפורים הוא פורים של מישהו אחר וכך הלאה, ואיש לא יוכל להכריח אותו להפוך את החג הזה לחג שלו. השאלה כמה החג יפעל באדם, תלויה במה שהאדם עצמו עושה, באשר הוא אדם, כדי להכניס אותו אל תוכו.

זוהי נקודת יסוד – לשום דבר מענייני תורה וחסידות לא יהיו משמעות וערך אמיתיים אלא בתנאי שהוא יהיה 'אדעתא דנפשיה', כלומר על דעת עצמו. 'אדעתא דנפשיה' פירושו שאדם מתכוון לכך שהעניין שייך אליו ונוגע לו.

ההבדל בין מעשה שנעשה אדעתא דנפשיה של אדם ומעשה שאינו נעשה אדעתא דנפשיה חל על דברים שונים בעולם. למשל, באתי לכאן היום מחתונה שיש לי בה איזו שותפות, ואחר כך, בדרכי לכאן, עברתי ליד עוד חתונה. מבחינת העובדה שתי החתונות הן שוות, מבחינת ההרגשה שלי שתי החתונות שונות מאוד. ההבדל ביניהן הוא שחתונה אחת היא שלי, אני מעורב בה, והחתונה האחרת היא חתונה של מישהו אחר. באותו אופן כשאדם נמצא בהלוויה של אדם שאינו מכיר הוא אולי לא יחייך וגם ייאנח אנחה קטנה לשם הנימוס, אבל הוא לא יעשה מעבר לכך מפני שהדבר אינו נוגע לו ואינו שייך אליו.

יכולה לקרות טרגדיה גדולה, עולם שלם יכול להתהפך, והדבר הזה עדיין אינו נוגע לאדם. אדם יכול לקרוא בעיתון על רעידת אדמה שנהרגו בה עשרת אלפים אנשים. גם אם הוא לא שמח על כך, זוהי בסך הכול ידיעה בעיתון, שערכה שקול לידיעה אחרת, למשל על אדם שנפל ושבר רגל. מדוע? מפני שלא אכפת לאדם מן העניין

הזה. כיוון שלא אכפת לו, הגודל העינייני והאובייקטיבי של המאורע אינו מעלה ואינו מוריד. כשאדם יודע שהדבר הוא שלו, הוא מתייחס אליו באופן אחר.

פעם קראתי תיאור כזה בספר: עומדים שני חברים ורואים שלחבר אחר קרתה תאונה והחליפה שלו נפלה לתוך הנהר, ושניהם עומדים וצוחקים עד שאחרי חמש דקות אחד מהם מגלה פתאום שזו אינה החליפה של החבר; מתברר לו שהחבר לקח בטעות את החליפה שלו. כל מצב הרוח וההתייחסות משתנים ברגע אחד – במקום לצחוק הוא עכשיו כועס. מה קרה? המאורע לא השתנה כלל, השינוי היה בין החליפה של האחר לחליפה שלי. בתור החליפה שלו זה היה מצחיק, ובתור החליפה שלי זה מרגיז.

כשאדם מגיע להתוועדות הוא צריך בראש ובראשונה להחליט שהוא משתתף בעניין, שזה אדעתא דנפשיה, שאת הדברים הוא לא ישמע כדברים כלליים אלא כדברים ששייכים אליו. אחרי החלטה כזאת כל העניין וכל היחס אליו משתנים בבת אחת.

הספרים מדברים רק עליי

בעצם, זוהי אינה רק ההתחלה של התוועדות; מבחינה מסוימת כל העניין של החסידות עומד על כך שאדם מתייחס לדברים אדעתא דנפשיה.

יש הרבה דברים שאדם, בייחוד אם הוא למדן או ירא שמים, יכול לומר עליהם: "כתוב בספרים הקדושים", אבל הם עדיין אינם נוגעים לו. הדבר עלול לקרות במיוחד לאדם שהוא 'ירא שמים מקצועי', שפרנסתו יראת שמים, שאז הוא יודע שהדברים שכתובים בספרים הקדושים הם בסך הכול סחורה, ובדיוק כשם שאדם יכול לסחור בסחורה מן הסחורות אף על פי שהוא עצמו אינו צורך אותה בהכרח, כך אדם יכול לסחור גם ביראת שמים בלי לצרוך אותה: הוא יודע שכתוב כך בספרים, והוא מוכר את הסחורה הזאת בסיטונות או בקמעונות ומרוויח כמה שמרוויח, כל אחד לפי הערך שלו, וכל זה איננו נוגע לו.

אחת מנקודות הראשית של כניסת האדם לחסידות היא הרגע שבו הוא מבין שאלה אינם עסקים של אחר, זו גם אינה סחורה שסוחרים בה, אלא זה נוגע לי, ואז התמונה כולה משתנה.

לשם דוגמא: תארו לעצמכם שמישהו נכנס לחדר באמצע שיחה, והוא שומע שמדברים על מישהו ואומרים עליו דברי גנאי: פלוני, בלי להזכיר את שמו, הוא גנב ורמאי, שקרן וצבוע ועוד, והוא יושב ומקשיב. אם יש בשיחה הזו דברים מעניינים במיוחד אולי הוא יקשיב בעניין, אבל אם לא יהיו שם חידושים מיוחדים הוא לא יקשיב בעניין רב כל כך, אולי הוא אפילו יירדם. תארו לעצמכם, שאחרי שהוא יושב ומקשיב כך חצי שעה, פתאום מישהו מזכיר על מי מדובר, ומתברר שכל השיחה הזאת הייתה עליו. באותו רגע כל היחס משתנה מקצה לקצה, ואותו אדם כבר אינו מקשיב באותו אופן.

סיפרו פעם שיום אחד ראו את ר' שמחה בונם מפשיסחא בפנים מכורכמות מאוד. שאלו אותו: "מה קרה?" והוא ענה שמישהו העליב אותו בצורה נוראה. ר' שמחה בונים היה איש חזק וחריף מאוד. שאלו אותו: "מה עשית לו?" והוא אמר: "נישקתי אותו". שאלו אותו: "מה היה המעשה?" והוא סיפר: "פתחתי ספר מוסר וראיתי שהוא מדבר רק עליי ומשמיץ רק אותי. זה היה נורא. פני רעים עד עכשיו. כשסגרתי את הספר, נישקתי אותו".

כולנו יודעים כל מיני דברים שכתובים בספרים. להיות חסיד משמעו לדעת שהספרים הללו לא נכתבו בשביל פלוני הרב הגדול, אלא הם מדברים עליי. זוהי בעצם תמצית החסידות, ואידך זיל גמור. בשביל שאדם יתחיל לשמוע דברים אדעתא דנפשיה לפעמים הוא זקוק לזכייה, ולפעמים זוהי החלטה שעליו להחליט. ומאותו רגע שאדם מחליט כך, כל הדברים נשמעים ומורגשים באופן שונה לחלוטין.

לחיים!

6

איך באים להתוועדות?

מפגש, בילוי

מהי התוועדות? לשם מה עושים אותה?

מכיוון שהמילה "התוועדות" איננה רגילה כל כך, אנשים מייחסים לה איזו משמעות עליונה, אבל האמת היא ש'התוועדות' היא מילה ניטרלית מאוד, שפירושה מפגש – אנשים נועדים, כלומר מתאספים יחד. גם ביידיש קוראים להתוועדות 'פארברענגען'. פירושה המדויק של המילה הזאת הוא לבלות. אספר לכם מעשה שהיה: כשהייתי בחור צעיר, הגעתי ללמוד בישיבה של חב"ד. לא ידעתי הרבה על חב"ד, וודאי שלא הכרתי את הביטויים של היום־יום. אחד הבחורים הזמין אותי ואמר לי: "בוא לפארברענגען". אמרתי לו: "באתי לכאן בשביל ללמוד, לא בשביל לבלות!" בסופו של דבר התברר לי שהכוונה שלו לא הייתה בדיוק לבילוי.

למה לא נותנים לאירוע הזה שם אחר? יש סיבה אחת שהיא על דרך הפשט, גם אם היא אינה באופן של פשט. כשאומרים לאדם: "בוא ותשמע את דרשת הרב", מתרחשת תופעה טבעית מעניינת שקשורה לפיזיולוגיה של השמיעה: כשם שבאוזניים של כל מיני יצורים ימיים – כלבי ים, אריות ים ופילי ים – יש שריר שפועל כמו עפעפיים וסותם את האוזניים כדי שהמים לא ייכנסו אליהם, כך גם

לבני אדם יש שריר כזה, ובכל פעם שמזמינים אותם לבוא לשמוע דרשה, הוא מיד סותם את האוזניים. הרב יכול להגיד מה שהוא רוצה, לדבר בשמיים ובארץ, אבל האוזניים סתומות (אגב, גם לילדים יש דבר כזה: כשאבא או אמא גוערים בהם, הם מורידים את הראש, סוגרים את האוזניים בעזרת מגיני האוזניים הללו ואינם שומעים שום דבר). אם יזמינו אנשים לבוא לשמוע דרשה או דברי תורה על י"ט כסלו, אולי הם יבואו, אבל שום דבר לא יעבור, גם אם הם מראים את כל הסימנים שהם שומעים כביכול. כדי שהיצר הרע לא יגיב להתוועדות כמו לדרשה, אנחנו קוראים לה 'התוועדות' או 'פארברענגען'; כלומר זו אינה דרשה אלא מין פגישה או בילוי. כשאנשים באים להתוועדות כמו לפגישה או לבילוי, האוזניים שלהם נשארות פתוחות.

מה אתה זוכר

יש גם משמעות אחרת לשם 'התוועדות': בהתוועדות לא מנסים להעביר מסר או ללמד כך וכך דברי חוכמה. פעמים אדם שומע בהתוועדות דברי חוכמה, ופעמים שאיננו שומע – לא זוהי נקודת היסוד. יש אנשים שמסתובבים ובידם פתקים, והם רושמים בהם כל ווארט שהם שומעים; לא זה התפקיד של הדברים שאומרים בהתוועדות. השאלה איננה אם הייתה דרשה טובה או לא, אם היו חידושי תורה או שלא היה שום דבר חדש. התוועדות מצליחה אם משהו קורה לאנשים. התכלית היחידה של ההתוועדות היא שינוי חייהם של אנשים. ההתוועדות צריכה לתת להם איזו נקודת ראייה חדשה או לפחות לצבוט אותם צביטה קטנה. זו תמצית ההתוועדות, וכל השאר אינו חשוב.

לכן, התוועדות איננה מאורע שבו מישהו אחד מדבר והאחר מקשיב. גם אם לפעמים בהתוועדות מישהו אחד מדבר והאחר מקשיב, ההקשבה הזו אינה אמורה להיות הקשבה פאסיבית, אלא היא צריכה להיות הקשבה אקטיבית ודינמית, הקשבה שבה לא רק מנסים לשמוע את מה שפלוני אמר כדי שאפשר יהיה לחזור על דבריו, אלא מנסים להפנים את הדברים ולחשוב אם אפשר לעשות בהם משהו, לבנות

מהם איזה דבר. אם הדבר הזה אינו קיים, שום דבר אחר אינו מעלה ואינו מוריד.

אחד המשפיעים הגדולים אמר לי פעם: "בהתוועדות השאלה איננה מה שמעת, השאלה היחידה היא מה אתה זוכר". לפעמים אדם זוכר רק משפט אחד או אפילו שתי מילים; במקרה כזה שתי המילים הללו הן הדבר המשמעותי, וכל שאר הדברים אינם משמעותיים.

בעניין הזה יש משל מפורסם של האדמו"ר הזקן, שלכבודו ולכבוד גאולתו אנחנו עושים את החגיגה הזו. כשהתחילו לכתוב חסידות, התעוררו הרבה התנגדויות מפני שחלק מראשוני החסידים טענו שהדברים הכתובים הם מתים למדי. כאשר מורידים דברים שנאמרו בעל פה אל הכתב, מוציאים מהם את החיוניות. רק הדברים שאומרים בעל פה, ובמיוחד דברים שאומר אדם לחברו, הם הדברים שנשמעים. ובכל זאת כתבו דברי חסידות. פעם אחת ראה אחד המנהיגים החסידיים דף של חסידות מתגולל באשפה, וכעס מאוד שנותנים לדברים כאלו לקרות. האדמו"ר הזקן הגיב במשל משמעותי: יום אחד היה הבן היחיד של המלך חולה. חיפשו תרופות למחלתו של הבן ולא מצאו עד שבא רופא גדול ואמר שיש רק תרופה אחת, והיא שיכתשו את היהלום שבכתר המלך לאבקה, ישימו אותה בתוך מים וינסו לשפוך לגרונו של הילד. המלך, כמובן, אמר: "אם אין לי בן – בשביל מה אני צריך יהלום?! בשביל מה אני צריך כתר?! הכתר תלוי במציאות של הבן, ואם אין בן, לא חשוב כל כך מה יהיה בכתר", והוא מסר את היהלום שלו. עד שכתשו את היהלום והכינו את המשקה, התברר שמצבו של הילד החמיר עד כדי כך שהוא כבר אינו יכול לפתוח את הפה ולבלוע. לכן החליטו לשפוך את התרופה עליו, כך שאולי טיפה אחת תיכנס לגופו, והוא יתרפא.

המשל הזה, שהאדמו"ר הזקן אמר כדי להצדיק את כתיבתם של דברי חסידות, נכון גם לגבי התוועדות ולגבי כל הדיבורים שמדברים בה. השאלה איננה כמה אחוזים מהתרופה היקרה נשפכו החוצה, אלא אם טיפה אחת נכנסה פנימה. אם נכנסה טיפה אחת – זוהי התחלה

של תהליך; אם לא נכנסה – אין חשיבות לטיב החומר ולגובה המחיר שלו. לא בזה אנחנו עוסקים. בהתוועדות לא חשוב מה שנשפך אלא מה שנכנס.

כל מה שאמרתי נועד להסביר איך צריך להתייצב מול הדברים ששומעים בהתוועדות. ההתייצבות של האדם אל מול הדברים היא שתקבע כמה הוא יקבל, כמה הוא ישמע, מה הוא ישמע ואיך הוא ישמע. זהו התפקיד שלכם, ואני אינני יכול לעשות את זה בעבור אף אחד מכם.

בסופו של דבר, תפקידה של התוועדות הוא ליצור רזוננס, תהודה. אם יש רזוננס – ההתוועדות עבדה; אם אין – הדיבורים יצאו החוצה, אבל הם לא פעלו פנימה. בשביל להגיע לידי כך אדם צריך להתכוונן, לנסות להיות באותו תדר. אם אין תגובה לאותו אורך גל, אין נגינה: הכלי מנגן מבחוץ אבל לא מבפנים. מטרת ההתוועדות היא שאצל השומע יהדהד משהו, התהודה היא תמצית הדברים, ולשם כך דרושה התכווננות.

יום גאולתנו ופדות נפשנו

מהי פדות הנפש?

בספרי חב"ד קוראים לי"ט כסלו 'יום גאולתנו ופדות נפשנו'. לשם הזה יש אפילו צד הלכתי: מבחינה הלכתית כשאדם מגיע למקום שבו אירע נס להוריו או לרבו, הוא צריך לברך על הנס הזה מפני שהנס לא אירע רק להוריו או לרבו, אלא הוא נמשך הלאה. אדם יכול וצריך להודות על הנס משום שבתור צאצא, בגשמיות או ברוחניות, של האדם שנעשה לו הנס, גם הוא נהנה מתוצאות הנס.

אילו רציתי לעסוק בנס, הייתי יכול לספר לכם על ההיסטוריה – מה הייתה ההלשנה על האדמו"ר הזקן, איך אסרו אותו, איך ישב בבית הסוהר, ואיך יצא משם. בתמצית, אלה היו מאורעות של פוליטיקה כלל-יהודית של אותם הזמנים משום שהאדמו"ר

הזקן נחשב אז לנציג החשוב ביותר של התנועה החסידית. משום כך המשפט והגאולה שלו לא היו משפט וגאולה של אדם פרטי, שעמד לדין, אלא הם היו העמדה לדין של כל התנועה החסידית כולה וזיכויה; וכשהוא יצא לחופשי, התרחשו שינוי חברתי, שינוי פוליטי ושינויים בעוד כמה וכמה תחומים. מי שמתעניין בהיסטוריה יכול לקרוא על כך בכמה ספרים שבהם אפשר למצוא תיאור הוגן פחות או יותר של המאורעות. אף על פי שזהו נושא מעניין וחשוב, לא עליו אני רוצה לדבר. אני רוצה לדבר על השם 'יום גאולתנו ופדות נפשנו'.

מהו 'פדות נפשנו'? הביטוי הזה אומר דבר פשוט: אנחנו מאמינים שלכל אדם יש נפש. יתר על כן, אנחנו מאמינים שלכל אדם מישראל יש לא רק נפש בהמית, שהיא הגדרת החיים הזואולוגית שלו על כל דרגותיה, אלא גם נפש אלוקית, שהיא הגדרת מהותו העליונה הקדושה. הבעיה היא שבדרך כלל ברוב ימות השנה הנפש האלוקית נמצאת במאסר, גם אם לא במאסר חמור מאוד, ועל כן היא איננה מגיעה לכלל ביטוי. היא דומה לאדם שיושב בבית סוהר – הוא חי וקיים, אבל אינו מגיע לידי ביטוי.

זה מזכיר קצת את חוק כנוביץ': זהו חוק שאוסר על זיהום אוויר על ידי מכוניות במדינת ישראל. החוק הזה נחקק לפני למעלה משלושים שנים, והוא מפורסם בתור חוק שמעולם לא דאגו ליישם אותו, אפילו לא לרגע אחד. הוא רשום בספר החוקים, אבל הוא אינו פועל בכלל. לעיתים קרובות הנשמה נמצאת באותו מצב: היא קיימת, אבל היא כלל אינה פועלת.

במובן הזה י"ט כסלו הוא יום של גאולה ופדות של הנשמה האלוקית ממאסרה. כשהנשמה נפדית היא יכולה סוף סוף להתחיל לדבר ולהישמע.

המאסר של נשמות הדוסים

תיאורטית יש לאדם נשמה קדושה, ותיאורטית יש לו גם חובות קדושות, אבל בפועל הוא מסתובב בעולם, ולראשו כיפה שחורה או

כיפה סרוגה, או שאין על ראשו כיפה, והנשמה שלו אינה נמצאת כלל בכל הדברים שהוא עושה.

הנשמה האלוקית נתונה בכל מיני מאסרים. אחד המאסרים הללו קשור לאחת הבעיות העמוקות של דתיים; מכיוון שמילדות הם לומדים להתפלל בסידור ולברך ברכות והם שומעים מילים גבוהות וקדושות, הם נעשים מין בריות שאומרות, מתוך הרגל, כל מיני מילים – בין שהן מבינות אותן ובין שלא; ואילו הנשמה נשארת בתכלית הקטנות והצמצום. הדוסים יושבים ולומדים תורה או מקיימים מצוות ומשתדלים לא לעבור עבירות רבות מדי, אבל הנשמה חסרה. איפה נמצאת הנשמה? הנשמה כנראה נמצאת באיזה מקום בהיכל השביעי שברקיע השישי, ושם היא מנמנמת לה במנוחה.

אדם יכול ללמוד במוסדות תורניים – בבית ספר דתי, בישיבה קטנה ובישיבה גדולה – לשמוע שיעורי גמרא ושיעורי תורה אחרים, להיות עטוף כל כולו בתורה, וכל זה בעצם אינו נוגע בו. בסך הכול זוהי מין התעסקות לא חשובה בשבילו.

יש אנשים שמקפידים להגיע לתפילה בדיוק בזמן מכיוון שהם בריות מהוגנות ומתוכננות, והתפילות שלהם יעילות, מדויקות ומתוחכמות כל כך, שהלוואי שהמכונות היו פועלות כמותן. לעיתים קרובות אלו הן תפילות מחודשות שעשויות מפלסטיקים מודרניים; לא הפלסטיקים מהדור הישן, אלא פלסטיקים חדשים, משוריינים. האנשים הללו עושים לעצמם מעטה של טפלון בעובי של שלושה מילימטר בערך, כדי שהתפילה חלילה לא תיגע בהם.

במדרש מסופר איך אברהם אבינו היה מקרב את הבריות לתורה כשהיה אומר להן לברך ברכת המזון. מכאן אפשר ללמוד כמה אדם יכול להתעלות מברכת המזון. אלא שלאברהם אבינו היה יתרון עלינו: בזמנו עוד לא היו ברכונים, ולכן כשהוא אמר לאדם: "בוא תברך על המזון", אותו אדם צריך היה לחשוב מה להגיד בשביל לברך על המזון, ואז אולי היה לו רגע של התעוררות. בימינו, כשיש ברכונים, אין לאדם אפילו חצי רגע של התעוררות; הוא מוציא את הברכון, אומר מה שכתוב בו, ובכך הוא יוצא ידי חובה.

לפני כמה שנים הייתי בביקור רשמי במקום נידח ליד הגבול של מונגוליה, וביקרתי במנזר הבודהיסטי הלמאיסטי המקומי. ראיתי שם, כמעט כמו בכל מנזר למאיסטי, גלגלי תפילה. אלה הם גלגלים שעליהם כתובות תפילות, וכל אדם שעובר דוחף את הגלגל – והרי זה כאילו התפלל (כעת יש פטנט: גלגלי תפילה שקשורים בכנפיים שנעות ברוח, או אפילו במנוע קטן, וכך הגלגל מתגלגל ומתפלל מעצמו...). דיברתי על כך עם ראש המנזר, שהיה בחור מאוד אינטליגנטי, ואמרתי לו בחצי בדיחה: "אתה חושב שרק לכם יש גלגלי תפילה? גם לנו יש. ההבדל הוא שאצלכם הגלגל עושה סיבוב שלם, ואילו אצלנו הגלגל עושה רק חצי סיבוב, רק 180 מעלות, וכל התפילות שבו כרוכות יחד בקצה אחד. אבל מעבר לכך זה אותו דבר: עוברים דף אחרי דף, וזה נחשב כאילו מתפללים". האמת היא שהרבה פעמים זה מה שאנשים עושים בתפילה או בלימוד תורה.

לפני שנים אירע לי מאורע מעניין: הייתי באנגליה, ודיברתי עם כמה אנשים. עברנו מעניין לעניין עד שהגענו לדבר על התפילה. היה שם יהודי אחד ששימש שישים שנה גבאי של בית הכנסת, אחד מעמודי התווך של הקהילה היהודית. מכיוון שהקהל היה קטן, והאווירה הייתה פתוחה, הוא אמר לי: "אתה יודע, אני בחיים שלי לא התפללתי". הסתכלתי עליו ואמרתי לו: "אתה הרי הולך לבית הכנסת שלוש פעמים ביום כבר שישים שנה!" הוא הסתכל עליי ואמר: "אה, אתה מתכוון ל־davening (כלומר להפוך את הדפים ולהגיד כך וכך מילים)? davening אני עושה המון, אבל להתפלל עוד לא יצא לי". השאלה היא אם כתוצאה מהתפילה האדם מתעורר, השאלה היא מה עם הנשמה שלו.

יש נשמות, ואפילו נשמות קדושות, ששבויות בעמקי הקליפות. אלה אנשים שעוברים את חייהם בין סמים לנשים, ומסתירים בזה את נשמותיהם. יש אנשים אחרים שעוטפים את הנשמה שלהם בדפים של 'קיצור שולחן ערוך', וגם אז הנשמה אינה יוצאת החוצה. גם אם הם יושבים ולומדים כל היום בישיבה, ואפילו ב'ישיבה קדושה', הנשמה שלהם נשארת ישות תיאורטית שאינה מגיעה לידי ביטוי.

לפעמים אני שומע ילדים בגן ילדים מדברים על הקדוש ברוך הוא, ומרגיש את הנשמה שלהם מדברת. כשאני פוגש אותם עשר שנים מאוחר יותר, הם יודעים את כל המילים המכובדות, ושום דבר אינו נוגע לנפשם. כשהילד היה בן חמש, הייתה לו נשמה; כשהוא היה בן חמש עשרה, הוא איבד אותה; וכשהוא בן עשרים וחמש, הוא כבר עבר ובטל מן העולם. הוא עדיין חי, הגוף שלו עדיין מתפקד, אבל בפנים הוא מת. מסתובבים להם אנשים, במיוחד אנשים דתיים, שהם 'זומבים' – גופות מתות בלי נשמות. הם נראים כמו בני אדם, אוכלים ושותים, עושים שאר דברים, לפעמים הם גם פרים ורבים, והנשמה חסרה.

על הצבא של סנחריב כתוב פסוק יפה מאוד שאני מציע לקרוא אותו בפירוש חדש: "וַיַּשְׁכִּימוּ בַבֹּקֶר וְהִנֵּה כֻלָּם פְּגָרִים מֵתִים"[5] – אנשים מתעוררים בבוקר, פוקחים את העיניים ומגלים ש"הנה כלם פגרים מתים". כל הפגרים המתים הללו קמים אחר כך מהמיטה, והולכים ועושים את כל הפעולות, אבל בלי הנשמה. צריך לגאול את הנשמה. זוהי 'גאולתנו ופדות נפשנו'.

הקושי להתעורר

מעבר לזה יש לדתיים בעיה נוספת שרק מחמירה את המצב. לאדם לא דתי יש סיכוי, גם אם הוא אינו גדול, להתעורר. קורה שמשהו פתאום פוגע בו, לפעמים אסון, לפעמים אהבה נכזבת ולפעמים אפילו הצלחה גדולה – ואז הנפש משתחררת ומתחילה לחפש את דרכה. אנשים כאלה מגיעים לפעמים להתעוררות הנפש, ולפעמים גם מוצאים את דרכם לחיים של תורה ומצוות. לעומת זאת, מי שנולד דתי וחי כאדם דתי, מין דוס כזה, אינו יכול להגיע להתעוררות משום שכשקורה לו מאורע כזה, הוא אומר: "ברוך ה'" וממשיך הלאה. הרי כששואלים אדם דתי מה שלומו, והוא עונה: "ברוך ה'", המילים הללו הן בעצם תרגום של הביטוי האנגלי "No comment", מפני ש"ברוך ה'" אינו

5. מלכים ב' יט, לה.

אומר דבר, לא כן ולא לא. הביטויים הללו – "ברוך ה'", "אם ירצה ה'", "בעזרת ה'" – הם קליפות ריקות שמשמשות להסתיר את הריקנות שנמצאת מתחת להן.

מי שלא נולד דוס יכול לקרוא פעם בסידור, ופתאום הוא ישים לב אלו דברים יפים כתובים שם, והנפש שלו תתעורר. לדוסים אף פעם לא קורה דבר כזה. לכל היותר הם דנים אם צריך להגיד: "חיים ארוכִּים" או "חיים ארוכִים", או אם צריך להגות מילה מסוימת במלרע או במלעיל.

מעבר לכך, כשהנפש של הדתיים כבר מתעוררת, הם בסך הכול מתנענעים חזק יותר. ללולב זה אולי מועיל, לנשמה בוודאי לא. אינני בא לקטרג על ישראל ולומר שכולם חדלי אישים וכיוצא בזה. אני מדבר על מה שקורה לנשמה, על מה שקורה להתעוררות הנפש.

שימו לב אל הנשמה

'גאולתנו ופדות נפשנו', קשורה לעניינה של החסידות, ולכן בי"ט כסלו, שנקרא ראש השנה לחסידות, אנחנו מנסים לפדות את נפשנו, לגאול את הנשמה. החסידות אינה עומדת על גארטל. גם זקן ארוך לא הופך את האדם לחסיד; אילו הזקן היה עושה חסיד, עדר של תיישים היה מלא בחסידים.

מה הופך אדם לחסיד? אומרים שההבדל בין חסיד למתנגד הוא ש'מתנגד' מתחיל באותיות 'מת', וב'חסיד' יש אותיות 'חי'. נשמת החסיד חיה יותר. כך רש"י כותב על הפסוק "וַיְהִי הָאָדָם לְנֶפֶשׁ חַיָּה"[6] – האם שאר הנפשות אינן חיות?! אלא ש"זו של אדם חיה שבכולן". חסיד הוא מי שלפחות מפעם לפעם יש לו איזו התעוררות והוא צועק: "מה קרה לנשמה שלי? לאן הלכה הנשמה שלי? אולי כשהייתי בן חמש הייתה לה איזו התעוררות, אבל מה קרה לה מאז?"

6. בראשית ב, ז.

החסידות קשורה לגאולה ולפדות הנפש. היא מעוררת את האדם לבעוט בעצמו, לצבוט לעצמו את האף, ולשאול את עצמו: "מה קרה לנשמה שלי? אולי ביום הכיפורים בשעת נעילה הייתה לנפש שלי איזו התעוררות, ונזכרתי שיש לי נשמה. מה קרה לה אחר כך?"

יש פיוט שמתחיל במילים "שימו לב אל הנשמה". הקריאה לשים לב אל הנשמה היא התמצית של החסידות, והיא קשורה לגאולתנו ולפדות נפשנו. היא מעוררת את האדם לשאול אם הוא פגש פעם את הנשמה שלו, ואם הוא אמר לה פעם: "שלום". היא מעוררת את האדם לשאול את נשמתו: "האם את עדיין נמצאת בעולם הזה? ושמא את כבר מתה לגמרי?"

איך מעירים את הנשמה מהשינה, מהעילפון, מההקומה, מהמוות הקליני? בשביל לעורר קצת את הנשמה ולגאול אותה, עורכים התוועדות, שרים ניגונים ולוגמים משקה. כשם שכשיש לאדם חלק בגוף שמכוסה בבשר מת, הוא צריך לחתוך את הבשר המת כדי להגיע אל הבשר החי, כך צריך לחתוך ולהעמיק כדי להגיע למקום שמילות התפילה או מילות ההתוועדות יִגעו. בהתוועדות אנחנו מרככים קצת את עצמנו במשקה כדי שמשהו יחדור פנימה, ואחר כך שרים ניגון כדי לעבד את מה שנכנס, וכך איזו מילה תוכל להגיע ולפעול.

לפעמים אדם מתייאש ואומר: "מה לעשות, נולדתי דוס. זה גרם לי שלא אוכל להתעסק באמת ביראת שמים. מה נשאר עוד לעשות?!" ובכל זאת, הוא צריך לשים לב אל הנשמה ולבקש. הדבר הראשון שאפשר לעשות, גם אם אדם אינו נמצא במדרגה הזו, הוא לדבר ולהתפלל על כך. אדם יכול לקום בכל בוקר ולהגיד: "ריבונו של עולם, נשמה שנתת בי – אולי תחזיר אותה אליי. לא רק את הנפש הזו שמפעילה את העיכול, שנקראת 'הנפש האוכלת' – הנפש הזו קיימת וגם פועלת הרבה זמן; אבל אני מבקש את הנשמה האלוקית; מה קורה לנשמה?"

מה נשאר מההתעוררות

הבוחר בשיירי זמרה

כשמגיעים לזמנים של התעוררות הנפש, מבחן התוצאה משמעותי מאוד מאוד – מה נשאר מההתעוררות הזו. כך פירשו כמה אנשים גדולים את המילים מברכת 'ישתבח': "הבוחר בשִׁירֵי זמרה". "שירי זמרה" הם מלשון שיירים; הקדוש ברוך הוא הוא הבוחר בשיירי זמרה. לא כל כך אכפת לו אם אדם התפלל כך או כך, אכפת לו מה השיריים שנשארו אחרי הזמרה. מבחן החוויה אינו תמיד המבחן החשוב. לא חשוב אם התנענעתי בתפילה חצי שעה או שעה וחצי. חשוב מה שקרה אחר כך.

מה עושים בזמן שהנשמה מתעוררת? הרבה פעמים בזמנים כאלה אנשים מחליטים החלטות טובות. לפעמים אנשים יוצאים מהתוועדות בהרגשה ובהחלטה שעכשיו הם הולכים להשתנות. אבל החלטה כזו בדרך כלל לא מועילה הרבה.

גם בראש השנה וביום הכיפורים אנשים מחליטים החלטות טובות שלא תמיד נשאר מהן הרבה. אם רוצים לדעת מה באמת קורה ביום כיפור – אחרי שאנשים צמו כל היום ואחר כך הגיעו לתפילת נעילה ולכאורה התעלו למעלה גדולה וצעקו שבע פעמים: "ה' הוא האלוקים" – אפשר לראות אם הם מתנפלים על האוכל אחרי שנגמר הצום. לא אחת מסתבר שגם אם האדם הרעיב את הגוף המסכן שלו, האדם שהיה בפנים כלל לא השתנה.

אחת הסיבות לכך היא שאנשים מקבלים על עצמם ביום כיפור החלטות מופשטות; אדם מחליט שמעכשיו הוא יהיה טוב יותר. החלטות מופשטות אינן מספיקות. אחד הדברים שלומדים בלימודי מדעים מדויקים הוא שהתשובה 'בערך' אינה תשובה טובה. בין בפתירת משוואה ובין בבניית מכונה צריך לכייל ולכמת, להגדיר ולצמצם. אי אפשר לבסס דברים על 'בערך'. הנקודה הזו נכונה ביתר שאת ביחס למכשירים מורכבים. ככל שמכשיר משוכלל יותר, הוא פחות יכול להתבסס על דברים שאינם מדויקים. נשמת האדם והאדם

עצמו מורכבים מאוד, ולכן בתחום הזה להחלטות שאינן מדויקות אין אפילו קצת משמעות וממשות.

כשנפשו של האדם מתעוררת התעוררות מכל סוג שהוא, הוא צריך, קודם כול, לנסות למקד את הכוח שלו בנקודה אחת משום שאי אפשר להתקדם בפריסה רחבה. גם כשיחידה צבאית מנסה לפרוץ מחסום, היא משתדלת למקד כוח גדול ככל האפשר בנקודת מגע צרה ככל האפשר. גם כשמנסים לפתור בעיה במתמטיקה, צריך למקד את הבעיה בנקודה מוגדרת, וכך עושים גם במכניקה ובתחומים רבים אחרים.

כדי שלהתעוררות ולהתלהבות תהיה ממשות, צריך לנתב אותן ולהפנות אותן לכתובת מדויקת ולא להישאר בהגדרות כוללות. צריך לפרוט את העצות הכלליות, האמירות הכוללניות וההצהרות הפנימיות והחיצוניות לסכומים קטנים יותר. דברים זזים, מתקדמים, נעשים ופועלים בתוך העולם רק על ידי פעולה ממשית, גם אם היא פעולה קטנה שבקטנות. כשאדם נוגע בנקודה ממשית, גם היא קטנה בקטנות, הוא פורץ דרך. פריצת דרך אינה חייבת להתחיל בסער ובשינוי גדול; היא מתחילה כשאדם מרכז את עצמו בנקודה, ומתוכה הוא מתחיל לפעול.

סך הכול – אין עוד מלבדו

מבחן התוצאה קשור באופן מהותי לתשומת הלב אל הנשמה.

אדם יכול לשאול: "מה רוצים ממני? אני קם בבוקר, נוטל ידיים ומתפלל שחרית בהידור ככל האפשר, אחר כך אני אוכל ארוחת בוקר ומברך לפניה אחריה וכך הלאה. מה עוד רוצים ממני?". אלא שגם אם אדם שמר את כל המצוות, נשמר מכל העבירות ועבר את היום בשלום, ראוי לשאול איזה דבר בעל ערך נשאר מהיום הזה.

בספר התניא ובספרים אחרים כתוב שבסוף היום אדם צריך לערוך חשבון נפש. כשאדם חושב לפני השינה: "נו, מה קרה היום? מה נשאר מהיום הזה שיש לו ערך?" לפעמים הוא מוצא שנשאר משהו גדול, לפעמים דבר קטן, ולפעמים לא נשאר דבר. אבל גם כשאדם

מגלה שלא נשאר דבר, הוא לפחות הולך לישון בידיעה שלא נשאר כלום מהיום הזה, והוא מרגיש כמו מי שהולך לישון רעב.

זהו גם המבחן ביחס לחיים בכללם. תארו לעצמכם שהיו עורכים סיכום אובייקטיבי של חייו של אדם: פלוני בן פלוני, תעודת זהות זו וזו, נולד בתאריך כזה וכזה, במשך כל חייו אכל כמה טונות של לחם, כמה קילוגרמים בשר, שתה כך וכך מים, השאיר אחריו כך וכך טונות של זבל ושל שתן. לאחר כל הסיכום הזה עדיין יש לשאול מה נשאר עוד? האם נשאר דבר בעל ערך? זהו המבחן של שיירי החיים.

לפעמים אדם אומר: "אני כבר כלב אבוד. התקווה שלי היא ילדיי". הבעיה היא שהילדים שלו עושים אותו דבר: הם חיים חיים בלי ערך, ומקווים שהילדים שלהם יעשו את מה שצריך. היה צדיק אחד שאמר שהוא כבר מחכה לראות את הילד האחרון שבשבילו עבדו כל הדורות האלה...

אדם צריך להעמיד את המבחן הזה ביחס לחייו: אכלתי, שתיתי, נחתי, התפללתי, למדתי. מה נשאר אחרי כל זה? האם נשאר דבר בעל ערך? שאלה כזו – שהיא איננה שאלה רחבה לגבי מוסר השכל אלא שאלה ממוקדת מאוד – צריכה להכות את האדם במין מכת חשמל, כמו הלם חשמלי שמטפלים בו באנשים שדעתם משתבשת עליהם כדי לרפא אותם.

אספר לכם מעשה של חסידים על חשבונות: בעיירה אחת חי חסיד עשיר שהיה סוחר באבנים טובות. לילה אחד הוא ישב בחדרו וערך את סיכומי היום ואת חשבונותיו, וכמו שהיה קורה לפעמים בזמנים ההם, מישהו הציץ בשקט בחלון וראה אותו יושב וכותב רשימה: "קניתי כך וכך. מכרתי כך וכך. אלה ההוצאות, ואלה ההכנסות", ובסוף הוא רשם: "סך הכול". ואז, במקום לסכם, הוא נשאר דומם, ישב וחשב כמה רגעים, ואחר כך כתב מתחת לרשימת המספרים: "סך הכול – אין עוד מלבדו".

מה קורה לאדם שכשהוא מגיע לכתוב מין דבר בנאלי כמו "סך הכול", חולף בו הרהור: באמת, מה הוא סך הכול? האם סך הכול הוא שהרווחתי 520 רובל ו־16 קופיקות?! כשאדם חושב על סך

הכול ברצינות, החשבונות האלו כבר אינם חשובים; סך הכול – אין עוד מלבדו.

אינני אומר שצריך לחקות את הסוחר הזה. ובכל זאת, כשאדם יושב בסוף היום וחושב מה סך הכול, לפעמים המסקנה היא שבסך הכול הוא עשה דבר אחד ממשי; בסך הכול היה לו רגע אחד של התעוררות; בסך הכול הוא לפחות הרגיש שהוא רוצה להתעלות יותר, גם אם לא מימש את הרצון הזה. הדברים הללו הם מה שנשאר ממנו, ואלו הם הדברים החשובים בחיים.

מדידה של אמת

בספרי חסידים אין דברי מוסר, ולא עוסקים בהם בחטאים כאלו וכאלו. בספרי חסידים עוסקים בהרחבה בשאלה מה הם הדברים הממשיים והאמיתיים בחיים (לאמיתו של דבר, אני חושב שרשימת החטאים של האדם אינה מעניינת גם את צבא מרום, גם שם מתעסקים בשאלה אם היה דבר ממשי במעשיו של האדם).

הדבר מסביר שתי צורות התייחסות מנוגדות שאפשר למצוא בספרי חסידים. יש בספרי חסידים ביקורות חריפות מאוד על מעשיהם של אנשים בענייני תורה ומצוות. למשל, באחד מספרי החסידות מתואר אדם שאיבד את ההכרה ונטה למות וראה בחלום שדנים בתורתו ועבודתו. הביאו את כל אותיות התורה והתפילה שלו – אלפים אלפים של אותיות – ואז בא המלאך המקטרג ואמר: "זוהי תורה?! זוהי תפילה?!". כל האותיות הללו עפו הצידה, ומכל התורה והעבודה של אותו אדם נשארה אולי אות אחת קיימת. אולם מול הביקורת החריפה מאוד על העבודה ועל התורה שאפשר למצוא בספרי חסידות, אחדים מגדולי החסידות היו דווקא מלמדים על ישראל זכות בעניינים של מה בכך, ומראים כמה גדולה יכולת הפעולה של אדם קטן שבקטנים. שני הצדדים הללו אינם סותרים. אין מדובר בעודף ביקורת מצד אחד, וסלחנות מצד שני, אלא באופן שונה של בדיקה והערכה. אפשר להעריך דברים על פי כל מיני תארים של מי שעושה אותם – כמו "הרב הגאון", "הרב החכם" או

"הרב הצדיק" – אבל למרות שהתארים הללו עושים רושם, הם לא רציניים. לעומת זאת, לפעמים אף על פי שאדם הוא קטן שבקטנים הוא בכל זאת עושה דבר משמעותי.

מספרים שיום אחד הראו לר' לוי יצחק מברדיצ'ב בטרוניה גדולה יהודי פשוט מעוטר בטלית ובתפילין, שמזפת את אופני העגלה בתוך תפילתו. אמר ר' לוי יצחק: "ריבונו של עולם, איזה יהודי כשר! אפילו בשעה שהוא מזפת את גלגלי העגלה, הוא מתפלל תפילה ומניח תפילין!" זהו אופן מסוים לבחון את המציאות – הנה אדם של סוסים ושל עגלה, שבהם שקועים ראשו, ליבו וחייו, ובכל זאת הוא מתפלל. זהו הישג גדול. לעומת זאת, כשחכם ובקי, למדן וירא שמים עושה דברים אחרים בזמן שהוא מתפלל, אפשר שבזה הוא מבטל את הערך של כל מה שהוא עשה.

שני הצדדים האלו נכונים, ושניהם בוחנים את מידת האמת לפי האדם המסוים, על עולמו הפנימי ונסיבותיו, ומתחשבים בשאלה עד כמה דברים שבקדושה הם חלק מעולמו.

השלב הקריטי

כשאדם רוצה להחליט החלטות ולעשות שינוי בחייו, הוא אינו צריך לצפות לשינוי גדול שיקרה ברגע אחד. אדרבה, מי שחושב שברגע אחד הוא יתעלה למרום – איננו אדם רציני. הרי גם מכוניות שמפתחות תאוצה, אינן מגיעות מיד מאפס קמ"ש לאלף קמ"ש. נדרש לזה זמן.

במקום זה אדם צריך לנסות לזוז תזוזה קטנה – אבל אמיתית. לעשות דבר שיכול להיות דק כחוט השערה, אבל הוא יהיה אמיתי. זוהי תזוזה של אמת. בתוך תפילת השקר, תורת השקר ועולמות השקר, הוא נוגע ב"ה' אלוקים אמת" שהוא המבחן של הדברים כולם.

ר' אברהם דב מאבריץ' היה הרב והמנהיג של צפת ובנה אותה מחדש לאחר שנהרסה ברעידת אדמה גדולה ובהתנפלות של דרוזים. שמעתי שהוא אמר כך: "כשהייתי צעיר וחייתי בחוץ לארץ, הייתי מבקש מהקדוש ברוך הוא שיזכה אותי להתפלל תפילת שמונה עשרה אחת כראוי. לאחר שגדלתי בשנים ונהייתי חכם יותר, החלטתי

שאבקש לזכות להגיד רק ברכה אחת כמו שצריך. לאחר מכן עליתי לארץ ישראל, וכיוון שאווירא דארץ ישראל מחכים, אני מבקש שתהיה לי הזכות להגיד מילה אחת כראוי". אם אדם אומר מילה אחת כראוי, המילה הזו מציתה ניצוץ של אמת. לפעמים 'אוי' אחד שאדם אומר שקול כנגד כל התורה כולה.

הקפיצה הזו היא בעצם עניינה של הגאולה. הגאולה היא מין קפיצה – לפעמים מקצה אחד של העולם לקצה השני, ולפעמים קפיצה זעירה של אלקטרון אחד ממקום למקום – אבל תמיד היא קפיצה ודילוג. זו אינה חייבת להיות קפיצה גדולה מקצה השמים עד קצה הארץ; כדי שלא להיות שקוע כל החיים באותו אפיק ולצעוד באותו מסלול שאין בו התעלות די לפעמים בשינויים קטנים, ובלבד שתהיה תזוזה כלשהי.

הגאולה היא הנכונות הפנימית לקפוץ. עצם הנכונות הזו לצאת מתחום השגרה הידוע ולקפוץ לשלב אחר – היא זו שמחוללת את השינוי.

כדי שי"ט כסלו יהיה חג הגאולה, צריך, כמו בגאולה של פסח, לקפץ ולדלג; להסתכן ולאבד את שיווי המשקל, כדי לעבור למדיום אחר. באופן כללי, רק באופן הזה אפשר לעשות דברים שיש בהם שינוי של ממש. למשל, אפשר ללמוד עשרה ספרים על שחייה, ועדיין לא לדעת לשחות. האופן היחידי שבו אפשר ללמוד לשחות הוא להיכנס למים ולתת לרגליים להתנתק מהיבשה.

הדבר נכון כמעט בכל תחומי המדע. בכל התחומים הללו יש שלב קריטי. למשל, למטוסים יש מהירות קריטית שאם המטוס אינו מגיע אליה, הוא ימשיך לנסוע על פני הקרקע אפילו חודש או שנה ולא יוכל להמריא. באופן דומה יש פעולות כימיות שמצריכות חום קריטי, ופעולות פיזיות שמצריכות מסה קריטית; בפחות מכך הפעולה לא תתרחש כלל, גם אם יחכו זמן רב.

באותו אופן, מטרתם של כל הדיבורים על הגאולה היא ליצור את המסה שתגרום לשינוי המצב, וכל השאר אינו חשוב. אם עד עכשיו אדם הלך במהירות מסוימת ועשה דברים מסוימים, והדברים

האלו לא הובילו לשום מקום, הוא צריך לעשות שינוי, וכאמור, הוא לא צריך להיות דרסטי. הוא יכול להיות קטן, אבל הוא צריך להיות משמעותי. כשמזיזים את הדברים עד לנקודת השינוי הקריטי – המטוס ימריא, הפצצה תתפוצץ, והאדם יתחיל לזוז. זהו תהליך מתמשך עד שמגיעה הנקודה הקריטית, ואז ברגע אחד של שינוי קטן – הגאולה מתרחשת.

האם זזתי?

כמו שאמרתי, כשגומרים התוועדות השאלות החשובות אינן איך היה המשקה, איך היו הדיבורים או אם הייתה התוועדות יפה יותר או פחות. השאלה החשובה היא אם אני זוכר משהו. אם כן – היה להתוועדות ערך; אם משהו פגע בי – ערכה היה גדול יותר; אם משהו נכנס פנימה – הערך שלה היה עוד יותר גדול; ואם זזתי כהוא זה מתוך ההתוועדות – התזוזה הזו מצדיקה את הקיום של ההתוועדות כולה. התמצית היא, כמו שאמרתי, שהדברים מגיעים לא רק מהלכה למעשה, אלא שהם מגיעים לידי ממשות. שבמקום לחשוב **על** הדברים, חושבים **את** הדברים; שבמקום לדבר עליהם – מדברים אותם; שבמקום ללכת סחור סחור – אנשים יעשו שינוי בפועל. זוהי התמצית, וכל השאר באמת אינו חשוב.

האינרציה, שמשאירה את כל הדברים במקומם, היא הגרועה ביותר. היא משאירה את ההבלים במקומם, והיא מקבעת גם את האדם במקומו. בגללה אדם יכול לשבת חמש או עשר שנים באותו מקום, ואולי אפילו שבעים שנה. אולי בסוף, ברגע האחרון, מתעוררים בו הרהורים שכדאי לזוז – ובאותו רגע הוא נופח את נשמתו, והאינרציה נפסקת.

אכן בשביל לחולל שינוי בתוך החיים, האדם צריך לסחוב את עצמו, את עברו, את הווה שלו, את עסקיו, את פירותיו ועוד כמה דברים, ולהזיז אותם – וזו עבודה קשה. ובכל זאת צריך לזוז, מפני שרק אם אדם שובר את האינרציה, הוא מאפשר לשינוי להתרחש. מכאן והלאה מי יודע לאן ילכו הדברים.

גם אם השינוי אינו מגיע לידי השלמה, בסופו של דבר השינוי הקטן כחוט השערה הוא החשוב. הרגע הזה, הנקודה הזו, הכלשהו הזה שבו אדם עשה שינוי הוא מה שבאמת יקר.

לחיים!

כ"ד טבת

בתאריך כ"ד בטבת הסתלק רבי שניאור זלמן מלאדי בעל התניא, מייסדה של חסידות חב"ד, המכונה גם האדמו"ר הזקן. רבי שניאור זלמן נולד בעיירה ליוזנא שברוסיה הלבנה בי"ח באלול תק"ה (1745). כבר מילדותו הוא נודע בכישרונותיו הגאוניים. שנים אחדות לאחר נישואיו הגיע למזריץ' לבקש תורה אצל המגיד ר' דוב בער, ממשיכו של הבעל שם טוב, ושם הצטרף כצעיר התלמידים לחבורה שלימים הפיצה את החסידות ברחבי מזרח אירופה. רבי שניאור זלמן נודע בגדלותו הן ב'נגלה' והן ב'נסתר'. המגיד ממזריץ', שהעריך את גדולתו בתורה, הטיל עליו לחבר את ספרו הגדול בהלכה 'שולחן ערוך הרב'. ספרו הנוסף, 'ליקוטי אמרים' ('תניא'), הוא אחד הספרים המרכזיים במחשבה החסידית.

ר' שניאור זלמן היה מעורב בהנהגת התנועה החסידית. הוא היה רבי ומורה דרך רוחני לפונים אליו ולדבקים בו, והיה גם פעיל בפעילות פוליטית לפי צורכי השעה: היה ממארגני התמיכה הכלכלית בקבוצת החסידים תלמידי המגיד שעלו לארץ ישראל בהנהגת רבי מנחם מנדל מוויטבסק בשנת תקל"ז (1777), ודמות מרכזית בפולמוס שבין החסידים והמתנגדים בשלביו השונים – החל מניסיונות הפיוס וההידברות עם הגר"א מווילנא בשנת תקל"ד (1774), עבור דרך הוויכוחים הפומביים שבהם ייצג את החסידות, למשל בשנת תקמ"ג (1783) במינסק, וכלה במאסרו בידי השלטונות הרוסיים, שאליו נלקח בעקבות הלשנת אחד מיריביו ממחנה המתנגדים בשנת תקנ"ט (1799). בשנות חייו המאוחרות עמד רבי שניאור זלמן במוקדה של מחלוקת פנים־חסידית חריפה שכוונה בעיקר נגד היסוד האינטלקטואלי של שיטת חב"ד. כאשר פלש נפוליאון לרוסיה, היה מן המתנגדים הבולטים לכיבוש הצרפתי מכיוון שחשש מהשפעתה השלילית של האמנציפציה שהובטחה ליהודים תחת השלטון החדש

על עולמם הרוחני של היהודים. עם התקדמות הצבא הצרפתי נאלץ לברוח אל פנים הארץ בעקבות הצבא הרוסי הנסוג. בדרכו זו חלה, ובכ״ד בטבת תקע״ג (1813) נפטר ונקבר בעיירה האדיץ.

ר׳ שניאור זלמן הוא יוצרה ומגבשה של שיטת חב״ד (**חכמה**, **בינה**, **דעת**) במחשבה החסידית. הוא היה מייסדה של שושלת האדמו״רים ליובוויץ׳־חב״ד שהנהיגה את חסידות חב״ד במשך שבעה דורות עד לימינו אנו.

ספר התניא שכתב הוא ספר יסוד בהיר ושיטתי הפורס את התפיסה התיאולוגית של החסידות ובצידה הדרכה, מעין תכנית הפעלה סדורה ומפורטת לרוצים לעבוד את ה׳ דבר יום ביומו. תורתו החסידית של ר׳ שניאור זלמן מפורטת ורחבת היקף. מלבד התניא נדפסו עשרות כרכים של מאמרי חסידות שאמר לפני חסידיו לאורך שנות הנהגתו. אחרי שהשתחרר ממאסרו הרגיש כי הגיעה העת להרחיב את שורותיה של החסידות ולהפיץ את תורתה ברבים. מקובל שמאמרי החסידות שאמר בתקופה זו נעשו מפורשים יותר ונוסחו ביתר הרחבה. הדבר ניכר כאשר משווים את סגנון ספריו אל ספרי מחברים אחרים מבני דורו.

רבי שניאור זלמן הוא מורה הדרך לכל ההולכים בדרך החסידות החב״דית ואף מעבר לה. ביום הסתלקותו נזכרים בדמותו ובדרכו. הרב אבן־ישראל שטיינזלץ הרבה לעסוק בתורתו של בעל התניא, ובמובנים רבים צעד כל חייו בדרכו ולאורו. בהתוועדויות כ״ד טבת היה הרב מעמיק ומרחיב בהבנת עולמו ודרכו של בעל התניא. בהתוועדויות אלו הוא לא דן בתורת בעל התניא בתור נושא עיוני, אלא בתור תביעה ודרישה לצעוד בדרך הארוכה והקצרה שסלל לנו האדמו״ר הזקן.

7

עניינה של הילולא

האבלים והאבדה

ברוב המקומות נוהגים ישראל להביא לבית הכנסת ביארצייט קצת משקה וקצת עוגות ולהסתפק בכך. אבל במשך הרבה דורות המנהג הפשוט היה לצום ביארצייט.

לאמיתו של דבר גם כשנוהגים ביארצייט כמו ביום אבל, זהו אבל שקשור לאבלים ולא לנפטר, כמו שכתוב בהספד עתיק מזמן הגמרא: "בכו לאבלים ולא לאבדה, שהיא למנוחה ואנחנו לאנחה".[1] מצד האבלים אכן מתעוררים צער וחיסרון, בין כשנפטר אב זקן ושבע ימים, ובין כשנפטר ילד צעיר שאז האבל חריף והמשפחה שבורה יותר; בין שהאבלים מתגברים במהירות על הצער, ובין שהם מרגישים את החיסרון במשך הרבה שנים. זאת המשמעות של "בכו לאבלים" – הָאָבֵל מרגיש את החיסרון.

ומה קורה לאבדה? כיהודים מאמינים בני מאמינים, אנחנו מאמינים שנפש הנפטר הולכת למנוחה. ואכן, אנשים פשוטים רבים מרגישים שהמנוח ואבותיו ישובים ברומו של עולם, אוכלים ושותים ושמחים. האנשים הללו מתנחמים גם במחשבה שיום יבוא והם יפגשו

1. מועד קטן כה, ב.

שוב את יקיריהם. לאמיתו של דבר, התיאורים הללו אינם נכונים מכיוון שהעולם הבא שונה מהעולם שלנו. ברור שכל המחשבה הזו והשאלות שאנשים כאלו לפעמים שואלים את עצמם – איך מרגישים הוריהם? האם יש להם לחיים אדומות או לא? האם הזקן של אבא גדל? וכך הלאה – כל אלה דמיונות שאין להם שום קשר לעולם העליון. אם נכנסים לעומק העניין, מתברר שעם השנים קורה לנפטרים דבר אחר.

התנתקות מענייני העולם הזה

מה קורה לנפש של הנפטר? ראשית כול, כשהנפש עוברת אל העולם האחר, היא עוברת פרק זמן של התנתקות מהעולם הזה. הרי כשהנפש הייתה בעולם הזה היא לא הייתה מבודדת מענייניו. היא לא הייתה כמו קרן אור שנכנסת לבית ואחר כך יוצאת ממנו ממש כפי שנכנסה ללא שום שינוי, אלא היא הייתה מעורבת בעולם הזה ובחיים של האדם שהיא הייתה שייכת לו, כל אדם לפי מדרגתו. לכן כדי שהיא תוכל להיכנס לגן עדן היא צריכה לעבור תהליך של התנתקות.

לא מדובר בהתנקות מחטאים – שזהו דווקא תהליך די מהיר: כתוב שנשמות רשעים נשפטות בגיהינום בסך הכול שנים עשר חודשים – אלא בהתנתקות מענייני העולם הזה. בדרך כלל, כשנשמה מגיעה לעולם העליון, היא זוכרת את כל המאורעות שקרו לה בעולם הזה, והמאורעות הללו הרבה יותר צבעוניים מאשר חיי העולם הבא. במצב הזה אי אפשר להכניס אותה לעולם העליון מיד. היא צריכה לעבור פרק זמן של בירורים כדי לשכוח את מה שנקרא בלשון הזוהר: "חיזו דהאי עלמא" – המראות של העולם הזה.

תארו לכם, למשל, אדם שהיה בעולם הזה בעל מכולת וכל ימיו חי סביב המכולת שלו. כשהוא יגיע לעולם העליון, תיכף ומיד יושיבו אותו על כיסא זהב ויגידו לו לשבת וללמוד גמרא – כמה זמן הוא יוכל להחזיק מעמד כשהוא יודע שזה יהיה העיסוק שלו יום אחרי יום?! לא החטאים של האיש הזה מונעים ממנו להגיע לגן עדן; הבעיה שונה: מה יקרה לו כשיכניסו אותו לגן עדן? מה הוא יעשה שם? אדם

כזה, שכל ימיו בעולם הזה הרוויח או הפסיד כסף, בנה בית וכדומה, ובשבילו הדברים הללו עדיין חשובים, צריך להזדכך ולהתברר לפני שיגיע לעולם העליון שכל הדברים הללו אינם נחשבים בו.

הנשמה בעולם הדמיון

בספרים שבהם מתוארים הבירורים הללו לא כתוב כמה זמן הם לוקחים; ייתכן שנשמות מסוימות מתבררות במשך עשרים שנה. במשך כל הזמן שאדם כזה מתברר, הוא נמצא בעולם הדמיון. זהו עולם שהוא לא שכר ולא עונש, והאדם יושב בו לפעמים בלי לדעת שהוא כבר מת. הרי בסופו של דבר אנחנו מכירים את העולם מתוך עצמנו ולא מתוך דברים חיצוניים; כל הדברים החיצוניים נכנסים אל הנפש שלנו פנימה, ושם הם מדברים אלינו. לכן כשנפטר אדם שאת נפשו מילאו רק ענייני העולם הזה, לאחר שהוא עבר את שלב המיתה, הנפש מתעוררת מחדש והוא חווה בדיוק אותן חוויות שהוא רגיל אליהן. אדם שבחייו עשה עסקים, יכול להמשיך לעשות עסקים גם בעולם העליון; יסתובבו סביבו מלאכים שידאגו לו למסחר שיישא רווחים הגונים. אחר כך הוא יבוא לבית המדומה שלו ויספר לאישה המדומה שלו כמה הוא הרוויח היום, וכך הלאה. יש נשמות שנמצאות במצב הזה הרבה מאוד שנים, ואין להן תקנה מפני שהן פשוט חיות בתוך העולם שהן מכירות, והעולם הזה לא מוליך לטוב או לרע.

מסופר על חסיד שחי כך בעולם הדמיון, וכל כמה חודשים היה מתעורר ואומר: "צריך לנסוע לרבי". מלאכי החבלה, שהופיעו בדמות בני אדם, היו אומרים לו: "עכשיו אתה עסוק. כדאי שתדחה את הנסיעה הזו". כך הוא דחה את הנסיעה משנה לשנה עד שיום אחד הוא התעקש שהוא חייב לנסוע לרבי, וברגע שהגיע לרבי – הרבי גאל אותו מעולם הדמיון.

סיפור אחר מספר על עגלון שהגיע לעולם העליון. בבית דין של מעלה החליטו שמגיע לו שכר גדול מפני שהוא הציל ממוות אנשים שנסעו בעגלה שלו; אם מי שמציל נפש אחת מישראל כאילו הציל עולם מלא, כל שכן מי שמציל הרבה אנשים ממוות. מכיוון שלא

ידעו מה לתת לו, שאלו אותו מה הוא רוצה, והוא ענה: "אני רוצה דרך טובה, בלי מהמורות ובלי עיקולים, ומרכבה רתומה לארבעה סוסים טובים". בעולם העליון מילאו את בקשתו, ועד היום הוא יושב במרכבה שלו ונוסע, אולי עד אין סוף...

לפעמים אדם זקוק לפרק זמן של בירורים גם לפני שמוליכים אותו לגיהינום. על אלישע בן אבויה מסופר שזמן רב אחרי מותו חכמים עדיין היו צריכים להתפלל שיכניסו אותו לגיהינום.[2] מה הוא עשה בינתיים? הוא נח, שר שירים יווניים, כמו שאהב לשיר בעולם הזה, ואולי גם חידש חידושי תורה שגם בהם הוא כנראה עסק עד יומו האחרון. כך המשיך עד שהכניסו אותו לגיהינום. באותו אופן גם בסיפור של ר' נחמן 'מעשה מחכם ותם', לאחר שהחכם כבר מת, והכניסו אותו לגיהינום עם כל השדים, זה לא הועיל לו; הוא עדיין היה משוכנע שהוא בעולם הזה, והוא יכול להגיש נגדם תביעה שהם חטפו אותו ומייסרים אותו.

מה זה 'בן'?

אומרים שבשלב מסוים הנפש מתחילה לשכוח את העולם הזה ואת החוויות שקשורות בו. הרבה דברים שבעולם הזה מילאו את עולמו של אדם, כבר מעניינים אותו פחות.

לאמיתו של דבר, אין צורך להגיע לעולם העליון כדי שתהיה חוויית מעבר כזאת; גם בעולם הזה יש חוויה כזו. הכרתי פעם יהודי אחד שהיה מוכר גזוז וממתקים בקיוסק קטן ליד מגרש הרוסים. סיפרו לי שלפני מלחמת העולם השנייה הוא היה מיליונר ברומניה, והגרמנים לקחו את כל אשר לו, ובסוף הוא עלה לארץ. אמנם בעברו הוא היה מיליונר, אבל אי אפשר להתפרנס מלהיות מיליונר לשעבר, אז הוא מכר בקיוסק. לא דיברתי איתו, אבל נראה היה לי שהאיש הזה לא יושב וחושב על הזמן שהוא ישב בכבודו של עולם. אולי הוא

2. חגיגה טו, ב.

זכר את עולמו הקודם כמו את אחד הזיכרונות הרשומים ביומן, אבל בהווה הוא חי חיים אחרים.

תהליכים דומים קורים לכל אדם: כל אחד חווה חוויות ילדות, אבל אחרי כמה שנים, מה שהיה בילדות מתגמד, נשארים הזיכרונות, והאדם ממשיך הלאה. כך קורה במעברים שונים שאדם עובר בעולם: אחרי המעבר הוא שוכח לא רק דברים רעים – שיש לנו כישרון יותר גדול לשכוח אותם – אלא גם דברים טובים. אחרי שאדם משנה את דרך חייו המציאות משתנה, והוא שוכח מה היה לפני כן. כל שכן כשאדם הולך לעולם העליון. היו אומרים שבעולם העליון כשרוצים לדבר על אדם שעבר עבירה, אומרים: "הוא עבר על פסוק כזה וכזה", ולא "הוא עבר עבירה כזו וכזו", מפני ששם כבר לא מבינים את העבירה עצמה אלא רק זוכרים את הפסוק מהתורה שמדבר עליה.

כשהנפש הולכת ומתנתקת מגירויי העולם הזה, היא שוכחת לאט לאט את כל מה שהיה בעולם, אפילו את משפחתה. מסופר שיום אחד נגזרה גזרה על ישראל, ורבי מרדכי מצ'רנוביל, שהיה אחד הצדיקים המפורסמים, רצה להעביר מכתב לאביו רבי נחום, שהיה צדיק גדול בעצמו וכבר נפטר קודם לכן, ולבקש ממנו במכתב שיפעל לבטל את הגזרה. הוא מצא אדם שנטה למות ומינה אותו לשליח. רבי מרדכי שלח אותו אל אביו וביקש ממנו לספר לו שיש צרות כאלה וכאלה לישראל, ולבקש שיפעל מלמעלה מה שאנחנו איננו יכולים לפעול מלמטה. כשהשליח הגיע להיכל של רבי נחום מצ'רנוביל וסיפר לו על השליחות, שאל אותו ר' נחום: "מי שלח אותך"? השליח ענה: "הבן שלך". שאל ר' נחום: "מה זה 'בן'?" מסתבר שאחרי זמן מסוים בעולם העליון הוא שכח מהו בן.

סיפרו על חסיד אחד שהזדקן, כל ילדיו התחתנו ואשתו נפטרה, וכיוון שנשאר לבד, הוא החליט לשבת אצל הרבי ולעסוק בתורה ועבודה. שם דאגו לו גם למקום לנוח ולארוחות. אחרי כמה שנים נזכרה בתו שאין לה שום קשר עם אביה. אחרי שהיא בירדה שהוא חי, היא יצאה למסע גדול והגיעה למקום שבו הוא ישב. היא ביקשה

שיקראו לו החוצה לדבר איתה, וכשיצא היא שאלה אותו שאלות שונות. הוא ענה לה על כל השאלות באדיבות גדולה, אבל היא הבינה שהוא לא זיהה אותה. עברו שנים רבות מאז פגישתם הקודמת, ובינתיים הוא שכח לגמרי מי היא. היא בכתה ואמרה לו: "אבא, שכחת אותי?!" הוא ענה לה: "אל תבכי, הרי אילו הייתי מת, בוודאי הייתי שוכח אותך; אז מה אכפת לך שאני חי?!"

כתוב: "הֲתִשְׁכַּח אִשָּׁה מֵרַחֵם בֶּן בִּטְנָהּ".[3] האם אישה יכולה לשכוח את הילד שלה?! והפסוק ממשיך: "גַּם אֵלֶּה תִשְׁכַּחְנָה" – אמנם הדבר אורך יותר זמן, אבל כעבור מאה שנה בגן עדן אפילו אם שוכחת את הילד שלה.

כך קורה לכל אדם: בעולם הזה הוא יודע ידיעות שונות, אבל כשהוא מגיע לעולם אחר הוא שוכח אותן. לא רק דברים קטנים, כמו זיכרון של כאב בטן או אכילה במסעדה טובה, אלא גם דברים גדולים מאוד מפסיקים להיות משמעותיים. הדברים שהיו קשורים לעולם הזה אינם חשובים בכלל בעולם שבו האדם נמצא לאחר פטירתו. כך קורה גם לגבי קשרים או אנשים שהיו חלק מחייו בעולם הזה, וכשהוא נמצא בעולם העליון ועוסק בעניינים אחרים, הוא ממילא שוכח אותם.

נשמות רועי ישראל

התיאור הזה נכון לגבי סתם יהודים טובים והגונים. אחרי זמן מסוים נפשם של אנשים פשוטים כאלה מתעלה, והם מתנתקים מן העולם הזה. לגבי נשמות של צדיקים מסוימים התהליך שונה. אלה נשמות שמגיעות לעולם הזה בגלגול נוסף, אולם לא בתור עונש או כדי לכפר על חטאים. מדובר בנשמה שעשתה מה שצריכה הייתה לעשות בעולם הזה, והיא מגיעה מוכנה לעולם העליון, אבל אז הקדוש ברוך הוא מבקש ממנה או גוזר עליה לרדת שוב לעולם הזה. הוא אומר לה: "היית בסדר גמור, אבל עכשיו העולם זקוק לך. אולי תואילי בטובך, עד כמה שזה לא נוח לך, לרדת שוב לעולם ולעשות שם מה שצריך?"

3. ישעיהו מט, טו.

נשמות מהמין הזה יורדות לעולם בתור מנהיגי ישראל האמיתיים. הקשר של אדם כזה לעולם הזה מוזר: מצד אחד, הוא חי בתוך העולם ומרגיש כמו שאר האנשים, שהרי יש לו גוף, ויש לו כל שאר החלקים שיש לבני אדם רגילים, ומצד שני, הוא לא שייך לעולם. הוא התנדב לשבת כאן ולטפל בבריות, להקשיב לאנשים שמספרים לו את צרותיהם: אחד מספר לו שיש לו בעיות עם אשתו או עם הילדים שלו, אחר מספר לו שיש לו בעיות בפרנסה, וכן על זו הדרך. נשמה כזו דומה לאדם שמחליט להתנדב במוסד של ילדים. הוא אינו קשור אליהם, הם לא ילדיו, אבל הם צריכים עזרה, והוא עוזר להם. הוא מתמסר לחייהם, להוויות שלהם ולמה שקורה להם.

אומרים שגם כשנשמה כזו של מנהיג ישראל עוזבת את העולם הזה היא שומרת על קשר איתו, מפני שזיכרונותיה מהעולם אינם זיכרונות של חוויות אישיות, שכן היא דאגה לחלק מהעולם או לנשמותיהם ובעיותיהם של אנשים שחיים בו.

כך מופיע במכתב תנחומים של האדמו"ר הזקן על מות ר' מנדל מוויטבסק, שהיה גם מדריך ומורה שלו.[4] במכתב מסביר בעל התניא את מאמר הזוהר: "צדיקא דאתפטר אישתכח בכולהו עלמין יתיר מבחיוהי" – הצדיק שנפטר מן העולם נמצא בכל העולמות יותר מאשר בחייו. כשהצדיק חי בתוך גופו, הוא היה מוגבל למקומו. לאחר פטירתו, כשהוא כבר איננו בגוף, הוא נמצא בכל מקום בעולם, ומבחינה זו הוא נמצא בעולם יותר מאשר בחייו. בעל התניא מסביר שצדיק כזה, שהיטיב עם ישראל באופן פרטי או באופן כללי – זאת הייתה עבודת הנפש שלו והתעלות הנפש שלו. כשם שיש אנשים שעיקר עבודתם בעולם היא התפילה, כך יש אנשים שעיקר העבודה שלהם הוא הדיבור עם בני אדם – בין שאלו בני אדם שמענג לדבר איתם, ובין שאלו בני אדם שאין שום עונג בדיבור איתם. הצדיק הזה הוא הרופא שלהם, ולכן הוא מטפל בהם ודואג להם. עבודת הקודש הזו אינה נפסקת גם כאשר הצדיק נפטר מן העולם, ובמובן הזה הוא

4. תניא, אגרת הקדש כז.

נשאר קשור לעולם. לגבי צדיק כזה – צדיק שלא התבודד כל ימיו, אלא האיר את העולם – הצד שבנפשו שהאיר את העולם נשאר וממשיך להתקיים בעולם.

אומרים שאליהו נמצא בכל הבריתות בתור מלאך הברית. אליהו הנביא צעק לקדוש ברוך הוא: "עָזְבוּ בְרִיתְךָ בְּנֵי יִשְׂרָאֵל",[5] ובכל פעם שהוא מגיע לברית מילה, אנחנו מראים לו שלא עזבנו את הברית ושאנחנו עדיין שומרים אותה. הוא רואה שאפילו יהודים שקשה להבין מדוע הם מלים את בנם עושים זאת כדבר שהוא למעלה מטעם ודעת, מפני שהם מרגישים את חובת הברית. אבל למה, בעצם, אליהו צריך להגיע לכל ברית? לאליהו הנביא, שבוודאי היה יכול להגיע לגן עדן, אין שום צורך אישי לבקר פה בעולם הזה; אני לא יודע אפילו אם הוא אוהב אותנו כל כך. על כל פנים, לא בגלל זה הוא בא לבקר בעולם שלנו. הוא גם לא בא לכאן רק בתור עונש על מה שאמר. הסיבה היא שבתור מלאך הברית אליהו קשור איתנו גם בזמן הזה – בעניין הברית וגם בעניינים אחרים שבהם אנחנו מזכירים אותו. מאותה סיבה הוא יבוא שוב לפני ביאת גואל צדק, "וְהֵשִׁיב לֵב אָבוֹת עַל בָּנִים וְלֵב בָּנִים עַל אֲבוֹתָם".[6] זו הייתה השליחות שהקדוש ברוך הוא הטיל על אליהו הנביא, והוא חוזר לעולם הזה כדי להמשיך את שליחותו. ההיקף של העבודה שלו בתוך סדר העולם הכללי גדול יותר מנשמתו הפרטית. יש היקף של כל נשמה פרטית, ויש היקף של מה שכל נשמה עושה בתוך סדר העולם, וכשנשמה מסוימת פועלת בתוך סדר העולם הכללי, הפעולה הזו חשובה יותר מההיקף שלה בתור הנשמה פרטית.

הצדיקים אינם יוצאים לפנסיה: הרי כתוב שאין להם מנוחה לא בעולם הזה ולא בעולם הבא. הם תמיד ממשיכים לעבוד. יש צדיקים שממשיכים לעבוד בעבודתם הפרטית, אבל רועי העם ומנהיגיו ממשיכים לעבוד את עבודתם עִם ישראל.

5. מלכים א' יט, י.
6. מלאכי ג, כד.

ההתקשרות לצדיקים

זוהי ההצדקה לכך שאנחנו עדיין אומרים בתפילותינו: "זכור לאברהם ליצחק ולישראל"; לכאורה, מה לנו ולהם? – הרי הם לא פגשו אותנו אף פעם. לאמיתו של דבר, הם אבותינו לא רק בכך שמהם נולדנו לעולם, אלא גם בהארתם ועבודתם שנשארו בעולם. אשר על כן אנחנו מזכירים את שמם ומתפללים שזכותם תעמוד לנו. גם רועי ישראל שבכל הדורות באים כאושפיזין לסוכה לא בגלל מעלותיהם בעולם הזה, אלא מפני שלעבודתם בעולם הזה הייתה חשיבות לדורות.

זה גם ההסבר למנהג להשתטח על קברי הצדיקים. עצם ההליכה דווקא אל בית הקברות היא עניין טכני שהרי הנשמה אינה נמצאת בקבר. אבל מכיוון שאין לנו כתובת למקום שבו הנשמה נמצאת, אנחנו הולכים למקום שהוא ציון של גופו של הצדיק. על כל פנים, כשאנחנו הולכים לקבר של צדיק אנחנו למעשה מנסים להתקשר לנשמתו. יש תחינה ארוכה שאומרים על קברי צדיקים שנקראת 'מענה לשון', שעוסקת קצת באופנים שבהם הנשמות קשורות זו בזו, ובסיוע שהן מבקשות זו מזו. כך אנחנו בעצם אומרים לצדיק: "אתה היית מנהיג ישראל. אתה היית רוענו. אשר על כן חלק ממך תמיד נשאר קשור אלינו, ולכן אנחנו יכולים לבוא ולבקש שתעורר עלינו רחמים" (אגב, גם הקשר של בין אב ובנו נשאר לעולם ועד, אף על פי שאיננו יודעים מה טיבו של הקשר הזה. כאמור, ייתכן שהאב כבר לא יודע מהו בן, ואף על פי כן יש לו קשר איתו).

מאותה סיבה עורכים הילולא לצדיקים. איננו עוסקים בחסרונו של הצדיק או במחשבות סביב השאלה איך היה העולם שלנו אילו הצדיק היה חי עכשיו; בהילולא אנחנו עוסקים בקשר שלנו אליו. כביכול אנחנו אומרים לצדיק: "כיוון שאתה דאגת לנו לפני מאה או אלף או שלושת אלפים שנה – יש לך קשר איתנו. בבקשה המשך בקשר הזה". בהילולא של הצדיקים איננו חושבים על האבלים אלא על האבדה. איננו עוסקים בצער שלנו על האבדה אלא מדברים על הצדיק, על גדולתו ועל ההתקשרות שלנו איתו, שהיא חלק מעבודתו.

אם ירצה השם, שיעלו אמרינו לרצון. לחיים!

דמותו של האדמו"ר הזקן

רבגוניות

היו בעולם אנשים שהיו גדולי תורה או גדולי עולם בתחום אחד, ואיננו יודעים על יכולותיהם בשום תחום אחר. יש בעלי גמרא או בעלי משנה, בעלי אגדה או בעלי סוד. בין האמוראים בגמרא היו כאלה ששלחו את ידם גם בהלכה וגם באגדה, ולעומת זאת היו כאלה שדבריהם בהלכה או באגדה מעטים, והיו גם כאלה שכמעט אין שום דבר בשמם, לא בהלכה ולא באגדה. אני לא מכיר, למשל, שום הלכה בשם ר' חנינא בן דוסא אף על פי שהוא היה אדם גדול מאוד, בעל מופת ששלט בשמים וארץ, וידועים לנו גם דברי אגדה שהוא אמר. ככל הנראה דברי ההלכה שלו לא היו מיוחדים. ייתכן שאיננו יודעים על גדולתו בהלכה משום שהוא החביא את עצמו; על כל פנים, גדולתו ידועה לנו רק בתחומים אחרים.

החלוקה בין בעלי הלכה, בעלי אגדה ובעלי מופת היא אף יותר עתיקה; כבר בתנ"ך יש נביאים שאנחנו לומדים את הדברים שהם אמרו, ולעומתם יש נביאים גדולים, כמו אליהו ואלישע, שעשו מופתים גדולים, אבל איננו מכירים הרבה חידושי תורה או נבואות שלהם.

אביא עוד דוגמה כדי להסביר את העניין: היה אדם אחד, שאת שמו לא אזכיר, שהיה גדול מאוד בקבלה. קשה להגזים בחשיבותו ובחשיבות העבודה שלו בעולם הקבלה. לפני שנים אחדות מצאו כתבי יד שלו, ובהם הערות שכתב לגמרא, ומישהו הדפיס אותם. באותו זמן פגשתי תלמיד חכם אחד, וכשדיברנו על כך, הסכמנו שנינו שעדיף היה שלא להדפיס את החידושים הללו – לא מפני שאלו דברי שטות, אלא פשוט מפני שאין בהם שום דבר מיוחד במינו, ולכן יש בפרסום שלהם משום הטלת דופי באדם הגדול הזה, שמסתבר שהוא היה גדול בתחום הקבלה אבל לא בתחום הגמרא.

בעל התניא היה אדם רבגוני, וכישרונותיו היו רבגוניים. הוא היה מושלם במעלות שונות, גדול בתורה ובתחומים אחרים. לדוגמא,

ב'שולחן ערוך' שלו, 'שולחן ערוך הרב', הוא דן בשאלה הלכתית פרקטית שדרשה למצוא את הכיוון של ירושלים בעיקר בהקשר של בניית בתי כנסת. כדי למצוא כיוון מסוים על פני כדור הארץ נדרשים חישובים מסובכים למדי. בעל התניא כותב שם, בדרך אגב: "וחשבון זה קל להיודעים דרכי החשבון במשולש כדורי"[7] – תחום שנקרא בזמננו 'טריגונומטריה ספֵירית'.

כשהשלטונות הרוסיים החרימו את הספרייה של האדמו"ר הזקן הם ערכו רשימה של כל הספרים שהיו בה. הרשימה הזו הגיעה לידינו, וכך נודע לנו שהיה מצוי שם הספר העברי על מתמטיקה ברמה הגבוהה ביותר באותה תקופה. מסתבר שהוא מספיק התעניין במתמטיקה כדי למצוא את הספר הזה, שהיה נדיר למדי. מהדוגמה הזו אפשר להתרשם מרוחב אופקיו והתעניינותו של האדמו"ר הזקן. על חלק מהתחומים שבהם הוא התעניין ידוע לנו בוודאות, ועל אחרים אנחנו יודעים רק ברמז.

כתיבתו הקלסית

לכתיבה של האדמו"ר הזקן יש אופי קצת צונן, בין כשהוא כותב דברי הלכה, בין כשהוא כותב ענייני חסידות, ובין כשהוא כותב דברים שנוגעים בנשמה. הדבר נכון יותר בספרים שהוא עצמו כתב, ופחות בספרים שאחרים רשמו מן הזיכרון בשמו, וגם תרגמו מיידיש.

לשם השוואה, הכתיבה של חסידות ברסלב בכללה (לאו דווקא כתביו של רבי נחמן עצמו, כמו 'ליקוטי מוהר"ן' או 'סיפורי מעשיות', הכתובים בסוגה אחרת) שונה בתכלית מאופי הכתיבה של האדמו"ר הזקן. בברסלב הכתיבה רכה הרבה יותר, ולשונה חמה וידידותית הרבה יותר.

באופן כללי הכתיבה של ברסלב היא רומנטית, והכתיבה של בעל התניא – קלאסית. ההבדל ביניהם דומה להבדל בין יצירה רומנטית ליצירה קלאסית בתחומי האומנות, כמו מוסיקה, ציור או

7. שולחן ערוך הרב אורח חיים צד סוף סעיף ב.

ארכיטקטורה. סגנון הכתיבה של בעל התניא הוא קלאסי מבחינה זו שהוא בהיר, מסודר ויפה, ולא רומנטי ומשתפך.

ספרי ברסלב נעשו פופולריים בדורנו בין היתר משום שזהו לא דור של מוח; אם יש מוח, הוא רק כלי קטן שמשתמשים בו לפעמים להרוויח כסף. אנחנו אנשים של רגשות, ואנחנו מדברים על דברים שבלב בין באמונה, בין באהבת ה׳, בין ביראת ה׳ ובין בעניינים אחרים. לכן הדברים של ברסלב, שכתובים בלבביות רבה, מדברים אלינו. את התניא, לעומת זאת, צריך לקרוא כמה פעמים ולהתייגע עד שנקשרים בדברים שכתובים שם, לא מפני שהוא אינו כותב בבהירות; אדרבה, דווקא מפני שהוא כל כך בהיר עד שהוא מסנוור את העיניים. לפעמים אדם רוצה קצת יותר אפלולית, קצת יותר רומנטיקה. זה לא הנוסח של התניא.

בהבדלי אופי כאלה אפשר להבחין גם בדורות אחרים. למשל, אף על פי שגם הרמב״ם וגם רש״י כותבים בבהירות גדולה ובצחות הלשון, יש הבדל ניכר ביניהם: רש״י כותב תמיד באופן חם, גם כשהוא כותב בענייני הלכה. על כתיבתו היפה אפשר ממש להתרפק. באחד המכתבים בשו״ת שלו רש״י מכנה את המכותב שלו ׳אחי ידידי׳. הרמב״ם, לעומתו, אינו מכנה אף מכותב שלו ׳אחי ידידי׳ לא משום שהוא היה אדם מנוכר, אלא כי הוא לא היה מהאנשים שמתחבקים עם כל אדם שהם פוגשים. ההבחנה הזו בין סגנונות כתיבה שונים נובעת מטעם אישי ואיננה הבדל של עומק המהות.

הכתיבה של בעל התניא מסודרת וצוננת לא מפני שהדברים שלו אינם מלהיבים, אלא משום שהוא לא אומר אותם בפאתוס ובחגיגיות. הוא אומר דברים מלהיבי לב בצורה אחרת, וכדי לקלוט אותם צריך ללמוד את צורת הביטוי הזו.

אישיות אקסטטית

לבעל התניא היה צד אחר, פחות ידוע ומפורסם: אישיותו הייתה

אקסטטית מאוד. בניגוד לרמב"ם, בעל התניא יכול היה להתלהב עד שהגיע להתפשטות הגשמיות בצורה פרועה. לפעמים הוא היה אומר דברי תורה, ומתוך כך מתלהב עד שהיה נופל מהכיסא ומתגלגל מתחת לשולחן, תוך כדי שהוא ממשיך להגיד את דברי התורה שלו. סיפרו שאחד החסידים, שהיה מקפיד להקשיב לכל מילה של הרבי, היה מתגלגל איתו מתחת לשולחן כדי לשמוע את מה שהוא אומר שם. יש הרבה סיפורים על האופי האקסטטי של האדמו"ר הזקן, ולמי שמכיר את אופן הכתיבה הצונן והמחושב שלו קשה לזהות בסיפורים הללו את אותו האדם. היה לבעל התניא צד לא צפוי נוסף: הוא היה גם מוסיקאי שהלחין מוסיקה רצינית מאוד.

סימן נוסף לאישיות שעומדת מאחורי ספר התניא אפשר לראות בזהות של מי שכתב הסכמה לספר. על ספר התניא לא קשה לכתוב הסכמה, משום שזהו ספר מסודר ומאורגן, שלא כמו ספרים חסידיים רבים אחרים, המלאים בהתפרצויות. בעל התניא היה יכול לקבל הסכמות מאנשים שונים. הוא היה יכול, למשל, לבקש הסכמה מר' פנחס בעל ההפלאה, שהיה חבר שלו, ובוודאי היה נותן לו את הכבוד הראוי. אבל הוא ביקש הסכמה לתניא דווקא מרבי זושא מאניפולי. על רבי זושא ועל אישיותו המתפרצת ישנם סיפורים רבים, ומשום סיפור לא מצטיירת דמות שמתאים לה להביע את דעתה על ספר אינטלקטואלי כל כך.

אגב, מבין הספרים של תלמידי המגיד, הספר הדומה ביותר לסגנון הספרים של חב"ד הוא 'קדושת לוי' של רבי לוי יצחק מברדיצ'ב, שהיה מחותן של בעל התניא וגם ידידו בלב ובנפש. מבחינת אישיותו של רבי לוי יצחק מברדיצ'ב אפשר היה לצפות ממנו לכתיבה משתפכת ומתפרצת; בפועל סגנונו בהיר מאוד, גם אם כתיבתו אינה מסובכת כמו הכתיבה של חב"ד. כאמור, מסתבר שגם בעל התניא היה אדם מורכב הרבה יותר והכתיבה הצוננת שלו אינה מעידה על שאר הצדדים שבאישיותו.

מה רצה האדמו"ר הזקן

להגיע לידי הכרה

כפי שאמרתי, בעל ההילולא בוודאי לא התנגד לרגשות – לא לאהבת ה', לא ליראת ה' ולא לרגשות אחרים. יתר על כן, הוא היה אדם אקסטטי ובעל רגשות חזקים. ובכל זאת הוא לא רצה לבנות יהדות או חסידות על רגשות, מפני שהוא חשב שכל דבר שנבנה על רגשות, כלעומת שהוא בא כך הוא הולך. האדמו"ר הזקן רצה לבנות דבר יציב יותר.

לא מדובר רק בשימוש בשכל; כל אדם שעובד את ה' משתמש בשכל. אמנם, לעומת אדמו"רים אחרים, הוא חשב שצריך להכניס את השכל גם לענייני אמונה, אבל לא זה העניין. בעל התניא רצה שבני אדם יגיעו לידי הכרה. כשאדם שואל את עצמו על ההכרה שלו, הוא בעצם שואל מה קיים בתוכו ברצינות. זו איננה דרישה לשכלתנות; מדובר על משהו אחר לגמרי. אדם צריך להתכוון למה שהוא חושב ואומר, ולא לרמות את האנשים האחרים, ובמיוחד לא את עצמו.

יש אנשים שמתרגשים, מנענעים בידיים וברגליים, צועקים בקול גדול ומוחאים כפיים – וכל אלה אינם רציניים, אין להם ערך. בעניין זה מסופר שפעם עמד אדם בבית הכנסת בקוצק וצעק: "טאטע, טאטע" (אבא, אבא). עבר שם חסיד קוצק אחד ששמע אותו. חסידי קוצק, כידוע, לא היו נחמדים. אותו חסיד הגיב לו במליצה המבוססת על דברי הגמרא: "ודילמא לאו אביו הוא?"[8] – שמא הוא איננו אביו. השאלה הזו עברה מאיש לאיש עד שהיא הגיעה לרבי מקוצק, והוא ענה על כך: "שְׁאַל אָבִיךָ"[9] – אם אין לך אבא, קח אותו בהשאלה, ותהפוך אותו לאביך. זו אינה רק תשובה רכה אלא גם דרישה קשה:

8. חולין יא, ב.
9. דברים לב, ז.

אם אתה רוצה לעשות שאבא שבשמים יהיה אביך, לא מספיק שתצעק "טאטע, טאטע", אתה צריך לעבוד על זה. אדם יכול לומר מילים או לצעוק; השאלה היא אם הוא מתכוון למה שיוצא מפיו.

להרגיש שהקדוש ברוך הוא ממשי

יש הבדל בין ההרגשה להכרה: ההרגשה היא רכה ולא מסוימת, ואילו ההכרה, גם כשהיא פשוטה וגולמית, היא חותכת. למשל, כל אדם שרואה שולחן יודע שהשולחן ממשי; אפשר לשים עליו אוכל, וכואב להיתקל בו. לעומת זאת, כשאדם רק מאמין ומרגיש בקיומו של שולחן רוחני, הוא לא יכול לשים עליו אוכל וגם לא כואב לו להיתקל בו. דברים שעשויים מעננים ומערפילי טוהר יכולים להיות יפים מאוד, אבל הם לא חלק מן ההכרה של האדם. ההכרה כוללת את מה שאדם יכול להגיד שהוא יודע בבירור, גם אם זה לא הרבה.

מהסיבה הזאת בבחינות הבגרות במתמטיקה הרבה יותר קשה לרמות מאשר בבחינות בגרות בספרות. בספרות – התלמיד בסך הכול צריך קצת לבלבל את המוח, והבוחן המסכן, שקורא את הבחינה, כותב: "עובר". במתמטיקה – אם התלמיד כותב תשובה לא נכונה, הבוחן מוחק את הכול וכותב שזו שגיאה, והתלמיד מקבל אפס. בתחום כמו מתמטיקה אפשר לדעת בבירור מי מבין במה מדובר ומי אינו מבין.

השאיפה להגיע להכרה של הקדוש ברוך הוא אין פירושה שאדם יוכל למשש אותו בידיים, אלא שאדם ידע וירגיש שהקדוש ברוך הוא ממשי לא פחות מאשר השולחן (מצד האמת, הקדוש ברוך הוא הרבה יותר ממשי מאשר השולחן). אם הקדוש ברוך הוא אינו ממשי בעיניו של אדם, אם הוא מרגיש שהוא מתפלל מול הקיר ולא מול הקדוש ברוך הוא, גם אם הוא ימשיך להתנענע – זוהי בעיה של ההכרה. משפט ידוע אומר ש"כל העולם כולו גשר צר מאוד" – הבעיה היא שיש גשרים שאי אפשר לסמוך עליהם. צריך תמיד לבדוק עד כמה הגשרים ממשיים.

כשאין הכרה

הבעיה של היעדר ההכרה קשורה למה שמופיע בספר 'עין יעקב', שמשמר, כך נראה, קטעים מהנוסח הספרדי של הגמרא: "גנבא אפום מחתרתא רחמנא קריא", כלומר הגנב על פי המחתרת מתפלל לקדוש ברוך הוא.[10] מתואר כאן אדם שלפני שהוא גונב, הוא אומר את תפילת הגנב: "ריבונו של עולם, עזור לי, סומכני, שלח לפני את המלאכים שיפתחו לי את הדלת, שהבריח לא יחרוק", וכך הלאה. העובדה שהגנב מתפלל – בין שהוא מקצר ובין שהוא מאריך – פירושה שהוא מאמין. אם כן, למה הוא גונב? מכיוון שהאמונה שלו היא מין דבר ערפילי, הוא יכול להיות גם איש מאמין וגם גנב. אדם בעל הכרה יבין ששני הדברים הללו לא מתיישבים זה עם זה; אם הוא הולך לגנוב – הוא לפחות לא יתפלל באותה שעה, ואם הוא מתפלל – הוא לא ילך לגנוב אחרי התפילה.

שאלת ההכרה קיימת גם בעניינים אחרים. אדם שיודע, למשל, שכדור הארץ הוא עגול, ושבאוסטרליה חיים אנשים, עלול לחשוב שהאנשים באוסטרליה הולכים והראש שלהם למטה, ולשאול את עצמו איך הדבר אפשרי. ייתכן שזה לא יפריע לו לנסוע לאוסטרליה כי הוא מאמין שבסופו של דבר הכול יסתדר, אבל בשביל להבין את העניין הזה הוא צריך הכרה של האופן שבו פועל העולם.

הכרה איננה חכמה עליונה אלא היא הבנה פשוטה של הדברים. אנשים רבים אומרים דברים, ומתברר שהם אינם מבינים מה הם אומרים. בלי להבין הם מניחים שמה שהם אומרים מסתדר איכשהו. בענייני אמונה בה', על כל פנים, אדם צריך הכרה בהירה, וכשאין לו הכרה כזו – הוא מדבר דיבורים, אבל באמת הוא אינו יודע שום דבר. כך פירש צדיק אחד את הפסוק "כִּי אֲנִי יָדַעְתִּי כִּי גָדוֹל ה'"[11] – אינני

10. גרסת עין יעקב (קלט) לברכות סג ע"א.

11. תהלים קלה, ה.

רק מצהיר כי גדול ה' שהרי כל אחד יכול להגיד את המילים הללו; אני גם יודע ומבין את גדולתו.

התבוננות

ספריו של בעל התניא עוסקים בשאלה איך אפשר להגיע להכרה. ההכרה איננה נבנית בפשטות. מגיעים אליה על ידי ניסיון ועל ידי עוד ועוד עבודה של התבוננות. המתבונן חושב על עניין מסוים ומתעמק בו. הוא מנסה להבין מה משמעותו. רק כשאדם מבין דבר מסוים, הוא יכול להתעסק בו ולהתייחס אליו.

לדוגמה, מי שלומד את מסכת יבמות פוגש את המושג 'זיקת יבמים'. אפילו ילד בן שלוש יכול להגיד את המילים האלה, אבל כדי להבין באמת מה הן אומרות, צריך להתבונן בהן, כלומר לנסות להבהיר מה מבינים מתוכן, ומה לא מבינים, ולחשוב עליהן שוב ושוב כדי להבין את פירושן.

גם כשאדם עומד בפני בעיות מעשיות ומנסה לפתור אותן, הוא עוסק בהתבוננות ולא ברגש. למשל, כשאדם עומד בפני דלת נעולה, והוא צריך למצוא דרך לפתוח אותה, הוא יכול כמובן לעמוד שם, להרים ידיו לשמים ולהגיד: "ריבונו של עולם, שלח נא את המלאך גבריאל שיביא לי את המפתח", או: "שלח את המלאך רפאל שיפתח את הדלת מהצד השני". אבל בסופו של דבר, כדי להגיע לפתרון הוא צריך לחשוב ולהתבונן איך הוא יכול לפתור את הבעיה.

להבדיל, עושים תרגילים כאלה לקופים: תולים בננה מהתקרה, והקוף צריך למצוא דרך לטפס אליה. לפעמים הקוף המסכן יושב שלוש שעות ועוסק בהתבוננות. הוא מנסה לחשוב איך הוא ישיג את הבננה. האם כדי להשיג אלוקים חיים לא כדאי להשקיע את המאמץ ולהתבונן? האם זה לא שווה כמו בננה של קוף?!

אמנם בעל התניא מורה לחסידיו ללמוד לא מעט חומר, אבל זהו רק הבסיס שעליו אדם יוכל לעבוד. בחומר הזה שאדם לומד, בעל התניא מורה לו גם להתבונן: לקחת איזו נקודה, לחשוב עליה

ולהתעמק בה עד שבסוף היא תתפקע ותתברר, ואז האדם יאמר: הפעם תפסתי במה מדובר!

לשקר במשך שבעים שנה

מי שרוצה להתפלל ברצינות, ולא רק לעשות פרצופים רציניים כאילו הוא מתפלל ברצינות, ניצב בפני בעיות רבות שהוא צריך לשבת ולברר אותן. גם אם יש לו אמונה – זה לא מספיק, משום שהאמונה עצמה לא מבררת בירורים; רק ההכרה עושה זאת.

לאנשים שלומדים ומתפללים, אבל אף פעם לא התבוננו במילים שהם אומרים, יש ראש מלא מילים, ולא יותר. כשהם מדברים על המילים הללו ודנים בהן, הם דומים לאנשים שמשחקים במונופול – קונים ומוכרים מגרשים, מרוויחים ומפסידים כסף, אבל הכסף איננו כסף, והמגרש איננו מגרש. לעיתים קרובות האנשים המתפללים בסך הכול אומרים מילים. אילו הם היו רואים ומרגישים את מה שהם אומרים בתפילה, הם היו מזדעזעים, ואולי אפילו מפסיקים להתפלל.

אנשים מתפללים ומתפללים, אבל האם לתפילות הללו יש ממשות? כשהיו שואלים אחד מהחסידים הראשונים: "התפללת שחרית?" הוא היה אומר: "כבר מותר לי לאכול". כלומר, אינני יכול לומר שבאמת התפללתי, אלא רק שמבחינה הלכתית אני כבר לא בשלב שלפני התפילה, ולכן מותר לי לאכול.

פעם היו אומרים: את מי אדם יכול לרמות? בני אדם לא נותנים שירמו אותם, את הקדוש ברוך הוא אי אפשר לרמות. אם כן, את מי אדם יכול לרמות? את עצמו; ולרמות טיפש זו לא חכמה גדולה... כשאדם יושב ומתפלל בלי לדעת מה הוא באמת אומר, הוא מרמה את עצמו. השכנים בדרך כלל אינם חושבים שהוא מתפלל ברצינות, הקדוש ברוך הוא יודע שהוא אינו מתפלל ברצינות, ואם מלאכי השרת נמצאים שם, גם הם אינם מאמינים לו. אם רק הוא עצמו חושב שהוא באמת מתפלל – את מי בדיוק הוא מרמה?

מספרים על אחד המנהיגים הציוניים שחי בזמנו של הרצל,

שכשהגיע בפעם הראשונה לארץ וביקר בתל אביב, הוא אמר "תראו איזה פלא! התברר שכל הדברים ששיקרתי עליהם במשך שלושים שנה – כולם היו אמת!" אני חושש שכאשר כמה מהיהודים הטובים יעלו לעולם העליון, תהיה להם בדיוק אותה ההרגשה, שלמרבה הפלא הדברים שהם שיקרו עליהם במשך שבעים שנה – הם אמת. מזעזע שאדם יכול לשקר במשך שבעים שנה, אבל זה מה שאנשים עושים.

יגיעת נפש ויגיעת בשר

בשביל להגיע להכרה אדם צריך להקדיש הרבה זמן ויגיעה. תפילה בשירה ובריקוד לא דורשת מאמץ רב. הבעיה היא שפעמים רבות תפילה כזאת פועלת כמו פאב: אדם נכנס לפאב, שר ורוקד, ומה יוצא לו מזה? אהבה לא יוצאת משם וגם לא התרגשות. גם לגבי התפילות המלאות בשירה ובריקודים, השאלה היא כמה מהתפילה הזו נכנס בתוך המתפללים? מה יצא מהתפילה הזו חוץ מהעובדה שאחריה המתפללים יאכלו את הארוחה שלהם ביתר תיאבון? בדרך כלל, לרוב האנשים יש הכרה שלמה של ארוחת הבוקר, אך בתפילת שחרית, לעומת זאת, אין להם ההכרה כלל. את הארוחה שאחרי יום כיפור אנשים אוכלים בתיאבון רב, אבל את הצום שלפניה לא בטוח שהם עושים באותה מידה של רצינות.

ההתבוננות דורשת עבודה ויגיעה, ובמובן הזה היא שונה מאוד מההתבודדות. בהתבודדות אדם משתפך – את זה כל אחד יכול לעשות בכל זמן. כשאדם משתפך, הוא מרגיש טוב; הוא סיפר לקדוש ברוך הוא את הכול, אפילו דברים שהוא חושש לספר לאשתו, וכך הוא פרק מעליו עול שהעיק עליו. לעומת זאת, ההתבוננות היא עבודה קשה. האדמו"ר הזקן אומר בתניא שעבודת התפילה דורשת "יגיעת נפש ויגיעת בשר".[12] היגיעה איננה בעמידה להתפלל, אלא בהבנת הפירוש והמשמעות של הדברים שאומרים בתפילה. היגיעה

12. תניא ח"א ל.

הזו נדרשת לא רק ממי שרוצה להבין את כל התפילה, היא נדרשת אפילו כדי להבין משפט אחד או מילה אחת כראוי.

סיפרו על צדיק אחד שקרה שחיכו לו לתפילת שחרית זמן רב. כשהגיע סוף סוף אחרי שלוש שעות, שאלו אותו מה קרה, והוא ענה: "פתחתי את עיניי בבוקר ואמרתי 'מודה אני', ואז התחלתי לחשוב מה זה 'אני' ומה זה 'לפניך', ועברו כשלוש שעות עד שהגעתי לאיזו הבנה של המילים הללו".

זוהי רק המדרגה הבסיסית; יש מדרגות של 'אמת ה' לעולם' או 'אמת לאמתו', שהן מדרגות גבוהות יותר. מסופר שפעם בא בעל תשובה לאחד הצדיקים והתוודה על חטאיו. הצדיק אמר לו: "אם אתה באמת רוצה לעשות תשובה – תתוודה יותר לעומק". אותו אדם חשב על חטאיו והתעמק בהם ושוב התוודה. לאחר ששב אל הרבי, הרבי אמר לו: "יותר לעומק. אתה צריך להרגיש את עצם החטא, ולא רק להרגיש שעברת על כך וכך סעיפים ב'שולחן ערוך'". וכך הצדיק אמר לו לחשוב ולהתעמק בחטאיו שוב ושוב במשך כמה שעות עד שאותו איש התעלף, ואז הצדיק אמר: "עכשיו כנראה עשית תשובה". תשובה איננה רק מכות על הלב. קל להכות על הלב. אפשר ללמד אפילו קוף להכות על הלב ולומר "אשמנו, בגדנו". תשובה פירושה שהלב מכה את האדם, וזה כבר הרבה יותר מסובך. פעם היו אומרים שלפעמים כשמכים את הלב ב"אשמנו, בגדנו", הלב חושב שמלטפים אותו על כל דבר. אילו לאדם היה כואב הלב באמת, הוא לא היה מגיע עד סוף הווידוי כל כך בקלות.

'לעשותו'

מתוך הדברים הרבים שאפשר לדבר עליהם בהילולא של האדמו"ר הזקן בעניין תורתו והדרך להידבק בה, דיברתי על נקודה אחת: על הדרישה של בעל התניא להגיע לידי הכרה, ברב או במעט.

בעל התניא מגדיר את העבודה הזו בפסוק שהוא המוטו של הספר שלו: "כִּי קָרוֹב אֵלֶיךָ הַדָּבָר מְאֹד בְּפִיךָ וּבִלְבָבְךָ לַעֲשֹׂתוֹ".[13] כל

13. דברים ל, יד.

מילה בפסוק הזה חשובה: ראשית, "קרוב אליך הדבר מאד" – הדרישה הזו איננה בלתי אפשרית, גם אם כתוצאה ממנה האדם נדרש לזוז. הרי בשביל להגיע למקום אחר אדם צריך לזוז, בין שהוא רוצה להגיע לאמריקה, לאוסטרליה או לרמת גן. אם הוא לא יזוז, הוא לא יגיע אפילו למקום קרוב. שנית, "בפיך ובלבבך לעשׂתו". קודם כול "בפיך" – חשוב לדבר על יראת ה'. כשאנשים מדברים על יראת ה' – הדיבור עצמו מביא תועלת. לאחר מכן "ובלבבך" – ברור שאדם צריך לעבוד את ה' בליבו. המילה "לעשׂתו" היא אולי מילת המפתח בפסוק הזה – זהו דבר שצריך לעשות. לא מספיק להגיד: "ריבונו של עולם, אני אוהב אותך!" משום שהקדוש ברוך הוא יכול לומר: "את השטויות האלה כבר שמעתי מזקנים וטובים". לפעמים דווקא כשאדם אומר: "ריבונו של עולם, תן לי עשרת אלפים שקל!" הקדוש ברוך הוא אומר: "הפעם אלה קצת דברי אמת". פירושו של לַעֲשׂתוֹ הוא שאדם צריך לעבוד על עצמו. כל ספר התניא עוסק בשאלה איך האדם לא רק מדבר על אהבה אלא גם עושה אותה.

גם במגילת אסתר כתוב: "וְהַיָּמִים הָאֵלֶּה נִזְכָּרִים וְנַעֲשִׂים",[14] כלומר, חשוב שהדברים יהיו נזכרים, שאנשים יקראו את המגילה, אבל צריך שהם גם ייעשו. איך הם נעשים? בבית משפחת אבי, למשל, נוהגים עד היום להתאסף בפורים, לומר וידוי ברצינות גדולה ולבכות. מדוע בפורים? כי אחרי שאדם שותה קצת, הוא אינו יכול לרמות את הקדוש ברוך הוא כמו ביום כיפור, ולכן אמרו שיום הכיפורים הוא כְּפּוּרִים. כששותים לחיים, גם אם לא שותים הרבה משקה, המשקה פועל בגוף, אולי לא הרבה אבל ברצינות. אילו זאת הייתה רק מראית עין, הדבר לא היה פועל.

דיבורים אינם עולים כסף. אדם יכול להגיד מה שהוא רוצה. אבל איך אדם יכול להגיע למצב שבו הוא באמת מתכוון למה שהוא אומר? כדי להגיע לידי כך הוא צריך לשבת ולהתבונן בדיבוריו.

לחיים!

14. אסתר ט, כח.

8

הדרך של האדמו"ר הזקן

ההתוועדות הזו קשורה לבעל התניא, שנפטר בכ"ד בטבת, אבל הדברים שעליהם אני רוצה לדבר – זמנם כל השנה. ובכל זאת בתאריך הזה ובקשר לאדם שנפטר בו הם מקבלים הדגשה מיוחדת.

להתעלות עם הצדיק

כתוב בספרים, וביניהם גם בספר התניא,[15] שביום ההילולא של צדיק הוא עולה מדרגה אחת בעולם הבא. מה עניינן של העלייה הזו ושל ההילולא שעושים לכבודה?

כתוב שלצדיקים אין מנוחה לא בעולם הזה ולא בעולם הבא. מה משמעות האמירה שלצדיקים אין מנוחה בעולם הבא? כביכול, אחרי שצדיק נפטר וכבר נכנס לגן עדן, הוא מוצא לעצמו חדר להיות בו, כיסא לשבת עליו וספר ללמוד בו, והוא יושב שם ועטרתו בראשו ונהנה מזיו השכינה. אלא שאם הוא צדיק אמיתי – יזרקו אותו מיד לגן עדן אחר, ושם הוא יצטרך שוב לחפש לעצמו חדר, כיסא וספר, וכך הוא ימשיך לעלות מגן עדן לגן עדן לנצח נצחים. הרשעים,

15. ראו אגרת הקודש כח.

לעומת זאת, נשארים באותו מקום שאליו מכניסים אותם; זהו הסימן לכך שהם רשעים.

ההבחנה הזו קשורה לתיאורי צדיק ורשע שמופיעים בספר משלי. במשלי נאמר: "כִּי שֶׁבַע יִפּוֹל צַדִּיק וָקָם",[16] וחכמים הסמיכו לפסוק זה את המילים: "ורשע יפול באחת".[17] הרשע נופל פעם אחת ונשאר לשכב, ואילו הצדיק נופל וקם. הצדיק אינו אדם שלא נופל, אלא הוא מי שגם אחרי שנפל פעם אחר פעם – שבע פעמים, שבעים ושבע פעמים או שבע מאות שבעים ושבע פעמים – הוא קם. לכן, גם כשהוא מגיע לעולם העליון, הוא עולה מעלה אחר מעלה.

הצדיק עולה בכל יום ויום, אבל ביום השנה לפטירתו הוא עולה עלייה מיוחדת. עלייה זו קשורה לדרשת חז"ל על הפסוק "כִּי לֹא יִרְאַנִי הָאָדָם וָחָי[18]" – "בחייהם אינן רואים אבל במיתתם רואים".[19] על פי דרשה זו, ברגע של יציאת הנשמה הצדיק מתעלה וזוכה לראות את ה'. זוהי, אם כן, העלייה המיוחדת שהצדיק זוכה לה בכל שנה ביום השנה לפטירתו – הוא זוכה לראייה של ה' שוב ושוב, אלא שבכל שנה שעוברת מפטירתו הצדיק זוכה לראייה גדולה, עמוקה ופנימית יותר מזו של השנה שעברה. כך הצדיק מתעלה והולך.

כאשר הצדיק מתעלה, הוא אינו מתעלה לבד; הוא מושך אחריו את כל מי שדבוק בו ואפילו את מי שמנסה להיות דבוק בו. לכן אנחנו חוגגים את יום ההילולא של הצדיק. הפירוש המילולי של 'הילולא' הוא חתונה. כפי שבחתונה השמחה שייכת, בעצם, רק לחתן עצמו, אלא שמעגלים של אנשים שמחים ורוקדים איתו, ולמעשה עולים למדרגת השמחה על ידי החתן, כך גם בהילולא של צדיק, האנשים שקשורים אליו מתאספים יחד ומצטרפים לעלייה שהצדיק עצמו זוכה לה ביום השנה לפטירתו, וגם הם מתעלים יחד איתו.

על חתן ההילולא שלנו אפשר לדבר באריכות גדולה; על הדמות

16. משלי כד, טז.
17. על פי משלי כח, יח; ראו סנהדרין ז, א.
18. שמות לג, כ.
19. ספרא נדבה פרק ב הי"ב, ועוד.

שלו ועל האישיות שלו סיפרו שבחים מופלגים. אלא שהדיבור על שבחיו טוב רק בשביל לחמם את הלב והוא אינו מועיל במיוחד לדבקות הנפש בצדיק. הנקודה החשובה ביום ההילולא איננה גדולתו אלא השאלה איך מתחברים אליו, ומה יוצא מכך. לכן אני רוצה לדבר על אחד החידושים הגדולים בתורה של האדמו"ר הזקן. זה אינו חידוש של פרט זה או אחר אלא חידוש כללי ומקיף שקשור לדרך שהוא סלל.

לרצות להיות חסיד

בחסידות שקדמה לאדמו"ר הזקן ההנחה הייתה שאם אדם רוצה לעלות למדרגה אחרת, הוא צריך לקפוץ לתוך מציאות חדשה ולעשות בנפשו שינוי שיכשיר אותו להגיע לאותה מדרגה.

היומרה הגדולה שכרוכה בשאיפה להיות חסיד היא זו שתובעת את הקפיצה הזו. הרי לפי הסדר הרגיל בעולם, השלב הראשון הוא להיות בגדר סתם יהודי; מי שנוהג בשלמות המידות והמעשים נעשה 'צדיק'; ולמעלה ממדרגת 'צדיק' ישנה המדרגה של 'חסיד'. מצד האמת, רק אנשים בודדים מגיעים למדרגה הזו. בגמרא כתוב שכאשר מסופר "מעשה בחסיד אחד" הכוונה יכולה להיות רק לשני אנשים – לרבי יהודה בן בבא או לרבי יהודה בר אלעאי.[20] בזמננו, לעומת זאת, כל אדם פשוט יכול לעמוד ולהכריז על עצמו שהוא חסיד.

איך אדם פשוט יכול להכריז על עצמו שהוא חסיד? נראה שיש להבין הכרזה כזו כמו שמבינים את ההכרזה: "אני נוסע לתל אביב". אמנם כדי להגיע לתל אביב, האדם נוסע קודם למוצא, ומשם – לתחנה אחרת וכך הלאה, ורק בסוף הדרך הוא נוסע ממש לתל אביב, ובכל זאת, מי שאומר שהוא נוסע לתל אביב, מתכוון שהיעד שלו הוא תל אביב, אף על פי שיש הרבה תחנות אחרות בדרך, ואף על פי שיכול להיות לו פנצ'ר בדרך. באותו אופן, במילים "אני חסיד" אינני מנסה להגדיר את הנקודה שבה אני נמצא כעת, אלא

20. בבא קמא קג, ב; תמורה טו, ב.

את הנקודה שאליה אני רוצה להגיע, כאילו אמרתי: "אני רוצה להגיע להיות חסיד". הדרך לשם ארוכה, אולי היא תיקח לי שבעים שנה, אבל לשם אני רוצה להגיע.

המדרגה של חסיד היא מעל ומעבר לעמידה בחובות הרגילים המוטלים על כל אחד. אדם כזה בוודאי עושה את כל מה שהוא צריך ומחויב מצד הדין והמצווה, אבל הוא נחשב לחסיד משום שהוא רוצה להגיע לעוד כמה וכמה מדרגות. החסידות פתחה בפני כל אחד את האפשרות להגיד: "אני רוצה לא רק לצאת ידי חובה; אני רוצה תמיד לעשות מעבר לדברים שאני מוכרח לעשות; אני רוצה להיות אדם שהוא בבחינה של 'בכל מאודך'.

'בכל מאודך'

'בכל מאודך' היא המדרגה הגבוהה ביותר מתוך שלוש המדרגות המתוארות בקריאת שמע. במדרגה התחתונה אדם נדרש לאהוב את ה' "בכל לבבך – בשני יצריך ביצר טוב וביצר רע",[21] לתת לו את כל הלב. המדרגה שמעליה היא "בכל נפשך – אפילו הוא נוטל את נפשך".[22] רק אחרי שאדם מוכן למות למען הקדוש ברוך הוא, הוא יכול להתקדם למדרגת 'בכל מאודך'. כשמצווים על אדם לאהוב את ה' בכל מאודו, אומרים לו: "עכשיו תיתן עוד קצת". ב'עוד קצת' הזה שאדם נדרש לתת נמצאים הדברים הגרועים ממוות, דברים שהוא היה מעדיף לקבל ייסורי גיהינום ולא להגיע אליהם.

בספרי הדרוש והחסידות שואלים: מדוע בפרשה הראשונה של קריאת שמע כתוב "וְאָהַבְתָּ אֵת ה' אֱלֹקֶיךָ בְּכָל לְבָבְךָ וּבְכָל נַפְשְׁךָ וּבְכָל מְאֹדֶךָ",[23] ואילו בפרשה השנייה כתוב רק "בְּכָל לְבַבְכֶם וּבְכָל נַפְשְׁכֶם",[24] ולא "ובכל מאודכם"? התשובה נעוצה בכך שבפרשה הראשונה הפנייה היא אל היחיד, ואילו בפרשה השנייה – אל הציבור.

21. משנה ברכות ט, ה.
22. שם.
23. דברים ו, ה.
24. שם יא, יג.

לאדם יחיד אפשר להגיד: "אתה צריך להגיע רחוק עד כדי כך שתעבור את כל הגבולות", אבל מהציבור אי אפשר לתבוע זאת. אפשר לדרוש מהציבור לאהוב את ה' ולעובדו בכל נפשו, כלומר להגיע לדרגה של מסירות נפש – והציבור היהודי במהלך הדורות אכן מסר את נפשו לא פעם על קדושת ה' – אבל קשה לדרוש ממנו את כל מאודו.

על כל פנים, רק כשאדם רוצה להגיע אל מעבר לכל המעלות, הוא מתחיל להיות חסיד. כאמור, חסיד אינו בהכרח מי שכבר הגיע למדרגה הזו. גם מי שבפועל עומד בדרגה נמוכה הרבה יותר, גם מי שנמצא עוד הרבה לפני המדרגה הראשונה – מדרגת 'בכל לבבך' – ואומר לעצמו: "הלוואי שאעבוד את ה' ביצר הטוב שלי; את העבודה שלי ביצר הרע אפילו לא התחלתי", אם הוא יודע שזו אינה אלא תחנה בדרך, ושהוא רוצה להגיע הרבה מעבר לתחנה הזו – הוא חסיד.

עניין של החלטה פנימית

אל תחשבו שאני מדבר באוויר; אני מדבר אליכם, לא משנה מאיזה מקום הגעתם, ומי ההורים שלכם; אני מדבר אל כולכם – הגדולים והקטנים, בין בשנים, בין בחוכמה ובין במעשים טובים; אני מדבר אליכם ואומר: העניין הזה אפשרי, והוא בסך הכול דורש להחליט החלטה פנימית. הוא אינו תלוי בנוסח שבו אתה מתפלל או בדברים חיצוניים אחרים אלא במה שאתה מקבל על עצמך. הוא דורש שאדם יאמר לעצמו דבר אחד בלבד: לא אנוח ולא אשקוט עד שאגיע למדרגה הזו. בין שאהיה סנדלר, נגר, טכנאי מחשבים, דוקטור לפיזיקה או פרופסור למתמטיקה, בין שאהיה רב, ראש ישיבה או כל דבר אחר בעולם, על דבר אחד לא אוותר – על רצוני לעבוד את ה' בכל מאודי. אדם יכול להיות בן שישים, שבעים או תשעים; ייתכן שכל רצונותיו כבר בטלים, אבל נשאר לו הרצון להתמסר לה', בבחינת 'בכל מאודך'. הוא אומר: "עד עכשיו לא הגעתי לבחינה הזו. אולי תשעים שנה אינם מספיקים. אם ייתן לי הקדוש ברוך הוא עוד שנה, אולי אגיע לכך; ואם לא אגיע לכך בגלגול הזה, אולי אגיע בגלגול הבא; אבל אני יודע

מה אני רוצה". כשאדם מקבל על עצמו לא לנוח ולא לשקוט – לא בעולם הזה ולא בעולם הבא – אז גם אם הקדוש ברוך הוא לא עושה לו הנחות, הוא נותן לו עוד הזדמנות.

זוהי אחת הדרשות על הפסוק "אִם אֶסַּק שָׁמַיִם שָׁם אָתָּה וְאַצִּיעָה שְּׁאוֹל הִנֶּךָּ".[25] לא כל כך חשוב אם אני בשמים או בשאול, מה שחשוב הוא שאני יודע איפה אני **רוצה** להיות; בין שאני למעלה ובין שאני למטה – אני רוצה להיות עם הקדוש ברוך הוא. אדם צריך לקבל על עצמו את ההחלטה לא לנוח בשמים ולא בשאול, ושגם אם יזרקו אותו לגיהינום, הוא עדיין יאהב את הקדוש ברוך הוא.

בשביל מה הקדוש ברוך הוא צריך את האנשים שאוהבים אותו מהגיהינום? איזו נחת רוח הוא מקבל מהם? כשאדם צועק מהדיוטא התחתונה שבשאול שהוא בכל זאת רוצה להיות חסיד, הוא לא מקבל על כך הנחות. אולי להיפך – מלקים אותו יותר משום שהוא לא הסתפק בכך שיהיה בעל בית הגון, שהוא לא הסתפק במילוי חובותיו, והוא התיימר להיות חסיד. אבל אולי דווקא את האנשים הללו, שרוצים את הקדוש ברוך הוא מתוך השאול, הוא רוצה לשמוע. הרי הצדיקים בגן עדן הם החבר'ה שלו; מהם הוא לא צריך לשמוע שהם אוהבים אותו. הוא רוצה לשמוע את האנשים היושבים בגיהינום, שחותכים אותם ונושכים אותם והם עדיין אומרים: "בִּלְתִּי לַה' לְבַדּוֹ".[26]

החסיד אומר לקדוש ברוך הוא: "שָׁמְרָה נַפְשִׁי כִּי חָסִיד אָנִי"[27] – "אתה יודע את כל חטאיי, אבל אתה יודע גם שאני רוצה אותך. גם כאשר אני הולך 'בגיא צלמות' – ואני נמצא בשאול תחתיות לא מפני שזרקו אותי לשם, אלא מפני שאני בטיפשותי בחרתי ליפול לשם – אני רוצה שאתה תהיה עמדי. אולי נפלתי לבור ושברתי ידיים, רגליים וראש אבל תמיד רציתי להיות איתך, ואני עדיין רוצה להיות איתך".

25. תהלים קלט, ח.
26. שמות כב, יט.
27. תהלים פו, ב.

להתקדם בלי לקפוץ

כל זה הוא תמצית החסידות שהייתה לפני האדמו"ר הזקן; כדי להגיע למדרגה הגבוהה של 'חסיד' נדרשים קפיצה ושינוי פנימי. האדמו"ר הזקן ראה שהדרך הזו, שבה אדם מנסה לקפוץ ולהשתנות, אינה מספיקה משום שבסופו של דבר פעמים רבות השינוי הזה כלל לא מתרחש, או שהוא מתרחש רק בדמיון. במקרים אחרים, הקפיצה לעבר שינוי דרסטי שאחריו האדם לא יחזור להיות האדם שהוא היה, היא סוג של שיגעון. הרי אותו אדם לא שייך למדרגה שאליה הוא מנסה להגיע, ואם הוא בכל זאת קופץ ומנסה להגיע אליה הוא עלול ליפול, להתלקח ולהישרף. זאת ועוד, גם אנשים שהדרך הזו מתאימה להם, ושהקפיצה אכן מתרחשת אצלם, אינם יכולים להזמין אותה או לתכנן אותה מראש ולומר: "ברגע הזה אשתנה ואפסיק להיות מי שהייתי קודם".

לכן האדמו"ר הזקן בנה דרך אחרת של חסידות, שהוא כינה "דרך ארוכה שהיא קצרה". בניגוד לצדיקים אחרים שהציבו דרך של קפיצה גדולה או חיתוך של המציאות בבת אחת, האדמו"ר הזקן סלל דרך שבה אפשר להתקדם צעד אחרי צעד בלי דילוגים, דרך שיש בה אתגרים מוגדרים ועבודה מוגדרת.

הדרך הארוכה הזו אינה מרתקת כמו קפיצה בבת אחת מהארץ לשמים, אבל היא הרבה יותר בטוחה. היא דורשת התמדה ועבודה קשה עד צאת הנשמה, אבל באמצעותה אפשר באמת להגיע למעלה. זוהי דרך ארוכה מאוד, ועם זה היא הדרך הקצרה מפני שיש בה הרבה פחות הטעיה עצמית.

האדמו"ר הזקן טען שאי אפשר להתבסס על קפיצות, אלא צריך לבסס את הדרך על כך שאדם קם ומתחיל ללכת. אדם שרוצה לעלות בהר ה' יכול לבקש: "מִי יִתֶּן לִּי אֵבֶר כַּיּוֹנָה אָעוּפָה וְאֶשְׁכֹּנָה"[28] – אני מחכה שיצמחו לי כנפיים כדי שאוכל לעוף אל הר ה', כמו ציפור שישבה במקום אחד ובתנופה אחת מגיעה למקום גבוה הרבה יותר. הבעיה היא שלא תמיד הוא זוכה לכנפיים, ולא תמיד הוא יכול לקפוץ

28. תהלים נה, ז.

מהארץ לשמיים. האדמו"ר הזקן אומר לאדם כזה: "במחילת כבוד תורתך, הרם רגל אחת והנח אותה, ואז הרם את הרגל השנייה והנח אותה, וכך תמשיך ללכת צעד אחרי צעד".

הדרך שהאדמו"ר הזקן סלל

האדמו"ר הזקן פתח בפני אנשים דרך שכמעט אין בה חוויות מיוחדות. באופן כללי, תחום החוויות משתנה מאדם לאדם: יש אנשים שזוכים לחוויה מיוחדת ויש אנשים שאינם זוכים לחוויה כזו; יש אנשים שזכו לה בעולם הזה ויש אנשים שיזכו לה רק בעולם הבא. בדרך של האדמו"ר הזקן שאלת החוויות אינה מעלה ואינה מורידה משום שעיקרה הוא לשבת ולעבוד. האדם מזיע ומקלל ועדיין ממשיך לעבוד. הדבקות בה' איננה עניין של חוויה או של רגע מרגש. הדבקות נמצאת בתוך הדרך ובתוך העבודה; ההתמדה בצעידה, הנפילה והקימה אחריה וההתעקשות לצעוד – זוהי הדבקות.

הדרך שהאדמו"ר הזקן סלל היא חידוש גדול: מצד אחד יש בה מאמץ להגיע למדרגות הגבוהות, ומצד שני הדרך הזו בנויה מצעדים קטנים. האדמו"ר הזקן גילה לנו שאפשר לעלות לא רק באמצעות החלטות חד־פעמיות ובלתי־צפויות, אלא גם בהליכה ממושכת ומייגעת. על העניין הזה אנחנו מכירים לו טובה ביום הזה.

בדרך שסלל האדמו"ר הזקן אדם יכול לעשות דבר מסוים ולכוון "לשם ייחוד קודשא בריך הוא ושכינתיה", ובכך הוא צועד צעד אחד; אחר כך הוא עושה דבר נוסף ומכוון שוב "לשם ייחוד קודשא בריך הוא ושכינתיה" ובכך הוא צועד צעד נוסף, וכך הלאה. הוא יודע שיהיה אשר יהיה בדרך, הוא ימשיך לצעוד. מבחינה מסוימת, זהו השורש, הסוד והיסוד של החסידות.

כמדומני שהאדמו"ר הזקן עצמו לא היה זקוק לדרך הזו. אני חושב שהוא היה 'ילד פלא', ולכן אינני בטוח שהיה צריך אי פעם להתייגע בלימוד, בשבירת היצר או אפילו בעלייה לעולם עליון. אבל הוא הכיר אנשים וידע שלא כולם עשויים כמוהו; שלא כולם בני עלייה שיכולים להדליק בבת אחת ניצוץ שיבער ויהפוך ללהבה

גדולה. יש אנשים שלא מרגישים בעצמם שום ניצוץ גדול ושום קדושה יתרה. הוא סלל את הדרך לאנשים שמאמינים שיש להם נשמה אבל אף פעם לא ראו אותה, לאנשים שצריכים לעבוד ולהזיע כדי להתקדם.

בהתוועדות הזו אנחנו מנסים להידבק באדם שהשקיע זמן וכוח כדי לגרום לאנשים כאלה לטפס צעד אחר צעד למעלה. מי שרוצה להידבק באדמו"ר הזקן ולעלות איתו צריך לצעוד במסלול שהוא יצר בלי לנטות ובלי לסגת. מי שידבק באדמו"ר הזקן ובדרכו יקבל ממנו את הכוח להמשיך להתקדם ולהגיע למקום גבוה יותר מהמקום שממנו הוא יצא לדרך.

לחיים!

9

נשמה חדשה

על האדמו"ר הזקן, בעל ההילולא, אפשר לדבר מכמה וכמה צדדים, בין השאר משום שהיה גם רבגוני וגם רב־פעלים, כמו שאפשר להבין מהכינויים השונים שלו – בעל התניא, האדמו"ר הזקן, בעל ה'שולחן ערוך' ועוד. אני רוצה לדבר ולהסביר את אחד השבחים הבלתי־רגילים שאמרו עליו: שהוא היה נשמה חדשה.

החלקה של כל אדם

כיהודים שחיים בעולם מוטלות עלינו התחייבויות ומשימות רבות מאוד. אולם מעבר לכל המטלות הכלליות הללו, על כל נשמה שהקדוש ברוך הוא שולח לעולם הזה, הוא מטיל עבודה מסוימת. כל אחד מאיתנו מקבל מהקדוש ברוך הוא את חלקת החיים שלו שבה הוא צריך לעבוד, וכפי שכתוב בספרים, כל אחד מקבל חלקה לפי הגודל שלו: יש כאלה שמקבלים חלקה של ד' על ד' אמות, ויש כאלה שמקבלים חלקה של כמה דונמים.

אחת הבעיות שמונעות מאיתנו לעשות את העבודה שלנו בעולם היא שלא תמיד אנחנו יודעים מהי. לפעמים אדם טועה בחלקת החיים שלו, והוא עושה דברים שהוא אינו צריך לעשות. לא מדובר על אדם שבוחר ברע במקום לבחור בטוב, שכן הדברים שהוא עושה

אינם בהכרח רעים; זהו אדם שעושה מעשים טובים שראוי לעשות, אלא שהוא עושה את העבודה של מישהו אחר ולא שלו. יש אנשים שעוסקים בדבר מסוים מתוך ידיעה שזה מה שהם צריכים לעשות, אבל ברוב המקרים אדם לא יודע בבירור מה הוא אמור לעשות. פעמים רבות אנשים מבלים שנים בעיסוק מסוים, אפילו בהצלחה, ובעצם זה לא מה שהם צריכים לעשות. החלקה שאדם מקבל כדי לעבד במהלך החיים ניתנת לו בלי שום הוראות מן השמיים. אף אחד לא אומר לו, למשל: "אתה צריך לנטוע בחלקה שלך עצי פקאן". לכן הוא עלול לשתול את העצים הלא נכונים. אנחנו מקבלים רק הוראות כלליות ולא הוראה פרטית המנחה ומלמדת אותנו מה בדיוק עלינו לעשות.

השאלה "מה אני צריך לעשות? מה צריכה להיות עבודתי?" היא שאלה גדולה וחשובה, ולא תמיד האדם מוצא לה תשובה. היא צריכה להציק לכל אחד. היו זמנים שכאשר הייתה לאנשים הזדמנות לפגוש אדם גדול, הם היו שואלים אותו: "מה שורש הנשמה שלי? מה תפקידי בעולם?" ואילו היום אנשים רבים כלל לא חושבים על השאלה הזו. לפעמים אדם מגיע לאמצע ימי חייו, ורק אז הוא מתחיל לחשוב שאולי הוא עושה דברים שהוא לא אמור לעשות בכלל, ושאולי הוא צריך לעשות דברים אחרים לגמרי.

זהו אחד הפירושים לפסוק משיר השירים: "שָׂמֻנִי נֹטֵרָה אֶת הַכְּרָמִים כַּרְמִי שֶׁלִּי לֹא נָטָרְתִּי".[29] באופן פנימי הדיבור של הרעיה בשיר השירים הוא הדיבור של הנשמה אל הקדוש ברוך הוא. במשפט "שמֻני נֹטרה את הכרמים", הנשמה אומרת: עשיתי מה שאמרו לי לעשות, שמרתי כרמים אחרים, אבל "כרמי שלי לא נטרתי" – מה עם הכרם שלי? כך קורה לפעמים שאנשים מגיעים למסקנה שהם לא נטרו את כרמם שלהם. ייתכן ש"כרמי שלי" פחות מפואר מכרמים אחרים, ואולי כשעבדתי בכרמים של אחרים עשיתי דברים טובים, ובכל זאת לא עשיתי את הדבר המיוחד לנשמה שלי.

29. שיר השירים א, ו.

בעיות ומכשולים

הבעיה הזו קשורה לכמה תכונות שלנו כבני אדם.

ראשית, היא קשורה לבחירה החופשית שלנו. הבחירה החופשית היא האפשרות לנוע בכיוונים שונים – למעלה או למטה, קדימה או אחורה, באוויר, ביבשה או בים; והיא קיימת רק אצל הקדוש ברוך הוא למעלה ואצל האדם למטה. למלאכים אין בחירה חופשית, לחיות אין בחירה חופשית, ולמכוניות ודאי שאין בחירה חופשית. לדעתי, הבחירה החופשית היא צלם אלוקים שיש באדם, נשמת החיים שהקדוש ברוך הוא נפח בנו. אבל הבחירה החופשית היא גם זו שמאפשרת לנו ללכת בכיוונים שאנחנו לא אמורים ללכת בהם.

שנית, הבעיה הזו קשורה גם למגוון הכישרונות האנושיים. אמנם, יש אנשים מועטים מאוד שיש להם מין 'בליטה' במוח, איזשהו כישרון בולט ויוצא דופן כל כך לדבר מסוים, כמו מוזיקה, כתיבה או שחמט, שאם הם יעסקו בדבר אחר, הם יבזבזו את זמנם; אבל ברוב המקרים הכישרונות האנושיים הם רב־צדדיים וגם גולמיים. רובנו עשויים מחלקים שונים מאוד, ומסוגלים לעשות דברים שונים. אדם יכול להתלבט אם הוא צריך להיות פקיד במס הכנסה, סופר או איש צבא. כמו ביחס לבחירה החופשית, גם מהבחינה הזו החיסרון של בעלי החיים, שאין להם אותו מגוון של כישרונות, הוא גם היתרון שלהם. ברור לכול שהאריה לא בנוי לחרוש בשדות או לטפל בתינוקות. ברור שחיות מים אינן יכולות לחיות ביבשה. ההגדרה של בעלי החיים היא ספציפית; לבני אדם, לעומת זאת, אין ספציפיות, לא מבחינה פיזית ולא מבחינה רוחנית, ולכן הם יכולים ללכת לכיוונים רבים.

ושלישית – היצר הרע. היצר הרע יכול להופיע בצורות מגוונות. אני חושב שבדורנו רוב הדיבורים של בני אדם באים מהיצר הרע. יש סוגים שונים של יצר הרע – מיצר רע פחות ומגונה בתכלית ועד יצר רע מעודן, מיצר רע שהוא מין שור בר ועד יצר רע אינטליגנטי, שיש לו לפחות תואר דוקטור. אולם זהו הבדל חיצוני בלבד; בפנים, העניין של היצר הרע נשאר אותו עניין – הוא זה שמטעה את האדם, והוא יכול למנוע ממנו לעשות את המוטל עליו.

גלגולים

בגלל הבעיות הללו – החופש וריבוי הכישרונות של האדם שמביאים אותו לחוסר בהירות מצד אחד, והיצר הרע מצד שני – לעיתים קרובות אדם לא מגיע אל החלקה שלו. כשאדם שלא השלים את עבודתו מגיע לבית דין של מעלה, אומרים לו: "בין שעשית טעויות ובין שלא עשית טעויות – עליך לחזור לעולם פעם נוספת. לא עברת בהצלחה, ולכן אתה לא יכול להתקדם הלאה. כביכול, אתה נשאר כיתה, כדי שתתחיל מחדש". כך קורה שנשמות מתגלגלות לא רק פעם אחת, אלא כמה וכמה פעמים. אילו אדם היה חי את חייו בגלגול השני כמו מבחן במועד ב', כשהוא יודע פחות או יותר את השאלות, אולי הוא היה מצליח יותר. בדרך כלל לא כך קורים הדברים, כמו שמתואר בספר קהלת: "גַּם אֶת הָעֹלָם נָתַן בְּלִבָּם מִבְּלִי אֲשֶׁר לֹא יִמְצָא הָאָדָם אֶת הַמַּעֲשֶׂה אֲשֶׁר עָשָׂה הָאֱלֹהִים מֵרֹאשׁ וְעַד סוֹף"[30] – אדם לא יודע מהי החלקה שנתן לו אלוקים לעבד ולתקן.

יש סיפורים על אנשים שהיו מתגלגלים כמה וכמה פעמים מפני שהיו צריכים לעשות את המשימות שהוטלו עליהם ולתקן את הדברים שהם עיוותו. סיפרו, למשל, על איש הגון וצדיק שנטה תמיד לקנא באחרים. הוא עבר גלגול אחרי גלגול כדי לתקן את החטא הזה, ובסוף הוא התגלגל שוב לעולם כשהוא גם חכם, גם עשיר וגם מוצלח, כך שלא יהיה לו במי לקנא. כשהלך בדרך ביום חורף אחד, ירד עליו גשם, והיה לו רטוב וקר. והנה ראה בפונדק קטן גוי יושב ליד תנור חם ושותה. מיד התעוררה שוב קנאתו, וכך היה צריך לעבור עוד ועוד גלגולים.

רוב בני האדם אינם גומרים את עבודתם בגלגול הראשון, והם צריכים לעבור עוד כמה וכמה גלגולים עד שהם גומרים את תפקידם בעולם. האנשים האלה אינם בהכרח פגומים, רעים או חוטאים; הם רק לא השלימו את עבודתם מסיבות שונות.

30. קהלת ג, יא.

אנשים אחרים הם בעלי נשמות גבוהות שנשלחות לעולם הזה בפעם השנייה או השלישית כדי למלא תפקיד נוסף. הן כבר גמרו את תפקידן, ולמעשה היו יכולות כבר לנוח בשקט, אלא שהקדוש ברוך הוא שאל: "מי רוצה לעזור לעם ישראל?" ונשמה כזאת התנדבה. לכן היא חוזרת שוב לעולם למלא את התפקיד החדש שהוטל עליה.

נשמות משומשות

למרות הייחודיות של כל נפש ונפש, רוב האנשים שנמצאים בעולם הם גלגולים מסוגים שונים: יש ביניהם כאלה שצריכים לתקן את עצמם בכל מיני עניינים, ולפעמים מדובר בדקויות של ממש. יש כאלה שצריכים להתחיל לעשות את עבודתם מההתחלה. ויש נשמות גבוהות מאוד שירדו לעולם הזה כדי לפעול פעולה שהיא מעבר לתפקידן המקורי.

בדרך כלל איננו זוכרים את הגלגול הקודם שלנו, והדבר גורם לתופעות שאיננו יכולים להבין או להסביר. בספרים מתואר שלפעמים קורה לאדם דבר שקשור לגלגוליו הקודמים, ואף על פי שהאדם עצמו אינו יודע זאת – נשמתו יודעת, וכך נוצרות תופעות שונות שקשה להסביר אותן.

ייתכן, למשל, שאדם מגיע לחלק מסוים בתפילה, ונפשו מתעוררת באופן יוצא דופן. הוא מרגיש קשר מיוחד לחלק הזה בלי לדעת למה.

סיפרו על יהודי אחד שהיה מכוון ומאריך מאוד בפסוקי דזמרא, והתברר שבגלגול הקודם הוא אמנם נהג לומר את קריאת שמע וברכותיה ולהתפלל תפילת שמונה עשרה, אבל לא היה מחשיב את פסוקי דזמרא. הוא היה צריך להתגלגל שוב לעולם כדי להשלים את מה שהוא החסיר.

מסופר שהאר"י אמר פעם לשני אנשים: אתם אוהבים זה את זה מפני שבגלגול הקודם הייתם אב ובן, ומאז נשארה האהבה ביניכם עד עכשיו. כך קורה ששני אנשים נפגשים, ואף על פי שמבחינה חיצונית הם לא מוצאים שום סיבה לקשר מיוחד ביניהם, הם נקשרים בקשר

עמוק מאוד. ייתכן שזה זיכרון מהקשר העמוק שהיה להם בגלגול קודם. לעומת זאת, לפעמים בין אנשים שלכאורה היו צריכים להיות קרובים ומיודדים מאוד, דווקא אין קשר כזה, ויש ביניהם אפילו יחסי איבה. זה עלול לקרות משום שהיו ביניהם חשבונות לא פתורים בגלגול הקודם.

על כל פנים, כמעט כל הנשמות שנמצאות בעולם הן נשמות ישנות ומשומשות. כמעט כולנו כבר היינו פעם אחת או יותר בעולם הזה בצורה זו או אחרת.

מהי נשמה חדשה

לעיתים רחוקות – ועם הזמן התופעה הזו נעשית יותר ויותר נדירה – נולדת לעולם נשמה חדשה; הקדוש ברוך הוא מנפיק מחדש עוד נשמה אחת. נשמה חדשה איננה בהכרח נשמה גדולה אלא נשמה שעוד לא הייתה בעולם.

מה עושה נשמה חדשה? איך מבחינים בה? מכיוון שאין לה עבר ואין לה זיכרונות, היא עושה לפעמים דברים מעניינים או חשובים.

הזיכרונות מהגלגולים הקודמים משפיעים על האופן שבו הנשמות המשומשות פועלות. תופעה זו דומה לעניינים שבהם פסיכולוגים, להבדיל, מתעסקים: יש דברים שפלוני לא יכול לעשות מפני שיש לו זיכרונות של דברים שקרו בחייו. אלא שבניגוד לזיכרונות כאלה – שהם בסך הכול ידועים, ולכן אפשר לטפל בהם – האדם אינו מכיר את זיכרונות הנשמה שלו מגלגולים קודמים, והזיכרונות הללו שורצים במוחו ומפריעים לו להתעסק בצורה נקייה באותם דברים ישנים, שהיה לו כבר עסק איתם – לטוב או לרע. וכך יש מעשים שהוא עושה בצורה שמוכתבת מהאופן שבו נשמתו עשתה אותם בפעם הקודמת, משום שקל לה יותר למצוא מסלול דומה למסלול שבו היא הלכה בפעם הקודמת.

לנשמה חדשה, לעומת זאת, יש בחירה חופשית יותר. גם אם היא לא 'ממציאה את הגלגל', היא עושה דברים מיוחדים. דברים ששאר האנשים עושים באופן מסוים, אדם שהנשמה שלו חדשה

עושה באופן אחר – גם אם לא בהכרח טוב יותר – מפני שהוא ניגש לדברים מתוך ראייה חדשה.

התופעה הזו קיימת גם בענייני העולם הזה: קורה שאדם זר מגיע למקום חדש, פוגש בו דברים שהם חדשים לו ועושה אותם באופן שונה מכל מי שעשה אותם לפניו, וכך הוא מצליח לפתור שאלות שמעולם לא נפתרו. לפני הרבה שנים מייצרי נורות חשמל ערכו חישובים ומדידות והגיעו למסקנה שאם יצפו את כל הנורה מבפנים בציפוי לבן, יעילות ההארה תהיה מרובה יותר, ועוצמת אור הנורה תגדל. אבל כיוון שנורה עשויה מזכוכית, לא היה פשוט לצפות אותה מבפנים. במשך שנים ניסו לעשות את זה בכל מיני מקומות ונכשלו. בבית חרושת אחד המשימה הזו הפכה לבדיחה הסודית של העובדים: כשהיה מגיע מהנדס חדש, היו מטילים עליו לצפות את הנורה מבפנים. הוא היה יושב ומנסה, מתכנן וחושב, עד שהיה מתייאש; ואז היו מספרים לו שזו הייתה בדיחה, שהרי זה בלתי אפשרי. כך היו עושים שם במשך שנים, עד שהטילו את המשימה על מהנדס חדש אחד שגם הוא ניגש לעבודה הזו בלי לדעת שהיא בלתי אפשרית, והוא הצליח. רק אדם חדש ותם, שלא ידע שהמשימה הזאת בלתי אפשרית – הוא שהצליח. דווקא מי שלא ידע שהשאלה שמוצגת לו איננה פתירה, הוא שהיה מסוגל לפתור אותה לפי תומו.

באותו אופן נשמה חדשה איננה חדשה בכך שהיא יוצרת את הכול מחדש, אלא בכך שכאשר היא עוסקת בדברים שאנשים אחרים כבר עסקו בהם, היא מגלה בהם פנים חדשות. נשמה חדשה עושה את הדברים בצורה שונה מאחרים, מכיוון שהיא לא התנסתה בהם בעבר.

כששיבחו את האדמו"ר הזקן בכך שהוא היה נשמה חדשה, לא התכוונו להדגיש שהוא לא היה עמוס בערמת עבירות מהגלגול הקודם שלו, אלא שהדברים שעשה בתחומים שונים היו דברים חדשים. דבר חדש אינו צריך להיות בשום אופן הפוך מהדברים הקודמים, וגם לא המצאה גדולה או שכלול שמביא להישגים. לפעמים יש רעיון ישן או בעיה ישנה שכבר היו לעולמים, ואפשר לעקוב איך הם השתלשלו מדור לדור, ופתאום בא איש חדש ומציג את הרעיון או פותר את

הבעיה בדרך שונה מהותית. בין אם החידוש מתייחס לנקודה אחת או להרבה נקודות, זה דבר שלא היה כמוהו מעולם.

בתור אדם שקורא פה ושם ספרים מכל הסוגים, כולל ספרים של חידושי תורה ושל חידושים אחרים, יוצא לי לראות לפעמים רעיונות יפים – אפילו בפרשת השבוע, תחום שכבר עסקו בו אנשים רבים במשך דורות רבים – אבל דבר שהוא חדש ממש אני לא רואה הרבה. גם החידושים שמתחדשים בכל מיני ספרים, הם בעצם חדשים־ישנים. הם אינם שונים לגמרי מדברים שכבר נכתבו. מהבחינה הזו גם כשמשווים את המאמרים של האדמו"ר הזקן לאלה של יוצאי חלציו וממשיכיו, שביניהם היו בעלי שיעור קומה, רואים שאצל האדמו"ר הזקן רבים מהרעיונות הם חדשים, ואילו האחרים לקחו את החומרים שלו, שכללו אותם, שיפצו אותם, נתנו להם צורה חדשה או מבנה חדש, אבל לא יצרו הרבה חידושים.

חידוש ה'בינוני'

אגמור את החלק הזה בדוגמא אחת מתוך ספר התניא. ספר התניא איננו ספר רומנטי, המלהיב את הלב. הוא כתוב בסגנון קלאסי. יצירה קלאסית במגוון סוגים של אומנות – למשל יצירה יוונית קלאסית – היא הרבה יותר פשוטה וחלקה מיצירות בסגנון רוקוקו וברוק, שבהן יש קישוטים ופאר. אנשים שאינם באמת מבינים באומנות נמשכים אחרי היצירות המפוארות והמקושטות דווקא. הם מסתכלים עליהן, מתרשמים מהן וקונים אותן. לעומת זאת, מיצירה קלאסית רק אנשים שמבינים בתחום יכולים להתפעל. כאמור, מהבחינה הזו ספר התניא הוא ספר קלאסי.

עם זאת, יש בספר התניא לא מעט חידושים של ממש. אעמוד כאן על רעיון אחד שהוא חידוש לא רק ביחס לספרי המוסר שלנו, אלא ביחס לכל ספרות העולם שעוסקת במוסר. כל ספרות העולם וספרות ישראל שעוסקות במוסר מתארות דיכוטומיה בין רשע וצדיק. לכל אדם יש אפשרות להיות כזה או כזה. לעומת זאת, האדמו"ר הזקן קרא לספרו 'ספר של בינונים' מפני שהוא מכניס יסוד חדש לתמונה – הבינוני, אדם שהוא לא צדיק ולא רשע.

במהלך הדורות האדם שנמצא במדרגה של הבינוני, כפי שהוא מתואר בספר התניא, נחשב בספרים מסוימים לצדיק, ובספרים אחרים לרשע. לעומת זאת, בעל התניא כותב שיש שני אידיאלים בעולם: האידיאל של הצדיק והאידיאל של הבינוני. בניגוד לצדיק ולרשע, שהם אנשים פשוטים ומוגדרים, הבינוני אינו פשוט. הוא נמצא בשני עולמות שונים. גם כשיגיע לשיא של מה שהוא יכול להגיע אליו, הוא יעמוד עדיין במדרגה שבה הוא התחיל. הבינוני לא ניצח במלחמה ולא זכה בפרס הגדול, ומעולם לא היה לו רגע של שקט. בעל התניא כותב שהאיש הזה, שנמצא כל חייו במלחמה ולא גומר אותה, חשוב לא פחות ממי שגמר וניצח במלחמה. התניא לא רק מציב בעולם דמות חדשה, שאינה מופיעה בספרים הקודמים, כמו 'ראשית חכמה' או 'מסילת ישרים', הוא גם מתאר אותה בתור דמות שלמה. הבינוני הוא שלם בחוסר השלמות שלו. הוא מפואר במאבקו הנמשך כל החיים בלי להגיע לרגע אחד של מנוחה. זהו סוג אחר של פאר – השלמות של חוסר המנוחה, של חוסר הרגיעה, של המלחמה המתמדת שאינה פוסקת לעולם.

בספר התניא מופיעה דרשה שמבטאת את התפיסה הזאת, על מה שיצחק אבינו אומר לעשיו: "וַעֲשֵׂה לִי מַטְעַמִּים כַּאֲשֶׁר אָהַבְתִּי".[31] המילה 'מטעמים' בלשון רבים רומזת לשני סוגים של מטעמים: מטעמים מתוקים, שהם מושלמים מצד עצמם, ולעומתם מטעמים מלוחים, חמוצים או חריפים. אי אפשר להשוות טעם של שוקולד לטעם של סחוג. זהו טעם שונה לגמרי, ואף אחד מהטעמים האלה אינו פגום יותר מן השני. כך, לפי התניא, השכינה מבקשת מבניה, כלל ישראל, לעשות לה מטעמים "כאשר אהבתי" – מטעמים משני הסוגים, מתוקים וחמוצים. היא מבקשת: תנו לי את אלה שהגיעו למיתוק גמור של כל הרע שלהם, וגם את אלה שלא הגיעו למיתוק והם נשארים בסבך עד סוף חייהם, תנו לי גם אותם משום שלהם יש יתרון מסוג אחר.

31. בראשית כז, ד. תניא, ליקוטי אמרים פרק כז.

אידיאל האדם הבינוני הוא חידוש. יש אידיאל אחד שלפיו יש לאדם מלאכה, ועליו לגמור אותה. לעומת זאת, יש אידיאל אחר בנוסח דבריו של ר' טרפון: "לא עליך המלאכה לגמור, ולא אתה בן חורין ליבטל ממנה"[32] – אף על פי שלא גמרת את המלאכה, ייתכן שבכל זאת עשית את מה שהיית צריך לעשות, ואולי מישהו אחר יגמור את המלאכה אחריך. זוהי ראייה מסוימת של מה שעושים בני אדם בעולם. כבני אדם, כעם או כאנושות כולה, שוב ושוב אנחנו עובדים על דברים ולא מסיימים אותם. אנחנו לא פותרים את הבעיות עד הסוף, אלא גורמים לכך שלעולם יהיה קל יותר להתמודד איתן. אפשר לומר שתכלית העבודה של האדם היא לעשות דברים לא מושלמים. כך אפשר להבין גם את הציווי של הקדוש ברוך הוא שמבוטא במילים "אֲשֶׁר בָּרָא אֱלֹהִים לַעֲשׂוֹת":[33] הוא ברא את הדברים כדי שנעשה אותם, ולאו דווקא בשביל שנסיים, ואנחנו יודעים שאת מה שנעשה ימשיכו האחרים.

יש הרבה ספרי מוסר שיש בהם הרבה דברים יפים, ואפשר ללמוד אותם, להתבשם מהם ולעלות מעלה מעלה, אבל הספרים הללו מבוססים כמעט רק על מבנה אחד. והנה ירדה נשמה חדשה, הנשמה של בעל התניא, ויצרה מבנה חדש, מחשבה חדשה על אותו נושא. בספרי המוסר הקודמים יש רמזים לעניין הזה, אבל לא מתואר בהם מבנה כזה. בספר הזה יש דבר חדש לגמרי. זו המשמעות של נשמה חדשה – אדם שעוסק בדברים שכבר עסקו בהם, ואינו מבטל או מוחק אותם, אלא רק יוצר קו או גוון חדש.

לחיים!

32. אבות ב, טז.
33. בראשית ב, ג.

הרמב"ם ובעל התניא

צדדי דמיון

יום הפטירה של הרמב"ם איננו ידוע לנו בוודאות, אולם כמעט כולם מסכימים שהוא נפטר בכ' בטבת או כמה ימים אחר כך. יש כמה צדדים של דמיון בין העבודה של הרמב"ם לבין העבודה של האדמו"ר הזקן.

קודם כול, אני מתאר לעצמי שגם הרמב"ם, בדומה לאדמו"ר הזקן, היה נשמה חדשה, משום שגם אצלו קיימת מקוריות שמתבטאת הן ברעיונות הגדולים והן בפרטים קטנים. למשל, הספר של הרמב"ם, 'משנה תורה', מנסה להקיף את כל התורה שבעל פה – לא רק את החלקים המעשיים שנגעו לתקופתו אלא גם את החלקים שאי אפשר היה לקיים אז. אף על פי שהיו לפני הרמב"ם אנשים גדולים שעסקו באותם דברים, לא נעשה לפני זמנו שום דבר שהיה דומה לזה. עצם הרעיון שלו – להקיף את כל התורה שבעל פה כולה – היה חדש. מעבר לכך, יש אצל הרמב"ם חידוש של פסיקה. יותר מחצי מ'משנה תורה' עוסק בדברים שלא כתבו עליהם ספרי הלכה לפניו. את אותה עבודה שהרמב"ם עשה בחלקים שעליהם הרי"ף ואחרים עבדו לפניו, הוא היה צריך לעשות גם בסדר טהרות, למשל, שהוא עולם שונה בתכלית.

גם בסגנון הכתיבה יש דמיון מפליא בין הרמב"ם והאדמו"ר הזקן. אף על פי שכתיבתו של בעל התניא שונה מכתיבתו של הרמב"ם מכמה בחינות, סגנון הכתיבה שלהם כל כך דומה, שיש מקומות שבהם אי אפשר להבחין בין דבריו של הרמב"ם לדבריו של האדמו"ר הזקן. במקום מסוים בספר התניא האדמו"ר הזקן גולש לתוך דברי הרמב"ם, לאחר מכן הוא יוצא מדברי הרמב"ם וחוזר לכתוב את דבריו שלו, והמעברים הללו פשוט אינם ניכרים.[34] זה לא כך משום שהוא מנסה

34. ראו תניא שער היחוד והאמונה פרק ז שבו משולבים דברי הרמב"ם, הלכות יסודי התורה פ"ב ה"י.

לחקות אותו, אלא פשוט משום שהסגנון שלהם דומה, ולכן דברי הרמב"ם יכולים להיבלע בנעימות בתוך דברי האדמו"ר הזקן.

צד דמיון נוסף הוא שגם אצל הרמב"ם וגם אצל האדמו"ר הזקן יש לא מעט העזה של גאון – 'גאון' לא במובן המקובל אלא מלשון של גאות. כשהרמב"ם כתב את פירוש המשניות הוא היה איש צעיר בשנות העשרים שלו. גם בהמשך, כשהוא כתב את 'היד החזקה' במשך יותר מעשר שנים, הוא היה איש צעיר. באופן דומה, בעל התניא התחיל לכתוב את ספרו הראשון, ה'שולחן ערוך' שלו, בסביבות גיל עשרים. אמנם הוא קיבל את העידוד מהרב שלו, שהורה לו לחבר 'שולחן ערוך', ובכל זאת – תארו לעצמכם שלוקחים בחור ואומרים לו: "תכתוב 'שולחן ערוך' חדש"; כל אדם היה נרתע ממשימה כזו. אבל כמו שהרמב"ם לא נרתע מהמעמד שהוא ייעד לחיבור שלו, גם בעל התניא לא נרתע מכך.

כתיבה מסודרת

מעבר לדמיון בין סגנונות הכתיבה של הרמב"ם והאדמו"ר הזקן, ומעבר למקוריות, ולתעוזה של שניהם, יש עוד בחינה אחת משמעותית של הרמב"ם שנמצאת גם אצל בעל התניא: לרמב"ם הייתה מין חוש לסדר. 'משנה תורה' הוא הספר היחידי בעולם היהודי שמסודר בשלמות.

באופן כללי ספר יהודי לא מתחיל מההתחלה; בדרך כלל ספר יהודי מתחיל קצת אחרי ההתחלה או באמצע, לפעמים מאוחר יותר הוא חוזר להתחלה ואז קופץ לסוף, וכן על זו הדרך. אפשר לראות שהמשנה או הגמרא אינן מתחילות בהתחלה ולא מסיימות בסוף. ההבחנה הזו כוללת גם את החומש – אפילו הוא לא מתחיל בהתחלה. לכאורה, איך החומש היה צריך להתחיל? כמו הדרך שבה הרמב"ם פותח את הספר שלו: 'בראשית היה אלוקים'. להבדיל, גם ספרים אחרים שעוסקים בתחילת העולם מתחילים מאיזו נקודה שהיא התחלת הזמן. אבל לא כך מתחיל ספר בראשית. יש מקומות אחרים בתנ"ך שבהם יש כל מיני סוגים של התחלה: כתוב שם שהקדוש ברוך הוא בורא העולם, שהוא קיים לעולם ועד, "אֲנִי רִאשׁוֹן וַאֲנִי אַחֲרוֹן

וּמִבַּלְעָדַי אֵין אֱלֹהִים",[35] אבל לא כך כתוב בתחילת ספר בראשית. ספר בראשית מתחיל באיזו נקודה באמצע הסיפור, והוא גם לא מסודר לפי סדר הזמנים. כך בנויים כמעט כל הספרים היהודים.

פעם ניסיתי להגן על חוסר הסדר הזה בספרות היהודית, וכתבתי שהעובדה שכמעט כל הספרים היהודיים אינם מתחילים בהתחלה קשורה לכך שחוסר סדר הוא טבעו של העולם. כשילד מגיע לעולם, הוא אף פעם לא פוגש את העולם בצורה מסודרת. הוא תמיד מגיע לתוך העולם באמצע, ומשם הוא לומד אותו. הוא צריך איכשהו לנווט ולגלות מה היה קודם, ומה היה אחר כך, והגילוי הזה יכול להימשך חיים שלמים. זו הדרך הטבעית והאמיתית של הלימוד – אדם נזרק לתוך המציאות, ובתוכה הוא מנסה למצוא את הראשית ואת התכלית. כך הולך גם לימוד התורה. זהו לימוד אמיתי, והוא מסודר בסדר הטבעי, והסדר הטבעי לא מתחיל בהתחלה.

אבל הרמב"ם, כאמור, היה אדם מסודר. הספר שלו הוא הספר היהודי הראשון, ואולי היחיד, שיש בו סדר. ראשית, לרמב"ם היה כישרון לאסוף דברים שונים למקום אחד ולבנות מהם מבנה. היכולת הזו נדרשה ממנו משום שלפעמים הלכה אחת ב'משנה תורה' מקובצת מדברים המצויים במקומות שונים. מלבד זאת, המבנה המקיף של הספר 'משנה תורה' הוא מבנה מסודר. הסדר הזה הוא מכוון; גם אם יש לנו תמיהות עליו, הן לא נובעות מטעות של הרמב"ם בסידור הדברים, אלא הן קשורות לבעיות אחרות. למשל, קצת מוזר המיקום של הלכות אבלות בתוך ספר שופטים של הרמב"ם. המיקום הזה נובע מכך שאם לא יעשו להלכות הללו ספר בפני עצמן, אין מקום שיתאים להן. אגב, גם ה'טור' לא מוצא מקום מתאים להלכות אבלות, והוא מביא אותן בחלק 'יורה דעה', החלק של ה'שולחן ערוך' שהוא ה'כל-בו'. בו מונחות זו ליד זו הלכות עבודה זרה, הלכות תלמוד תורה, הלכות כיבוד אב ואם, הלכות מקוואות וגם הלכות אבלות.

35. ישעיה מד, ו.

עד זמנו של הרמב"ם כל מי שכתב חיבורים או פסקים של התורה שבעל פה הלך בעקבות התורה שבעל פה הקיימת, והמשיך לבנות את הדברים לפי אותו סדר. הרי"ף, למשל, חיבר את החיבור שלו לפי סדר המסכתות. הרמב"ם חידש את הרעיון ליצור סדר חדש. הספר שלו לא התחיל ולא הסתיים כמו המשנה. כתיבתו שונה בתכלית – מהכללים ועד הפרטים (מהבחינה הזו גם ה'טור' הוא ספר כזה. הוא לא בנוי לפי סדר המשנה או לפי סדר הגמרא וגם לא לפי הסדר של הרמב"ם, אלא הוא יוצר סדר שלם מעצמו. על כל פנים, התחלת הרעיון הזה הייתה של הרמב"ם).

סדר כזה, מהמסד עד הטפחות, קיים גם ב'שולחן ערוך' של האדמו"ר הזקן וגם בספר התניא, שעליו אדבר בהמשך. המבנה של השולחן ערוך של האדמו"ר הזקן הוא בנוסח הרמב"ם – קצר, קלסי וערוך בסדר מופתי. כשהאדמו"ר הזקן מתחיל לכתוב הלכות בתחום מסוים, הוא כותב הקדמה ראויה, ובה הוא מציג את הבסיס של אותן הלכות, ועל ההקדמה הזו הוא בונה את הבניין.

לא רק 'שולחן ערוך הרב' הוא ספר רמב"מי מבחינת הסדר. העניין הזה נכון גם לגבי ספר התניא. רבים מתוך אלפי ספרי החסידות לא נכתבו על ידי המחבר, אלא על ידי אנשים שרשמו רשימות; הרבה מאוד אדמו"רים לא כתבו את התורות שלהם, והגבאים שלהם היו אלה שכתבו אותן. מצד אחד, העובדה שכך נכתבו רבים מן הספרים הביאה למספר עצום של ספרים שהדברים הכתובים בהם לעיתים יקרים מזהב ומפז רב. מצד שני, היא יצרה בעיה: רוב הספרות הזו מאוד לא מסודרת; ואני אומר זאת כמי שחייו יונקים מהספרות הזו. אפשר לקרוא בה דברים נפלאים, אבל קשה למצוא אותם משום שהם לא נמצאים בתוך הקשר צפוי; הם לא נמצאים במקומם. קשה להבין מתוכם מהלך שלם של דברים. לעומת זאת, ספרי החסידות של בעל התניא וגם של ממשיכיו הם ספרי חסידות מסודרים ושיטתיים (לשם השוואה, בתחום של הקבלה מי שכתב קצת באופן הזה היה ר' משה קורדוברו, ולעומת זאת כתבי האר"י, כמו שכתב אותם ר' חיים ויטאל,

אינם כתובים אינם כתובים בצורה מסודרת. גם אם יש בהם סדר שמאפשר לקרוא ולהבין אותם, אין בהם סדר פנימי).

היכולת הזו, של הרמב"ם ושל האדמו"ר הזקן, היא מין חוש פנימי לסדר. מסתבר שהנטייה הזו לסדר דברים היא לפעמים דבר מולד; אני זוכר שיום אחד הגיע אלי בחור שהיה גם מסומם וגם שיכור, לשפוך את ליבו. אני לא איש מסודר מאוד, ומי שהיה אצלי בחדר יכול היה לראות את הבלגן. שמתי לב שהבחור הזה, שראיתי שהוא מטושטש, ישב מולי וסיפר לי סיפורים, ותוך כדי כך הוא לא יכול היה להפסיק לסדר את הספרים שלי בשורה. לא הייתה לו שום סיבה לעשות את זה, אבל הוא פשוט היה מוכרח שהם יהיו בשורה ישרה אחת. על כל פנים, היכולת לקחת כל מיני פירורים מהמציאות ולצרף אותם יחד, לראות בתוך המרחב, בתוך המציאות או בתוך הפילוסופיה פרטים מסוימים ולבנות מהם תבניות – היא מעין מעשה בראשית.

בעניין זה אני רוצה לתת עצה שאיננה קשורה לנטיית הלב שלי: מי שרוצה ללמוד חסידות או דברי קבלה, טוב לו שיעסוק קודם כול בספרים של חב"ד. גם אם נפשו לא נמשכת אחריהם בשלמות, הוא יוכל לקלוט ולקבל על ידם איזו צורה או איזה ציור של העניין. כשאדם לומד ספרים אחרים, הוא עלול לא לקבל שום תמונה כללית. הוא דומה למי שמשוטט ממקום למקום בלי מפה, ואחר כך הוא לא יודע אפילו לתאר איפה הוא היה. מהבחינה הזו חשוב מאוד ללמוד את הספרים הללו, לקבל מהם קו מסודר ולראות את המערך הכולל. ייתכן שחסידים אחרים או אנשים אחרים חלקו על פרטים מתוך המערך הזה, אבל הם לא חלקו על הסדר עצמו.

ייחודיותו של האדמו"ר הזקן

כאמור, מבחינת הסדר שלו בעל התניא היה 'רמב"מי' גמור. עם זאת, אני לא חושב שהוא היה גלגול של הרמב"ם משום שהיה הבדל אישיותי לא קטן ביניהם.

בניגוד להרבה גדולי ישראל וגדולי העולם בעל התניא הכיל מגוון עצום של חלקים. רובם הגדול של האנשים מצטיינים בעניין מסוים: יש פילוסופים, מתמטיקאים, אנשי מדע, אנשי ספרות, אנשי מוסיקה. כל אחד טוב בתחומו. בעל התניא כתב על הלכה באופן הלכתי, על חסידות באופן חסידי ועל קבלה באופן קבלי. מלבד זאת הוא היה יצר מוסיקה, כישרון שלא תמיד מגיע עם הצדדים האחרים באותה אישיות.

אבל מעבר לכל אלה, בעל התניא היה אדם שחסידיו היו דבוקים בו בנפשם. רבבות אנשים היו באים אליו, והוא ידע לשוחח איתם ולשמוע את נגעי לבבם, את הבעיות הגשמיות ואת הבעיות הרוחניות שלהם. גם אם הוא לא אהב חלק מהתפקיד הזה הוא מילא אותו במשך שנים.

אמנם גם את הרמב"ם העריצו עוד בחייו, אבל אני לא חושב שיהודי פשוט יכול היה לשבת אצלו ולהגיד לו: "נו, ר' משה, מה אתה אומר ביחס לעסקים שלי – למכור או לקנות?". אילו מישהו היה מספר לי שרש"י היה מקבל אלמנות וכל מיני משוגעים בלב טוב, הייתי חושב שלרש"י זה יכול היה להתאים, אבל אני לא חושב שזה יכול היה להתאים לרמב"ם. זה לא אומר שהוא היה פחות צדיק; פשוט הייתה לו אישיות מסוג אחר.

היה עוד צירוף מוזר ונדיר באישיותו של בעל התניא: הוא חשב, כתב ודיבר באופן בהיר מאוד, ועם זאת היו לו התפרצויות אקסטטיות. הוא היה אדם אקסטטי עד כדי התפשטות הגשמיות, ונשאר בהיר וצלול אפילו כשהגיע עד לעמקי התהומות. מספרים שהוא היה יושב ואומר תורה, ותוך כדי אמירת התורה היה מתלהב עד שהיה מתחיל להתגלגל על הרצפה מתחת לשולחן. אני לא יכול לראות את רש"י, את הרמב"ם או את רבנו תם בתוך הציור הזה. מעבר למגוון החלקים שהכיל בעל התניא בנפשו, הייתה לו יכולת מיוחדת במינה להכיל בהרמוניה את כל החלקים הללו בנפש אחת.

אני רוצה לגמור בסיפור יפה על הניגון 'ארבע בבות'. האדמו"ר הזקן נעשה רבי של חסידים כשהיה צעיר יחסית, והיו לו חסידים

שהיו גם חסידים של המגיד ושל אדמו"רים אחרים שהיו זקנים ממנו בשנים רבות. היו לו כמה 'חדרים' של תלמידים שאליהם הוא דיבר. כדי שתלמיד ייכנס לחדר א', הוא היה צריך להיות בקי בש"ס ופוסקים; כדי להיכנס לחדר ב' הוא היה צריך להיות בקי לא רק בש"ס ופוסקים אלא גם בספרי קבלה; וכדי להיכנס לחדר ג' הוא היה צריך להיות בקי בספרי הלכה וספרי קבלה וגם בכל ספרות המחקר של ימי הביניים, כמו מורה נבוכים והכוזרי. מכיוון שאלה היו תלמידי החדרים שלו, אפשר להבין מדוע בדברי התורה שלו הוא לא נזקק להסביר את היסודות של הדברים. בכל זאת פעם בא אליו חסיד פשוט שהיה דבוק בו בלב ובנפש, והוא בכה ואמר לו: "רבי, אני בא אליך ומנסה להקשיב כמה שאני יכול לתורות שלך, אבל אני לא מבין שום דבר. התורות שלך הן מעל הראש שלי. אולי תוכל להגיד משהו שגם אני אוכל להבין?". הרבי ישב והרהר ואז אמר לו: "להגיד לך דבר כזה במילים – אני לא יכול. במקום זאת אני אשיר לך ניגון, ובניגון הזה נמצאת כל התורה שלי". אומרים שזה היה הניגון 'ארבע בבות'.

הסיפור הזה מראה את הכישרון המוזיקלי של האדמו"ר הזקן, אבל מעבר לכך הוא מבטא גם את האישיות שלו: אדם שיכול להכיל את מה שנמצא בשמים ממעל, להתייחס – להבדיל – לקיסר המשוגע של רוסיה, ומצד אחר הוא גם יכול לשבת עם יהודי זקן שיודע לקרוא אולי חומש, ולנסות להעביר לו דבר שהוא אפילו לא תוכן – שהרי מוסיקה לא יכולה להעביר מילים או תכנים – אלא ריתמוס פנימי מסוים. אדם שמכיל את כל הצדדים הללו יחד – ואני מדבר על האישיות שלו ולא רק על היצירה שלו – הוא בבחינת "הֲנִמְצָא כָזֶה אִישׁ".[36]

לחיים!

36. בראשית מא, לח.

י' שבט

בי' בשבט אירעו שני אירועים משמעותיים: בתאריך זה בשנת תש"י (1950) נפטר בניו יורק רבי יוסף יצחק שניאורסון, האדמו"ר השישי בשושלת ליובוויץ'-חב"ד, הידוע גם בכינויו הריי"ץ. באותו תאריך, י' בשבט, הוכתר חתנו, רבי מנחם מענדל שניאורסון, הידוע בתור "הרבי" בסתם, לרבם של חסידי חב"ד, בדיוק שנה לאחר שנפטר הריי"ץ. תקופות הנשיאות של השניים, שחפפו תהליכים ושינויים עולמיים ויהודיים בקנה מידה היסטורי, שלובות זה בזו ומשלימות זו את זו.

הריי"ץ נולד בליובוויץ' בשנת תר"ם (1880). הוא גדל בחצר אביו הרבי ר' שלום בער (הרש"ב) וחונך מילדות לקראת תפקיד האדמו"רות. בזיכרונותיו הוא מתאר פרטים רבים על ילדותו, אופן חינוכו ובית אביו. בכלל, הרבי הריי"ץ עסק רבות בהעלאה על הכתב של מסורות וזיכרונות שקיבל מאביו ומאישים נוספים בחצר הרבי אודות שושלת חב"ד, ורבות מן הידיעות של חסידי חב"ד אודות ההיסטוריה של בית רבותיהם מבוססות על ספריו (ספר הזכרונות, ליקוטי דיבורים, אגרות ועוד).

בהיותו איש צעיר הפקידוֹ אביו על היבטים שונים של ניהול החסידות ושל מעורבותה בפוליטיקה היהודית הארצית. כבר בגיל חמש עשרה נשלח להשתתף באספות רבנים שונות, ולאחר חתונתו נתמנה למנהלה של הישיבה החסידית הראשונה של חב"ד שנקראה 'תומכי תמימים'.

בעקבות המהפכה הקומוניסטית ברוסיה בשנת 1917 ולאחר פטירת אביו הרש"ב בשנת תר"ף (1920), נעשה הריי"ץ לאחד המנהיגים היהודים החשובים בתקופה קשה והרת גורל ליהדות רוסיה. הוא נטל על עצמו את העול של שימור הגחלת היהודית תחת השלטון הקומוניסטי; הקים רשת מחתרתית של תלמודי תורה וישיבות ועסק בסיפוק צורכי היהדות בניגוד לחוק ובסיכון עצמי

רב. בשנת תרפ״ז (1927) נאסר על ידי השלטונות הסובייטיים ונידון למוות בשל פעילותו. בעקבות לחץ בינלאומי מצד גורמים רבים הומתק עונשו לגלות בסיביר, ולאחר מכן הומר לגירוש מן המדינה, ובעקבות זאת הוא עבר להתגור בלטביה ובפולין במשך כמה שנים. בעור שיניו הצליח הריי״ץ להיחלץ מן הכיבוש הנאצי, ובשנת ת״ש (1940) הגיע לניו יורק. מיד עם הגעתו לארצות הברית, בהיותו מלווה בקומץ בני משפחה וחברים, החל הריי״ץ במרץ בבניית תשתית חדשה לחסידות חב״ד וליהדות בכללה. הוא הקים רשת ישיבות, מרכז לענייני חינוך, הוצאת ספרים ועוד.

במאבקו בדיכוי הקומוניסטי הריי״ץ התווה דרך לחסידיו, לרבים אחרים ברוסיה ואף לדורות. הוא לימד כיצד יכולה היהדות לעמוד על קיומה תחת משטר עוין. בפעולותיו בארצות הברית הוא הפיח רוח חיים ואופטימיות באשר לעתיד היהדות שם וחולל בה מפנה מהותי. הוא השכיל להוציא את יהדות ארצות הברית מאווירת הדעיכה והדכדוך שאיימו עליה באותה עת, ולהובילה לקראת כיוון של צמיחה וקוממיות.

לאורך כל חייו פעל הרבי הריי״ץ במסירות גדולה, בגוף ובנפש, למען חסידיו ולמען כלל ישראל. מפעליו הארגוניים וקווי ההנהגה שעיצב היו התשתית לפעילותו של רבי מנחם מענדל, יורשו בהנהגת חב״ד; מפעליו של הרבי מליובוויץ׳, שהחל את נשיאותו ביום השנה הראשון להסתלקות חותנו, הריי״ץ, נשענו על היסודות שהציב חותנו במובן הטכני־מעשי, ויותר מכך במובן המהותי. הוא הצהיר שהוא פועל מכוח הריי״ץ, ותמיד שאף להמשיך ולהשלים את המפעלים שהחל בהם חותנו.

10

כעוף החול

י' בשבט הוא יום פטירתו של האדמו"ר הקודם מליובוויץ', ר' יוסף יצחק שניאורסון (הריי"ץ), וגם היום שבו קיבל הרבי את הנשיאות שנה לאחר פטירת חותנו. אף על פי שאצל חסידי חב"ד מקובל להתמקד בתאריך הזה בעיקר בכך שהרבי קיבל בו את הנשיאות, אני רוצה לדבר דווקא על הריי"ץ.

הריי"ץ היה בן יחיד לאביו, רבי שלום דובער שניאורסון (הרש"ב), והוא ירש את מקומו בנשיאות חב"ד. מנהיגותו נמשכה שלושים שנה – משנת תר"ף עד שנת תש"י (1920–1950). את שלושים השנים הללו אפשר לחלק לשלוש תקופות שכל אחת מהן ארכה כעשר שנים. הוא חי ברוסיה כעשר שנים, עד שגירשו אותו משם; בעשור שלאחר מכן הוא חי במזרח־אירופה, מעט זמן בלטביה וזמן ארוך יותר בפולין; בעשר השנים האחרונות הוא חי בארה"ב.

מעטים האנשים שחווים מעברים כאלה, שאינם רק מעברי דירה ממקום למקום, אלא מתרבות אחת לתרבות שונה ממנה לגמרי. כשבוחנים את פעולתו של הריי"ץ בכל אחד מהמקומות הללו, אפשר להבחין באישיות המיוחדת שלו.

רוסיה – ארגון הציבוריות היהודית

בתקופה שלפני המהפכה הקומוניסטית יהדות רוסיה הייתה עשירה ופורייה מאוד. חיו בה יהודים רבים, שרובם עדיין היו שומרי מצוות – חסידים ושאינם חסידים – והיא הייתה עולם גדול של חסידות ותורה.

כל אותו עולם יהודי נכרת בכורח ובכפייה בידי השלטונות ובידי המסייעים להם. על העולם ההוא הופעל כל הלחץ הנורא שהמשטר הקומוניסטי יכול היה להפעיל. הבעיה לא הייתה קשורה בשאלה כמה אנשים מוצלחים, מוכשרים ואפילו מוסרי נפש היו שם, משום שכל מבנה היהדות בערים ובעיירות ברוסיה נשבר והתפורר תחת המגף הגס של השלטונות. למשל, כמעט כל הרבנים הוברחו החוצה, לא משום שהרגו שם רבנים, אלא מכיוון שאי אפשר היה לקיים שם 'חדר', ישיבה או מוסד יהודי אחר ולכן לא נותר לרבנים הללו קיום. אולי במקום פחות טוטליטרי הקיום היהודי היה שורד באיזושהי מידה, אבל כאן הוא נשבר, ואי אפשר היה לארגן אותו מחדש.

למעשה, הריי"ץ, היה אחד האחרונים שהיה בו הרצון והיכולת לנסות לשמר את הארגון היהודי – לא על ידי התארגנות מלמעלה וגם לא על ידי התעוררות של יחידים, מבודדים, שבורים ופזורים, אלא בהתארגנות של יהודים שיש להם עדיין קהילה או משהו שדומה לקהילה. באותן עשר שנים הוא ניסה איכשהו להחזיק איזושהי ציבוריות יהודית שתהיה מסוגלת להחזיק מעמד. אלו היו עשר השנים הראשונות של נשיאותו של הריי"ץ.

עם הזמן המצב נעשה קשה יותר מפני שהחינוך היהודי היה אסור באופן כמעט רשמי וכדי לקיים חינוך יהודי כלשהו נדרשה יותר ויותר מסירות נפש. בשלב מסוים אי אפשר היה להמשיך לעשות הרבה. אמנם נשארו אנשים שגדלו בתוך העולם הנורא ההוא שהצליחו להחזיק מעמד, וחלקם גם הצליחו להעמיד בנים ובני בנים שימשיכו את יהדותם, אבל ככלל, המשך היהדות ברוסיה היה רופף ומפוזר כל כך שהעולם הזה התמוטט בלי להשאיר שרידים כמעט. למעשה יציאתו של הריי"ץ מרוסיה הייתה תחילת הסוף של יהדות רוסיה.

פולין – נוסח חב"ד בסביבה חדשה

מרוסיה עבר הריי"ץ ללטביה, ומשם – לפולין. באותה תקופה, בין שתי המלחמות, הוא חי בעיקר בפולין. פולין הייתה אז מרכז יהודי גדול שגם לו היו בעיות פנימיות, ונראה שרוב מניינה של יהדות פולין כבר לא היה דתי. אך עדיין חי בה קהל עצום ורב של מאות אלפי יהודים שומרי מצוות שעסקו בתורה ועבודה, איש איש על פי דרכו.

בפולין מצא הריי"ץ עולם שונה מזה שהכיר ברוסיה. רוב יהודי פולין, כולל החסידים שביניהם, לא ידעו על קיומו של אדם חסידי נוסח חב"ד. הם חיו בצד השני של העולם, ולא הייתה שפה משותפת ביניהם ובין חסידות חב"ד.

על גבי ההתפוררות שכבר התחילה כאמור: פולין/פולניה, ניסה הריי"ץ לבנות מחדש עולם של יהודים בנוסח של חב"ד. צאצאים של משפחות חב"דיות מדורי דורות נקראים בנוסח הדיבור הישן 'גז'ע'. בפולין הגיעו אל הריי"ץ רק מעט אנשים כאלו. מרבית האנשים שהקיפו את הריי"ץ אחרי שעזב את אירופה היו בוגרי הישיבות שהוא הקים בפולין. האנשים הללו, שנהיו חב"דניקים גמורים לכל עניין ועניין, היו יהודים פולנים שנכנסו לתוך העולם של חב"ד בעקבות פועלו של הרייץ.

כאן יש נקודה חשובה: מה עושה אדם שעובר ממקומו למקום אחר, אדם הדומה לעץ שעקרו אותו ממקומו? האם הוא מתנוון והופך זיכרון לחייו במקום הישן, או שהוא מנסה לבנות מחדש את מהותו בקרקע אחרת, בעולם שונה לגמרי? לפני שנדבר על הריי"ץ עצמו, אני רוצה להתייחס ליכולת הזו שלו, לבנות את העולם הישן בצורה חדשה; לקחת סביבה, דמויות וחומרים חדשים ולנסות לשוב ולבנות מהם, פחות או יותר, את המתכונת הישנה.

אשתמש בדימוי שקשור לחודש שבט: בגידול צמחים שונים כמו ורדים, ובאילנות פרי שונים, כגון גפנים, לימונים ותפוזים, משתמשים לעיתים בהרכבה. זוהי פעולה חקלאית שבה מצמידים על כנה, כלומר על ענף או גזע חזקים של צמח אחד, ענף מצמח אחר,

הנקרא רוכב, והרוכב מתאחה עם הכנה ונהיה אחד מענפי הצמח. למשל, התפוזים בארצנו גדלים על גבי כנות של חושחש, שהוא עץ עמיד הרבה יותר אך פירותיו מרים, לכן מרכיבים על גבי הגזע החזק שלו את התפוז העדין, וכך הענפים החדשים מגדלים תפוזים. זהו, למעשה, מה שהריי"ץ עשה בכל מקום שאליו הגיע: הוא הרכיב על גבי האוכלוסייה המקומית ענפים חדשים, כדי שיצמיחו צמחים שיהיו דומים לרוכבים.

הצלחתו של הריי"ץ הייתה קשורה לאישיותו וליכולותיו, שכן במקומות אחרים ניסו רבים לשקם ציבור בקרקע חדשה באופנים דומים, ולא הצליחו להצמיח את הרעיון הישן בקרקע חדשה. יש כמה חסידויות שהן חסידויות גדולות, אבל רוב אנשיהן הם צאצאיהם וצאצאי צאצאיהם של החסידים הראשונים של אותן חסידויות, גם אם פה ושם נקלטים בהן אנשים אחרים. אותן חסידויות כלל לא רצו להביא את העניין שלהם אל ציבור אחר. הן לא הרכיבו את הרעיון שלהן על כנה אחרת. הן יכולות לצמוח רק בתוך העולם שלהן. אם יש בהן ריבוי, הרי זה מפני שילדים נולדים, והם מקבלים עליהם את הצורה ומנסים לשמור את הנוסח.

הריי"ץ לא היה יכול לנהוג כך גם אילו הוא רצה; ואני לא חושב שהוא רצה. הוא לקח את המהות של מה שהביא איתו – את הנוסח של ליובוויץ' – והרכיב אותו על כַּנּוֹת פולניות. בהרכבה הזו הייתה מידה רבה מאוד של הצלחה, עד כדי כך שעכשיו אי אפשר לראות בתוך חב"ד את ההבדלים בין המוצא של החסידים, אם הם אינם מצהירים על ייחוסם.

כך חי הריי"ץ במשך השנים 1928–1940. בשנת 1940 הוא וחלק ממשפחתו הצליחו להימלט מפולין וקיבלו אישור להגיע לארה"ב (הוא השאיר מאחוריו בת ונכדים שלא הצליח להוציא משם). הריי"ץ ברח מפולין בתחילת הסוף של יהדות מזרח אירופה. היא כמעט הושמדה פיזית. לא נשארו ממנה אלא שרידים בלבד שבאיזו דרך נס לא נטבחו, והצליחו לשרוד אחרי הייסורים במחנות. העולם היהודי הגדול הזה כלה. הוא איננו קיים יותר.

אמריקה – הקמת מוסדות על אדמה טרפה

בשנת 1940 הגיע הריי״ץ לארצות הברית, והוא כבר בשנות השישים שלו וחולה, אולי בגלל האופן שנהגו בו ברוסיה או מסיבות אחרות. בשנותיו האחרונות בקושי יכול היה לדבר. אולם הקשיים הללו לא עצרו בעד כתיבתו, עבודתו ומלאכת הארגון שלו. שוב פָּעם בו כוח ההתחדשות כאילו הוא בחור צעיר המתחיל עכשיו מעשה חדש.

אמריקה הייתה עולם שונה בתכלית. אכן, אין מדינה בלי אנטישמיות – כולל מדינת ישראל – ובכל זאת, בגלל הסובלנות הרבה שהייתה בה, אמריקה היא אחת המדינות הבודדות שאפשרו צמיחה. לכן היהודים שהיגרו אליה הצליחו מבחינה כלכלית ומעמדית ועשו חיל. אולם מבחינת היהדות שלהם, הם הרגישו כאילו הם נמצאים בקצה העולם, בקצה המציאות. הם הרגישו שהם דור אחרון או כמעט אחרון, ושאחריהם הכול ישתנה לגמרי. היה זמן שהיהודים הכשרים לא רצו להגיע לאמריקה מפני שהיו אומרים שבאמריקה האדמה היא טרפה. פעם אמר לי אדם אחד, אמריקאי בן אמריקאי, שזו הייתה טעות, שהרי האדמה הייתה הדבר היחיד שלא היה טרף באמריקה; חוץ ממנה כל דבר אחר היה טרף.

במקומות רבים באמריקה קהילות יהודיות גוועו ובתי כנסת ושטיבלך נסגרו; בני הדור הראשון הלכו לבית כנסת ושמרו מצוות פחות או יותר, הדור השני היו קונסרבטיבים, הדור השלישי היו רפורמים והדור הרביעי היו ׳שאינו יודע לשאול׳. מספרים שבדאלאס שבטקסס בנו לפני למעלה ממאה שנה בית כנסת רפורמי. במלאת מאה שנים לבית הכנסת החליט הרביי לערוך מסיבה גדולה. לרגל החגיגה הוא ביקש לאסוף את צאצאי היהודים הראשונים שהגיעו לבית הכנסת. התברר שרק אחד מהם היה יהודי; כל האחרים כבר היו גויים. זה היה הכיוון החד־משמעי שבו נעה יהדות אמריקה, והיה ברור לחלוטין שלשם הדברים ימשיכו לנוע.

כשהריי״ץ הגיע לאמריקה, היו שם אנשים רבים בעלי סנטימנטים, אבל לרוע המזל, בדרך כלל לאלה שהיו להם סנטימנטים לא היה כסף, ולאלה שהיה להם כסף לא היו סנטימנטים. אמחיש את

המצב הזה בסיפור: יש בידינו מכתב תודה שהריי"ץ כתב באופן אישי למישהו ששלח לו כסף, ומצורפת אליו קבלה על סך חמישה דולר. סיפרו שבשנה־שנתיים הראשונות של הריי"ץ בניו יורק היו יוצאים החוצה לחפש ברחוב עשירי שישלים מניין לתפילת מנחה. זאת לא הייתה מציאות יוצאת דופן בניו יורק באותו זמן; לאיזה יהודי היה זמן להתפלל מנחה? איזה יהודי רצה בכלל להתפלל מנחה?

הריי"ץ התחיל שוב לשקם את כל סדרי העולם. הוא ניסה להקים מחדש את הישיבות ורצה לשתול בקרקע של אמריקה, בקרב היהודים שחיו בה, עוד מוסד ועוד מוסד שילמדו בו בניסים ונפלאות. הריי"ץ עמד על כך שבישיבות שלו יגדלו כל הבחורים זקן, וזה היה בערך כמו להורות להם לגדל זנב. איש לא גידל אז זקן, והמחשבה שבחור צעיר יגדל זקן הייתה מופרכת לגמרי.

בעשור האחרון לחיי הריי"ץ נבנו באמריקה עוד ועוד מוסדות. בהיקפים שונים של יזמות הוא יצא מתוך המסגרות הקיימות ופרץ החוצה.

כעוף החול

כח ההתחדשות של הריי"צ היה מעין מה שמתואר במדרשים על הפסוק "וְכַחוֹל אַרְבֶּה יָמִים".[1] כמו עוף החול, שכאשר הוא מזדקן הוא נכנס לקן שלו ועולה באש ויוצא משם עוף חדש,[2] כך היה הריי"ץ. הוא יכול היה להתחדש פעם אחרי פעם. לא רק ארץ המולדת שלו נחרבה, אלא העולם כולו נחרב, העבר נהרס, ומתוך כך הוא חזר ובנה מחדש עולם; וכאשר ראה שגם העולם החדש נחרב ונעלם כולו, הוא שב ובנה מחדש את סדרי העולם.

לאחר המלחמה אנשים היו כותבים לריי"ץ מכתבים רבים, והיו מספרים לו בהם על כל מה שאבד, ועל מה ששרד ממשפחותיהם ומחייהם. הם שיתפו אותו במכתביהם בצרות העבר וההווה ובחושך

1. איוב כט, יח.
2. בראשית רבה יט, ה.

של דאגות העתיד. כיוון שראו שהריי"ץ קורא את המכתבים האלה ובוכה, המקורבים אליו ניסו לסנן את המכתבים הכואבים, והחביאו אותם ממנו, והוא קיבל רק את המכתבים הניטרליים. הריי"ץ חשד בזה וחקר, וכשהתברר לו שמסננים את מכתביו, הוא צעק על מי שעשו זאת: התפקיד שלי בתור רבי הוא לשאת את הייסורים של כולם. אינני יכול להסתלק מן התפקיד הזה ולהשאיר אותו לאחרים.

אך גדולתו של הריי"ץ לא הייתה טמונה רק ביכולתו לשאת את הייסורים של אחרים. לא פחות חשובה הייתה יכולתו להצמיח דברים מחדש. הוא בוודאי סבל והתייסר, אך לא נשבר. מפלות יש, צרות יש בשפע, אבל צריך לחזור ולהתחדש. הענפים נכרתו, וגם העץ נכרת, ובכל זאת צריך לשאול איך להצמיח את הענפים מחדש. העץ נכרת כריתה גדולה, ולאחר מכן נכרת כריתה גדולה יותר, ועדיין היה לו הכוח להתחדש ולפעול; כמו עוף החול שאריכות ימיו טמונה ביכולתו לגדול, להתחדש ולהצמיח מתוך העפר חיים חדשים.

כוח ההתחדשות של עם ישראל

כוח ההתחדשות הוא כוחו של עם ישראל בכלל. בחזון ישעיהו נאמר על ישראל: "וְעוֹד בָּהּ עֲשִׂרִיָּה וְשָׁבָה וְהָיְתָה לְבָעֵר כָּאֵלָה וְכָאַלּוֹן אֲשֶׁר בְּשַׁלֶּכֶת מַצֶּבֶת בָּם זֶרַע קֹדֶשׁ מַצַּבְתָּהּ".[3] בקיץ האלון הוא עץ ענק ומרשים, מלא עלים. בזמן השלכת, כל העלים שלו נושרים, ונשאר ממנו רק שלד של ענפים שאינו דומה בכלל לעץ שהיה בקיץ. כך קורה גם לעץ האֵלה בשלכת. אמנם הנבואה הזאת מובאת בהקשר של קללה, אבל הנביא מתאר בה את מה שקרה לעם ישראל: לכאורה נראה שהוא נעלם, שהכול נופל ומתמוטט, ומה יישאר מישראל? "זֶרַע קֹדֶשׁ מַצַּבְתָּהּ", ואותו זרע יתחדש ביתר שאת ויצמח מחדש.

זהו גם עניינו של קידוש לבנה: אנחנו מקדשים את הלבנה לא רק מפני שחידוש הלבנה הוא דבר שבא מזמן לזמן, אלא משום שהוא רומז לכוח ההתחדשות של ישראל. הלבנה מתמעטת ומתמעטת, ושוב

3. ישעיה ו, יג.

צומחת מחדש. היא מסמלת את כוחם של ישראל "שהם עתידים להתחדש כמותה".[4] על ישראל נאמר: "כִּי קָטֹן הוּא",[5] אך מתוך קטנותו הוא יכול לחדש את עצמו. לאחר החורבן, הנפילה והירידה הוא מחדש את עצמו ושוב צומח.

יכולת ההתחדשות המיוחדת של ישראל התבטאה באדם זה, שנשא על עצמו את המשימות הגדולות הללו.

ההתחדשות – סוד החיים

היכולת להתחדש היא יכולת מסתורית. מבחינה מסוימת סוד החיים קשור בה, שכן ההתחדשות היא ההבדל בין מה שחי למה שאיננו חי. דברים שאינם חיים הולכים ומתבלים, הולכים ונכבים. כך בנוי העולם: גם דברים גדולים, כמו הר או קרחון, מתמעטים והולכים. העיפרון הישן והמחשב הישן לא יתחדשו. לכל דבר יש בליה, שחיקה וקץ חוץ מאשר למה שחי. סימן החיים הוא היכולת להתחדש.

בתוך יצורים חיים נשמר כמעט עד הרגע האחרון הזרע שממנו הם יוכלו להתחדש. גם אדם הראשון שאיבד את האלמוות הפרטי, זכה במקומו באלמוות המיני שהרי המין האנושי ממשיך להתקיים לאחר מותו של הפרט. אפילו מבחינה ביולוגית, תאי הגוף האנושי הם עדיין התאים שלו, הם נשארים ושורדים ואינם בלים לעולם. הם חוזרים ומתחדשים ויכולים לבנות חיים חדשים.

במשלי נאמר: "כִּי שֶׁבַע יִפּוֹל צַדִּיק וָקָם",[6] ובגמרא הסמיכו לכך את המילים: "ורשע יפול באחת".[7] הצדיק יכול ליפול שבע פעמים ואפילו שבעים ושבע פעמים, והוא קם והולך. מי שאין לו היכולת הזו אינו חי. הדומם לא יקום, רק החי יכול להתרומם. זאת היכולת שהייתה לריי"ץ.

4. מתוך 'קידוש לבנה'.
5. עמוס ז, ב.
6. משלי כד, טז.
7. על פי משלי כח, יח; ראו סנהדרין ז, א.

אדם 'עצמי'

דבקותו של הרבי בריי"ץ

הריי"ץ היה אדם מוכשר, וכאמור, הנהגתו, מפעליו ומעשי הארגון שלו נעשו בהיקף גדול. אבל מהרבה בחינות האור שלו היה פחות בוהק מהאור של חתנו, הרבי שהיה בדורנו. מבחינת הכישרונות החתן היה דמות הרבה יותר זוהרת. גם החותן עצמו הכיר בגדולתו של החתן ומינה אותו לענות בשמו על מכתבים מסובכים, על דרך הסוד ועל דרך ההלכה. הוא אפילו שלח אותו בכל מיני שליחויות רק בשביל להתפאר בו וכדי שהאנשים שיפגשו בו יכירו אותו.

בשלב מסוים – אינני יודע אם זה קרה בזמן החתונה או קצת קודם לכן – הרבי נהיה 'החסיד מספר אחד' של החותן שלו. עד אז הוא היה אחד החסידים, ומאז והלאה הוא דבק בו בדבקות שלמה וגמורה ומבחינות רבות גם בהכנעה עצומה.

כבוד והוקרה שאדם רוחש כלפי אדם גדול, עדיין אינם הופכים אותו לחסיד שלו. אדם יכול לשמוע לרבי ולקבל מרבי הוראות והדרכות, אבל זה שונה לחלוטין מלהפוך לחסיד שלו, כלומר לדבוק בו בדבקות שלמה. בשביל להיעשות חסיד של מישהו נדרשת קבלה פנימית.

לריי"ץ היו חסידים רבים אחרים שגם הם היו כרוכים אחריו, קשורים אליו ודבוקים בו. לריי"ץ היה גם חתן מבוגר יותר שהיה דבוק בו, קשור בו ומלווה אותו. ייחודו של הרבי היה הביטול והקבלה הגמורה שקיבל את הריי"ץ בליבו.

הקשר של הרבי עם הריי"ץ נשאר כנראה עד היום האחרון של חיי הרבי – כבר לא אל הגוף של הריי"ץ אלא אל נשמתו. שוב ושוב היה הרבי משוחח עם חותנו.

אספר סיפור על בחירתו של הרבי: הריי"ץ לא השאיר אחריו צוואה ולא אמר מי ימלא את מקומו לאחר שיסתלק. שני המועמדים הטבעיים למלא את מקומו היו שני החתנים שלו. החתן המבוגר היה החתן הבכיר, ובאותו הזמן הוא היה כבר בפועל המנהל הגדול,

המוציא והמביא. אנשים סיפרו לי שהחתן הצעיר, שאחר כך נהיה הרבי, היה בעבור רוב האנשים דמות עלומה לגמרי. לכן היה הגיוני ומקובל על כולם שהחתן הבכיר יהיה ממלא המקום. בפועל במשך שנה בערך שני החתנים היו זה בצד זה, ועדיין לא נפלה ההכרעה מי יהיה הרבי: החתן המבוגר שרצה (ולבסוף לא קיבל את הנשיאות), או הצעיר שלא רצה (ולבסוף קיבל). בסופו של דבר, החתן המבוגר ויתר מעצמו על העניין וקיבל על עצמו את מרותו של החתן הצעיר יותר. אני זוכר שהייתי רואה את החתן המבוגר במרכז של חב״ד; תמיד הוא ישב במקום מכובד, אך ראו שהוא הכניע את עצמו בפני הרבי גם בזמנים שהדבר היה קשה לו מאוד. על כל פנים, גם בזמן שלכאורה הייתה תחרות בין החתנים, לא הייתה איבה ביניהם והם שוחחו זה עם זה. פעם אמר הרבי לגיסו: ״בדברים אלה ואלה אין אנו מקבלים שום חידוש״. שאל אותו גיסו: ״אבל בכל זאת יש דברים שמתחדשים בעולם. אם אינך רוצה לחדש, מה אתה עושה במקרים כאלה?״ הרבי ענה לו: ״אני הולך לחותן ושואל אותו״. הריי״ץ, כמובן, כבר לא היה בעלמא הדין. למשמע התשובה הגיב הגיס: ״בדבר אחד אני בטוח – גיסי לא שקרן. אם הוא אומר שהוא הולך לחותן ושואל אותו, זה מה שהוא עושה. אני לא יכול לעשות את זה, ולכן הוא הרבי, לא אני״.

יכולת הזיהוי

כאמור, הקשר של הרבי לריי״ץ היה קשר של דבקות גמורה שהמשיך להתקיים גם לאחר מותו של הריי״ץ. אפשר לשאול ואולי ראוי לשאול מה ראה הרבי בריי״ץ שגרם לו להידבק בו כך.

במובנים רבים היכולת לראות באדם מסוים נקודה ייחודית ולזהות בו את האיש שראוי להיות המנהיג, את האיש שראוי להכניע את עצמי לפניו, היא יכולת מיוחדת המצויה רק אצל אנשים גדולים.

שאלו פעם את הרבי הראשון מגור, בעל ׳חידושי הרי״ם׳, מדוע במשך שנים רבות כל כך הוא הכניע את עצמו בפני הרבי מקוצק. אף על פי שהרבי מקוצק לא כתב חידושי תורה, כנראה גם הוא היה

למדן גדול מאוד. ובכל זאת, הרי"ם מגור היה מוכשר באופן חריג והיה גם איש אשר רוח בו – היו בו מעלות הדבקות והחסידות. כך ענה הרי"ם: "ראיתי לפניי עמוד של אש, והתכופפתי בפניו". מהרבה בחינות הם היו שווי ערך, ודווקא משום כך הרי"ם היה יכול לראות את עמוד האש.

דוגמה אחרת מהעבר הרחוק היא סיפור מוזר על שני גיסים אחרים, דוד ויהונתן. ליהונתן היו מעלות רבות; הוא היה גיבור חיל ומפקד מנצח, לא מישהו שאפשר להגיד עליו: "הוא הבן של אבא שלו, וזה הכול". בזמן שדוד לכאורה נמצא בתחתית המדרגה, אמר לו יהונתן: "אתה תהיה הראש, ואני אהיה לך למשנה". הוא אמר לו: "ייתכן שאני מוצלח, ייתכן שאני יכול להיות גנרל גדול, אבל אם אתה המיועד למלכות – אתה המלך, ולא אני". אכן היחס של יהונתן לדוד מתואר בגמרא כענווה גדולה, עדי כדי כך שהגמרא רואה בו אחד משלושת הענוותנים הגדולים שהיו בעולם.[8] אבל מעבר לענווה, מה ראה יהונתן בדוד? יהונתן ראה בדוד משהו שמעבר להישגיו הצבאיים, שכן גם ליהונתן היו הישגים גדולים. הרי הוא הכריע, כמעט לבדו, מלחמה גדולה. העניין הוא שיהונתן ראה בדוד את משיח ה' ואת זה שהוא המלך. הוא ראה שאמנם הוא עצמו אדם מוצלח, אבל הכיר שלא הוא המלך אלא דוד.

לשם השוואה, כששמואל ראה את בניו של ישי, הוא לא הבחין בדיוק מיהו המלך, אולי משום שכולם היו יפים ומוצלחים. המדרש מספר את הסיפור בנעימה של ביקורת כלפי שמואל.[9] לפי המדרש, הקדוש ברוך הוא אמר לו: "אמרת: 'אָנֹכִי הָרֹאֶה'?[10] אז בוא נראה מה אתה רואה". אפילו לשמואל לא הייתה היכולת לזהות כך. רק בעל דרגה גבוהה יכול לראות ולהבין ש'זהו זה'.

8. בבא מציעא פד, ב-פה, א.
9. ספרי דברים, פיסקא יז.
10. שמואל א' ט, יט.

כאמור, אני רוצה לשאול את השאלה הזו על הדבקות של הרבי בחותנו הריי״ץ: הרבי, שהיה אדם מוכשר ומבריק מאוד, ואולי היה חסיד של הריי״צ עוד קודם – כי גדל כחסיד חב״ד והריי״ץ היה האדמו״ר – החליט בנקודה כלשהי לדבוק בו. איך קרה הדבר? אלה לא היו ניסים ונפלאות וגם לא כתבים שלא נכתבו כמותם קודם לכן. מה הרבי ראה?

האומץ של הריי״ץ

לריי״ץ היה אומץ עצום ויכולת עמידה בפני דברים קשים בתחומים רבים מאוד.

יש סוגים שונים של אומץ: יש אנשים שהם אמיצים באופן פיזי. הם ילכו לקראת סכנה, וגם אם יהססו בהתחלה, הם יסתכנו. לאנשים אחרים יש אומץ רוחני, כלומר הם יכולים לעמוד בפני לחצים מוסריים, כמו לחצים של דעת קהל, לחצים של ׳כולם אומרים כך וכך׳ ולחצים של סמכות וגדולה: הם יכולים להגיד ׳לא׳ לאדם שהוא גדול וחכם מהם ולא להתקפל. לפעמים אדם יודע שהוא שומע דבר שאיננו נכון, ואינו מתנגד או מוחה כי הוא מרגיש שהוא אינו יכול להחזיק מעמד כנגד בעל הסמכות המכובד. הכרתי אנשים שלא מצאתי בכישרונות ובהשגה שלהם חסרונות, אבל לא היה להם האומץ לעמוד על דעתם.

גם אם יש לאדם אומץ פיזי, לא הכרחי שיהיה לו גם אומץ מוסרי. הרבה אנשים גדולים ואמיצים שאין לי שום ספק שהם יכולים לקפוץ אל מול יריות האויב, יתקפלו כמו נייר מקומט אם יפעילו עליהם לחצים רוחניים. וכן להיפך, איש שיש לו אומץ מוסרי יכול להיות פחדן גדול באופן פיזי, ולרעוד אפילו מול נביחה של כלב קטן.

סוג נוסף של אומץ הוא האומץ לשאת כאב. מדהים לראות גבר גבוה, גדול בענקים, שנפצע פצע קטן או שיש לו מחלה קטנה או כאב בטן, והוא מתקפל. נשים אומרות את זה לעיתים על הגברים שלהן: ״הוא רק מקבל שפעת, והוא נעשה כמו ברייה קטנה ושפלה״. יש אנשים שיודעים לסבול כאב ואף שיש להם כאבים הם ממשיכים

הלאה, ויש אנשים שיכולים לעמוד בפני צר ואויב ומתנכל אבל בפני שני חיידקים קטנים הם לא יכולים לעמוד. כשמגיע אליהם החיידק, כל גדולתם נמסה ומתפוגגת.

זכיתי להכיר סוג כזה של אומץ בפני כאב. היה לי ידיד צעיר שנפטר מסרטן. הוא שכב חולה, והוא ידע שהוא הולך למות, ובכל זאת הוא לא נשבר – לא מהמחלה, לא מהכאבים וגם לא מהידיעה שהוא אדם צעיר ומוכשר שלא גמר שום דבר, והנה הוא משאיר אחריו דברים שונים שהיה יכול לעשות. יצא שהוא ואני חלקנו את אותו רופא. הרופא הזה סיפר עליו שראה אותו נוטה למות, ועם זאת הוא ראה בו צלם אלוקים. הרופא היה בא לבקר אותו לא בתור רופא אלא מפני שרצה לראות את צלם אלוקים שבו. בתוך המחלה כל הדברים החיצוניים שלו נמסו כביכול, ומה שנשאר היה משהו יפה, נקי ונעלה הרבה יותר. יש הרבה מאוד אנשים שנמצאים באותו מצב, ומפני הפחד, האימה, הכאב והחידלון הם מתקטנים, ויש אנשים שעומדים מול כל זה, ואינם מתקפלים.

לריי״ץ היה אומץ מכל מיני סוגים. היו לו אומץ לעמוד בפני פיתוי, אומץ לעמוד בפני אימה ואומץ לעמוד בפני גדולה. היה לו גם אומץ פיזי, הוא גם סבל ייסורים וגם נפטר במיתה קשה, אבל הוא אף פעם לא נשבר.

סיפור אחד על הריי״ץ שבו מתבטא האומץ שלו, מופיע ברשימות של סיפור המאסר של הריי״ץ בכלא הסובייטי שאת חלקן כתב הוא עצמו. בין היתר הריי״ץ מספר בהן שהגוי הרוסי שהוליך אותו לחדר החקירות סיפר לו: ״אתמול הכניסו לכאן כמה כמרים, והייתי צריך לירות בהם אחד אחד. אין לך מושג איזה תענוג היה לי לשבת ולהרוג את האנשים האלו – אחד פִּרפר ברגל, אז גם בעטתי בו, וגם נתתי לו כדור שני בראש״. בידיהם של החוקרים שם היה כוח רב. כהרף עין הם יכלו לדון אנשים למיתה. הריי״ץ ידע את כל זה והבין שבכל רגע יכולים לדון אותו למוות, והוא עמד והתגרה בחוקרים. כשהוא נכנס לחדר, הוא אמר לחוקרים: ״אתם יודעים – זה המקום הראשון שאני נכנס אליו, ואנשים לא עומדים בפנַי״. החוקר, שגם

הוא היה יהודי, שאל אותו: "אתה יודע באיזה מקום אתה נמצא?" הריי"ץ ענה לו: "כן, במקום שאסור לשים בו מזוזה" – כשהוא התכוון למה שכתוב שבבית הכיסא ובבית הבקר לא קובעים מזוזה. החוקר הוציא אקדח, הניח אותו על השולחן ואמר לו: "אתה רואה את הצעצוע הזה? הצעצוע הזה שינה את דעתם של הרבה אנשים". ענה לו הריי"ץ: "הצעצוע הזה פועל על אנשים שיש להם עולם אחד והרבה אֱלים. אדם כמוני, שיש לו שני עולמות ואֵל אחד, לא מפחד ממנו!" זהו אומץ שמבטא אדם שעומד על קצה המוות.

האומץ מול המוות הוא דבר גדול ודי נדיר, אבל יש גם אומץ שמתבטא בכך שאדם אינו מפחד מהחיים, ובעיקר מהאנשים החיים. הריי"ץ לא הפסיק לפתוח דברים חדשים, צינורות חדשים. מכיוון שהכוחות הממשיים שהיו מסביבו היו די קטנים, הוא יכול היה לפעול רק בקטנות, לעומת חתנו, הרבי, שעשה דברים גדולים פי עשרה, פי מאה, פי אלף, ואולי יותר, אבל הייתה לו, לריי"צ היכולת לחדש. הריי"ץ היה צריך לגשת לבעיות חדשות, להחליט ולפתור אותן, ובשום הכרעה כזאת הוא לא היסס ולא חשש מפני דעתם של אחרים.

אדם 'עצמי'

בחב"ד מכנים אדם כזה אדם 'עצמי'. הצורות הן אלה שמשתנות, ואילו העצם אינו משתנה. אדם שהוא אינו 'עצמי' הוא תערובת של דברים, ולא דמות שעומדת בפני עצמה. אדם שהוא 'עצמי' יכול לחיות בקטנות או בגדלות, לעבור ימי נפילה וימי עלייה, והוא אינו מניח לכל המצבים הללו להוריד אותו ממדרגתו או לשנות את דרכו. יש דרך, גם אם היא מתפתלת, והוא צועד בה. ברור לו לאן הולכים בדרך, וברור לו מה הוא צריך לעשות.

הריי"ץ יצר כמה דברים חשובים. הדברים הללו היו בקנה מידה קטן, ומאוחר יותר הם גדלו, והיה נראה כאילו הם גם נוצרו מאוחר יותר, אבל למעשה, הריי"ץ הוא מי שהתחיל אותם. לדוגמה, מוסד השליחים של חב"ד, שהיום הוא עולם שלם ורב פנים, לא נוצר על

ידי הרבי; החותן שלו, הריי"ץ, הוא זה שיצר אותו. הריי"ץ שלח אולי שלושה, אולי חמישה שליחים. אחר כך הצטרפו מאות ואפילו אלפים, אבל הריי"ץ הוא שחידש את עניין השליחות וקבע מה צריך לעשות, ואיך צריך לעשות זאת. הריי"ץ הוא שייסד את הרעיון והמעשה של השליחות – שהרבי לוקח בחור או זוג צעיר ושולח אותו לקצה העולם, למקום שהוא לא מבין את השפה שמדברים שם ולא שום דבר אחר, ובלי שום גיבוי הוא אומר לו לבנות עולם חדש. כך בנה הריי"ץ עולם חדש לגמרי.

הריי"ץ הוא גם מי שהתחיל לבנות את הנוסח המפורט של מנהגי חב"ד, שיש לו משמעות ממשית. זהו עולם שלם שלא היה קיים קודם. מדובר במבנה שמפרט מה אדם אמור לעשות, ואיך אדם אמור להתנהג. הריי"ץ לא המציא את ההנהגות הללו אבל עד אליו הן היו דברים אישיים, פרטיים, ששמרו אותם בסתר, והוא החליט לכתוב ולהפיץ אותם. את העוצמה, ההיקף והפרסום שלהם הם קיבלו אמנם בזמנו של הרבי, אבל החותן הוא זה שבנה את הצורה של הדברים.

זה לא רק דיון היסטורי. לבניית המסגרת הזו של המנהגים כתורה סדורה וידועה, והפיכתם מדבר שאדם אחד יודע ואחר לא יודע לנחלת הכלל יש גם משמעות ממשית. היא מחזיקה גוף גדול, מפוזר, של אנשים שנמצאים לבד, ויוצרת איזה מבנה משותף שכוחו בזה שהאנשים האלו שומרים על נוסח אחיד. הם חולקים זה עם זה מבנה משותף.

הריי"ץ המשיך שושלת שלמה ומורשת עצומה. חלק מאבותיו היו גאונים ובעלי כישורים יוצאים מן הכלל, והוא חיפש דרך לקפל את כל העולם השלם הזה כך שאפשר יהיה להעביר אותו הלאה. האישיות שלו אולי לא כללה זיקים וברקים וגם לא תהום ושמיים, כמו שהיו אצל אחרים, אבל היא הכילה בתוכה אש תמיד שלא תכבה. גם אם זו אש שאינה שלמה, היא יציבה ואמיתית. היא מבטאת את היסודות הפנימיים, ואי אפשר לכבות אותה. יכולתו להעביר ולהנחיל את הדברים הלאה נשענה על אש התמיד הזאת.

להכיר במהותו של הגרעין

כאמור, ההערצה של הרבי לריי"ץ נבעה מיכולתו המיוחדת של הרבי לראות דברים שלא כל אחד היה מסוגל לראות. יש אנשים שמתפעלים מדמות מבריקה, מכישרונות מבריקים, מיכולת ניסוח יוצאת מן הכלל, מזיכרון חד או מידע עצום. כישרונות כאלו אפשר לזהות תוך זמן קצר. לעומת זאת, היכולת לזהות מהות 'עצמית' של אדם היא מדרגה גבוהה במיוחד של הבנה במהות האדם. בעל יכולת כזאת יכול לדעת שהוא עצמו אולי מבריק, ידען ומצטיין בעוד תכונות חיוביות יותר מאשר האדם שמולו הוא עומד, ובכל זאת הוא מסוגל לראות שלאדם הזה מתאים להיות מנהיג גדול בזכות הגיבוש הפנימי שלו, ה'עצמיות' שלו. להבין שאדם זה הוא הסלע האמיתי, הוא הוא הגרעין היסודי שכולל בתוכו את הכול, ובתור גרעין גלומה בו היכולת להעביר את הדברים הלאה.

הדברים האלה אינם שייכים רק למסתורין אלא מתקיימים דווקא בתוך העולמות החיים. זוהי היכולת של החי לצמצם את עצמו לנקודה שנשאר בתוכה כל התוכן, נקודה שמחזיקה את כל החיים. הצורה שלה נראית מרשימה הרבה פחות, אבל בה נשארים החיים. למשל, אם תשוו את הגרעין שבתפוח לתפוח עצמו, אין בגרעין שום דבר מתכונותיו הגלויות של התפוח. התפוח הוא עץ יפה, גם הפרחים והעלים שלו יפים, ולפירות שלו יש גם טעם וגם ריח. בנקודה מסוימת התפוח מצמצם את עצמו ומוציא גרעין. התפוח, כמו כל דבר חי, לוקח את כל התכונות שלו – את המראה, את הריח, את הטעם, את הגובה, את העלים ואת הפרחים – ומצמצם אותן לאיזו נקודת ראשית. נקודת הראשית היא הרבה פחות מרשימה, אולם מי שמבין בזה יכול לראות ששם, בתוך הגרעין הזה, נמצא תפוח שלם. בתוך הגרעין נמצא עץ שגובהו שלושה מטר. בתוך הגרעין – גם אם הוא לא נראה כך – נמצא עולם שלם. אבל כדי להכיר במהותו של הגרעין יש צורך באותה יכולת מיוחדת של הבחנה.

מסופר שאחד האדמו"רים של ליובוויץ' דיבר עם אחד מחסידיו שהיה גביר. מכיוון שאותו חסיד היה גביר, כנראה היה בו צד של

״וְעָשִׁיר יַעֲנֶה עַזּוֹת״.[11] החסיד שאל את הרבי על אנשים שהיו בסביבה, והרבי אמר על מישהו: ״זה אדם יוצא מן הכלל״. החסיד התפלא: ״אני מכיר אותו, ואינני רואה את הדברים הללו״. החסיד ההוא היה סוחר יהלומים. יום אחד הרבי ביקש ממנו להביא דוגמיות של הסחורה שלו. הוא הראה אותן לרבי והסביר לו עליהן: ״זה יהלום א׳ א׳״, ״זה משהו יוצא מן הכלל״, ״היהלום הזה נדיר״, ״אלה הם נדירים שבנדירים״ וכן הלאה. הרבי הסתכל ואמר לו: ״אינני יודע למה אתה אומר שהיהלום הזה נראה יותר טוב. בעיניי האחר נראה הרבה יותר מרשים״. הגיב החסיד: ״בשביל לדעת לדבר על יהלומים צריך להבין ביהלומים״. הרבי ענה לו: ״גם בשביל לדבר על נשמות צריך להבין בנשמות״. יהלומים בטבעם, עטופים בשכבה של חומר ונראים כמו תפוחי אדמה. בוודאי היו אנשים שנתקלו בדבר כזה ובעטו בו הצידה. בשביל לאסוף יהלומים צריך לדעת שמתחת השכבה החומה הזו יש אולי יהלום שיכול להיות בשווי של כל מה שהרווחתי וארוויח בחיים שלי. בשביל לדעת לבקוע את השכבה הזאת, צריך לפני הכול לדעת לזהות שמדובר ביהלום. לא כל דבר שיש לו תכונות מסוימות של יהלום הוא אכן כזה: אפשר לראות משהו מבריק ונוצץ, והוא לא יהיה יהלום; אפשר לראות משהו שורט וחותך, וגם הוא לא יהיה יהלום. רק מומחה שעוסק ביהלומים יכול להגיד על דבר מסוים שהוא יהלום. כך גם לגבי נשמות. בשביל להבין בנשמות אני עצמי צריך להיות בעל מדרגה. בפרט, צריך להיות בעל מדרגה גדולה כדי לדעת שגם אם עומד לפני גדול הדור, החכם שבדור, או אדם שיש לו מעלות רבות, הוא עדיין אינו אדם ׳עצמי׳, ואילו האדם ה׳עצמי׳ שאני מחפש יכול להיראות הרבה פחות מרשים.

שאל אותי פעם יהודי חכם, נבון, משכיל וחב״דניק: ״איזה סוג מאמרים כדאי לי ללמוד?״ אמרתי לו שילמד את המאמרים של הרבי הריי״ץ. הוא עשה איזו העוויה. זה לא היה לפי מדרגתו. בעיניי פה בדיוק הבעיה. אותו חסיד לא הבין שאדם יכול להגיד דברים חדשים

11. משלי יח, כג.

בלי לעשות דבר בולט לעין. מתברר שיש תחומים שבהם קשה יותר לעשות דבר פשוט שיהיה בנוי בשלמות מאשר לעשות דבר מסובך. לפעמים הדבר המסובך והמרשים מאוד הוא בסך הכול זבל מרשים מאוד, גם אם תמיד יימצאו לו קונים. כדי לעשות דבר פשוט שמכיל בתוכו את כל הגודל, צריך להבין באותו עניין.

לרבי הייתה היכולת לראות במפולש דרך כל העטיפות. לכן כשהוא פגש את הריי״ץ, הוא ידע שהנה זה הרבי, המנהיג, הנשיא.

נקודת האמת

בהתגלות בנקרת הצור ה׳ קרא את י״ג מידות הרחמים, ומיד לאחר מכן כתוב: ״וַיְמַהֵר מֹשֶׁה וַיִּקֹּד אַרְצָה וַיִּשְׁתָּחוּ״.[12] מה גרם למשה להשתחוות? חכמים אמרו שמידת אמת ראה ונפל על פניו.[13] מידת האמת כוללת את הכול.

לפעמים אפשר להבחין באמת בהשוואה בין שני דברים – בין שתי יצירות או אפילו בין שני אנשים. ההשוואה מראה שדבר אחד אמיתי, ואילו הדבר השני אינו אמיתי. בדורו של הריי״ץ היו דמויות שונות. היו בהם אנשים בולטים, יוצאי דופן, שאני יכול להגיד בתום לב, ביושר, שהם לא היו בדרגת האמת הזו. הריי״ץ הכיל בתוכו נקודת אמת, ונקודת האמת הזאת היא דבר שמאוד קשה לעמוד עליו.

כמו שאמרתי לכם, לא באתי לדבר על היסטוריה לשמה; דיבורים על היסטוריה מרתקים את מי שעוסק בהיסטוריה. דיברתי על היסטוריה משום שיש בה איזה מוסר השכל: איך מבחינים בין תלמידים או בין ידידים, מיהו תלמיד אמיתי? מיהו ידיד אמיתי? ומיהם כל מיני קש וגבבא שהרוח יישאם, עכשיו הם נמצאים ובסוף שום דבר לא יישאר מהם? אצל מי נמצאת האמת?

ישנה דרך הזוהר, ישנה דרך הניצחון, ויש דרך אחרת, דרך שאיננה דומה לאוטוסטרדה, למסילת ברזל או למטוס בואינג. אולי

12. שמות לד, ח.
13. סנהדרין קיא, א.

י׳ שבט

היא נראית כמו שביל עיזים קטן, אבל שם הדבר האמיתי. שכל אחד מאיתנו יזכה למצוא את דרך האמת.

לחיים!

11

אהבת ישראל של הריי"ץ

התגלות תמצית חייו של הצדיק

ביום הפטירה, ביארצייט, אנחנו עורכים התוועדות ולא בכי ומספד משום שביום הזה אנחנו חושבים פחות על האבדה ויותר שקועים בעניינו של האדם שנפטר.

כתוב בספרים שביום פטירתו של אדם, מעשיו מגיעים ליד סיכום ומצטרפים לעניין גדול. חז"ל אמרו על הפסוק "כִּי לֹא יִרְאַנִי הָאָדָם וָחָי"[14] – "בחייהם אינן רואים אבל במיתתם רואים".[15] ההתגלות הזו, שהאדם זוכה לה במיתתו, איננה זרה ומרוחקת; ההארה של כל אדם היא בעניין ובמהות של האישיות שלו. חייו של האדם מגיעים ביום פטירתו לנקודת מיצוי, ומתמצים בנקודה אחת שהיא מין נקודת שיא וכמעט נקודת אין סוף, ונקודה זו מגיעה ביום זה לידי ביטוי והתגלות. לכן בכל יארצייט יש התגלות והתעוררות של עניין שונה שקשור לסך כל החיים של אותו אדם. בהתגלות הזו אנחנו עוסקים ביום הפטירה.

לפעמים חייו של האדם מקבלים ביום הזה אופי שונה מכפי

14. שמות לג, כ.

15. ספרא נדבה פרק ב הי"ב, ועוד.

שנראו קודם לכן, בגלל המיצוי שמתרחש באותו יום. למשל, בל״ג בעומר כל עם ישראל עורך הילולא דרשב״י מפני שר׳ שמעון בר יוחאי ציווה שישמחו על יציאתו מהעולם הזה, וזאת אף על פי שבחייו הוא היה אדם של הקפדה. מתברר שאף על פי שכלפי חוץ רשב״י נראה קפדן, בפנים הוא התאפיין בשמחה דווקא, וביום האחרון הפנימיות הזו יוצאת ומתגלה החוצה.

תאריך הפטירה של צדיק מקבל אופי מיוחד שקשור למהותו של הצדיק. בכל תאריך ותאריך נפטרו כמה צדיקים מהעולם. היום, למשל, הוא גם יום הפטירה של הרש״ש, ר׳ שלום שרעבי, שהיה מגדולי המקובלים בדורות האחרונים וראש בית המדרש של המקובלים בירושלים ׳בית-אל׳, בזמן שכמה מהחברים שישבו שם היו אנשים גדולים ממש. אבל אני רוצה לדבר על יארצייט מאוחר יותר, קרוב אלינו יותר, ואולי גם נוגע יותר – היארצייט של הריי״ץ, ר׳ יוסף יצחק מליובוויץ׳, שנפטר ביום הזה בשנת תש״י.

תמצית חייו של הריי״ץ איננה בתורת הסוד, אף על פי שהוא התעסק בה; היא איננה ב׳נגלה׳, שגם בו הוא התעסק; והיא גם איננה בהרבה דברים אחרים שבהם עסק. נקודת המקור והמוצא של חייו, נקודת הכניסה והיציאה של חייו, הנקודה שסביבה נעו חייו הייתה – אהבת ישראל.

מסירות נפש למען כל יהודי

לאהבת ישראל יש הרבה מאוד צורות. היא מופיעה ויוצאת לאור בגוונים ואופנים שונים. אהבת ישראל של הריי״ץ הגיעה ממש עד לדרגה שהיה מוכן למות למענה. הוא לא הסתפק בדיבור בשבח אהבת ישראל בלבד ולא בהדפסים בזכות אהבת ישראל, אלא מסר את נפשו על ישראל בכל מקום ומצב בפועל ממש.

אמנם הריי״ץ היה אדמו״ר של חסידים, אבל עיקר חייו לא היו חיים של אדם שמנהיג קבוצת אנשים. חייו נעו סביב הדאגה לכל איש ישראל באשר הוא שם. אהבת ישראל של הריי״ץ נגעה לכל מי

שנאמר עליו "וּבְשֵׁם יִשְׂרָאֵל יְכַנֶּה".[16] אם נדייק במשמעות המושג 'כינוי' – הרי הוא איננו שם אמיתי אלא תווית או שם שמדביקים למישהו. יש מי שאפשר לומר עליו רק "בשם ישראל יכנה" – קוראים לו יהודי, אך מעבר לכך אין לו דמות של יהודי ולא מהות של יהודי. אף על פי כן, גם אדם כזה הקדוש ברוך הוא אוהב ושומר אותו, מתייחס אליו וגואל אותו. כשם שמלמעלה דואגים לכל יהודי באשר הוא, כך הריי"ץ מלמטה דאג לכל יהודי, במסירות נפש בפועל, בלא הגבלה, עד כדי כך שגם כשנגזרה עליו מיתה, הוא המשיך.

ככלל, אהבת ישראל איננה דרישת דרשות על מעלת אהבת ישראל; היא עשויה להגיע לכדי מסירת נפש למען ישראל. יש שני אופנים של מסירות נפש: יש מסירות נפש שבה אדם מוסר את חייו, ויש מסירות נפש שאדם מוסר אפילו את נשמתו. מסירת החיים יכולה להתקיים גם בהסתגרות במקום חם, טוב ונעים, כמו שעשו ועושים רבים וטובים. לעומת זאת, מסירת הנשמה, פירושה יציאה החוצה, כפי שמעיד הנביא על עצמו: "פָּנַי לֹא הִסְתַּרְתִּי מִכְּלִמּוֹת וָרֹק".[17] מי שיוצא החוצה אומר בכך שהאנשים שבחוץ הם עדיין ישראל. כזו הייתה אהבת ישראל של הריי"ץ.

אספר לכם מעשה: הריי"ץ נחקר אצל הקומוניסטים. חקירה אצלם לא הייתה בדיחה בכלל, מפני ששם קודם ירו באדם והרגו אותו, ואחר כך שפטו אותו. מיד כשהריי"ץ נכנס לחדר החקירה, הוא אמר: "זה המקום הראשון שאני בא אליו, ואנשים אינם עומדים לכבודי". החוקרים, שגם הם היו יהודים, היו בעלי התוקף, בעלי השלטון ובעלי האקדחים. הריי"ץ אמר להם את הדברים הללו רק בשביל שיידעו מה הוא חושב עליהם. החוקרים הסתכלו עליו – אסיר שברגע זה נלקח לחקירה, וקרוב לוודאי גם להוצאה להורג, המעיר להם שהם אינם עומדים בפניו – ומיד שאלו אותו: "אתה יודע באיזה מקום

16. ישעיהו מד, ה.

17. ישעיהו נ, ו.

אתה נמצא?" הריי"ץ ענה להם: "בוודאי, אני נמצא במקום שאין בו מזוזה והוא פטור ממזוזה"; וכוונתו הייתה למה שכתוב בהלכה שבבית הבקר אסור לקבוע מזוזה.[18]

הסיפור הזה הוא על מפגש עם אנשים מתוך ישראל שעליהם נאמר: "הֲלוֹא מְשַׂנְאֶיךָ ה' אֶשְׂנָא וּבִתְקוֹמְמֶיךָ אֶתְקוֹטָט. תַּכְלִית שִׂנְאָה שְׂנֵאתִים לְאוֹיְבִים הָיוּ לִי".[19] בספר התניא כתוב שכמו שמצווה לשנוא אנשים כאלה, כך מצווה לאהוב אותם.[20] לאהוב את האנשים שמצווה לשנוא אותם – אין זה פשוט כלל. זהו גדר בתוך גדרי מסירות נפש, שכן אדם אינו מוסר רק את עצמו למות על קידוש ה', אלא הוא מוסר גם את נפשו. במאבק הזה אדם נדרש שלא להסכים עם האנשים הללו, שלא לוותר להם, ושלא לאשר את מעשיהם, אלא להפך, לומר להם דברים שעשויים להיות קשים, לפעמים אפילו דברים רעים; ואף על פי כן להמשיך לאהוב אותם. אהבת ישראל איננה שפיכה של קצת סכרין על הזולת. לפעמים צריך לעשות כל דבר כנגדו, ובכל זאת להמשיך לאהוב אותו. זוהי אהבת ישראל.

אם לומר זאת בלשונו של אוהב ישראל אחר שחי הרבה דורות קודם לכן: "יאבד משה ואלף כמוהו, ואל יאבד אחד מישראל".[21] מי שאמר זאת היה משה רבנו אמר זאת כאשר הוא התווכח עם הקדוש ברוך הוא על עובדי העגל וביקש מהקדוש ברוך הוא שלא ישמיד אותם. גם אם אדם מרגיש את עצמו חשוב כמו משה עליו לדעת את מה שמשה אמר: "מְחֵנִי נָא מִסִּפְרְךָ אֲשֶׁר כָּתָבְתָּ"[22] – שיאבד משה ואלף כמותו, ולא יאבד אחד שרקד עכשיו מסביב לעגל, משום שלמרות הכול הוא אחד מישראל. זוהי אהבת ישראל.

18. שולחן ערוך יורה דעה הלכות מזוזה רפו, ב.
19. תהלים קלט, כא-כב.
20. תניא חלק א, לב.
21. תנחומא ואתחנן ו.
22. שמות לב, לב.

השתתפות בצרות ישראל

הדור שלפנינו עבר שלוש צרות מרכזיות, שבמובן מסוים יש בהן כל כאבי ישראל, בכל צורותיהם ובכל מופעיהם. מכיוון שמהותו של הריי"ץ הייתה אהבת ישראל, הוא ראה את שלוש הצרות של ישראל וסבל בתוכן. הצרה הראשונה הייתה צרתם של ישראל תחת השלטון הקומוניסטי, שלטון שעקר מהשורש כל דבר שהיה בו סממן של יהדות. אחרי שהריי"ץ גורש מרוסיה, הוא ראה את התחלת השמדת ישראל בגופם בפולין – הצרה השנייה – ויצא משם ברגעים האחרונים ממש. משם הוא עבר לאמריקה וראה שם את צרת ישראל השלישית – התמסמסות הנשמה היהודית.

הריי"ץ ראה איך מלכות ישראל מתמסמסת על ידי דיכוי ושלטון של רשע, הוא ראה איך משמידים את הגוף ואת הנשמה היהודית בכוח הזרוע, והוא ראה כיצד מתמסמסת הנשמה היהודית. כמו שאפשר להתמסמס בתוך חומצה או בתוך אש, כך כנראה אפשר להתמסמס גם בתוך קוקה קולה. אמנם הקולה אינה קוטלת מהר כל כך ובצורה מאיימת כל כך, אבל פעולתה חריפה לא פחות.

הריי"ץ לא רק היה מצוי בכל מקום שבו היו המיצרים הללו; מסירות הנפש שלו התבטאה בפעולתו לפי מה שנדרש בכל מקום. בכל מקום נדרשת מסירות נפש שונה: יש מקומות שבהם צריך להילחם, יש מקומות שבהם צריך לדבר, ויש מקומות שבהם צריך להתעקש. בכל אחד מהמקומות הללו הריי"ץ פעל בשביל לשמור על שארית ישראל.

לגבי פורים נאמר: "וְהַיָּמִים הָאֵלֶּה נִזְכָּרִים וְנַעֲשִׂים".[23] גם כשאנחנו עורכים התוועדות בתאריך מסוים איננו מבקשים רק לציין מאורע, אנשים או היסטוריה כדי לזכור אותם, אלא בשביל שהדברים הנזכרים יהיו נעשים. לא חשוב מה אדם אכל או שתה בהתוועדות, ואף לא השאלה אם הקשיב או לא, אלא אם יישאר לו משהו מהתכלית של ההתוועדות. מכיוון שהריי"ץ מסר את נפשו על אהבת ישראל

23. אסתר ט, כח.

ועל הדאגה לקרובים ולרחוקים, היארצייט שלו, מסוגל להתעורר באהבת ישראל. וכאמור, אהבת ישראל איננה עניין של מילים אלא של מעשים, ולא של מעשים בלבד אלא עניין שאדם נותן את עצמו ואף את נשמתו למענו.

עניינה של אהבת ישראל

כלל גדול בתורה

את מצוות אהבת ישראל אנחנו לומדים מהפסוק "וְאָהַבְתָּ לְרֵעֲךָ כָּמוֹךָ אֲנִי ה'".[24] אולם ישנן תרי"ג מצוות, וברוך ה' יש לנו כמה וכמה מצוות בכל צד ופינה של החיים: מצוות לימוד תורה, מצוות כיבוד אב ואם, מצוות שבת, מצוות כיבוד תלמידי חכמים וכך הלאה. אדם יכול לקיים עולם מלא של מצוות ולהתעטר במצוות מכל הצדדים. אולם מסתבר שאהבת ישראל היא מצווה מרכזית וחשובה הרבה יותר.

בגמרא מסופר על גר שבא לפני הלל וביקש ממנו שילמד אותו את כל התורה כולה על רגל אחת. הלל ענה לו: "דעלך סני לחברך לא תעביד" (מה ששנוא עליך לחברך אל תעשה).[25] באופן דומה אמר ר' עקיבא: "ואהבת לרעך כמוך – זה כלל גדול בתורה".[26] על פי הלל ור' עקיבא כל התורה עומדת על "ואהבת לרעך כמוך".

יש כל כך הרבה מצוות ומעשים טובים, כל כך הרבה עניינים חשובים, למה חשוב כל כך שיהיה אכפת לי מה קורה לשכנים? (והרי לא תמיד השכנים מגלים התלהבות גדולה כל כך מדבריי; לפעמים הם אפילו מצפצפים עליי). השאלה היא מה מיוחד באהבת ישראל, ומדוע היא מצווה חשובה כל כך. מדוע אהבת ישראל אינה עוד אחת

24. ויקרא יט, יח.
25. שבת לא, א.
26. בראשית רבה כד, ז.

מהמצוות הכתובות בספר ויקרא, כמו ׳לא תעולל׳ או ׳לא תלקט׳, אלא היא נחשבת עיקר שהתורה כולה עומדת עליו?

המועדון של הדתיים

לפני שאענה על השאלה הזו, אני רוצה להציג כמה מן התפיסות שרווחות היום ביחס לאהבת ישראל וליהדות בכלל.

פעמים רבות, אדם חושב לעצמו מין מחשבה כזו: ״קודם כול אדאג לעצמי. אחר כך, לכשאפנה, אולי אתעסק באחרים, ואולי לא. אם אני רוצה לקיים אהבת ישראל, אני צריך להתחיל מגוף ראשון יחיד. לפני הכול ישנו היהודי הזה שצריך להאכיל אותו ולהשקות אותו, בזה אין כל ספק. אחר כך צריך ללמדו תורה וגם להלביש אותו, ובנוסף לזה, את היהודי הזה צריך גם לפנק קצת; מה יש? אסור לתת ליהודי קצת שוקולד מפעם לפעם?״.

תפיסה אחרת שאפשר לשמוע אצל אלו הקרויים דתיים נאורים מתבטאת באמירה: ״איש באמונתו יחיה. אני רוצה להיות דתי ולכן אני איש דתי ואני שומר מצוות. ואדם אחר, גם הוא מסיבות טובות, יכול לעשות מה שהוא רוצה. גם לו טוב מאוד, ואשרי חלקו בחיים. העיקר שלא נפריע זה לזה, לא נזרוק אבנים זה על זה, נהיה כולנו יפים ונחמדים, ואז הכול יהיה בסדר גמור״. בתמצית אומרים הדתיים הנאורים: ״אנחנו יהודים טובים, אנחנו מקיימים את המצוות, ואנחנו סובלניים״. ׳סובלנות׳ היא מילה מכובדת מאוד בימינו. היום כל אחד מדבר על סובלנות; גם מראשי ישיבות מכובדים, הגונים ונאורים אפשר לשמוע הרבה דברים בשבח הסובלנות. כאמור, עיקרה הוא: ״אני אינני דורך עליך, אתה לא תדרוך עליי, ונהיה כולנו ידידים טובים, ובא לציון גואל״.

למען האמת, הגישה הזו איננה נחלת היהודים הנאורים בלבד; היא מקובלת במין הסכמה מקצה לקצה – מדתיים נאורים עד לקנאים, אצל דתיים ׳סרוגים׳ או ׳שחורים׳, מגבעת שמואל עד לתוככי בני ברק ומתוככי בני ברק עד לבתי אונגרין. ייתכן שבמקומות שונים ינסחו זאת בצורות שונות, אבל זו בעצם אותה תפיסה עצמה: יש מין

מועדון של הדתיים ואנחנו חברים במועדון הזה. כיוון שאנחנו חברים במועדון הזה אנחנו משלמים כרטיס חבר, קמים בבוקר ומדפדפים בדפים של הסידור כשהתפילין על הראש, לפני שהולכים לישון שוב מדפדפים דפים וכך הלאה. בזכות התשלום הזה אנו שייכים למועדון. ולגבי האנשים שאינם שייכים למועדון הזה – שישבו במועדון שלהם, ובלבד שלא יזרקו אבנים על המועדון שלנו.

שלילת כל היהדות

הגישה הזאת לקויה לא רק משום שחסרה בה אהבת ישראל; למעשה היא שוללת את כל היהדות. האמונה ושמירת המצוות עומדות על ההכרה שאין זה עניין של מועדון. שכל זה איננו רק עניינו של מי שבמקרה, מאיזושהי סיבה, נפל בבית דתי, ולכן הוא נהיה בחור דתי, ואילו מי שנפל בבית אחר נהיה בחור לא דתי, והדתי והחילוני שניהם בסדר ובלבד שלא יגנבו ולא ירצחו יותר מדי. מי שמקבל את התפיסה הזו באיזשהו אופן – ואני אומר שמקבלים אותה בכל מקום – עוקר את השורש, את היסוד ואת המשמעות מעצם חייו.

כל מי שאומר: "החלטתי להיות יהודי מאמין, להיות שומר מצוות, וחברי, לעומת זאת, החליט לא לעשות זאת. הוא לגיטימי, ואני לגיטימי. שנינו אנשים כשרים, וכל אחד יחיה באמונתו", שולל בכך את כל המהות והתוכן של היהדות שלו.

אם העובדה שאתה דתי דומה לעובדה שאתה חבר במועדון וולונטרי, מועדון רצוני, שאם החלטת להיכנס אליו – מה טוב, ואם החלטת לא להיכנס אליו – גם טוב, בערך כמו החברות במועדון 'רוטרי' או במועדון קרטה – אין לדתיות שלך שום משמעות. שום אדם הגון אינו צריך להשתייך לדתיות כזאת. אם כל זה הוא מין בדיחה – לשם מה צריך את כל השטויות האלה?

הגישה הזו דומה להרגשה שיש לאוהדי קבוצת כדורגל: אחד מרגיש הרגשה מצוינת שהוא אוהד של בית"ר ירושלים, והאחר רוצה להיות אוהד של הפועל תל אביב דווקא. באמת אין שום הבדל. במקרה אדם אחד רוצה להיות בעד בית"ר ירושלים, ולכן הנפש

שלו מתלהבת כשבית״ר ירושלים מנצחת וכשזורקים חזיזים על הצד השני; אבל באמת אין לכך שום משמעות. באותו אופן, ישנה הקבוצה שקוראים לה ׳הקבוצה של המאמינים׳, והם משחקים ומשחקים הלוך ושוב. הם אינם יודעים לשחק בכדורגל, אבל הם משחקים בדברים אחרים. אחדים מהם, למשל, משחקים בתפילין של רבנו תם, ויש שמשחקים בעניינים אחרים. הגישה הזו עוקרת את הרצינות מכל האמונה.

לפעמים מאיזושהי סיבה מתחשק לאדם להיות דתי. לפעמים ההורים החליטו בשבילו, שמו לו כיסוי ראש ועטפו את גופו בטלית קטן והוא ילד טוב מכדי למרוד בהורים שלו ולבעוט בהם. אם זה העניין, ומדובר במי שבמקרה מתחשק לו או שהכניסו אותו לעניין הזה, ועדיין לא היה לו כוח – ובעצם אף פעם לא יהיה לו מספיק כוח – לצאת משם – כל זה הוא הבל ורעות רוח מראש ועד סוף.

אני מדבר פה על המהות של עם ישראל בתור עבדי ה׳. אם אני עבד ה׳ באופן מהותי, אין זה עניין של מועדון. זה עניין שאני קשור אליו ונלחם עליו עד זיבולא בתרייתא, עד הנקודה האחרונה שלי, מפני שמידת החיוב שלי איננה תלויה בשאלה אם מתחשק לי או לא, אלא בזה שזוהי האמת ושכך צריך להיות. אינני יכול לסור ממנה, ואינני יכול לזוז ממנה. מבחינה זו הזולת הוא בדיוק כמוני, ולכן אינני יכול להתעלם ממנו גם כאשר לא בדיוק נוח לי (והרבה פעמים לא נוח לי; הרבה יותר נוח לשבת בתוך השטיבל שלי עם עוד אלף איש ולהרגיש טוב ביחד). אדם שאומר שכל אחד יכול ללכת בדרכו שלו, לגן עדן לגיהינום – איננו מאמין לא בגן עדן ולא בגיהינום. מי שאומר שיש יהודים חילונים שלא אכפת לו מהם, אומר בעצם שיש יהודים דתיים שלא אכפת לו מהם, ולאמיתו של דבר הוא אומר בזה שיש הקדוש ברוך הוא שלא אכפת לו ממנו.

כשאדם רואה בדברים האלה לא עניין של מועדונים או של משחק אלא מהות, הוא מבין שזו אמת או שזו אינה אמת; או שכך הדרך או שכך לא הדרך. אין אפשרות ביניים.

יסוד שהכול עומד עליו

אהבת ישראל פירושה שאנחנו כלל אחד, מכלול אחד. המכלול הזה איננו תלוי בשאלה אם מתחשק לפלוני להיות חלק ממנו או שמתחשק לו לא להיות חלק. אם אני חושב שיש דרך לעבוד את ה׳, הדרך הזאת איננה עניין אישי ששייך לכאבי הלב שלי או לכרס הפרטית שלי, אלא היא שייכת לכלל ישראל – בין שכלל ישראל מתלהב מזה ובין שכלל ישראל אינו רוצה בזה; בין שאנו רוב ובין שאנו מיעוט.

כל ישראל באשר הוא ישראל מחויב מצד עצמו להיות קשור אל הקדוש ברוך הוא. מכיוון שכל אחד מישראל מחויב בקשר הזה, אהבת ישראל איננה נקודה צדדית שעומדת אי שם בשוליים, אלא היא מרכזית. אם אדם אינו מקבל את המחויבות של כל ישראל לקשר עם הקדוש ברוך הוא, ולכן אהבת ישראל אינה מעסיקה אותו – פירושו של דבר שכל העניין איננו אלא משחק, ומשחק די מטופש.

אנשים שאינם עוסקים באהבת ישראל בפועל ממש מפני שהם מתייחסים לחזרה בתשובה כמין שיגעון – אין להם חיסרון באיזה פרט קטן בלבד או באיזה סעיף קטן שלא עומד אצלם טוב, אלא יש אצלם פגם ופסול בכל תפיסת היהדות שלהם מעיקרה ומראשיתה.

אומרים שיש אופן איך למדוד כל דבר בעולם. אחת השאלות הגדולות היא איך מודדים אהבת ה׳. בודקים כמה אדם גועה יותר בתפילה שלו?! זאת אינה אֲמַת מידה אמיתית לאהבת ה׳. בספרים הקדושים כתוב שאהבת ה׳ נמדדת על פי המידה של אהבת ישראל. כאשר אדם מראה שאהבת ישראל שלו היא בערך בדרגה של מינוס שלוש, גם אהבת ה׳ שלו עומדת באותה מדרגה, אולי אף פחות מזה. על כן "ואהבת לרעך כמוך" איננה עוד מצווה פרטית שכתובה בפרק י"ט בספר ויקרא, אלא היא יסוד שהכול עומד עליו.

להצהיר ה׳ אלקים אמת

מעבר למחויבות כלפי הזולת, שורש העניין של אהבת ישראל מרחיק לכת לגדרי המחויבות של האדם כלפי עצמו. משמעות ההצהרה "ה׳ אמת ותורתו אמת" היא שאנו מחזיקים ביהדותנו לא מפני שבמקרה

נפלנו אליה אלא מפני שזו אמת. ואם זו אמת, החיוב הזה אינו חל עליי בלבד אלא מוטל בשווה על כל אשר בשם ישראל יְכֻנֶּה, בין שהוא יודע על זה ובין שאינו יודע; בין שאכפת לו מזה ובין שלא אכפת לו, בין שהוא מסכים ובין שאינו מסכים, בין שהוא מצביע בעדי ובין שהוא מצביע נגדי.

כל אחד, בלי קשר לגודל הראש שלו או לגודל הכיפה שלו, יכול להבין שאם דבר הוא אמיתי, הוא אמת בכל מקום, והוא צריך לחול על הכול. אם דבר הוא שקרי, הוא שקר בכל מקום, ואין לו שום ערך בשום מקום. נניח שנותנים לילד לעשות תרגיל בחשבון – כמה זה 2+2, והילד מגיע למסקנה שהסכום הוא 3. הילד רואה שהתשובה אינה מוצאת חן בעיני המורה, והוא מוסיף עוד רבע. הוא רואה שעדיין התשובה אינה מוצאת חן בעיני המורה, והוא מוסיף עוד שמינית. בסוף אנשים כבר גוערים במורה: "רחם על הילד הזה, הרי הוא די קרוב לתשובה הנכונה; אולי תתפשר איתו – אתה תוותר על חצי, והוא יוותר על חצי". מה יעשה המורה הזה, הרי הוא אינו יכול לוותר לילד, משום שהוא אינו מתווכח איתו על השאלה איזה חלק הוא יקבל מהעוגה אלא על השאלה מה נכון ומה לא נכון. מורה למתמטיקה שהיה אומר: "באמת התשובה הנכונה היא 4, אבל מכיוון שאתה ילד טוב, אני מוכן לוותר לך, ושהתשובה תהיה 3", איננו מורה. זאת אינה מתמטיקה, אלו הם סתם דברים בטלים.

אינני יכול להגיד על דבר שהוא אמת בשבילי ושקר בשביל אחר – צריך לזכור זאת היטב. לכן כאשר אדם הולך למקומות אחרים ודואג שם לנשמתם של אחרים, הרי זה משום שהוא דואג לעצמו. בעצם הוא דואג לקיום ולאימות של עצם מציאותו כאדם.

השורש והעניין של אהבת ישראל קשורים לא רק באהבת ה' אלא בכך ש"ה' אֱלֹהִים אֱמֶת",[27] ולכן האמת הזו הולכת ומהדהדת בכל מקום ושייכת לכל אחד – לשכן שלי לא פחות מאשר לי. כאשר אני

27. ירמיהו י, י.

דואג ליהודים אחרים ועושה למענם, אני מצהיר, לא בדיבורים אלא בהווייתי, שה' אלוקים אמת.

אם אני מאמין באמת במה שכתוב בספרים הללו – בספר התורה ובשאר ספרי הקודש שקוראים בהם מפעם לפעם – הדבר מחייב אותי לא רק לגבי עצמי. אני נעשה מקרה פרטי של עיקרון כללי, והמקרה הפרטי שלי דורש להתייחס לאחרים מפני שהם חשובים בדיוק כמוני.

אם אני חושב שהדרך לעבוד את ה' היא דווקא זאת, ואני רואה אדם שאינו הולך בדרך ה', אני רוצה להציל אותו לא פחות ואף יותר מאשר אם אני רואה אדם שמחליט לשתות אקונומיקה במקום מי לימון, או אדם שמכניס את הראש שלו לתנור גז. כשעומד לו אדם ומנשים אדם שטבע, האם הוא חושב על השאלה אם מסתכלים עליו או לא?! באותו אופן כאשר אני פועל למען יהודי אחר, האם אני צריך לשבת ולדאוג מה יגידו עליי?! אני אבדוק אם השכנה מסתכלת עלי בעין ישרה או בעין עקומה?! אני צריך להסתכל אם אבא ואמא שלי חושבים שזו לא הדרך הנכונה?!

הפורש מדרכי ציבור

אהבת ישראל עומדת על ההנחה שיש גוף של עם ישראל, על כל פרטיו וכל ענייניו, שבכללו הוא המהות של עצמי. זוהי מהות שמשתייכת לקדוש ברוך הוא, ולכן אינני יכול לוותר על שום חלק מהגוף הזה. אם לא אכפת לי מהזולת, ואני מוכן לוותר על יהודי אחד, אני מעיד בכך על עצמי. תארו לעצמכם שאדם מסתכל על הגוף שלו ואומר: "האצבע הזו קצת עקומה, אחתוך אותה. לאצבע הזו יש חטטים, אחתוך אותה. גם האף שלי יכול היה להיות יותר יפה, אחתוך אותו". מי שאומר את זה איננו אדם.

במובן הזה, אף על פי שהדבר אינו כתוב באף עיקר מי"ג העיקרים, האיש שמנתק את עצמו באיזושהי צורה מן המהות והכללות של ישראל אינו כופר בדבר אחד פרטי, אלא הוא כופר בכל מהות התורה. הוא כופר במחויבות אליה, באמיתותה ובעצם מציאותה.

הוא הופך אותה לכינור שמנגנים בו לֵצים קטנים – חובשי כיפות או נטולי כיפות.

הרמב״ם עורך רשימה של אלו שאין להם חלק לעולם הבא, וביניהם הוא מונה את מי שפורש מדרכי ציבור.[28] הרמב״ם מסביר שהפורש מדרכי ציבור יכול להיות אדם שמקיים את כל התורה כולה, אבל לא אכפת לו מהיהודים – הוא אינו משתתף בצרותיהם ואינו שמח בשמחותיהם. הוא יכול להניח שישה זוגות תפילין, להיאנח על ימין ועל שמאל ואולי אפילו להתפלל נוסח האר״י, אבל הוא איננו בן אדם. דברי הרמב״ם ברורים מאוד לגבי מי שאין לו חלק לעולם הבא: זהו כיליון שאין אחריו כיליון, עונש שאין אחריו עונש, השמדה שאין אחריה השמדה.[29] והוא אומר שלא רק מי שעבר עבירות מאבד את חלקו לעולם הבא, אלא גם מי שמנתק את עצמו מכלל ישראל.

הבעיה איננה רק בהתנערות של האדם מאחרים אלא בדרך שבה הוא חי. אדם שפורש מדרכי ציבור, שפורש בעצם ממהות ישראל, ואומר: ״אַפשרו לי לחיות כמו שאני רוצה, רק אל תסעו ברחוב שלי בשבת מפני שזה מפריע למנוחת השבת שלי״, אומר בעצם שהשבת היא עניין של איכות הסביבה. הוא יכול למכור את השטריימל ולשבת יחד עם שאר נאמני איכות הסביבה. אדם צריך להרגיש כאב כאשר מישהו אחר נוסע בשבת בכל מקום שהוא; מי שאומר שמי שנוסע בשבת ברחוב שלו מפריע רק לשבתיות **שלו**, בעצם אינו מודה לא בקדוש ברוך הוא, לא בשבת ולא בכל מה שקשור אליהם.

ההרגשה שמישהו חותך בבשרי

מי שמבין את העניין של אהבת ישראל, מרגיש שהבעיה של כל יהודי, גם של יהודי שיושב במקום נידח – בין בגשמיות בין ברוחניות – היא הבעיה שלו עצמו. אדם שנתקע מסמר ברגלו אינו יכול להגיד: ״הרי המרחק מהרגל עד לראש הוא די גדול. אם כך, אשכח מהמסמר״.

28. רמב״ם, משנה תורה הלכות תשובה ג, יא.
29. ראו שם ח, א, ח, ה.

כאשר אדם הולך וברגלו מסמר, הוא יודע שמשהו תקוע בגוף שלו, בחיים שלו. אם מישהו אינו מאמין לי, אני מציע לו ניסיון פיזיקלי וביולוגי – שיחלוץ את נעליו ויבעט בעיטה טובה בקיר; הוא ייווכח לדעת שאף על פי שהציפורן שלו איננה דבר חי ואיננה איבר רציני, ואף על פי שהיא ברגל ולא בראש, כל עצמותיו תאמרנה: "מה קרה לציפורן שלי?" באותו אופן, גם יהודי שהמרחק שלו ממני גדול יותר מהמרחק בין הראש והרגל, וגם אם הוא במעמד, בדמות, בנפש ובחיים של ציפורן הרגל – אם אכפת לי ממנו, מצבו כואב לי.

אספר לכם סיפור על ידיד שלי משנים עברו שחזר בתשובה. אותו ידיד הראה לי פעם יומן שלו שבו כתב: "אני חוזר מבית הכנסת בשבת; אני הולך, ושבת מימיני ומשמאלי. פתאום באה מכונית, והתחושה הראשונה שלי הייתה שאני רוצה להתכופף, להרים אבן ולזרוק על המכונית". זה אמנם לא ביטוי של אהבת ישראל, אבל זה ביטוי של אדם שנכנס לתוכו העניין של שבת. כמה חודשים לפני כן כנראה הוא עצמו היה נוסע בשבת, וגם עכשיו הוא יודע שמבחינה ליברלית ודמוקרטית ראוי להניח למכונית לנסוע; ובכלל, הוא לא מאלה שזורקים אבנים. אבל אחרי שהוא יודע מהי שבת, הוא מרגיש שמישהו חותך את בשרו. מה שתיארתי לכם בסיפור – שאדם מרגיש שמעשה של אדם אחר פוצע אותו – קיים גם לגבי אהבת ישראל, כאשר אדם מרגיש את היהודי האחר, והוא כואב לו. כאשר אני חש שכואב לי, אין זה מפני שאינני רגיל במה שהוא עושה, אלא מפני שאני רואה במעשה הזה עוול. עצם הרגשת הכאב הזה היא עצמה תיקון גדול.

חיבור חוטי העצבים של העם היהודי

ישנם אנשים שעצבי הכאב שלהם – שתפקידם להעביר כאב – התקלקלו, והם אינם פועלים. לפעמים זה קורה בגלל מחלה ולפעמים בגלל פגיעה בחוט השדרה. לפעמים ילד נולד כך וילד כזה מסכן מאוד מפני שלא כואב לו, ולכן הוא נתקל בחפצים או בקירות ופוגע בגופו. מספרים על מישהו שעצבי הכאב שלו היו מנוונים, שיום אחד הוא הגיע הביתה

וגילה שנעליו רטובות. הוא הניח את רגליו ואת נעליו מול האש כדי ליבש אותן, ישב וקרא עיתון. פתאום הוא הריח ריח של בשר חרוך. הוא הסתכל וראה שהנעליים התחילו להישרף והבשר שלו בוער. מכיוון שלא היו לו איתותי כאב בעצבים הוא לא ידע שהבשר שלו בוער עד שהוא הריח את הריח. כך קורה לא פעם בגוף של עם ישראל: לפעמים אדם רואה שהבשר נצלה, ומריח ריח של בשר צלוי, ועדיין הוא צריך שיספרו לו שאלו הן הרגליים שלו ולא של אדם אחר.

אדם שלא כואב לו, סימן שהוא חולה. מי שאומר שלא אכפת לו, סימן שהוא חולה מסוכן; ומי שאומר שהדבר בכלל אינו נוגע לו, סימן שהוא כבר מת, יצא מהעולם, והוא בבחינת "בַּמֵּתִים חָפְשִׁי"[30] ופטור מכול וכול. כאשר אדם מרגיש, כמו שאמר מישהו, ש"כואבת לי הבטן שלך" – סימן שקיים קשר.

יש מוזיאונים שבהם מעמידים בובות שעווה שנראות ממש כמו בני אדם, לפעמים יש עליהן אפילו חיוך אנושי. איך אפשר לדעת שאין זה אדם? נועצים סיכה; אם הוא יצעק "אוי" – זהו אדם; אם הוא לא יצעק "אוי" – זאת רק בובה. אם איננו מרגישים את הכאב של הזולת, אם איננו חיים כאיש אחד בגוף אחד אלא רק חבורות בודדות, כל העם היהודי הוא מין בובת שעווה, יצירה מכנית, בניין שעשוי מקלפים.

אחרי שגזרו את העם היהודי, שחתכו אותו, שמנסים לפורר אותו, אנחנו צריכים בראש ובראשונה לחבר את חוטי העצבים שלו. קורה מפעם לפעם שנקטעת יד של אדם. אם הביאו אותו מספיק מהר לבית החולים, מנסים לתפור את היד מחדש ולחבר מחדש את כלי הדם. זה בכלל לא פשוט, אך אם מצליחים לחבר את העצבים, יש לאדם יד שבמשך חודש הוא אינו יודע בכלל של מי היא. הוא יודע רק שהוא סוחב אותה. אם לפתע הוא רואה שאצבע קטנה זזה, הוא שמח שמחה גדולה משום שמתברר לו שהיד שהדביקו לו היא היד שלו. אם כואב לו באצבע הזאת, סימן שזוהי באמת היד שלו.

30. תהלים פח, ו.

השאלה היא איך לחבר את חוטי העצבים של העם היהודי כך שאדם ידע שזאת האצבע שלו או היד שלו, ושירגיש שהדברים כואבים לו. איך אדם לא ירגיש רק את הכאב שמעוררות בעיותיו הפרטיות, שלא יכאב לו רק שהוא שכח אתמול לקרות קריאת שמע שעל המיטה, אלא שהוא ידאג ליהודי אחר, שלא קרא כבר שלושים שנה קריאת שמע על המיטה?

מה עושים כשכואב

נסו לחיות יום אחד כשהבטן שלכם כואבת, לא הבטן של השכנים. במצב כזה אדם פועל באופן שונה בתכלית, יש לו חיוך אחר, מבט אחר והסתכלות אחרת על העולם. אדם שקיבל יום אחד בעיטה הגונה באחוריו מרגיש שונה לגמרי מאשר כשהשכן הטוב שלו קיבל בעיטה. כאשר השכן קיבל בעיטה, לכל היותר הוא יגיד: "אני מצטער מאוד בכאבך". אבל אם זה קרה לו – כל ההליכה שלו שונה.

מה עושים בכאב הזה? כל אחד יעשה מה שהוא יכול: אחד יצרח, השני יבכה, והשלישי יעשה משהו כדי לטפל בזה או יתייעץ ברופא, ואם הוא לא ימצא תשובה אצל אחד, הוא יתייעץ עם אחר.

לא יעצתי עד עכשיו מה לעשות או איך לעשות. גם לא אמרתי לאיש ללכת ולהקהיל קהילות ברבים, להציק לכל שכניו ושכנותיו ולהגיד להם שצריך לעבוד את ה' (אף על פי שלדעתי, אם אדם מרגיש כך ברצינות ואומר את הדברים ברצינות – דברים היוצאים מן הלב נכנסים אל הלב, ואדם שיש בו יראת שמיים, דבריו נשמעים; ואם דבריו של אדם אינם נשמעים, הוא צריך לחשוש שמא הוא אינו מדבר מליבו אלא מהבטן, ומי שמדבר מהבטן, דבריו באמת נשמעים כמו גיהוק או שיהוק). אמרתי רק שכשאדם הולך ברחוב, עליו לדעת שמה שהוא רואה זה הבטן שלו, הרגליים שלו, הידיים שלו, השיניים שלו.

אדם שהשיניים שלו כואבות עושה מה שהוא יכול, ואם הוא אינו יכול לעשות דבר, הוא מתרוצץ בתוך חדרו וצועק: "אוי". אם הוא אינו צועק "אוי", סימן שאלו אינן השיניים שלו. כשאדם מרגיש שישראל הם כאיש אחד, בגוף אחד ובמהות אחת, שהיהודים האחרים

הם עצם מעצמו ובשר מבשרו, כשהכאב של הזולת כואב לו, והוא יודע שאלו הם החיים שלו והמהות שלו – הוא יעשה מה שעושה מי שכואב לו, ולא מה שעושה אדם כשכואב לאחר. מי שכואב לו – בין שהוא פועל כך ובין שהוא פועל אחרת, בין שהוא עושה את הדבר החכם ביותר, ובין שהוא עושה דבר לא חכם – עושה משהו בעניין.

אהבת ישראל למעשה

דיבורים על אהבת ישראל

אני רוצה לעבור לדבר על כמה עניינים קצת יותר מעשיים.

בדרך כלל אנשים מדברים על אהבת ישראל בכל מקום שהם רוצים לקבל משהו. כדי לקבל עוד חמישים אלף שקל למוסד שלו, אדם מוכן לדבר אפילו על אהבת ישראל. זה לא יזיק. איש לא יפגע בו בגלל דיבורים כאלה.

הסבא שלנו, לבן הארמי היה טוב מאוד בזה. הוא בא ליעקב ואמר לו: ״אַךְ עַצְמִי וּבְשָׂרִי אָתָּה״,[31] איזה ביטוי של אהבה חזק יותר מהמילים ״עצמי ובשרי אתה״? אבל מה – עבוד בשבילי שבע שנים, אחר כך עבוד עוד שבע שנים, ואחר כך אנסה לרמות אותך בכל דרך אפשרית; זוהי האהבה של לבן. הוא בוודאי יכול היה להיות ראש ישיבה מודרני מפני שזו הייתה הגישה שלו: ״אני באמת אוהב אותך, עצמי ובשרי אתה, אבל בכל מקום שהדברים יגיעו לאיזושהי התנגשות של אינטרסים, אעשה בדיוק להפך; אנסה לרמות אותך כמה שרק אוכל״. אתם חושבים שלבן הארמי לא ידע לדרוש דרשות? אתם חושבים שהוא היה אדם קטן שלא היה מסוגל להגיד איזה שיעור טוב בישיבה? חִשבו על זה, הרי בסופו של דבר הוא היה סבא שלנו, סבא של כולנו. אם כך, בוודאי הוא ידע לדרוש דרשות. הוא גם ידע להגיד ש״המנהג אצלנו שונה״; ככה ממש הוא אמר ליעקב:

31. בראשית כט, יד.

"מה שאתה אומר נכון, אתה צודק על פי העניין, אבל המנהג אצלנו בקהילת קודש פלונית שונה, ולכן צריך לעשות אחרת. אין מנהגנו באופן הזה אלא באופן אחר. לכן תעבוד עוד שבע שנים, אז מה? ביני ובינך מה היא?"

בערב יום כיפור נוהגים ללכת לבקש מחילה. בדרך כלל, אדם הולך בערב יום כיפור לחבר ושואל באופן פורמלי: "אתה סולח לי?" והחבר עונה, גם הוא באופן פורמלי: "אני סולח לך". כך הוא קיים את הטקס כראוי, והוא יכול ללכת הביתה ולהמשיך לשנוא את החבר ביום כיפור, ובוודאי אחרי יום כיפור. אני אינני מדבר עכשיו על טקסים. אני מדבר על הרגשת הלב ועל מה שעושים בהרגשת הלב, שכן לדברים האלה יש תוצאות מעשיות בפועל ממש.

בחלק מהסידורים כתוב שלפני התפילה אומרים: "הריני מקבל עליי מצוות עשה של ואהבת לרעך כמוך". יהודי חכם אחד אמר: "אני אומר מה שכתוב בסידור, ובסידור כתוב: "לפני התפילה אומרים: 'הריני מקבל עליי מצוות עשה של ואהבת לרעך כמוך', לכן זה מה שאני אומר". אכן, אדם יכול לצאת ידי חובה בזה שהוא אומר: "לפני התפילה אומרים כך וכך", או "אחרי התפילה אומרים כך וכך". אדם גם יכול להדביק על המכונית שלו שלט שעליו כתוב "אני בעד אהבת ישראל". אבל אני רוצה לדבר על אהבת ישראל ברצינות. אהבת ישראל איננה רק סוגיה בסיסית בחיים, יש לה השלכות מעשיות.

הרגשת קשר האחדות

אהבת ישראל איננה עניין של הדדיות, של הסכמים או של חוזים. היא גם איננה בעיה של יחסים אנושיים ויחסים חברתיים; אלה שייכים יותר במשחק טניס. אהבת ישראל היא הידיעה וההרגשה שהאחר קשור אלי משום שהוא "בשם ישראל יכנה", ולכן אני צריך לעשות כל מה שאני יכול בשביל לאהוב אותו. אם אני מדבר עם אדם שאינני אוהב אותו ואינני מסכים איתו, אדם שאני חושב שיש לו אף עקום ופרצוף עקום עוד יותר, ואני מוכן להתאמץ כדי להתייחס אליו בתור מישהו קרוב, אני עובד על התיקון של אהבת ישראל.

אהבת ישראל אין פירושה שאני סולח לאחרים על כל עוונותיהם, אין פירושה שכל האחרים מושלמים בתכלית ואני פגום, וגם אין פירושה שאני צריך לאשר את כל מי שסוטר לי על הלחי. אהבת ישראל גם איננה אומרת בשום פנים ובשום אופן שאני צריך להסכים עם כל אדם; אני יכול שלא להסכים עם איש. גם השאלה אם האחר אוהב אותי או אינו אוהב אותי, ואיך הוא מגיב אליי – אם הוא עושה לי פרצופים, או שהוא אומר לי שאינו סובל את הפרצוף שלי – איננה משמעותית. השאלה היחידה היא: איך אני מרגיש כלפיו.

אהבת ישראל משמעה שבאשר אני יהודי, אני צריך להרגיש את הקשר לאחר, ולהרגיש שהחיסרון של האחר פוגע בי; להרגיש את קשר האחדות – שהדם שזורם בי וביהודי אחר הוא אותו דם; להרגיש שאנחנו קשורים זה לזה לא רק בגלל העבר אלא גם בגלל ההווה; להרגיש שאנחנו נמצאים ביחד לא רק בארץ אחת או על מישור אחד אלא אנחנו חיים יחד באיזו הוויה פנימית.

לפעמים קורה שילד בן שש או שבע רואה את אחיו הקטן, ומתחשק לו לקחת את הדבר המכוער, המלוכלך והצווח הזה ולזרוק אותו החוצה. אחרי שהילד הגדול מתבגר קצת, הוא מתחיל לחשוב לעצמו: ״אמנם הדבר הזה באמת מטנף מלמטה וצועק מלמעלה, אבל בכל זאת הוא אח שלי״. אני מדבר על אותה הנקודה: שאדם גדל מההרגשה הראשונית שלו להרגשה אחרת – שהוא מנסה לראות את הזולת ולהתייחס אליו, ופתאום הוא באמת מבין שהוא שייך למשפחה שלו.

אהבת ישראל כלפי שלושה חברים

בגמרא נאמר על החסידה: ״למה נקרא שמה חסידה, שעושה חסידות עם חברותיה״.[32] שאל על זה בעל ׳חידושי הרי״ם׳: אם כן, למה החסידה היא מהעופות הטמאים, שאסור לעשות מהם שום חפץ של קדושה? וענה: מפני שהיא עושה חסד רק עם חברותיה ולא עם אחרים.

32. חולין סג, א.

יש אדם שעושה חסד עם חבריו, אוהב את אוהביו ומקרב את קרוביו. הוא אומר: "אני מלא אהבת ישראל – כלפי שניים וחצי חברים שלי", או: "אני אוהב את כל היהודים, חוץ משניים, שלושה, ארבעה או חמישה מיליון אנשים שאינני סובל, עוד מיליון אנשים שאינני יכול להיות במחיצתם, עוד כמה מאות אלפים שאינני רוצה להיות איתם באותו חדר, ויש עוד כמה שאינני מחבב אותם. לגבי כל השאר, אני מלא כולי באהבת ישראל. אפשר להגיד שאינני אוהב ישראל?!"

התופעה הזאת מתרחשת בכל מקום. אדם מסתכל על אנשים אחרים והוא אינו אוהב אותם. מה לעשות, הוא לא גדל איתם באותו גן ילדים, הם אינם מדברים באותה שפה ולא באותם מושגים, ואולי הם גם עושים מעשים שלא ייעשו. על כן הוא אינו אוהב אותם אהבת נפש, ויתרה מזו, הוא יכול להגיד עליהם מה שהוא רוצה. יש כל כך הרבה אנשים שהם יוצאים מן הכלל, ומי נשאר ב'כלל ישראל'? כלל ישראל הוא אני ושלושה חברים שלי.

באהבת ישראל יש דרגות מעבר לדרגות. אחד מאוהבי ישראל הגדולים, ר' משה ליב מסאסוב, אמר: "מי שאינו מסוגל למצוץ מוגלה מפצע של ילד יהודי שחולה במחלה מדבקת, עוד לא הגיע לחצי מהמדרגה הראויה של אהבת ישראל". הוא עצמו חי במדרגה הזאת, וטוב לספר שהיה אדם צדיק וראוי שזכותו תגן עלינו. בכל אופן, אני אינני מדבר פה על המדרגות האלו.

אני רוצה לדבר על מדרגה אחרת שהדרישות שלה קלות ופשוטות הרבה יותר: מה אדם עושה ביחס לכל אלה שאינם דומים לו – שאינם חושבים כמוהו, ואינם מתנהגים כמוהו? אדם יכול לטעון על הזולת: "אני מדבר אל פלוני ואומר לו שאני אוהב אותו, והוא אומר לי שהוא איננו סובל אותי. מה אני צריך לעשות?" אבל לא מדובר כאן בעניין חברתי או בעניין התלוי בסנטימנטים, אלא בעצם הדבר – האם הזולת הוא באמת עצם מעצמיי? אם כן, ייתכן שאני אוהב אותו, וייתכן שלא, אבל הוא שייך לעצמות שלי, לבשר שלי, לגוף שלי, ולכן אני צריך לעשות כל מה שאני יכול כדי להתייחס אליו וכדי להיות איתו.

כתוב בספר משלי: "כַּמַּיִם הַפָּנִים לַפָּנִים כֵּן לֵב הָאָדָם לָאָדָם".[33] אם אני מסתכל במים, עושה פרצוף וחורץ לשון, אינני צריך להתפלא שגם הפרצוף הזה שבמים עושה פרצוף כנגדי וחורץ לי לשון. אפשר לעמוד בגבורה במצבים רבים, אך קשה מאוד לעמוד בפני מי שאומר לי: "אני יודע שאתה נבזה וחדל אישים, אבל למרות זאת אני מחבב אותך; בכל זאת אנחנו שייכים זה לזה".

הרחוקים והקרובים

אינני מדבר רק על החילונים או על אלה שמצביעים למפלגה היריבה. אני מדבר גם על אלה שנקראים 'דתיים', ובכל זאת אני יכול לשנוא אותם באופן תיאורטי וגם באופן פרקטי. בואו נדבר על היהודים שאינם בקצה האחר של עולמי הרוחני - אלו שאומרים שמה שאני מאמין בו הוא שקר, אלא על היהודים שבאופן עקרוני מסכימים איתי, אבל אינם רואים את המציאות כמוני.

אפשר שהם אינם צודקים, אבל השאלה אם הם צודקים או לא צודקים אינה מעלה ואינה מורידה מבחינה זו. הרי אם היד השמאלית שלי טעתה וחתכה לי את הגוף, לא אלך לחתוך אותה. ייתכן שהטענות כנגדם נכונות וצודקות, אבל אם הם באמת עצמי ובשרי, אנסה, באופן מעשי, לבנות קשר ויחס. אם אדם נמנע מיחס כלפיהם ואומר: "היהודים האלה הם גם יהודים, אבל אני לא יכול לעמוד בד' אמות שלהם", הדבר מעיד שמשהו פגום בתוכו. השאלה היא איך אני מתייחס אליהם, איך אני מרגיש כלפיהם, ואם נוצרת אצלי ההרגשה שאני יכול וצריך להתאמץ שיהיה בינינו קשר. לא תמיד צריך לצאת לרחובות העיר ולדבר עם אלה שכופרים בתורה, בה' ובמשה עבדו; לפעמים אדם צריך ללכת אל אלה שמאמינים בקדוש ברוך הוא ובתורת משה ומקיימים מצוות, ולשאול את עצמו איך לאהוב אותם.

33. משלי כז, יט.

דיברנו על אהבת ישראל כלפי אנשים רחוקים: מה עושים כשפוגשים אדם שעומד ואוכל חזיר בחמאה רק כדי להראות כמה הוא אדם חופשי. מעבר לרחמים הרבים שצריך לרחם עליו שהגיע למדרגה הזאת, אני מצווה לאהוב אותו ולהבין שהוא איבר חולה מהגוף שלי, ועליי לטפל בו בדרך כלשהי. דיברנו גם על אהבת ישראל כלפי אנשים קרובים יותר, שצריך להרגיש כלפיהם קשר.

נוסף לאהבת ישראל כלפי הרחוקים והקרובים, האמינו לי שמותר גם לאהוב את זה שנמצא ממש יחד איתי. אני רוצה להגיד לאחדים מכם: אני יודע שהדבר קשה, אבל מותר לאהוב אפילו את האחים, האחיות וההורים. הרבה פעמים קל יחסית לאהוב אדם רחוק מפני שהוא יושב במקום אחר, ולכן כנראה אנחנו לא ניפגש שוב; וגם אם אפגוש אותו, הוא יהיה מנומס, ואני אהיה מנומס, ושום דבר לא יקרה. הרבה יותר קשה לאהוב את מי שנמצא איתי באותו חדר, ולא מפסיק להשמיע באוזניי חריקות שאינני יכול לעמוד בהן.

תיקון עצמי

כל הרע וכל השחיתות בעולם התחילו כשמישהו אמר: "הֲשֹׁמֵר אָחִי אָנֹכִי".[34] זה היה הבסיס שבגללו הוא רצח קודם לכן את אחיו. אילו היה אכפת לו מאחיו, הכול היה שונה. מי שמרגיש הרגשה כזו של "השומר אחי אנוכי", עליו לטפל בה משום שאין זה חיסרון של הזולת אלא חיסרון בו עצמו.

אין דבר קל יותר מאשר לשנוא את האחר, או לא לאהוב אותו, באשר הוא אחר. אולם אם אדם מקיים את כל התורה כולה וחסרה לו אהבת ישראל, לא חסרה לו מצווה קטנה אחת שהוא צריך לקיים כדי להיות מושלם בכל המעלות אלא החיסרון הזה הוא סימן לכך שהוא חולה. אם הוא אינו מרגיש את הקשר לאחר, אם הוא אינו חי אותו וחווה אותו, אז במקום לחשוב מה הוא רוצה לעשות כדי לזרוק

34. בראשית ד, ט.

אחרים החוצה, הוא צריך להתחיל לחשוב מה עליו לעשות כדי לתקן את עצמו.

אם אדם יכול להגיד: "אלה הם האחים שלי, הקרובים שלי, בשר מבשרי", ולהרגיש את ההרגשה הזאת – הוא יודע לפחות שהחלק שלו אינו רקוב. והדבר הזה נכון לגבי הרחוקים, לגבי הקרובים ולגבי הקרובים־קרובים.

ואהבת לרעך – כמוך

על הפסוק "וְאָהַבְתָּ לְרֵעֲךָ כָּמוֹךָ"[35] שואלים: מה מוסיפה המילה "כמוך"? מה היה חסר אילו היה כתוב רק "ואהבת לרעך"? ההדגשה במילה "כמוך" מבטאת עניין פשוט: בדרך כלל, אדם סובל את עצמו עם חסרונותיו, עם החיוך העקום שלו, עם עיניו הטרוטות ועם שתי ידיו השמאליות. הוא יודע שיש אנשים יפים יותר, טובים יותר וחכמים יותר, ובכל זאת הוא אינו שונא את עצמו; הוא מסתדר יפה מאוד עם עצמו ואפילו אוהב את עצמו. "ואהבת לרעך כמוך", פירושו בפשטות שכמו שאתה יכול לשאת את עצמך, על חסרונותיך, כך תוכל לשאת את האחר על חסרונותיו, מומיו ופגמיו.

הרי על אחרים אני יודע מעט ועל עצמי אני יודע הרבה יותר, בוודאי הרבה יותר ממה שאחרים יודעים עלי. הרי אחרים אינם יודעים את כל המעשים המגונים שאני עושה, וגם אם הם יודעים מקצת מהם אף אחד לא יודע את כל הדברים שאני חושב עליהם. אני יודע על עצמי את כל המעשים שלא צריך לעשות שעשיתי, את כל הדיבורים שהיה אסור לדבר שדיברתי ואת כל המחשבות, שלפעמים הן אסורות ולפעמים הן סתם זוהמה פשוטה, שחשבתי; ואף על פי כן, הפלא ופלא, אינני מתחיל לשנוא את עצמי. אני בוודאי צריך לתקן את עצמי, ובכל זאת אינני שונא את עצמי.

35. ויקרא יט, יח.

לגבי הזולת אני צריך להתאמץ למצוא את האיזון הלא פשוט בין "לֹא תִשְׂנָא אֶת אָחִיךָ בִּלְבָבֶךָ" ובין "הוֹכֵחַ תּוֹכִיחַ אֶת עֲמִיתֶךָ".[36] קל יותר לשנוא אדם ואחר כך להטיף לו מוסר, או להגיד לו דברי מוסר ואחר כך לשנוא אותו כראוי לו; השאלה היא איך אפשר להגיד לזולת דבר קשה ובכל זאת לא לשנוא אותו.

ורפאתיו

לא מזמן התפרסם סיפור על שתי תאומות סיאמיות שאחת מהן הייתה שותה לשוכרה, והשנייה הייתה מעשנת. מכיוון שהיה להן מחזור דם משותף, האחת הייתה שותה, וגם השנייה הייתה משתכרת; אחת הייתה מעשנת וגופה של השנייה היה מקבל את מה שאחותה הייתה מעשנת. שתיהן עשו תשובה גדולה – זו הפסיקה לשתות, וזו הפסיקה לעשן. זה בעצם מצבנו. יהודי אחד שותה רעל, השני שותה מי רגלים, השלישי סתם שותה קוקה־קולה, וכל זה מתערב בתוך מחזור דם אחד. אינני יכול להגיד: "מה אכפת לי מה מישהו אחר עושה?" אני צריך להרגיש שהוא תאום שלי, והוא קשור אליי.

בעניין אהבת ישראל, צריך להתחיל לפי דברי הנביא: "שָׁלוֹם שָׁלוֹם לָרָחוֹק וְלַקָּרוֹב".[37] קודם כול צריך להגיד "שלום" לרחוק. פעמים רבות קל יותר להגיד לו "שלום" מפני שהוא רחוק. אחר כך, צריך להגיד "שלום" גם לקרוב, וזה קשה הרבה יותר מפני שאותו אני מכיר, ויש בינינו הרבה מאוד עניינים שמביאים להתנגשות. אחרי שאדם אומר "שלום" גם לרחוק וגם לקרוב, אפשר לחשוב הלאה.

וכך המשך הפסוק: "אָמַר ה' וּרְפָאתִיו". מאין באה הרפואה? בגוף אחד, בשר אחד, דם אחד – אפשר לקיים תהליך של ריפוי. האם אפשר לרפא איברים מנותחים, עצמות מפוזרות וגולגלות שמסתובבות בבית הקברות? השלב הראשון בסיפור הגאולה הוא "וַתִּקְרְבוּ עֲצָמוֹת

36. ויקרא יט, יז.
37. ישעיהו נז, יט.

עֶצֶם אֶל עַצְמוֹ"[38] – עצם מתקרבת לעצם, והן מתחילות להתאחות ונעשות גוף אחד. זה עדיין שלד, אבל אחד. מכאן והלאה הוא יכול לקרום בשר, עור וגידים, ולבסוף אולי תבוא בו גם רוח חיים. הדבר הראשון שאפשר לעשות, ושכל אחד יכול לעשות וצריך לעשות, הוא לקרב עצם לעצמו.

כמו בעניינים רבים אחרים, גם בעניין הזה לא עליי לגמור את המלאכה בשלמותה, אבל עליי החובה לרצות. גם אם לא הגעתי לכל מה שאני רוצה להגיע אליו, אסור שהדבר יפריע לי לחלום עליו ולדעת שיש עיקר גדול, והוא – היותנו בשר אחד, גוף אחד שדבוק בקדוש ברוך הוא. אי אפשר לנתק את הקשר בינינו לבין עצמנו, ואי אפשר לנתק את הקשר עם הקדוש ברוך הוא. אם נדע על הקשר הזה, ננסה לעבוד עליו – לקיים אותו, או לכל הפחות להרגיש אותו, תהיה לנו תקנה ורפואה.

לחיים!

38. יחזקאל לז, ז.

כ"ב שבט

כ"ב בשבט הוא יום ההילולא של רבי מנחם מנדל, הרבי מקוצק. רבי מנחם מנדל מקוצק נולד בשנת תקמ"ז (1787) בעיירה גוריי ונפטר בשנת תרי"ט (1859) בעיירה קוצק, שתיהן בפולין. בצעירותו נסע לר' יעקב יצחק, החוזה מלובלין, ולאחר מכן לתלמידו ר' יעקב יצחק, היהודי הקדוש מפשיסחא. לאחר פטירתו של היהודי הקדוש היה לאחד מתלמידיו הגדולים של ממשיכו ר' שמחה בונים מפשיסחא. מהיהודי הקדוש ומר' שמחה בונים מפשיסחא צמחו והסתעפו החצרות הידועות והגדולות של חסידויות פולין: גור, אלכסנדר, וורקא, איז'ביצא ועוד.

ר' מנדל מקוצק הוא מחשובי מעצביה של החסידות הפולנית. החריפות, חדות המחשבה והביטוי, החתירה לאמת ולנקודת האמת הפנימית וחוסר הסבלנות לוויתור ולהונאה עצמיים – כל אלה מאפיינים אותו ואת דרכו.

הרב אבן־ישראל שטיינזלץ היה בן לעולמה של החסידות הפולנית גם מבחינה משפחתית וגם מבחינה פנימית. דמותו ודרכו של הרבי מקוצק, ובאופן רחב יותר עולמם של חסידי פשיסחא וקוצק בכלל, היו נוכחים מאוד בהוויתו, והוא שילב את אמרותיו של הרבי מקוצק בהקשרים שונים של כתיבתו ושל דבריו שבעל פה.

במהלך השנים, לבקשת תלמידים, החל הרב לערוך התוועדויות ביום הפטירה של הרבי מקוצק. בהתוועדויות הללו הייתה חריגה מסוימת מהתבנית הקבועה של ההתוועדויות בנוסח החב"די, והייתה בהן הזדמנות לדיבור על נושאים שהם בלב ההוויה החסידית וקרובים לליבו של הרב.

12

חב"ד, ברסלב וקוצק

שלושה ענפים מרכזיים

בתוך עולם החסידות, על כל גווניו הרבים, יש לדעתי שלושה ענפים שהם עיקר ה'מה' שיש בחסידות, אף על פי שבלי ספק יש בחסידות הרבה יותר מה'מה' שיש בהן, הן בכמות והן באיכות. הענף האחד הוא חב"ד, השני – ברסלב, והענף השלישי הוא קוצק. כל אחד מהענפים האלה איננו רק גוון, הוא יסוד או דרך שהיא נכונה גם באופן תאורטי וגם באופן מעשי.

בחסידות חב"ד יש הרבה חומר תאורטי, עיוני, שעוסק בהרחבה גם בתורת האלוקות וגם בתורת האדם. בברסלב יש הרבה פנים וצדדים מופלאים (וכאן אני מתכוון בעיקר למקור, לר' נחמן וגם לר' נתן). אצל ר' נחמן יש תפארת רבה, והעולם שלו פתוח יותר מהעולם המוסדר והמובנה של חב"ד. הדרך של חב"ד פונה יותר אל המחשבה המסודרת, והדרך של ר' נחמן פונה יותר אל הלב. ההבדל הזה מתבטא לא רק בנטיות הנפש – שפה בוכים יותר ופה בוכים פחות – אלא בכך שר' נחמן פותח פתחים באופן שונה מדרך השכל. ב'ליקוטי מוהר"ן' או ב'סיפורי מעשיות' יש מחשבה רבה, אבל היא לא מתנסחת באופן אינטלקטואלי, ברעיונות מסודרים שהולכים

ונבנים. ייתכן שהוא היה מסוגל לכתוב כך, שכן הוא היה בהחלט למדן ויצירתי, אבל הוא בפירוש לא בחר בזה.

אם כן, אפשר פחות או יותר להסביר מהי חב"ד ומה יש בברסלב. אבל מהי קוצק? הרבי מקוצק לא כתב חידושי תורה, אף על פי שהיה גדול גם בנגלה וגם בנסתר. בכלל, בקוצק אין ספרי דרושים ותורות, ויש בה יחסית מעט סיפורים ומעשיות. נשארו לנו רק כל מיני דיבורים ואמרות. גם הרעיון לקרוא את כל האמרות והרעיונות שנאמרו בשמו של הרבי מקוצק איננו רעיון מוצלח כל כך, בין השאר, מכיוון שלא על כל מה שאומרים בשם הרבי מקוצק אפשר לסמוך. אז מה באמת יש בקוצק?

פעם הרבי מקוצק אמר: היו שבעה דורות: היה הבעל שם טוב, לאחריו היה המגיד, אחר כך הרבי ר' אלימלך וכך הלאה, ואני התמצית של כולם. אם בחב"ד העניין הוא בחינת ההבנה וההרחבה, ובברסלב – בחינת "בינא ליבא ובה הלב מבין",[1] קוצק היא בבחינת התמצית.

בחינת התמצית קרובה לנקודת האמת. הבחינה הזאת הייתה בוודאי מצויה גם במקומות אחרים, אבל אף על פי שגם במקומות אחרים ידעו שחותמו של הקדוש ברוך הוא אמת, הביאו בחשבון שבני האדם, בחייהם הרגילים, אינם יכולים לחיות רק על האמת. החיים רק על פי האמת הם מסוכנים מאוד שכן האמת איננה סובלנית. השכל סובלני מאוד, הלב סובלני לא פחות, האמת – לא.

על הפסוקים "חֶסֶד וֶאֱמֶת נִפְגָּשׁוּ צֶדֶק וְשָׁלוֹם נָשָׁקוּ. אֱמֶת מֵאֶרֶץ תִּצְמָח וְצֶדֶק מִשָּׁמַיִם נִשְׁקָף",[2] דורשים חז"ל: כשבא הקדוש ברוך הוא לברוא את האדם, נעשו מלאכי השרת חבורות חבורות, מהם אומרים: אל ייברא, ומהם אומרים: ייברא. אמת אמרה: אל ייברא, שכולו שקרים; שלום אמר: אל ייברא, שכולו קטטות; צדק אמר: ייברא, שהוא עושה צדקות; חסד אמר: ייברא, שהוא גומל חסדים.

1. תיקוני זהר יז, א.
2. תהלים פה, יא-יב.

מה עשה הקדוש ברוך הוא? השליך אמת ארצה, ונוצר רוב בעד בריאת האדם.[3] על המדרש הזה שאלו למה הקדוש ברוך הוא זרק את האמת ארצה, ולא את השלום? הרבי מקוצק השיב על כך שתי תשובות טובות. אחת טובה כנקודה שכדאי לחשוב עליה לפעמים, השנייה טובה ביחס לנקודה שהזכרתי. התשובה הראשונה היא שלאחר שזורקים את האמת – השלום כבר אינו שלום; רואים את זה מתקיים בפועל תמיד. התירוץ השני הוא שכנגד חסד, כנגד צדק וכנגד שלום אפשר להעמיד רוב; נגד האמת אין כל משמעות לרוב.

בין קודקודי המשולש

הדגשת מידת האמת אצל הרבי מקוצק אינה הבחנה מקורית שלי; עמדו עליה רבים לפניי. אבל כרגע אני רוצה להעיר על נקודה אחרת: שלושת הענפים שתיארתי אינם דווקא מנוגדים זה לזה. בין ענפי החסידות האלה יש גם מגע מסוים. באופן מעניין, בין שלושת קודקודי המשולש הזה – בין שלושת הראשים שלהם ובמידה מסוימת גם בין ממשיכיהם – היו נקודות של השקה. אף על פי שנראה שהם נפרדים זה מזה, הם עצמם דווקא מצאו קשר ביניהם, וכל זאת דווקא בזמן שהיו שביטלו את אחת החסידויות האלה או את שלושתן, כאילו אינן חסידות של אמת: "ה'ברסלברס' אינם חסידים ממש", "החב"דניקים הם בוודאי 'מתנגדים' בצורה מסוימת, והם גם מתפללים בנוסח קצת שונה", ו"הקוצקאים – הם בכלל פראי אדם גמורים".

אפשר היה גם לצפות שכאשר חסידי קוצק – החריפים, הלמדנים ובעלי הלשון -ייתקלו בחסידי ברסלב, שהיו בסך הכל מה שמכונה 'שעפעלעך', כבשים קטנים, הם אפילו לא יתייחסו אליהם. אבל מתברר שדווקא בקוצק הייתה מידה רבה של דרך ארץ לרבי נחמן. באופן מדהים, זה היה אולי המקום היחיד מחוץ לברסלב שבו למדו את כתביו. הדבר הזה מתועד בספר של אדם שלא חיבב את שניהם – אהרן מרקוס, יהודי ייקה שהפך לחסיד של הרבי

3. בראשית רבה ח, ה.

מרדומסק – שהיה אדם גדול ביותר, וגם התנגד בתוקף לחסידי קוצק ונלחם בהם כמה שהיה יכול. מרקוס כתב ספר על תנועת החסידות, וכחסיד של הרבי מרדומסק הוא כתב עליו דברי הערצה מופלגים – כדרך שראוי לחסיד לכתוב על הרבי שלו – ומהצד השני הוא גם כתב דברי השמצה על קוצק. בין כל הדברים שהוא כתב על חסידי קוצק – שהם היו פרועים, שהם בכלל לא היו בני אדם – הוא גם כתב שהם היו היחידים שעסקו בספרי ברסלב; כך הוא כרך את שתי ההאשמות הללו גם יחד. באותו אופן באחד מחסידי גור הראשונים כתב ספר בשם "שם הגדולים החדש" שבו הוא ניסה למעשה לעדכן את ספר "שם הגדולים" של החיד"א בדמויות וספרים שחיו לאחר זמנו, ובערך של רבי נחמן מברסלב, לאחר שהוא כותב שחלק מחסידי ברסלב לא ירדו לסוף דעתו, הוא מתאר את רבי נחמן עצמו כאדם גדול ביותר. מסתבר, אם כן, שבקוצק היה יחס של כבוד לרבי נחמן.

הסנדק שלי, שהיה ממשפחה חב"דית ידועה ביותר, אמר לי פעם שאביו – אחד מראשי ונכבדי חסידי חב"ד, הרד"ץ חן – היה נוהג בכל מוצאי שבת ללמוד 'ליקוטי מוהר"ן' במשך שעתיים. גם אם זה לא היה מאוד נפוץ, זה היה קיים. אני לא בטוח שקרה להפך, אגב.

גם בין קוצק לחב"ד היה יחס לא חד־משמעי, מעין יחס של רצוא ושוב. היה סוג של קשר בין הרבי מקוצק לצמח צדק. איני ערב לאמינות הדברים, אבל אומרים שהרבי מקוצק דיבר קצת על הקשר הזה, והסביר: מה ההבדל בין הנוסח שלי לנוסח של חב"ד? בחב"ד הולכים מהמוח אל הלב, ולכן הולך ונעשה להם טוב יותר. אני הולך מהלב אל המוח, ולכן הולך ונעשה לי רע יותר.

אכן, לא ראיתי שברסלבר הופך לחסיד קוצק; שני הכיוונים הללו אינם עולים בקנה אחד בפשטות. גם לא ראיתי הרבה חב"דניקים שנעשו חסידי ברסלב. זו אינה בעיה של התנגדות עקרונית, אלא של פער במנטליות ובדרך. אבל היו אנשים מחסידי קוצק שהפכו לחסידי חב"ד או ברסלב. היה יהודי פולני אחד בשם ר' משה מעשיל גלבשטיין, שהיה חסיד של הרבי מקוצק, חסיד קוצק של ממש. ועם

כל זה הוא גם הלך לו, לבדו, ברגל, עד לליובוויץ', שם הוא נעשה גם לחסיד של ה'צמח צדק'. בהקשר לזה היו שאמרו שהרבי מקוצק דרש: "מנדלי מנדלי לגזרה שווה". לשני הרביים האלה היה שם זהה, מנחם מנדל, ונראה שהרבי מקוצק חשב שיש ביניהם גם זיקה מעבר לזה.

מסופר שכשהגיע ערב פסח, ר' משה מעשיל ישב לו לבדו כאורח בליובוויץ' וחשב לעצמו היכן יעשה את הסדר. מכיוון שהוא התקרב מאוד ל'צמח צדק', הוא ניגש לשמש של הרבי ושאל בעדינות אם הוא יוכל להתארח אצל הרבי. השמש השיב: "הרבי שלנו עושה את ליל הסדר רק עם המשפחה שלו. גם אם יבוא ראש הגולה, הרבי לא יאפשר לו להיכנס". ר' משה מעשיל שמע את זה, חזר למקום שבו התאכסן וביקש מבעל הבית לארגן לו מקום לליל הסדר. בהמשך אותו יום, ערב פסח, הגיע אליו שליח ששלח ה'צמח צדק' ואמר לו: "איזו עזות מצח! אתה פה, בעיר שלי, ואינך בא להתארח אצלי הלילה?!" הוא התנצל ואמר שהשמש אמר לו שאפילו ראש הגולה אינו יכול להיכנס. אמר לו הרבי: "ראש הגולה לא, אבל אתה כן".

בהמשך חייו הוא עלה ארצה. יש עליו סיפורים מופלאים. הוא התנהג כמו קוצקער – למשל, הוא היה מתפלל באריכות ובאיחור גדול, ומכיוון שהוא היה גדול בתורה באמת, וגם הכירו שיש מאחורי זה 'אמת מעולה', אפילו בירושלים הפרושית – מקום שבו מי שאמר "יצמח פורקניה" היו זורקים אותו מבית הכנסת – נהגו בו בכבוד. מפעם לפעם בחודשי הקיץ הוא היה נוסע לחברון. כשהוא הודיע שביום פלוני הוא יחזור מחברון לירושלים, בא הרב של חברון – בעל ה"שדי חמד" – להיפרד ממנו. הוא נעמד ליד הפתח עם הנכד שלו, והתברר שר' משה מעשיל עדיין שקוע בתפילה. שעתיים ישב שם ה"שדי חמד" וחיכה לו. כשהוא סיים ויצא, הם נפרדו בשלום, באהבה ובחיבה. לאחר מעשה שאל הנכד: "בשביל היהודי הקטן הזה היו לך שעתיים לחכות?" השיב לו הסבא: "בשביל היהודי הקטן הזה צריך היה לחכות גם יומיים!"

הזכרתי אותו וסיפרתי עליו רק בשביל לומר: הנה חסיד קוצק, חסיד קוצק ממש, שהמשיך תמיד להיות חסיד קוצק, והוא נסע

לליובוויץ׳. הוא לא היה היחיד, היו עוד חסידים שמצאו קשר פנימי בין הקודקודים הללו.

כאמור, אלו שעמדו בקצוות של המשולש הזה הבינו זה את זה, גם אם הם לא הסכימו בכל עניין. כל אחד מהם הבין מה יש אצל האחר, והם ידעו להבחין בין הסגנון, ובין התוכן והתמצית; ובנקודת התמצית לפעמים יש הרבה יותר קִרבה מאשר בחיצוניות. באופן פנימי ״מר אמר חדא ומר אמר חדא ולא פליגי״, אלא שבשביל לראות את זה צריכים להיכנס פנימה ולא להסתכל מן החוץ. הענף של קוצק עומד בפני עצמו, אבל הוא התכתב והתקשר עם חב״ד וברסלב, כמו גם עם ענפים אחרים. גם אם הם לא ערכו חגיגות יחד, היה ביניהם חיבור פנימי מאוד.

קוצק – האמת והתמצית

אמת נכון הדבר

שמעתי שהניגון ׳פליאה דעת ממני׳, ששרנו עכשיו, קשור לקוצק. אינני יודע אם זה נכון. גם אם יש בידינו ניגונים מקוצק, הם מעטים מאוד. בקוצק הייתה נגינה ושירה, אבל זה לא היה עניין גדול. יש סיפור מפורסם, שבעל התפילה המפורסם של קוצק בא לספר לרבי שנשרף לו הבית. הרבי אמר לו: ״אתה יודע מדוע נשרף הבית שלך? משום שבתפילת ראש השנה הארכת ב׳מי באש׳״ (בגוף, גם כיום, כשמגיעים לקטע הזה בפיוט ׳ונתנה תוקף׳, אומרים אותו במהירות עצומה, כמו שקוראים את עשרת בני המן).

זו אינה נקודה צדדית. העובדה שהניגון לא היה עניין מרכזי בקוצק קשור לעצם עניינה של קוצק. קוצק היא דור שלישי למהלך שהתחיל אצל ׳היהודי הקדוש׳ בפשיסחה, והמשיך אצל ר׳ שמחה בונים מפשיסחה; ועל כל אחד מהם היו תרעומות ומחלוקות הגונות. בתמצית הדברים, ׳היהודי הקדוש׳, שהיה תלמיד וכפוף ל׳חוזה מלובלין׳, פנה לכיוון אחר מרבו. זה לא היה בהכרח כיוון יותר

אינטלקטואלי – אף על פי שרבים שם ישבו ולמדו הרבה, ובתקופה מסוימת חלק גדול מהרבנים החשובים ביותר בפולין היו מבית המדרש הזה – אלא שהיהודי הקדוש וממשיכיו ראו את החסידות שהייתה לפניהם -על כל הגוונים, הצורות, הפארות והפרחים שלה – וניסו לוותר על כל מה שאינו התמצית. לכן גם ויתרו על כל מיני מנהגים ונוסח. הקישוטים וההתייפיפויות האלה אינם העיקר. לפני הכול צריך להתעסק בעיקר ובתמצית של החסידות ואולי לאחר מכן יגיעו דברים נוספים. ובנוגע לעיקר, לגופם של דברים, שם צריך לשאול: עד כמה הדבר נכון? כמה ממנו הוא אמת?

חסיד אחד הסביר: המשכילים מצליחים כל כך ואילו החסידים הולכים ומְדַלדלים מפני שהמשכילים עושים את השקר שלהם באמת, ואילו אנחנו, החסידים, עושים את האמת שלנו בשקר. בקוצק רצו לעשות שיהיה "אֱמֶת נָכוֹן הַדָּבָר"[4] – גם אמת וגם נכון.

עשה מה שתעשה – ובלבד שיהיה באמת

ההתמקדות המוחלטת בנקודת האמת הביאה לקוצק, אולי באופן מוזר, אנשים מסוגים שונים. חלקם היו למדנים ותלמידי חכמים שנחשבו ממש לגדולי הדור, ואחדים מהם היו רבני הקהילות הגדולות ביותר בפולין. היו בהם יחסנים, היו עשירים, והיו גם אחרים, אבל הצד המשותף לכולם היה השאיפה לעשות את הדברים באמת. אם דבר מה הוא אמת, אין צורך להתייחס למה שאחרים חושבים ולהתחשב בדעתם.

חסידי קוצק היו ידועים בהכנותיהם לתפילה; הם היו עומדים ומתכוננים לתפילה שעתיים, שלוש וגם ארבע שעות. מספרים שבנו של בעל 'חידושי הרי"ם', שהיה חסיד קוצק מאוד מובהק ובולט ואביו העיד עליו: "על הבן שלי אפשר לומר שהוא קוצקער", היה מסתובב בבית המדרש שעות, וטליתו על כתפו, עד שהיה מגיע להתפלל. אבל היו שם גם יהודים שונים בתכלית, כמו הרב של גוסטינין, ר' יחיאל

4. דברים יג, טו; יז, ד.

מאיר, שהיה מכונה 'בעל התהלים'. הוא היה מתפלל תפילה בזמנה כמו שנפסק בהלכה, והעצה הקבועה שלו הייתה לומר תהלים. גם כשהוא נעשה רבי לחסידים, זה נותר המרשם הקבוע שלו. הוא אמר פעם: "כשאני מדבר עם יהודים פשוטים ואומר להם לומר עשרה פרקי תהלים, הם עושים את זה מייד. כשאני אומר כך לחסיד, הוא מתחיל מיד להתחכם: 'אינני יודע איך להגיד תהלים. אני צריך לדעת באיזו בחינה להגיד'. מה אפשר לעשות באדם כזה?" גם הוא היה בקוצק, והתייחסו אליו בכבוד גדול מפני שבקוצק לא שאלו אם פלוני מאריך בתפילה או מקצר בה, מתפלל מוקדם או מאוחר, אם הוא שר תוך כדי תפילתו או לא. השאלה הייתה אחת: האם הוא מתכוון באמת למה שהוא עושה ולמה שהוא אומר? אם כן – הוא משלנו. אם לא – לשום דבר אין ערך.

היו בקוצק כאלה שהיו מדקדקים במצוות למהדרין, וכאלה שלא ממש החשיבו כל מיני פרטים. חלקם היו מנומסים ומיושבים בדעת עם הבריות, ואחרים פראי אדם מפורסמים. וכל זה לא היה חשוב. חשוב היה אם האדם הולך בדרך אמת או לא, וכל מה שמעבר לזה – אינו מן החשבון. כל מה שעושים – הדברים הגדולים או הקטנים, התפילה, קריאת שמע, תקיעת השופר או נתינת הצדקה; הדיבור, העבודה, המחשבה – האם הם נעשים באמת או למראית עין? מי שעושה למראית עין אינו רצוי בקוצק, שיתכבד ויעזוב לפני שיזרקו אותו בכוח. ומי שעושה באמת, לא חשוב באיזה אופן, מתקבל ברצון.

החתן של הרבי מקוצק, שנעשה אחר כך לרבי מסוכצ'וב, היה ילד פלא, עילוי גדול. עוד לפני שהוא נכנס לחופה, יכול היה להיחשב אחד מגדולי הרבנים. הוא כתב שכאשר היה נער ונעשה חתן אצל הרבי, הרבי לימד אותו מהו לימוד אמיתי: כיצד נפטרים מסברות השווא וההבל, איך זורקים את כל הדברים הלא מדויקים. בקוצק חתרו אל האמת לאמיתה בתפילה, בתורה, בעבודה ובשאר מעשים.

האמת של קוצק

אדם נוסף שכתב על האמת, שהיה דומה ולא דומה לרבי מקוצק, היה

הרמב"ם. בתחילת 'משנה תורה' הוא מנסה להגדיר מה הוא הקדוש ברוך הוא והוא כותב שהוא המצוי הראשון ש"אין אמיתתו כאמיתת אחד מהם",[5] כלומר כאמיתתו של אחד מהברואים; שכל הדברים לגביו הם שקר, והוא עצמו האמת, האמת היחידה. זה לא הנוסח של קוצק, אבל הוא לא פחות קיצוני ולא פחות תובעני. הוא מנסה להגיע עד לשורשים, לכך שהקדוש ברוך הוא הוא האמת, ואין שום דבר אמת אחר. זהו ההסבר של הפסוק "וַה' אֱלֹהִים אֱמֶת".[6] אין כאן רק רק נקודת ייחוס אל הבורא והמחולל והמפרנס והמרחם, אלא אמירה שהוא הנקודה היחידה שקיימת, נקודת המוחלט שנמצאת בתוך העולם המפוזר המפורד, המלא ניגודים וסתירות. בתוך העולם הזה יש רק דבר אחד שנמצא בכל המצבים, שנכון בכל הטרנספורמציות.

לאמת יש הגדרות מסוגים שונים. הרבו לעסוק בהן פילוסופים מקצועיים ושאינם מקצועיים. אצל הרמב"ם, האמת היא מה שעומד כיתד בל תימוט. הגדרה אחרת, שנמצאת בספר תהלים, היא "אֱמֶת צָדְקוּ יַחְדָּו"[7] – יש אמת כאשר הגוונים והסוגים השונים משתלבים יחד בהרמוניה. דרך אחרת להגדיר אמת שמעתי בשם פילוסוף אחד, שאמר: האמת היא מה שמתרחש כאשר רואים משהו ואומרים "אהה!" – וזו הגדרה של אדם שדן וחשב על הסוגיה הזו לא מעט שנים. בקוצק שאלו כיצד להגיע למעשה אחד או למילת תפילה אחת שיהיו אמת לאמיתה; שהרי אם זו אינה אמת, כיצד אני עומד ומשקר לפני הקדוש ברוך הוא? הרי זו בושה גדולה וחרפה שאין כדוגמתה.

בקוצק היו לומדים את ספרי המהר"ל מפראג. הרבי מקוצק הסביר פעם מדוע המהר"ל מאריך כל כך בכתיבה; הרי הסגנון שלו מקשה על כל מי שלומד אותו. הוא הסביר שהמהר"ל לא כתב נוסח אחד מסורבל אלא כתב את דבריו בכמה ניסוחים, כך שהוא מבטא את אותו הדבר בחמש ושש צורות שונות, מפני שהוא רצה להגיע

5. משנה תורה, הלכות יסודי התורה א, ג.
6. ירמיהו י, י.
7. תהלים יט, י.

ל'ביטוי האמיתי'. הוא אינו מסתבך בדבריו מפני שמחשבתו הייתה מסובכת, אלא מפני שהוא רצה לבטא את הדברים באופן המדויק והאמיתי ביותר.

להשחיז את הגרזן במשך שעות

כדי שאדם יוכל לומר דבר אחד של אמת נדרשת עבודה פנימית קשה ביותר, עבודה שונה ממה שהיה מצוי במקומות אחרים (למשל, מספרים שאצל הרבי מברשד היו מקפידים בתכלית ההקפדה שלא להוציא מהפה דבר שאינו מדויק: כלומר עסקו הרבה במה שאינו אמת, בשאלה כיצד לבער את השקר. בניגוד לזה, בקוצק הקדישו הרבה לשאלה כיצד מוצאים דבר שהוא אמת). מי שמחפש את האמת בכל דבר – בין אם הוא עושה מצווה באמת, או שהוא עובר עבירה באמת – מתאמץ מאוד, בניסיון כמעט נואש, לא לעקם את הדבר, לא לסלף אותו ולא לזוז ממנו. אפשר שהמאמץ להגיע לנקודה הנכונה והמדויקת הזו ידרוש זמן רב מאוד. ההכנות האלה אינן נעשות בשביל להגיע לתובנה מסוימת או לסברה מסוימת – המאמץ הוא להגיע לדבר או לרגע שאוכל לומר: "זהו! זה הדבר! זה נכון! ככה זה וזהו". בשביל להגיע לרגע הזה, לומר את המשפט המדויק או לעשות את הדבר המדויק, צריכים לשבת שעות וימים וחודשים.

אחד מאלה שנסעו אל הרבי מקוצק היה ר' לייבל איגר, נכדו של ר' עקיבא איגר. סביב הנסיעה שלו הייתה שערורייה של ממש: אבא של ר' לייבל היה מתנגד תקיף, ובנו התחיל לנסוע לקוצק. מילא, קורה למשפחה שמישהו מילדיה נעשה חסיד, אבל חסיד קוצק – השאור שבעיסה?! פעם ניסה מישהו לנחם את האב ואמר לו: "אתה הרי מכיר את הבן שלך. כבר כשהוא היה ילד, ראינו שהוא לא רגיל. היו כאן שלוש אפשרויות: או שהיה משתגע, או שהיה נעשה כומר, או חסיד. תתנחם בזה שנעשה חסיד". על כל פנים, ר' לייבל שאל פעם את רבו: "מה אומר לסבי כשישאל אותי כיצד אנחנו מתפללים באיחור זמן כזה?" הרבי השיב שיאמר שאנחנו הולכים על פי פסק הרמב"ם, שכאשר שוכרים פועל לחטוב עצים, והוא מבלה

חצי יום בהשחזת הגרזן, הוא מקבל שכר על כל יום העבודה. זה מה שאנחנו עושים – משחיזים את הגרזן עד שהוא יוכל לחתוך כהוגן.

החיפוש אחר התמצית איננו פשוט. קני המידה אינם ברורים, והם גם צריכים ליטוש חוזר – כמו ליטוש הגרזן. מנגד, אחרי שיושבים ארבע שעות, משייפים את הגרזן ומתכוננים לתפילה, התפילה עצמה יכולה להיות בתכלית הדיוק ובתכלית הקיצור. על הרבי מקוצק סיפרו שהוא היה מתפלל בקיצור יחסי, בקצב די זהה לשאר הציבור, והתפילה שלו הייתה דוממת מאוד. התפילה של תלמידו הגדול, בעל 'חידושי הרי"ם', הייתה סוערת ואקסטטית מאוד ובאריכות גדולה, אבל התפילה של הרבי הייתה שקטה וקצרה. אבל עוד סיפרו, ששעה ארוכה לאחר התפילה הרבי מקוצק היה צריך להתאמץ על מנת לזהות את האנשים סביבו; בזמן שהוא היה מתפלל, הוא באמת היה הולך לעולם אחר.

במשנה כתוב שחסידים הראשונים היו שוהים שעה אחת לפני התפילה.[8] זה מובן – הם מתכוננים. אבל בברייתא כתוב שהיו שוהים גם שעה אחרי התפילה.[9] למה השהייה הזאת נצרכת? מפני שאדם שהתפלל שעה אחת כמו שצריך, זקוק לזמן עד שהוא יוכל לחזור לעולם הזה. לא מגיעים לתפילה כזאת בצעקות או בבכיות. תפילה כזאת מתרחשת כאשר האדם המתפלל לא עומד רק לפני העמוד אלא לפני הקדוש ברוך הוא. ומי שעומד באמת לפני הקדוש ברוך הוא, אולי אפילו שעה לא תספיק לו בשביל לחזור לענייני העולם הזה.

אחד הסיפורים המפורסמים של חכמי שיטת הזֶן הוא על קיסר יפן שערך תחרות מי יצייר תרנגול באופן הטוב ביותר. הכול באו, ישבו, עמלו, ציירו ושיפצו, והגיע גם חכם זן שניגש לעניין ותוך שתי דקות צייר משהו שהכול הסכימו שהוא הטוב ביותר. הקיסר שאל אותו מדוע הוא לא השקיע יותר זמן בציור. הרי אם זה מה שיצא לאחר שתי דקות, לאחר עבודה ממושכת יותר היה יכול לצאת ציור מושלם! הוא

8. משנה ברכות ה, א.
9. ברכות לב, ב.

השיב: "כבר שנתיים אני מצייר את הציור הזה במחשבה, משכלל אותו יותר ויותר. עכשיו רק הוצאתי אותו לפועל". זוהי הנקודה של קוצק.

החסידות על פי קוצק

גם בתנועת החסידות בכללה, מאחורי כל התיאורים היפים והרומנטיקה, עמד החיפוש אחר האמת בתורה ובעבודה של כל אדם, גם אם באופן פחות חריף. לכן החסידות הייתה מוכנה לקבל את האיש הפשוט שאומר אמת, את האדם שצועק, "אוי וויי", את הילד שצועק, "קוקוריקו" בתוך התפילה – מפני שהצעקות האלה הן אמת. במובן הזה קוצק נגע על אותו ציר שהחסידות ניסתה ללכת בו מההתחלה – כיצד אפשר למצוא את האמת? ואם אשתמש בלשונו של קאנט: בקשת 'הדבר כשלעצמו'.

אספר עוד סיפור שקשור לעניין: בזמנם של ראשוני החסידים היו לעיתים תופסים אותם ומכים אותם מכות רצח ממש. פעם תפסו גם את הרבי מקרלין. הרבי מקרלין עצמו לא היה כלל נעבעך, מסכן וחלוש. סיפרו עליו סיפורים מפחידים למדי. היו מספרים שאיש לא העז לומר לו: "לא". הוא היה מגיע לקהילה ואומר ליהודים: "עכשיו שנו את תקנות הקהילה באופן הבא", והיה מכתיב להם בדיוק את התקנות החדשות. אלו אינן רק מסורות של חסידים; אחד מאלה שסיפרו דברים כאלה היה שלמה מימון, שאולי לא היה צדיק גדול, אבל מכיוון שהוא לא היה שייך לא לעולם של החסידים ולא לעולם של המתנגדים, יש להניח שאם הוא סיפר על החסידים סיפור כזה – כולו אמת. בזיכרונותיו הוא כותב שפעם מישהו ניסה להתווכח עם הרבי מקרלין. הרבי נתן בו עיניו, והוא פשוט מת מפחד. על כל פנים, אחרי שתפסו אותו מתנגדים והיכו אותו כהוגן, הוא אמר: "כל המכות לא היו עניין רציני מאוד. הם לא באמת התכוונו לזה. אבל היה אדם שצבט אותי, והרגשתי שהוא עושה את זה באמת".

הרבי מקוצק העמיד את החסידות כך שלשום דבר של שקר לא יהיה בה מקום. העיקרון הזה לא קשור לשאלה מה עושים בפועל – בסופו של דבר אפשר גם לאכול שיריים, אפשר גם

לנגן ולרקוד, ואפשר לעשות את יתר הדברים ששאר החסידים עושים – ובתנאי שזה יהיה באמת. וזהו עול כבד, עול כבד מאוד.

עמוד של אש

יש בידינו כמה חידושי תורה של הרבי מקוצק. הוא נחשב לאחד מגדולי הלמדנים, שגם מתנגדיו היו אומרים שהוא 'תוקע עצמו לדבר הלכה'. לפעמים היה עומד וגמרא כבדה בידיו, רגלו האחת על איזו אבן והרגל השנייה על הרצפה, ובמשך עשר או שתים עשרה שעות עומד ולומד בלי לעשות שום דבר אחר. בכמה מן החידושים שלו יש עמקות גדולה אף על פי שהם נמסרו בתכלית הקיצור והתמצית. למשל, הוא שאל מדוע כאשר טמא נוגע בטהור, הטהור נטמא והטמא לא נטהר. זו באמת שאלה גדולה. הוא ענה: "מפני שהטהור אף פעם אינו נוגע בטמא". זה לא ווארט של סעודה שלישית. זהו עולם שלם של מחשבה שנעוץ במשפט אחד, ועכשיו צריך לשבת ולחשוב עליו יום, יומיים או שלושה כדי להבין אותו במלואו.

התמציתיות הזו לא נועדה לבלבל את האויב, על מנת שלא יבינו. עניינה של התמציתיות הוא בזה שלוקחים דבר, מלטשים אותו ומשפצים אותו, עד שהוא אינו צריך להיכתב כספר בחמישה עשר עמודי פוליו; אפשר לומר אותו במשפט אחד. בשביל לומר את הדברים במשפט אחד צריך הרבה יותר מחשבה וזמן מאשר לכתוב אותם במחברת שלמה. הנוסח הזה הוא חלק מרכזי מהעניין של קוצק. במובן מסוים התמציתיות החריפה הזאת הגיעה אצל הרבי מקוצק לשיא הקיצוניות, אך גם המשיכה אצל ממשיכי דרכו, כולל חלק מצאצאיו.

התביעה הזו והנוסח הזה הוא עניינה של קוצק, וברור שהם קשורים בין היתר לאישיות של הרבי עצמו. כשרבי שמחה בונים מפשיסחה נפטר, מלבד בנו היו שני מועמדים עיקריים למלא את מקומו: הרבי מקוצק ור' יצחק מאיר, הרבי הראשון מגור, שהיה צעיר יותר – וגם מילא אחר כך את מקומו של הרבי מקוצק. גם הרי"ם היה מלא בתורה, בחכמה, ביראה ובעבודה. רגילים לכנות בחורים או

אברכים צעירים ׳העילוי מעיר פלונית׳ – ׳העילוי מרוגצ׳וב׳, ׳העילוי מלובלין׳ וכדומה; לרי״ם קראו ׳העילוי מפולניה׳ משום שבגיל צעיר ביותר הוא היה האדם הבולט ביותר בכל האזור. לאחר כל הדיונים בשאלה מי ינהיג את העדה, נשארו רק שניהם. בעל ׳חידושי הרי״ם׳ מספר שהרבי מקוצק אמר לו: ״זה נופל עכשיו בין שנינו – אני או אתה״, והרי״ם השיב לו: ״אתה״. שנים רבות הרי״ם הכניע את עצמו לפני הרבי מקוצק, אף שהוא היה מאוד מקורב אליו. לאחר זמן שאלו אותו תלמידיו: ״הרי כבר אז אתה היית מגדולי הדור בתורה וביראה, נשוא פנים ומכובד, וחוץ מזה, הרי אתה לא היית מעורר את כל המהומות שקוצק של ר׳ מנחם מנדל עוררה; מדוע אם כן היה לך ברור שלא אתה צריך לעמוד בראש?״ והוא השיב: ״ראיתי לפניי עמוד אש, וכופפתי את עצמי בפניו״. הרבי מקוצק היה עמוד אש, והרבי מגור נהג בבחינת משה רבנו, שכאשר ראה את מידת ׳אמת׳ במעמד שלוש עשרה המידות, הוא נפל על פניו והשתחווה.[10] בעל ׳חידושי הרי״ם׳ פשוט ראה נקודה של אמת נקייה ואמר: בפני זה, אדם אינו יכול לעמוד. תארו לעצמכם עמוד קטן של אמת מזוקקת, עמוד קטן של חשמל במתח של מיליון וולט. אני יודע שמול הדבר הזה אני לא יכול להגיד לא.

קיצוניות לשם אמת בלבד

נוהגים לומר שלרבי מקוצק היו נטיות קיצוניות, אבל האמת היא שהקיצוניות שלו לא הייתה פשוטה או פשטנית. ראשית, הוא הבין הרבה בענייני העולם הזה, וביחס לשאלות מסוימות הוא היה נינוח הרבה יותר מצדיקים שנחשבים פחות קיצוניים ממנו. כאשר הממשלה הרוסית גזרה שהיהודים ישנו את המלבושים שלהם, ובמקום הלבוש היהודי הישן ילבשו בגדים אירופאיים, רוסיים, התיישבו כמה מגדולי הדור, ביניהם גם בעל ׳חידושי הרי״ם׳, והחליטו שהגזרה על שינוי הבגדים היא בגדר של ׳ערקתא דמסאנא׳, ויש למסור עליה את הנפש

10. ראו סנהדרין קיא, א.

מדין "ייהרג ואל יעבור".[11] הם פרסמו את דעתם ברבים. כשבאו וסיפרו את זה לרבי מקוצק, הוא אמר: "אינני יודע מה הם רוצים. גם אני יודע לקרוא סעיפים קטנים בפוסקים. מאין בא אליהם הרעיון שזה 'ייהרג ואל יעבור'? חבל. במקום ללחוץ על היהודים ולגרום שיביאו את המשיח, הם גוזרים גזרה של 'ייהרג ואל יעבור'".

פעם באו אל אחד מחסידיו, שהיה רב של עיירה, ועשו לו מין מבחן: הציגו לפני שאלה בהלכה שהמציאו, וכשהוא לא השיב כהוגן רצו להעביר אותו מתפקידו. הרבי מקוצק קרא לכל רבני הקהילות שהיו כפופים לו – כמה עשרות רבנים גדולים בוודאי – ושאל: "האם אתם יודעים את כל מה שפוסק הלכה צריך לדעת?!" הוא ערך לפניהם רשימה הגונה ופירט באוזניהם ש"ס ופוסקים כאלה וכאלה. ואז הוא אמר להם: "את כל זה אתם אינכם יודעים. אם כך איך אתם פוסקים הלכה?! אלא שכאשר אדם בא לשאול שאלה, זכותו של השואל וזכותו של הנשאל יחד מביאות לכך שהפסק יהיה דין אמת. מכיוון שכאן השאלה הייתה מדומה, לא הייתה בה זכות השואל, ולכן אותו רב לא הצליח להשיב".

המחשבה הגורפת שהרבי מקוצק היה תמיד קיצוני ואף פעם לא התחשב – לא בבריות, לא בחשבונותיהם ולא בייסוריהם – איננה נכונה. הרבי מקוצק לא היה קיצוני בשביל להיות קיצוני; הוא היה קיצוני מפני שהוא חשב שכך אפשר להגיע אל האמת. ואכן, כאשר אדם דואג לאמת, הוא אינו מוטרד משאלת הפופולריות שלו. הוא אינו פועל כך מפני שהוא רוצה להיות לא־פופולרי, או מפני שהוא רוצה שידברו עליו ברחובות, אלא מפני שהוא חושב שזו האמת, וכל השאר – אם תומכים בו או לא תומכים בו, אם עומדים לימינו או לא – אינו מעלה ואינו מוריד. הוא לא היה דמות קיצונית במהות, אלא הלך אל המקום שהוא חשב שצריך ללכת אליו עד הנקודה שבה – 'זה היה זה'; ואם היה צריך ללכת עד הסוף – הלך עד הסוף וגם מעבר לו.

11. ראו סנהדרין עד, א.

זה מה שעומד גם מאחורי הצד המפחיד באישיות של הרבי מקוצק. אצל הרבי מקוצק הייתה אימה נוראה. פשוט פחדו ממנו. סיפר אחד החסידים שבלילה אחד הרבי יצא מדלת החדר שהיה מסתגר בו, ושאל אותו: "האם ר' פלוני היה נוהג לנסוע אלינו לקוצק כחסיד?" אותו חסיד השיב שכן. הרבי אמר תודה וסגר את הדלת, והחסיד – התעלף על המפתן. כאשר הוא התחתן בפעם השנייה, שזה סיפור בפני עצמו, הוא נכנס לחדר אל אישתו – והיא התעלפה. אין בזה תימה, אם החסידים הגדולים שלו היו מתעלפים, בוודאי האישה הזו, בחורה צעירה, תתעלף.

לפעמים האנשים שבאו אליו היו יושבים שבועות ומחכים בשביל לראות אותו. סיפרו שפעם אחת בליל הסדר הוא יצא פתאום אל בית המדרש וצעק: "צאו מכאן, שקצים!" כל מי שהיו שם פשוט קפצו מהחלונות. מרוב אימה ויראה. לאחר מכן הוא שאל היכן כולם, וכשאמרו לו שהוא צעק עליהם והם ברחו, הוא ענה: "לא אליהם התכוונתי. התכוונתי לדברים אחרים...".

גם הנוסח הזה וההנהגה הזו לא נבעה מעניין עקרוני, אלא מהבחירה הקשה והמסובכת לחפש את האמת ולהגיע אליה. ועד איפה? עד הסוף.

אמת המידה

זה היה האיש. ומה נשאר ממנו?

נשארו סיפורים – סיפרתי לכם את הסיפורים הגדולים יחסית. בסך הכול לא מספרים עליו הרבה סיפורי מעשיות. הוא זלזל מאוד בסיפורי מופתים. מקובל לומר בשמו: "אותות ומופתים – באדמת בני חם".[12] מופתים ועניינים אחרים כיוצא בהם אינם אלא קישוטים. מספרים שיהודי אחד סיפר בהתרגשות שהוא זכה לראות את השולחן של הבעש"ט. שאל אותו אחד החסידים: "מה אתה מתרגש? אתה יודע מתי היה חי הבעש"ט? זה בסך הכול שולחן בן מאה שנה. אצל הרבי

12. על פי ברכת גאולה לערבית.

שלנו אנחנו לומדים איך ועל מה העולם קיים, והעולם קיים הרבה יותר שנים" (אגב, בשלושת הענפים שתיארתי לא הרבו במופתים. אמנם הן בחסידות חב"ד, הן בחסידות ברסלב והן בחסידות קוצק יש סיפורים שקורים בהם בדרך אגב עניינים פלאיים, אבל לא על כך העולמות הללו עומדים).

לגבי דרושים ותורות – יש בידינו כמה וכמה דברים שהרבי מקוצק אמר. הספר המעניין 'אמת ואמונה' כולל אמרות ושמועות של הרבי מקוצק שכתב אחד מחסידי גור הזקנים. הוא ניסה, עד כמה שהיה יכול, לברר את טיבן. בספר הזה יש כך וכך עמודים של דברים שקרוב לוודאי שהוא אמר, אבל אי אפשר לבנות מהם בניין.

מהדברים של הרבי מקוצק אי אפשר לבנות בניין, אבל הרבי מקוצק החזיק את אמת הבניין, את קנה המידה. וקנה המידה הזה לבדיקה ולחיפוש של האמת המוחלטת נמצא תמיד ברקע; בין אם אתה נעשה חסיד או מתנגד, חב"דניק, ברסלבר או כל דבר אחר, השאלה תמיד תהיה כמה מזה הוא אמת. לא יוצאים ידי חובה בלבישת בגדים חסידיים וכיוצא בזה. אומרים בשם תלמידו, בעל 'חידושי הרי"ם': "כאשר הס"מ (כינוי לשטן) גונב לאדם את נקודת האמת שלו, הוא משאיר אצלו את כל השטויות: הגארטל, השטריימל – אלה כבר לא יְשַׁנוּ". אמנם הביטוי הזה עשוי להעליב מאוד, אבל זהו דבר אמת.

שאלת האמת יכולה להתעורר בכל הקשר, גם בין אדם לחברו: פלוני אינו חבר כאח לי ואיננו רעי אשר כנפשי, אבל אם בחברות בינינו יש נקודה של אמת, הקשר הוא קשר אמיתי.

כולנו נמצאים במקום כלשהו בעולם – בעולם המעשה או המחשבה, בעולם העסקים או בכל עולם אחר. בכל המקומות הללו תישאר השאלה איפה היא נקודת האמת. לפעמים אני יכול לדעת ולהכיר בעצמי שלא הגעתי אל הנקודה הזו, אבל אני לא מפסיק לחפש בכל דרך שהיא.

שפת אמת, זרע אמת

המסר של הרבי מקוצק עדיין חי וקיים למרות הזמן שחלף ואף על פי

שדבריו קצרים, וחלקם אינם מובנים וסתומים. בכל זאת אפשר לשמוע מהם את תביעתו. הרבי מקוצק אינו מורה להאריך בתפילה או להתבונן בדברים אלו או אחרים. הוא דורש דרישה אחת – שתהיה בדברים נקודת האמת. כשאדם דורש דרשה, כותב ספר, משוחח עם אנשים או עושה כל דבר אחר – מה בתוך כל זה קיים? במה יש ממשות?

בתקיעות של ראש השנה עושים כל מיני דברים כדי לבלבל את השטן. מה פשר הדבר? האם הוא כל כך שוטה? הרי הוא כבר ותיק ורגיל, איך הוא עדיין מתבלבל? אני חושב שזהו הציור שמעורר אצלו את החשש: הנה מגיע יום הדין הגדול, כל העולם מתפרק וחוזר לראשיתו, ופתאום נשמעת תקיעת השופר. ובכל רבבות תקיעות השופר האלה, יש בכל אחת אולי חוט אחד, חוט השערה, גרעין אחד, מיליגרם אחד, שהוא אמת לאמיתה. והגרעין הקטן הזה, הוא שמשגע אותו. השטן בקי בשקר. הוא יודע היטב להבחין על מה חשב התוקע הזה, ועל מה חשב התוקע ההוא וכך הלאה – ובתוך כל המכלול הזה הוא מזהה נקודת אמת. וכשהוא מבין אותה, הוא נבהל. את הנקודה הזעירה הזו אנחנו מבקשים.

זה מעין "והיא שעמדה"; מהי באמת הנקודה הנקייה, שהיא זו שעמדה לאבותינו ולנו? אחרי כל הדברים הרצינים והלא רציניים, החשובים והפחות חשובים, הפנימיים ושאינם פנימיים, אנחנו מחפשים רק את "שְׂפַת אֱמֶת", שהיא "תִּכּוֹן לָעַד".[13] להגיע אל השפה, אל קצה האמת – אפילו לא לתוכה – זה מה שאנחנו מחפשים; אחר כך ממילא גם ניכנס פנימה. לכן אנחנו מנסים לדבר עליה ומקווים שאיכשהו היא גם תדבק בנו, ואם היא לא תדבק – שלפחות תציק לנו. שבוקר אחד אקום, עייף, מיוגע, מנומנם, טרוט עיניים, ואחשוב: "אז מה אני באמת?" מחשבה כזו היא התחלה של גאולה. ואז כל זה כבר כדאי.

כל הדברים שאמר הרבי מקוצק הם בבחינת מעט המחזיק את המרובה, או אם להשתמש בהגדרה קצת יותר נכונה, הדיבורים הללו

13. משלי יב, יט.

הם בבחינת "זֶרַע אֱמֶת"[14] – דבר שצריך לחשוב עליו עוד ועוד עד שיוציא פירות ופירי פירות. בסופו של חשבון הרבי מקוצק זרע זרעים קטנים בכל מקום שהיה יכול בעולם. האמרות שלו הן בבחינת זרע שממנו יכול לצמוח עץ שלם. אדם צריך לקחת מזרעי האמת האלה מה שאפשר לקחת, עד שהוא ידע שגם אם ילך באשר ילך – בסוף משהו יצמח מהם.

לחיים לחיים!

14. ירמיהו ב,כא.

13

דרכם של יחידים

בחינת מת מצוה

כתוב בספר חסידים שראוי ללמוד דווקא מסכת שלא רגילים לעסוק בה משום שהיא בבחינת מת מצווה. דברים דומים אפשר לומר בעניין יארצייט: אדם שיש לו הרבה ממשיכים – יהיה מי שידאג לציין את היארצייט שלו, ולכן אין חובה גדולה לעשות זאת. לעומת זאת, יארצייט של מי שאין לו המשך, כמו הרבי מקוצק – ראוי במיוחד לציין אותו, והוא בבחינת מה שכתוב בספר חסידים.

אמנם הרבי מקוצק הושמץ בימי חייו, וחסידיו נרדפו מכל צד וכיוון, אבל חסידיו היו בהחלט נבחרת. מעבר לכך שהם היו מחוצפים, לפחות חלק ניכר מהם היו אנשים גדולים – גדולים בתורה, בחוכמה ואפילו בעושר, וממילא הרדיפות כנגדם לא היו חמורות. לשם השוואה, גם חסידי ברסלב נרדפו ובוזו, וכיוון שהם תמיד היו מסכנים וכמעט לא היה מצוי ביניהם יהודי בעל נכסים או בעל תוקף, רדפו אותם ביד חזקה עד כדי הכאות, ובמשך כל השנים הם היו מועטים ומזולזלים. כאמור, בחסידי קוצק לא העיזו לפגוע יתר על המידה.

יתר על כן, תוך זמן לא רב קוצק נעשתה לזרם המרכזי ביותר והמשפיע ביותר בפולין הקונגרסאית. חסידי גור הם למעשה ההמשך של חסידות קוצק. גם חסידי אלכסנדר, אף שאינם מתלמידי הרבי

מקוצק, יצאו מבית המדרש של פשיסחה שהיה בית אב קרוב ומשותף לקוצק, ועוד רבים מאוד מאדמו"רי פולין יצאו מהזרם הזה. וכך, אף על פי שבזמנו הרבי מקוצק כביכול עמד בקרן זווית, לאחר זמן הוא נעשה כמין מרכז שרובה של החסידות בפולין התייחסה אליו במידה ידועה. גם חלק מצאצאיו, בניו ובני בניו, היו ממנהיגי יהדות פולין, וחלקם היו גם בעלי לשון ובעלי תוקף.

ועם כל זה, הנוסח והדרך של הרבי מקוצק לא נמשכו. לכן אם רוצים לציין איזשהו יארצייט, ראוי לעשות כך לכבודו.

הספר שאצל השד

מדוע דרכו של הרבי מקוצק לא נמשכה? ראשית, הרבי מקוצק לא השאיר אחריו ספרים.

למעשה, עיקרה של החסידות לא בא לביטוי בספרים. מישהו אמר פעם: "המתנגדים עשו ספרים, החסידים עשו אנשים". פעם, כשהיה לי קצת זמן, בדקתי את העניין מבחינה מספרית, אובייקטיבית: עשיתי רשימה, לא שלמה, של ספרי חסידות והיא כללה אלפים רבים של ספרים. ועם כל זה אפשר לומר שאכן מתוך עולם החסידות כולו יצאו הרבה אישים גדולים, אף על פי שרבים מהם לא כתבו ספרים. יתר על כן, גם הספרים שמיוחסים לאותם אישים, אינם עושים איתם צדק ואינם מבטאים תמיד את גודל האישיות; לפעמים ספר של אדם שהיה איש גדול באמת, הוא בכל זאת איננו ספר חשוב.

התופעה הזו נובעת, בראש ובראשונה, מכך שכמעט אף אחד מהאדמו"רים החסידיים לא כתב ספרים בעצמו. במקום זאת נערכו רשימות של הדברים שהם אמרו, אך הרשימות תלויות במזל – יש כאלה שזכו לתלמידים חכמים בעלי אבחנה שכתבו את הדברים החשובים שאמרו, ויש אחרים, גדולים לא פחות, שלא זכו לכותבי רשימות חכמים כאלה. למשל, מובטח אני שאילו רבי נחמן מברסלב לא היה מוצא את האדם הראוי להיות הסופר שלו, רבי נתן, היו נשארים ממנו בסך הכול כמה ספרונים קטנים. רבי נחמן עצמו העריך את רבי נתן וידע שהוא מצא לעצמו אדם שיצליח לכתוב את תורתו

וישמור על האיזון בין הדיוק בשמירת לשון רבו לבין ברירת התמצית והעיקר. לעומת זאת, מהסבא משפולא, המתנגד הגדול הראשון של רבי נחמן, שהיה תלמיד חכם גדול ואישיות גדולה, נשארו בסך הכול כמה סיפורים ומעט מזעיר דברי תורה משום שהוא לא זכה לתלמיד שהיה דולה ומשקה מתורת רבו ושידע להוציא ממעיינותיה מים חיים.

לפעמים מה שרשם חסיד מדברי הרבי שלו דומה לְמְשַׁמֶּרֶת הנזכרת בפרקי אבות שמוציאה את היין וקולטת את השמרים.[15] היו אנשים גדולים, שאלה שרשמו את תורתם לא באמת קלטו אותה או שלא הצליחו לבטא אותה. למשל, את הספר 'שבחי הבעש"ט' כתב אדם שאמנם לא הכיר את הבעל שם טוב, אבל חי דור אחריו, בצד תלמידיו הישירים, וחותנו היה מקורב מאוד לבעל שם טוב (הוא היה השוחט שלו וגם הסופר שלו במשך זמן מה). ובכל זאת ספר 'שבחי הבעש"ט' – כמו הכותרת שלו – הוא ספר שבחים על המופתים של הבעל שם טוב ועל מעשיו, ואינו תמיד נוגע בעיקר. למשל, הוא מזכיר שהבעל שם טוב דיבר על עניינו של שבתי צבי. השבתאות לא הייתה רחוקה מאוד מזמנו של הבעל שם טוב, ובוודאי הנושא הזה היה טעון מאוד בימיו; בשיא גדולתו של שבתי צבי חלק ניכר מעם ישראל, אולי אפילו רובו, נמשך אחריו, ובתוכם גדולי הדור. לבעל שם טוב עצמו היה עימות עם הפרנקיסטים, שהיו זנב של השבתאים. כאמור, בספר 'שבחי הבעש"ט' מופיעים כמה דברים מעניינים מאוד שהבעל שם טוב אמר על העניין הזה, שאינם מופיעים בספרים אחרים. הוא כותב, פחות או יותר, שבתחילה היה לשבתי צבי ניצוץ קדוש, אבל בגלל גאוותו וגסות הרוח שלו הוא הגיע לאן שהגיע. לאחר שהמחבר מביא את הדברים הללו בשם הבעל שם טוב, הוא כותב שהבעל שם טוב דיבר על זה הרבה, אבל הוא התעצל לכתוב. לעומת זאת, הוא מתעד באריכות גדולה משא ומתן בין הבעל שם טוב לכומר אחד, משא ומתן שעסק בדברים בטלים לגמרי.

15. אבות ה, טו.

בספר 'שבחי הבעש"ט' עצמו מסופר שיום אחד הבעל שם טוב חלם שהוא רואה שד הולך בדרך ומחזיק תחת ידיו ספר גדול. שאל הבעל שם טוב את השד: "מהו הספר הזה?" השיב לו השד: "זהו ספר שלך". נבהל הבעל שם טוב, קרא לכל החסידים שלו ושאל: "מי מכם כותב דברי תורה שלי?" אחד מהם הודה שהוא כותב. ביקש ממנו הבעל שם טוב לראות את הרשימות ואחר כך אמר: "אין שם מילה אחת שאמרתי".

הפירוש הכי מוצלח

על כל פנים, הרבי מקוצק לא השאיר אחריו ספר משום שלא רצה לכתוב ספר. הוא אמר: "נניח שאכתוב ספר. מי יקרא בו? אנשי שלומנו. מתי יש לאנשי שלומנו זמן לעיין בספר הזה? בשבת אחרי הצהריים. יגמור היהודי את הסעודה, ילך למיטה, ישכב ויחזיק בספר. אבל הוא עייף וכבד, והוא בוודאי יירדם – אינני רוצה לישון איתו באותה מיטה...".

ההימנעות מכתיבת ספרים בקוצק קשורה גם לנקודה נוספת שעולה מהסיפור הבא, אף על פי שמקורו בחב"ד: פעם חזר חסיד מהרבי שלו, והביא עימו ניגון חדש למילים "שְׂאוּ מָרוֹם עֵינֵיכֶם".[16] ידידו הטוב, שהיה אדם בעל מדרגה ומתנגד, שמע את הניגון ואמר: "ראיתי שלושים או ארבעים פירושים לפסוק הזה, ואף פירוש לא היה מוצלח כל כך כמו הפירוש שיצא מן הניגון הזה. למה, אם כן, הרבי שלכם לא כתב אותו?" השיב לו החסיד, שאילו הרבי היה כותב אותו, הטעם שלו היה דומה לטעמם של ארבעים הפירושים האחרים. יש דברים שאפשר להביע בניגון, ואי אפשר להביע בדיבור או בכתב. באותו אופן, יש דברים שכשכותבים אותם, הם מאבדים את איכותם הפנימית, ומה שנשאר מהם הוא דבר מת. ואם אי אפשר להחיות אותו, הוא נעשה רק עוד פירוש אחד, עוד ווערט'ל אחד, ותו לא.

16. ישעיהו מ, כו.

הרבי מקוצק לא רצה לכתוב, משום שחשב שאם הוא יכתוב דברים, יצא מהם רק עוד ספר קטן אחד.

העניין הזה קשור לדעתי לפנימיות החסידות. במשנה נאמר: "שלושה כתרים הם כתר תורה וכתר כהונה וכתר מלכות, וכתר שם טוב עולה על גביהן".[17] בחסידות הדגישו את כתר שם טוב. כתר שם טוב קשור לפיתוח האישיות עצמה, כך שהאדם יהיה גדול מצד עצמו. לדעתי, מן הטעם הזה הבעל שם טוב הפך את הכינוי הרגיל 'בעל שם' ל'בעל שם טוב'.

חלק מספרי החסידות הם ספרים חשובים שממימיהם אנחנו שותים, אבל האדם עצמו, האישיות שעומדת בפני עצמה, הרבי הגדול והצדיק – אותה אי אפשר לפגוש בספרים הללו. לא פעם קורה שהאדם נעשה מעין נספח לספריו, והוא זוכה לתואר 'בעל המחבר של ספר פלוני', והוא אכן ראוי לתואר הזה, משום שאי אפשר להבחין באדם שעמד מאחורי הספרים שחיבר ומאחורי התורה שהרביץ. בחסידות ניסו לתקן את העניין הזה, וביקשו שהדמויות עצמן יצאו חצובות וחתוכות, שגם אם אין בידינו הרבה דברים או סיפורים עליהן, תהיה בהן איזו בהירות, איזה חיתוך ייחודי ומובהק.

עד כאן הסברנו מדוע לא נשארו ספרים מהרבי מקוצק. אולם יש עוד סיבה לכך הדרך של קוצק לא נמשכה והיא קשורה לעניינה של קוצק.

שלוש אוטוסטרדות

בהיקף הגדול של דרכי החסידות – לא של אישי החסידות – יש שלוש דרכים גדולות או שלושה קווים כלליים: חב"ד, ברסלב וקוצק.

כידוע, קיימות כמה וכמה דרכים אחרות. אני עצמי בא, משני הצדדים, מענפי חסידות מכובדים וחשובים אחרים, ואולי רוב החסידים ורוב המנהיגים החסידיים הלכו בדרכים אחרות. אולם חלק מהדרכים האחרות היו יפות לשעתן בלבד, וגם אלה שנמשכות והולכות עד היום

17. אבות ד, יג.

הזה – קשה למצוא בהן עולם שלם. למשל, היה ענף שלם ורחב של חסידים שהתחיל מהמגיד מטריסק; בשעתו הוא היה רבי גדול, ורבים דבקו בו ובצאצאיו. אני בטוח שהיה בענף הזה הרבה יותר מאשר המנהג שהוא ייסד – להגיד בקדיש: "ויקרב קץ משיחיה". ובכל זאת, לא ברור שהיו בו דרך מיוחדת או עולם שעומד בפני עצמו.

כפי שאמרתי, חלק מהאישים הללו היו דמויות מובהקות ומוגדרות, אבל הם לא סללו דרך גדולה לרבים. למשל, הרבי מפיאסצנה, שהיה אדם גדול מאוד, אחד מאחרוני השושלת של קוז'ניץ (שושלת שהצמיחה לא מעט גידולים מפוארים; חלק גדול ממשפחת אימי היה מקושר אליה ומדובק בה במשך דורות), השאיר אחריו ספרים שאינם רק רשימות או ווערטלעך על התורה אלא ספרים שיש בהם הדרכה ודרך. גם הרבי מברדיצ'וב השאיר אחריו סיפורים, תורות, מסורות, ניגונים וספרים – וביניהם ספרו החשוב 'קדושת לוי'. ובכל זאת גם אם יש אנשים שמוצאים קשר אל הנתיבים או השבילים הללו מצד שורש נפשם והם צועדים בהם, אלה עדיין לא אוטוסטרדות. כאמור, אוטוסטרדות – גם אם לא שוות במספר הנוסעים בהן – מצאתי שלוש.

הדרך האחת היא חב"ד. זוהי דרך גדולה ורחבה שאדמו"רים, צדיקים ואלפי חסידים וישרים הלכו בה. באופן כללי מאוד חב"ד מכוונת את האדם לעבוד עבודה שבמוח. חלק גדול מהעבודה הזאת נעשית במודעות גבוהה מאוד ובנויה על הניסיון להגדיר דברים בבהירות.

את הדרך השנייה פיתחה ברסלב, שהיא חסידות שונה בתכלית מחסידות חב"ד הן מבחינת כמות האישים והחסידים והן בכיוון שלה. ברסלב הייתה חסידות קטנה ורדופה, אבל הדרך שלה עדיין הייתה גדולה. זוהי דרך של עבודה שבלב, ויש בה התרחקות מודעת מאינטלקטואליזם.

קוצק שונה לגמרי משתי הדרכים הללו. בקוצק ניסו להשחיז כל דבר עד לנקודה הקיצונית והמדויקת ביותר. קוצק שואפת להיות כמו קרן לייזר: קרן של אלקטרונים בודדים. היא אינה אלומות

רחבות ומתפזרות אלא נתיב דק שבדקים ומדויק שבמדויקים. כאשר מייצרים קרן כזו בתוקף ובאופן הראוי, היא יכולה יכול לחתוך כל דבר בעולם – קיר, פלדה או יהלום. זה היה בדיוק לטעמו של הרבי מקוצק. הוא רצה נוסח שיחתוך ויחדד את הדברים עד לקצה האחרון שלהם.

אוטוסטרדה ליחידים

שתי הדרכים הראשונות הן דרכים לרבים גם מבחינה עקרונית וגם מבחינה מעשית, ואילו הדרך שסלל הרבי מקוצק איננה מתאימה לרבים מבחינה מעשית. לכן, כשאני אומר שהוא סלל דרך, אני מדבר על הצד העקרוני. קוצק דומה לחסידויות חב"ד וברסלב, בכך שלכל אחת מהן יש ייחוד עקרוני, בלי תלות בשאלה כמה אנשים אוחזים בהן. אבל אם שני גדולי עולם אלה – האדמו"ר הזקן ורבי נחמן – סללו אוטוסטרדות שרבים הלכו בהן או יכולים ללכת בהן, הרבי מקוצק סלל נתיב שהוא אמנם לא פחות גדול, אבל בקושי אפשר להלך בו.

עם כל העניינים השונים והמשונים שיש בברסלב, הדרך שלה יכולה ליצור ולהכיל קהילה של חסידים – חסידי ברסלב, שיגַדלו ילדים שילמדו בתלמוד תורה של ברסלב וכך הלאה. באותו אופן יכולה להתקיים קהילה של חב"ד, ולה יהיה תלמוד תורה של חב"ד. יהודי יכול להיות חסיד חב"ד נלהב, רציני ואמיתי, ויחד עם זה להיות בעל בית; יש רבים כאלו, ובמשך השנים היו עשרות אלפים ואולי מאות אלפי בעלי בתים בנוסח חב"ד. גם בנוסח ברסלב, אם נוהגים בו כראוי, יכול יהודי להיות בעל בית; לנהוג פחות או יותר באופן המתאים, ללמוד בספרים של ברסלב, להתבודד ולהשיח בינו לבין קונו. גם בעל בית יכול לעסוק בדברים בפשיטות גמורה – הוא, אשתו וילדיו. אני עצמי הכרתי בעלי בתים בנוסח ברסלב, וגם הכרתי בעלי מדרגה בנוסח ברסלב. אדם יכול להיות אפילו למדן, ובכל זאת להיות יהודי פשוט. הנוסח שמציעה ברסלב – לנסות להיות בתמימות ובפשטות, בלי חוכמות – אפשר לרבים ללכת בו, ואשר על כן זאת דרך.

לעומת שתיהן, קהילה של קוצק אי אפשר לבנות. אי אפשר לבנות את בית המדרש דחסידי קוצק, שישבו בו בעלי בתים חסידיים בנוסח קוצק, מפני שעצם הנקודה של קוצק אינה סובלת בעלי בתים. גם אם יתלו שלט גדול: "בית הכנסת דחסידי קוצק", מבחינה מהותית בדרך הגדולה של קוצק יוכלו ללכת רק יחידים.

לנוסח חב"ד, שהוא כאמור עבודה שבמוח, יש סדר מסוים שקובע באיזה מהלך צריכים ללכת. גם אם יש בנוסח הזה בעיות, הוא קובע דרך ברורה וחד משמעית. גם נוסח ברסלב קובע מהלך שמורה לאדם מה הוא צריך לעשות בנפשו ובחייו. הנוסח של קוצק אינו קובע מהלך כזה. הרבי מקוצק אמר פעם שהוא היה רוצה שיהיו לו שלוש מאות חסידים שיחגרו גארטל שעשוי מקש, יכסו את הראש בעלה של כרוב, ילכו ביער ויצעקו: "ה' הוא האלוקים". סביב נוסח כזה אי אפשר לבנות מסגרת, וגם אי אפשר לשכפל ולחקות אותו; הרי אם יתחילו למכור בחנות שעל יד המקווה כובעים דמויי כרוב וחגורות קש בעשרה שקלים ליחידה, לא תהיה לכך כל משמעות. מה גם שבנוסח קוצק, אם אתה עומד בדרישות החמורות והמפליגות, אם אתה עושה דבר שהוא אמת לאמיתו, מושלם מכל צד ופינה, השאלה אם אתה אדם שכלי או רגשי, אינה חשובה כלל ועיקר. אתה יכול לבכות כל היום מרוב התרגשות בתנאי שאף אחת מדמעותיך לא תהיה דמעה של שקר. אתה יכול להיות גדול האינטלקטואלים, אבל אסור שתהיה בראשך מחשבה אחת בטלה.

בין חסידי קוצק היו אנשים חדים וחריפים שיְכולתָּם לזלזל בכבוד הבריות הגיעה לכל מיני שיאים. היו שם גם למדנים יוצאים מן הכלל. הרבי מקוצק עצמו היה גדול בנגלה ובנסתר. הרבי הראשון מגור, שהיה ידוע כעילוי המופלג ביותר בפולין, סיפר שהייתה משנה אחת שהיה לו ולרבים אחרים ברור שהנוסח שלה משובש, ושיש להפוך אותו, עד שפעם, בדיוק כאשר הוא היה עסוק בה, הוא הגיע לרבי מקוצק, והרבי העמיד אותו על טעותו. 'חידושי הרי"ם' אמר: "מה אני יכול לומר?! מה שאני יושב לחשוב עליו עשרים וארבע שעות, הוא הבין ברגע".

והנה באותה חצר שבה הסתופפו הרבה מוחות מזהירים מכל הסוגים, היו גם כמה יהודים שהלכו בכיוון שונה לחלוטין כמו 'בעל התהלים' מגוסטינין, שהיה גם הוא תלמיד חכם, אבל הוא היה מפורסם בתור האיש בעל הלב הטוב, וכל מה שהוא הורה לעשות היה להגיד תהלים.

אספר לכם עוד סיפור: בנו של ר' שלמה איגר, ר' לייבל'ה, התחיל לנסוע לקוצק. מבחינת אביו היה ראוי לקרוע עליו קריעה מעצם העובדה שהוא הפך לחסיד, אבל קוצק בעיניו הייתה מעין הדיוטה התחתונה שבגיהינום. הוא שלח שליח שיחפש את בנו וינסה להחזיר אותו הביתה. השליח הגיע לקוצק והתחיל לחפש את הרב ר' לייב איגר, אבל איש לא שמע עליו. הוא חיפש את הנכד של גדול הדור, ר' עקיבא איגר, הבן של הרב המפורסם שלמה איגר, אבל איש לא הכיר. לפתע אמר מישהו: "אה, אתה מתכוון ללייבל שלמה'ס עקיבא'ס? הוא יושב שם בפינה". התברר שכמו שהיה רגיל בין חסידי קוצק, לקחו ממנו כמעט את כל רכושו, ואפילו את השטריימל שלו לקחו ונתנו אותו כמשכון. השליח הזדעזע כששמע שקוראים לשני גדולי הדור: "שלמה'ס עקיבא'ס", והוא הזדעזע גם מהדרך שבה נהגו בבחור הזה שהיה יחסן וגם חתן של עשיר גדול. אחרי שראה כיצד כל באי עולם אינם נחשבים בעיני חסידי קוצק, הגיע פתאום אדם ואמר: "ר' הרשל'ה מגיע". כשראה שהכול רצו לראות את ר' הרשל'ה, אמר לעצמו השליח: "אם יש אדם שחסידי קוצק מכבדים, בוודאי כדאי לראות מי הוא". הלך וראה יהודי קטן לבוש בלויים שנכנס לשטיבל. שאל אותם השליח: "מי הוא האיש הזה? האם הוא למדן?" – "לא. בקושי פרק משניות הוא יודע". "יחסן?" – "לא, בנו של בעל מלאכה". "הוא עשיר?" - "אינך רואה כיצד הוא לבוש?!" שאל אותם האיש: "אם כן, מה מעלה יש בו?" השיבו לו: "הוא עניו". הוא צחק ואמר: "הוא אינו עשיר, לא למדן, לא יחסן – מה המעלה הגדולה בזה שהוא עניו?" הסיפור הזה התגלגל הלאה, נדמה לי שאל הרבי מראדזין, והוא אמר בדיוק להפך: "אם הוא אינו עשיר, לא למדן, לא יחסן, ובכל זאת עניו – זה הישג גדול".

עומדים יהודים שבעיניהם כל הלמדנים היו הבל ותוהו, את הרבנים הם לא החשיבו, לאדמו"רים הם יכלו להתייחס בהרבה מאוד זלזול, ומגיע לפניהם יהודי שכל מה שאפשר לומר עליו הוא שהוא עניו, והשאלה החשובה בעיניהם היא: האם הוא עניו על דרך השלמות, שכן רק אם הוא עניו על דרך השלמות, מתאים וראוי שהוא יהיה איתנו בקוצק. את הנקודה הזו אפשר לקחת לכל צד – אדם יכול להיות חכם, למדן, עשיר, או כל דבר אחר – אבל שיהיה נקי כמעט במאה אחוז.

על חוד התער

כאמור, הנוסח הזה מעצם הגדרתו וכמעט באופן עקרוני אינו עשוי לרבים, שהרי אם מסתכלים קצת כמעט בכל אדם, רואים מיד שהאינטליגנציה שלו, הלמדנות שלו והצדקות שלו אינן מושלמות. הרבי מקוצק לא אמר לקחת אדם כזה ולהטביע אותו בביצה הקרובה. אדרבה, שייסע לרבי אחר, ושם יעשה חיל; לא אצלנו, בקוצק. קוצק היא דרך ליחידים.

סיפרו שהרבי מקוצק התבונן פעם בקהל הגדול שהגיע אליו ואמר לאחד מחסידיו הקרובים: "אתה יודע, כאשר הייתי צעיר יותר ועוד היה תוקפי בי, לא היה מתאסף אליי אספסוף גדול כל כך". צריך להבין שבתוך ה'אספסוף' הזה היו רבנים חשובים, למדנים גדולים וכיוצא בזה, ובכל זאת זו הייתה עמדתו הבסיסית. הרבי מקוצק ראה בקוצק לא רק סיירת, אלא יחידה קטנה. גם אם לא היה לו עניין מיוחד שהיא תהיה קטנה דווקא, הגדרותיה העצמיות הכתיבו שהיא תתאים למעטים בלבד. הרבי חשש מהגעתם של רבים לקוצק, בין השאר גם משום שרבים מאוד הגיעו אליו רק מפני ששמעו שיש בקוצק משהו מעניין ויוצא דופן; הרי לקיצוניות באשר היא יש כוח משיכה. הרבי רצה לזרוק את כל אלו מעל פניו לא מפני שהוא שנא יהודים פשוטים. הוא לא ראה פגם של ממש ביהודים שהם חכמים עד כדי 30% או צדיקים עד כדי 37.5% וכך הלאה; כל אלו בסדר גמור, אבל מבחינתו, אין להם מה לעשות אצלו.

יש בעולם מין של צמחים שנקרא גינקו. מוצאו בסין, ומשם הביאו אותו לכל מקום בעולם. הוא נראה כמו עץ, אבל מבחינה בוטנית הוא איננו שייך לשום מחלקה של צמחים. אולי הוא שייך לצמחים מהפרה־היסטוריה הרחוקה, אבל שום דבר חי בימינו אינו קרוב אליו ואינו דומה לו. בחלוקה הבוטנית, בטקסונומיה, הגינקו הוא מחלקה מיוחדת לעצמה, מערכת שיש בה יצור אחד או שניים, לצד מחלקות כגון עשבים ודשאים וכיוצא בזה.

יש שני בעלי חיים שחיים באוסטרליה, ברווזן וקיפוד הנמלים, שקשה להגדיר אותם בדיוק: הם גם מטילים ביצים וגם יונקים בעלי חום גוף קבוע – שילוב שאינו מצוי אצל אף יצור אחר. הגמרא אומרת שמי שמטיל ביצים אינו יונק, ומי שיונק אינו מטיל ביצים[18] – ואילו הם גם מטילים ביצים וגם יונקים. גם אנשי המדע כמעט תלשו זה לזה את השערות בשאלה איך להגדיר אותם ולהתייחס אליהם. אפשר לומר שכל קבוצות בעלי החיים מכל הסוגים והמינים הם חטיבה לעצמה, והברווזן וקיפוד הנמלים הם חטיבה לעצמה. מבחינת המהות הם יחידה שעומדת כנגד כל אלפי הסוגים והמינים האחרים, אף על פי שמהם יש רק שני מינים בכל העולם. אף על פי שהם מועטים, מבחינה זואולוגית הם קטגוריה שעומדת בפני עצמה.

כך גם בנוגע לקוצק. מבחינה עקרונית הנוסח של קוצק קובע עולם בפני עצמו, אף על פי שהוא אינו יכול להגיע בפועל לאותו שיעור גודל של החסידויות המרכזיות האחרות, ואף על פי שכל ניסיון לקבע את הנוסח הזה כנוסח לרבים בהכרח יהרוס את עצמו. ציבור כזה איננו אפשרי; אי אפשר לגדל כך ילדים לא בחדר ולא בבית ספר, שהרי בנוסח של קוצק מנסים לחדד את התער עד כדי כך שבקצהו יישאר רק אטום אחד, לחדד את הדברים עד לקצה האחרון ועד לנקודה האחרונה. בכל דרך שבה מגדלים אנשים אפשר להסביר להם היכן נמצא האידיאל, ואפשר גם לומר להם שהם ממוקמים במקום כלשהו בדרך אליו. אבל לקראת האידיאל של חיים על חוד

18. בכורות ז, ב.

התער ממש אי אפשר לגדל הרבה אנשים. על צידו האחד של תער אפשר להשכיב משהו, גם על צידו האחר אפשר להשכיב משהו, אבל על החוד אי אפשר להשכיב כמעט כלום; הוא צר מדי, ועם זה הוא קובע הגדרה לעצמו.

קנה המידה

אם אי אפשר ללכת בדרך הזו, אם אי אפשר לחיות עד הקצה בכל דבר ועניין, מדוע אנחנו בכל זאת מתוועדים סביב העניין הזה? מדוע ראוי לדבר עליו? מפני שיש דברים שגם אם הם לא הלכה למעשה, יש בהם חשיבות רבה.

אפשר להקביל את העניין הזה לשיטת בית שמאי. יותר משבית שמאי נוטים ללכת לחומרה, הם מעמידים את הדברים על מיצויים, על דיוקו של העיקרון, על הקצה האחרון שלו. נאמר שלעתיד לבוא תהיה הלכה כבית שמאי. משמעות הדבר היא שבעולם הזה אולי אי אפשר לחיות כבית שמאי, אבל לעתיד, כשהעולם יהיה מושלם, אפשר יהיה להעמיד את הדברים על מקומם המדויק. מדוע מזכירים את דברי בית שמאי אף על פי שכמעט תמיד אין הלכה כדבריהם? האם לא מוטב לדלג הישר אל דברי בית הלל, שלפיהם נפסקת ההלכה? את דברי בית שמאי מזכירים לא רק על מנת להבהיר דברים, אלא מפני שנחוץ להעמיד ולהציב את הדרך הזו גם בכל פעם שהולכים בדרכים אחרות. אמנם העולם שלנו לא יכול להתקיים רק על פי מידת הדין וכמו שאמר אברהם לקדוש ברוך הוא: "אם אתה רוצה דין, לא יהיה עולם; ואם אתה רוצה עולם, אין דין. אי אפשר לתפוס את החבל בשני ראשים", וכך גם אנחנו אומרים בתפילה: "אם תמצֶה עומק הדין מי יצדק לפניך בדין"?! אולם יחד עם זאת אדם צריך לדעת שיש קו האמת, גם אם הוא אינו יכול לעמוד בו.

לכאורה להליכה בדרך האמת והדין עד לנקודת האמת הגמורה – אין סיכוי. אבל הנקודה הזו משמעותית בכל זאת. משמעותה קשורה למושג המתמטי 'נקודת הגבול'. ברור שאי אפשר להגיע אל נקודת הגבול, אבל הנקודה הזו נצרכת, ולו בשביל להגדיר

ולהתוות את הדרך, גם אם היא רחוקה. הנקודה הזו מגדירה את הפנייה ואת המסלול.

בגמרא מסופר שניסו לעשות את המנורה מזהב טהור, והכניסו אותה אלף פעמים למצרף רק כדי להוציא כחצי דינר זהב.[19] למעשה אפשר להגיע רק לזהב כמעט טהור. כאשר מנסים בכל דרך לנקות דבר, לעבד אותו ולצרף את כל הסיגים שבו, בהתחלה אפשר לעשות זאת במהירות, ולהגיע לתוצר שהוא נקי ב־90%. כמעט תמיד זהו תהליך פשוט יחסית. קשה יותר להגיע ל־95% או ל־96%. וכשמבקשים להגיע ל־99% או ל־99.9%, בכל ניסיון לעלות עוד שבריר של אחוז, צריך להשקיע מאמץ אדיר. ככל שמתקרבים לגבול, המאמץ נעשה כמעט בלתי אפשרי.

בפיזיקה יש ערך שנקרא 'האפס המוחלט', הטמפרטורה שאין למטה ממנה, קצת פחות מ־273° מתחת לאפס. ביחס לאפס המוחלט, חמצן נוזלי, שהוא בערך בטמפרטורה של 180° מתחת לאפס, נחשב לדבר חם למדי, ואכן יש חומרים שרותחים בתוך חמצן נוזלי. כדי להגיע אל האפס המוחלט מדענים משקיעים סכומי כסף עצומים. הצליחו להגיע קרוב מאוד אליו, אבל אליו ממש אי אפשר להגיע. בכל פעם מצליחים לרדת עוד מעט, עוד עשירית או אלפית או אפילו מיליונית המעלה, וכל ירידה כזאת היא הישג גדול שכותבים עליו בכתבי העת המדעיים בהתרגשות, משום שכאשר מגיעים לאפס המוחלט, הכול משתנה, מפני שזהו הקצה, הגבול. כדי לייצר קרח לא צריך להגיע לאפס המוחלט. האפס המוחלט הוא הרבה מעבר לתחומים השימושיים, אבל חשוב להכיר בו וללמוד עליו, כדי שנוכל למדוד את שאר הדברים, שכן כל הדברים נמדדים ביחס לגבולות, ביחס לשאלה כמה הם קרובים אל המוחלט.

כדי להגיע לכך דרוש הרבה יותר מאשר עבודה מתמשכת של האדם. במידה מסוימת זה נמצא על גבול העולם, לא בתוך העולם. ובכל זאת חשוב שנחשוב על דברים כאלה, כדי לתת למציאות שלנו

19. מנחות כט, א.

את קנה המידה, כדי שאדם ידע שהדרך הרגילה שבה הוא בוחן ומעריך את הדברים איננה שלמה כלל ואיננה מתחילה להתקרב לשלמות.

לכן בכל זאת מזכירים את היארצייט של הרבי מקוצק, את היארצייט של אדם שהיה אש שלהבת. מהי קוצק? העלבה של כל העולם איננה קוצק; אי התחשבות בכל העולם גם היא עדיין איננה קוצק. רק דבר אחד קשור באמת לקוצק – החיפוש שאדם עורך, בדרך כלל עם עצמו, ובוחן היכן נמצאת נקודת האמת לאמיתה; היכן נמצא הדבר שאי אפשר להגיד. הפראות, ההתלהבות, ואפילו הנחישות של אדם לבקוע דרך הקירות, בלי שאכפת לו אם הוא ניזוק או מזיק – כל אלו אינם באמת העניין. מעבר לכל אלו עומדת השאלה הפשוטה: איפה נמצאת האמת המושלמת? ואף על פי שאי אפשר לענות על השאלה הזאת, משהו נשאר ממנה.

עד מיצויה של נפש

תמצית דרכו של הרבי מקוצק היא הניסיון להגיע, עד כמה שאפשר, אל הגבולות, אל התחומים המוחלטים, והדרך הזו במהותה שייכת ליחידים שביחידים. כתוב שלאחר המוות נשארת מהגוף רק עצם קטנה, הלוז, ששום דבר אינו יכול לכלות אותה, וממנה עתיד הגוף כולו לקום לתחייה. החיפוש אחרי הלוז, אחרי הקצה האחרון שאיננו ניתן לכליה, אחרי הדבר האחרון שלא ניתן להמתה, חשוב, משום שבו נמדדת כל דרך אחרת.

אדם יכול ללכת בדרכים אחרות ולחיות כעין מה שאמר הנביא ירמיהו על יאשיהו: "הֲלוֹא אָכַל וְשָׁתָה וְעָשָׂה מִשְׁפָּט וּצְדָקָה אָז טוֹב לוֹ".[20] הוא יכול להשכים ולהעריב, ללמוד קצת דברי תורה בבית המדרש, להתנהג עם בני ביתו באופן סביר, לא לרמות את הבריות, לעשות את עבודתו נאמנה. זה בסדר גמור. מה אפשר לומר כנגד חיים כאלה? מוכן ומזומן לו חלק לעולם הבא. לאו דווקא במדורים

20. ירמיהו כב, טו.

הגבוהים ביותר בעולם הבא, בצד האופנים והשרפים, אלא בעולם הבא שמתאים ליהודים טובים. מאדם שמנסה ללכת בדרך הטוב ואינו דורש מעצמו להיות צדיק כמו צדיקי הדורות הראשונים, אלא להיות רק צדיק "בדורותיו"[21] – אדם הגון, ישר וירא שמים, יוצא 'צדיק של בית דין של מעלה': יש בידו יותר מצוות מעברות, הולכים אחרי הרוב ומזכים אותו. יש גן עדן מיוחד לכל היהודים הישרים והתמימים הללו. אשרי חלקם. ועם כל זה, מהאדם אפשר לדרוש עד מיצויה של נפש, לא פחות. גם אם מבחינה מעשית אדם אינו יכול להגיע למיצויה של נפש, הדרישה הזו אינה נעלמת, והיא קנה המידה האמיתי. לכן הנוסח של קוצק נחוץ גם למי שהוא חב"דניק, גם למי שהוא ברסלבר וגם למי שאוחז בכל דרך אחרת.

יש דרך של עבודת ה', יש דרך של תיקון המידות, יש דרך של לימוד תורה, יש דרך של קיום הרבה מצוות, ויש דרך של העמדת תלמידים הרבה – כל הדרכים הללו נכונות ומתוקנות; אבל מפעם לפעם צריך שתיכנס גם הקרן הזאת של האמת, שמצד אחד היא הורסת הכול, מפני שברגע שאני מעמיד את האמת מול שאר הדברים – "אֶל מִי תְדַמְּיוּנִי וְאֶשְׁוֶה?"[22] – כנגד משהו בסדר הגודל הזה הכול נעלם; ומצד שני, הקרן הזאת מיישרת הכול.

כל אלה שעסקו ברבי מקוצק או כתבו עליו עמדו על כך שהוא היה עמוד האמת. הוא חידד את הנקודה הזו ביתר שאת וביתר עוז מכל מוריו ורבותיו, והוא גם ידע שככל שימשיך ללטש ולחדד אותה, דרכו תהפוך צרה יותר, דקה יותר ומסוכנת יותר, ורק בדוחק אפשר יהיה להלך בה או לדרוך עליה, ואף על פי כן הוא המשיך לאחוז בה, ב"ה' אלוקים אמת". מסיבה זו ראוי להזכיר אותו ולהיזכר בו, מפני שבכל הנתיבים ובכל הדרכים שנצעד, בכל התחומים ובכל ההקשרים, בדברים גדולים ובדברים קטנים, בעניינים שבשכל ובעניינים שברגש,

21. ראו את דברי הדורשים לגנאי ברש"י לבראשית ו, ט.
22. ישעיהו מ, כה.

בתורה, במצוות, בדבר הרשות וגם בדבר עבירה תעלה אותה שאלה: חוויתי, הבנתי, חייתי, עשיתי – איפה הייתה נקודת האמת?

לגעת בשפת אמת

הרמב"ם מתחיל את הספר שלו בכך ש"ה' אלוקים אמת" – יש מצוי ראשון וכל הנמצאים לא נבראו אלא מאמיתת הימצאו, ואין שום נברא שהוא אמת כמותו. האמת במובנה המוחלט, בקצה האחרון, היא הקדוש ברוך הוא לבדו. האמת לאמיתה, בשלמותה – היא אחת, ולא יכולה להיות אחרת. אין עוד מלבדו. כל דבר אחר הוא יחסי – קטן יחסית, גדול יחסית, קרוב לאמת או רחוק ממנה. אדם צריך לשאול את עצמו איפה נמצאת נקודת האמת שהיא מידתו של הקדוש ברוך הוא. הוא צריך לנסות להתקרב אליה עוד קצת, לנגוע בה, לנגוע לפחות בשפה שלה, בשפת אמת.

סיפרו פעם שמישהו הביא לרב אחד פירוש שכתב על ספר מסוים. הרב הסתכל ואמר: "נו, זה קרוב לאמת". והוא הסביר מיד: "אתה יודע מה הייתה כוונתי? התכוונתי שהמקור – הספר שעליו אתה כותב את הפירוש, נדפס למעלה, והפירוש שלך נדפס בסמוך לו – קרוב לאמת"... על כל פנים, באמת יש מעלה בדברים שהם קרובים לאמת. כך כותב בעל התניא על הפסוק "שְׂפַת אֱמֶת תִּכּוֹן לָעַד",[23] שלא רק האמת בשלמותה, אלא אפילו שפת אמת, הקצה של האמת, גם היא קשורה אל הנצח.[24]

ישבתי פעם עם הרבי הזקן מסלונים, כשהוא היה כבר אדם זקן שעבר הרבה מאוד חוויות, והוא סיפר לי סיפורי מעשיות (לא לכבודי, אלא לכבוד אבא של סבא שלי, שאותו הוא הכיר). הוא סיפר לי שכאשר היה צעיר, הוא נשלח פעם על ידי ה'בית שמואל', שהיה אז האדמו"ר מסלונים, אל כל גדולי האדמו"רים כדי לנסות לייסד ארגון חרדי מסוים. הוא סיפר לי שאחד האדמו"רים שאליהם הגיע אמר לו

23. משלי יב, יט.
24. ליקוטי תורה בהר.

את הביטוי: "אשרי העיניים שראו את העיניים שראו את העיניים". דבר דומה אפשר לומר על בחינת האמת הזו: גם אם אינך שייך לזה, אם תיגע או תידבֵּק באיזה אופן שיהיה, אפילו במישהו שנדבק פעם בדבר כזה – המגע הזה יעשה רושם, הוא ישאיר בך חותם.

סיפרו על אדם זקן אחד שנטה למות, גסס עוד ועוד וכבר ביקש את נפשו למות, אבל עדיין לא מת. ניסו לברר מה פשר הדבר עד שלבסוף מישהו חקר ודרש ומצא שהוא היה פעם אצל הרבי ר' אלימלך, והרי הרבי ר' אלימלך אמר שאף אדם שדרך על סף בית המדרש שלו לא ימות בלי תשובה. על כן כל עוד האדם הזה לא הביא את עצמו לעשות תשובה, הוא לא יכול היה למות. כך קורה שאדם נוגע באיזה דבר, והדבר הזה אולי לא הפריע לו לחיות, אבל לפחות למות הוא אינו יכול.

ספר של צדיקים

אנחנו מדברים על קוצק בשביל לזכור שהדבר הזה קיים, שיש דרך כזו, והיא גדולה לא פחות מכל אחת מהדרכים האחרות. היא גדולה מבחינת היקף התביעה שלה, גדולה מבחינת דרישותיה וגדולה בכך שכוחה יפה לשנות את האדם שהולך בה.

לקדוש ברוך הוא יש ספר של צדיקים גמורים, יש ספר של רשעים גמורים, וספר של בינוניים. כמה צדיקים יש בעולם? יש כמה תשובות לשאלה הזו, ובספרי חסידות ובספרים אחרים מופיעות גם הגדרות שונות למושג 'צדיק'. רבא אומר בגמרא שיש שמונה עשרה אלף שורות של צדיקים שעומדים לפני הקדוש ברוך הוא; ואילו רבי שמעון בר יוחאי אומר שהם מועטים: "אם אלף הם – אני ובני מהם; אם שניים הם – אני ובני הם; אם אחד הוא – אני הוא".[25] על פי הגדרה מסוימת של צדיק, אפשר שמדובר לא רק על אחד מאלף אלא על אחד מריבוא רבבות אלפים. ייתכן שספרן של צדיקים אינו עמוס לעייפה, ושיש בו יותר דפים ריקים מאשר כתובים. ועם זאת הספר

25. סוכה מה, ב; בראשית רבה לה, ב.

הזה הוא ספר בפני עצמו. צריך לזכור ולהזכיר, פעם אחרי פעם, שאכן קיימת המהות שהיא ספרם של צדיקים גמורים.

אדם יכול לומר: "קוצק איננה הדרך המיועדת לי. קטונתי ואינני עשוי לזה, לא בצעירותי ולא בזקנותי". ובכל זאת צריך לזכור שיש מציאות של חסיד קוצק, שרוצה, בשורש העניין, לנסות להגיע אל קצה נקודת האמת, אל האמת כשהיא לעצמה. לקחתי אבן – מה מזה הוא אמת? לקחתי פרח – כמה מזה הוא אמת? איך אגיע לשורש השורשים, לתמצית, לדבר הקרוב ביותר לקדוש ברוך הוא?

הנקודה הזו היא נקודה מפחידה באמת. זו לא רק האימה שהייתה לכל מי שראה את הרבי מקוצק; ההרגשה הזו של האמת, היא אחד הדברים המפחידים ביותר שיכולים להיות לאדם.

ייתכן שעמוד האמת הוא העמוד החזק ביותר, אבל הוא עשוי מהחומרים הדקים ביותר. הוא אינו צריך להישען על דבר מפני שהוא עומד לבדו, הוא לבדו מחזיק את כל שאר הדברים. את הנקודה הזו שנמצאת בשורש כל הדברים ושנותנת בהם חיות, צריך לפחות פעם אחת בשנה לזכור. בשבילה ראוי להתוועד.

י״א ניסן

י"א בניסן הוא יום ההולדת של הרבי מליובוויץ', ר' מנחם מנדל שניאורסון, שהיה מגדולי מנהיגי דורנו. הרבי היה גם רבו של הרב והוא היה מקושר אליו בלב ובנפש.

הרבי נולד בשנת 1902 ונפטר ב־1994. שנות חייו חפפו כמעט את המאה העשרים כולה ואת פעילותו כרבי אפשר לראות לאור המאורעות הכבירים שעברו על האנושות בכלל ועל היהדות בפרט במהלכה. את כל המאורעות האלה – המהפכה הבולשביקית, עליית הנאציזם והשואה, ההגירה היהודית לארצות הברית ולישראל ועוד – חווה הרבי על בשרו כאדם פרטי, ולכולם הוא הגיב כמנהיג לדורו.

הרבי נולד לתוך המשפחה המורחבת של אדמו"רי חב"ד. הוא היה צאצא של ה'צמח צדק', האדמו"ר השלישי של חב"ד, ולימים נישא לבִתו של האדמו"ר השישי של חב"ד, הרבי הריי"ץ, שהייתה קרובה רחוקה שלו. בהיותו חתן האדמו"ר היה מועמד טבעי לרשת את האדמו"רות. בפועל הדבר לא היה פשוט כלל עבורו. לא אחת אמר הרב שטיינזלץ שאחד המאפיינים החזקים ביותר של האדמו"רות של הרבי היה אי הרצון החריף של הרבי להיות רבי. ובכל זאת קיבל הרבי מליובוויץ' את ההנהגה על שכמו.

תקופת נשיאותו של הרבי הביאה את תנועת חב"ד לשלב חדש. הוא הניע את מפעל השלוחים האדיר, ומפעל זה כיסה את כל העולם באלפי בתי חב"ד הפועלים למען היהדות והיהודים בכל מקום. הרבי יצר תנועת תשובה שחיברה מחדש יהודים מכל העדות למסורת אבותיהם. הוא העמיד את הקיום היהודי במעמד של 'לכתחילה' בתוך עולם של נסיגה ודכדוך, בעיקר בקרב יהדות ארצות הברית. מאחורי כל מעשיו עומדת התפיסה שניסח על דורנו – שהוא דור הגאולה, וממנה נגזר כל השאר.

הרב ראה ברבי את הדוגמה, בה"א הידיעה, לאדם גדול, שגדולתו קורנת ופורצת מכל היבט של הווייתו. יום ההולדת של אדם כזה הוא סיבה ראויה לחסידים לשבת ולהתוועד, לעסוק בחשבונו של עולם ולקחת עליו אחריות.

14

עניינו של הרבי מליובוויץ'

בין הווייתו של אדם ומעשיו

עצם הציון של יום הולדתו של אדם איננו תופעה רווחת במסורת ישראל, והוא עוד פחות מצוי כאשר מדובר באדם שאיננו איתנו. בלוח השנה של עם ישראל יש הרבה מאוד תאריכים מיוחדים שנזכרים ונעשים בכל דור ודור, וחלק מהתאריכים הללו הם ימי זיכרון מסוגים שונים, אבל כאשר מציינים בעם ישראל ימי זיכרון, כמעט תמיד מדובר בימים שבהם אותן דמויות נפטרו מן העולם ולא בימי ההולדת שלהן. הטעם לכך נעוץ בהבדל בין עניינם של שני הימים הללו.

יום הפטירה של אדם הוא נקודת זמן שבה אפשר לסכם את פועלו בעולם. ביום זה רואים את חייו מנקודת המבט של המעשים שלו, ולכן אלה הדברים שמציינים וזוכרים באותו יום. למעשה, יום הפטירה איננו רק סיכום פעולותיו של אדם בעבר; פעמים רבות, הסיכום הזה אינו אלא סיכום ביניים. כשם שאחרי פטירתם הצדיקים מתעלים והולכים מחיל אל חיל בעולם העליון כפי שמובא בספרים, כך גם בעולם התחתון מתרחש דבר דומה – האדם ממשיך ופועל אחרי מותו. יש אנשים שלאחר פטירתם מן העולם נשאר מהמעשים שלהם רק זיכרון שבדרך הטבע הולך ומתעמעם, ולעומתם יש אנשים שהזיכרון של מעשיהם הולך וגדל, הולך ומתעצם; הדבר הזה קורה

בפועל ממש, וזו הבחינה של הליכה מחיל אל חיל בעולם הזה. לעיתים הזיכרון של אדם הולך וגדל אחר פטירתו עד כדי כך שהוא נעשה זיכרון ממין אחר. על דרך משל, כאשר אדם שותל עץ, העץ ממשיך לגדול גם אחרי שהאדם כבר איננו בעולם, והוא ממשיך וגדל עד שכעבור חמש שנים או חמישים שנה – מבחינות רבות הוא כבר עץ אחר. יום פטירתם של אישים גדולים וצדיקים מהעבר הוא, אם כן, יום של ציון פעולותיה של אותה הדמות בעולם בחייה ולאחר חייה.

לעומת זאת, החגיגה לכבוד יום ההולדת של אדם מתייחסת לעצם ההוויה שלו. כאשר בוחנים חיים של אדם, אפשר לשאול מה הוא עשה – ופעולותיו הן תחום מדיד שניתן לבחינה והגדרה – ואפשר לשאול מי הוא היה, ומה הייתה מהותו. לפעמים אפשר לומר על אדם מסוים שהבחינה של מהותו לא הייתה חשובה כל כך, ודווקא הפעולות שהוא השאיר אחריו הן העיקר. מבחינה זו ההוויה הפרטית שלו הייתה רק הכלי שדרכו הוא עשה את המעשים ואת המפעלים שאותם הוא השאיר בעולם. לעומת זאת, כאשר אנחנו חוגגים לאדם יום הולדת, בין בחייו ובין אחרי פטירתו, אנחנו מתייחסים להוויה שלו בפני עצמה, בלי להתחשב במעשיו. הבחינה הזו, שלאישיות עצמה יש קיום משמעותי בעולם, היא בחינה שרוב בני האדם אינם זוכים לה אחר חייהם, ובקושי הם זוכים לה בחייהם. מסיבה זאת, בניגוד לימי הפטירה, ימי ההולדת בעולם היהודי הם נדירים מאוד, כאמור.

משמעותה של עצם ההווייה

אם נכנסים לעומק העניין, עולה השאלה אם יש משמעות לעצם הקיום וההוויה של אדם, ועד כמה. כיצד אפשר לדבר על עצם מהותו של אדם בלי להתייחס לפעולותיו?

כדי להסביר את העניין, אדגים אותו במעשה ששמעתי מאדם שהכרתי. אותו אדם סיפר לי את תולדותיו ואמר שבמשך כל חייו הוא חש שמוטל עליו צל, שהוויה של אדם אחר עומדת מאחוריו תמיד. התברר שלהוריו היה ילד בן עשר שנפטר לפני שהוא נולד. אותו

אדם מעולם לא ראה את אחיו הגדול, ועם זאת, הוא חש שההוויה של אחיו המת רודפת אחריו כל החיים. התחושה הזו נבעה, כנראה, לא מעט מהעובדה שההורים התייחסו אליו כמין תחליף לבנם הבכור או לכל הפחות כפרק שני בסיפור המשפחתי שלהם. אותו אדם סיפר לי, בין השאר, שהצל של האח האגדי שתמיד ריחף עליו הוא שדחף אותו כל הזמן לעשות דברים ולהגיע להישגים גדולים הרבה מעבר למה שההורים שלו חשבו ורצו; ואני משער שהם היו גם מעבר למה שאחיו היה מסוגל לעשות. על כל פנים, מה שרדף אותו היה ההוויה של האח ולא המעשים שהאח השאיר בעולם, שהרי מה כבר יכול ילד בן עשר לעשות בעולם? ההוויה הלא־ממשית של האח המת הייתה במובן אחר, וכלפי אדם אחר, ממשית וקיימת עד כדי כך שהוא היה רדוף על ידיה תמיד. מתברר שלפעמים הוויה שהייתה בעולם והלכה ממנו, אף על פי שלא נשאר ממנה שום דבר בפועל, חיה ומשמעותית עד כדי כך שהיא פועלת בעולם.

ההבחנה בין פעולותיו של אדם מסוים ובין עצם הקיום שלו איננה פשוטה משום שאנחנו נוטים למדוד דברים מן החוץ ולא מבפנים. אם רוצים להבחין בין הצדדים הללו צריך לחשוב מה היה נשאר ממנו אילו לא היה מצליח לעשות שום דבר מהדברים שהוא ניסה. יש אדם שאילו הוא לא היה מצליח בחייו מאיזושהי סיבה – למשל, אם כל כתביו היו אובדים או כל מפעליו היו מידלדלים – אזי גם מהאדם עצמו לא היה נותר דבר. לעומת זאת, יש אדם שהוא בעצמו הוויה שיש בה קיום, והיא ממשיכה להיות נזכרת, ואפשר להיאחז בה, גם אחרי שהאדם נפטר. ללא ספק, היו אנשים שניסו לעשות דברים ונכשלו, ועם זאת, הדמות שלהם, ולעיתים הרצון שלהם כשלעצמו, היו מספיק חזקים כדי להוביל אחרים בעקבותיהם. במילים אחרות, הדמות עצמה, האישיות בטהרתה, בלי לייחס לה פעולה מסוימת וממשית, משמיעה את עצמה, מדברת ופועלת בתוך העולם.

שמעתי פעם תיאור שמבטא את הנקודה הזו באופן אחר: "פלוני הוא איש כזה שעצם נוכחותו בולטת לא פחות מאשר היעדרו". יש אנשים שכולם שמים לב להיעדרותם, אבל נדירים הרבה יותר האנשים

שעצם העובדה שהם כן נמצאים במקום מסוים או באירוע מסוים תורגש ותיזכר. אם לצייר זאת בפשטות, כאשר אנשים יושבים יחד, ואחד קם והולך, ייתכן ששמים לב שהוא הלך, אבל העובדה שהוא נכח אינה משמעותית לאיש מפני שאין לו הוויה משמעותית מספיק בעיני האנשים האחרים. לעומת זאת, יש אנשים שכאשר הם נמצאים במקום, הם באמת נמצאים, והמציאות שלהם מורגשת ופועלת. זו אינה מציאות שבאה מחמת העדר, אלא מציאות שבאה מחמת המהות.

גדולה שלא נמדדת

את הבחינה הזו של המהות קשה למצוא בעולם, אבל כאשר פוגשים אותה, גם אם לא מבינים מהי בדיוק, רואים דבר ממשי, והוא מותיר רושם.

בסוף ספר מלאכי יש פסוק שקוראים אותו ברוב המקומות בהפטרה של שבת הגדול: "כִּי שִׂפְתֵי כֹהֵן יִשְׁמְרוּ דַעַת וְתוֹרָה יְבַקְשׁוּ מִפִּיהוּ כִּי מַלְאַךְ ה' צְבָאוֹת הוּא".[1] על הפסוק הזה הגמרא דורשת "אם דומה הרב למלאך ה' – יבקשו תורה מפיו, ואם לאו – אל יבקשו תורה מפיו".[2] כיצד אני אמור לדעת כיצד נראה מלאך, הרי בשביל לדעת אם הרב דומה למלאך או לא אני צריך לראות, לפחות פעם אחת, מלאך ה' צבאות? שמעתי פעם תשובה לשאלה הזו, תשובה שהיא אמיתית מצד עצמה גם אם אולי היא איננה פשט הגמרא: גם אם אינני יודע כיצד נראה מלאך, אני יודע בוודאות שכאשר אראה מלאך אני אדע שאני עומד בפני מלאך. כך, כשאני רואה אדם ואני יכול לומר בוודאות: "זה רבי", אני יכול לקבל תורה מפיו. זו אינה דרישה ששייכת להגדרה מסוימת. אינך צריך לבדוק אם יש לו כנפיים ברוחב של שלושה מטר או שלושים מטר, אלא עליך לזהות אם זה זה; אם יש מולך אדם שאתה יכול מייד לראות שהוא אחר. זוהי גדולת

1. מלאכי ב, ז.
2. מועד קטן יז, א.

האישיות, המהות של האדם שהיא למעלה מעלה מהדברים שהוא פועל בעולם, ואת זה יש לבקש כאשר מחפשים רב.

למשל, הדמות של הרבי מקוצק. את התורה שהשאיר אחריו אפשר למצוא בכמה אוספים שבהם נלקטו דברים שאמר, אבל גם האוספים הגדולים יחסית – אלו שלא ממציאים דברי הבאי, כמובן – אין בהם מספיק בשביל למלא ספר של ממש. אין שם אפילו דבר שאפשר לקרוא לו 'משנה סדורה', כלומר הדרכה להתנהגותו של אדם בעולמו מהשכמת הבוקר ועד לקריאת שמע שעל המיטה. אכן, יש באוספים הללו אמירות חשובות ומעניינות, אבל הן לא מי שהיה הרבי מקוצק, והן גם לא מה שהשאיר אחריו הרבי מקוצק בזיכרון. העיקר אצל הרבי מקוצק הוא עצם הדמות, עצם ההוויה שלו.

יש תיאור מעניין שנוגע בנקודה הזו באופן אחר: אחד מתלמידיו הקרובים של הרבי מקוצק היה רבי יצחק מאיר מגור בעל 'חידושי הרי"ם', שהיה הרבי הראשון מגור. הרי"ם היה דמות זוהרת מאוד. בצד כישרונותיו היוצאים מן הכלל, חריפותו והראש המצוין שלו, הוא היה מילדותו עד זקנתו ירא ה', וזה צירוף מיוחד שאיננו מובן מאליו. הוא היה דמות מיוחדת ובולטת גם בתורה וגם בצדדים אחרים באישיותו. בעל 'חידושי הרי"ם' היה במשך שנים ידידו של הרבי מקוצק (ובנישואיו השניים של האחרון הוא אף הפך לגיסו), אך בשלב מסוים הוא הפך לתלמידו. הדבר התרחש לאחר פטירתו של רבי שמחה בונים מפשיסחא, כאשר עלתה השאלה מי ימלא את מקומו – הרבי מקוצק או בעל 'חידושי הרי"ם'. מספרים ששמעו אותם משוחחים באותה העת ואחד מהם אמר לשני: "ההנהגה כעת תלויה ביני לבינך, זה או אני או אתה". זה היה נכון מבחינה עובדתית משום ששניהם היו יכולים למלא את מקומו של הרבי מפשיסחא ולהנהיג את העדה. השיחה הפרטית הזו הסתיימה בכך שבעל 'חידושי הרי"ם' הכפיף את עצמו בפני הרבי מקוצק והפך לתלמיד וחסיד שלו. ההחלטה הזו לא הייתה מובנת מאליה משום שבעל 'חידושי הרי"ם' היה מפורסם בכל העולם היהודי של אז כעילוי של פולין, ומעמדו והשפעתו היו רבים יותר ממעמדו והשפעתו של הרבי מקוצק. מלבד זה, סביר שאילו הוא

היה הופך אז לרבי, לא היו המתנגדים יכולים לתקוף אותו ולהשמיץ אותו כפי שעשו לרבי מקוצק; ולמרות כל השיקולים הללו הוא היה כפוף לרבי מקוצק במשך שנים ארוכות.

בעל 'חידושי הרי"ם' עצמו הסביר את החלטתו בכמה אופנים: פעם הוא שאל: "מדוע כשהקדוש ברוך הוא התגלה למשה בנקרת הצור וגילה לו את י"ג מידות הרחמים, משה השתחווה? מה הוא ראה שגרם לו להשתחוות?" וענה: "משה ראה את מידת האמת, וכשרואים את האמת – מתכופפים בפניה". בנוסח אחר מספרים שאמר: "ראיתי לפני עמוד של אש והתכופפתי". השאלה במקרה הזה לא הייתה מי למדן גדול יותר; אף על פי שגם על הרבי מקוצק מספרים שהיה עילוי בלתי רגיל ולמדן גדול מאוד, הלמדנות לא הייתה השאלה החשובה בהקשר הזה אלא האישיות – והרבי מקוצק היה עמוד של אש שאי אפשר להישאר אדישים מולו.

מספרים שבתחילת הסעודה אצל אחד האדמו"רים בצעו כיכר לחם, ומכיוון שאף חלק משני חלקי הכיכר לא היה גדול יותר מהשני, עלתה שאלה הלכתית: על איזה חלק יש לברך. אותו אדמו"ר שמע את השאלה והשיב: "גדול כזה שצריכים למדוד אותו כדי לדעת אם הוא גדול – כבר לא נחשב גדול". זוהי תמצית העניין – כשאני רואה הר גדול, אינני צריך למדוד אותו בסנטימטרים כדי לדעת שהוא גדול. הדבר הזה נכון בכל סוג של התרשמות. כאשר נפגשים ביופי, בחוכמה או בגדולה, מתעוררת תמיד ההרגשה ש'זהו זה', שהיא מעבר למדידות ומעבר להגדרות.

פעמים רבות גדולה עצמית של אדם, מסתתרת מעיניהם של אנשים. אנשים רבים הולכים לשמוע את הרב או הצדיק ומחפשים לשמוע ממנו איזה 'ווארט' – איזו אמרה מחודדת או רעיון מחודש. הם מתאכזבים כשהם יושבים בשיעור או בהתוועדות ואינם שומעים אף חידוש מפולפל או דבר שאפשר לחזור עליו בבית או לכתוב אותו בפנקס החידושים. הם אינם מבינים שהנקודה איננה אם נאמר משהו עמוק או חדש, אלא אם שמעתי דבר אותנטי. כאשר פוגשים דבר אותנטי, כבר אין צורך בכל הקישוטים והעטיפות; הדבר עצמו

שעומד בפניי הוא הגדלות שבגדלות גם בלי שנאמרו דברים שלא שמעתם אוזן.

החיפוש אחר אנשים כאלה מייגע ומסובך, אבל הוא חשוב דווקא בעולם שלנו. באופן כללי אנחנו חיים בעלמא דשִקרא, ובימינו אנחנו חיים בעולם שהוא שְקרא דשִקרא משום שגם השקרים הם כאלו שאי אפשר לסמוך עליהם. בתוך עולם כזה עולה ביתר שאת השאלה מתי אני רואה דבר אותנטי, דבר שכבר אינני צריך לדון ולהתלבט לגביו.

מה שהרבי עשה ומה שהוא לא עשה

הרבי שלנו, שכעת אנו נמצאים ומדברים על יום ההולדת שלו, היה שייך בהחלט לבחינה הזו של הגדולה העצמית, הגדולה של עצם ההוויה. זאת אף על פי שבוודאי אפשר לראות את מעשיו, הישגיו והשפעתו בעולם בתחומים שונים.

הרבי חולל שינוי במהלכים ההיסטוריים שמתרחשים בקהילות ישראל. עד הרבי מליובוויץ' היה כיוון קבוע וברור לזרימת ההיסטוריה היהודית. בנעוריי היה פשוט לכול שדרכו של עולם היא כמו בהגדה של פסח: הסבא הוא חכם וצדיק, בנו הוא רשע שעוזב את היהדות, הנכד הוא תם, והנין הוא כבר בגדר 'שאינו יודע לשאול'. אני זוכר שמישהו כתב בזמנו תיאור שנועד לזעזע את הבריות על עתיד אפשרי בחברה בישראל. הוא תיאר אנשים שילכו למוזיאון, יראו ספר תורה ויאמרו לילדים: "זה היה ספר שהיה מאוד חשוב בעיני הסבים שלנו". זו לא הייתה הפרזה. המהלך של עזיבה מתמדת של היהדות נתפש בעיני כולם כסדר החיים הטבעי וככיוון החד־משמעי שאליו הדברים הולכים. הרבי עשה מין תפנית במהלך ההיסטורי הזה. לא מדובר במהפכה שלמה, שכן גם בעולם שאחרי הרבי אנשים יכולים להתנתק מהכלל היהודי, אבל התופעה הזאת הפסיקה להיות מעין הכרח, היא הפסיקה להיות חלק מחוקי הטבע. האם תוכלו למצוא בכל בתי ישראל בארץ, טובים ורעים כאחד, אדם שיכול להגיד בוודאות שילדיו לעולם לא יחזרו בתשובה? אפילו מי שהגיע כמעט למקום שכל באיו לא ישובון, כבר לא יכול להגיד: "אצל הילדים שלי זה לא

יקרה". שמעתי, למשל, שאחד מניניו של לאון טרוצקי חי כיום באחת ההתנחלויות, ויש לו זקן ופאות. כיום, המעבר מדור לדור יכול להיות מלווה גם בהתקדמות לכיוון של התקרבות וחזרה ליהדות, וזהו אחד הדברים שהרבי שינה בעולם.

לפני כמה דורות היה נראה שסוף העולם היהודי מתקרב; במובנים רבים הרבי הפך את כיוון התנועה. אפשר להשוות את הרבי לאדם שעומד מול רכבת שדוהרת במהירות עצומה אל התהום ומנסה לבלום אותה. הוא יודע היטב לאן היא נעה, והוא שואף לעצור את תנועתה כדי שהיא תוכל לפנות לצד השני. הרבי הצליח במידת מה לבלום את התנועה של מיליוני יהודים החוצה מהיהדות וליצור תנועה חזרה אל תוך היהדות. השפעת השינוי הזה כשלעצמו, הנמשכת עד ימינו אלה, מדהימה. זהו ללא ספק אחד מההישגים של הרבי. ועם זאת, כאשר אנחנו מדברים על הרבי, הפעולות שפעל אינם העניין עצמו.

עניינו של הרבי קשור דווקא במה שהוא לא הצליח לעשות. ברור לי שאילו היו שואלים את הרבי אם הספיק לעשות בחייו את מה שרצה, הוא היה אומר שהוא לא הגיע אפילו לחצי. הוא היה אומר זאת לא בגלל ענווה, אלא משום שבהשוואה למה שרצה הוא באמת לא הגיע אפילו אל המחצית. מה שהרבי באמת רצה לעשות היה להביא את המשיח, ואת זה הוא לא הצליח לעשות. את כל שאר הדברים שעשה הוא עשה מפני שצריך לעשות, אבל לא זה היה עצם הרצון הפנימי שלו. מבחינה זו ייתכן שאילו היו שואלים אותו: "מה פעלת?" הוא היה אומר: "עשיתי כך וכך מפעלים, ועל המפעלים האלו מגיע לי שכר כזה וכזה, אבל את העיקר לא עשיתי". הרבי לא הצליח לממש את מה שהוא חשב שהיה תפקידו וייעודו בעולם.

נביא שלא השלים את תפקידו

כבר חי בעבר אדם שהיה דומה לרבי מהבחינה הזו. גם הוא לא השלים את תפקידו בעולם. איננו יודעים כמעט שום דבר על הרקע של האיש הזה; מהיכן בא, מי היו הוריו, ומה הייתה הסביבה שבה צמח, ממי

הוא למד וכיצד הוא למד. הוא היה גדול הדור בתקופתו, ומאז שעלה בסערה השמימה, מספרים עליו כל מיני סיפורים.

אליהו הנביא הוא אחד מגדולי הנביאים שעמדו לעם ישראל. במובנים רבים ניתן להשוות אותו רק למשה רבנו עצמו: בספר מלכים מסופר שאליהו הנביא זכה להתגלות בנקרת הצור, מעין זו שהייתה למשה רבנו וכנראה באותו המקום ממש. על כמה אנשים יש לנו סיפורים כאלו? אפילו מה שאומר ישעיהו: "וָאֶרְאֶה אֶת ה' יֹשֵׁב עַל כִּסֵּא רָם וְנִשָּׂא",[3] לא נמצא באותה דרגה של התגלות שהייתה לאליהו.

נוסף על כך, אליהו עשה מופתים בשמיים ובארץ עוד לפני שהתעלה והפך למלאך הברית והתחיל לעופף בכל העולם. גם לאחר שהוא התעלה, יש עליו יותר סיפורים מאשר על כל אדם אחר בהיסטוריה היהודית. בכל עדות ישראל אפשר למצוא סיפורים ומעשיות עליו עד ימינו אנו.

אחת מנקודות הייחוד של אליהו היא, כאמור, עלייתו בסערה השמימה. אין בהיסטוריה שלנו הרבה אנשים שעלו בסערה השמימה. אברהם אבינו לא עשה זאת, ומשה רבנו לא עשה זאת. ייתכן שמצד מדרגתם הם היו יכולים לעלות בסערה השמימה אך הם לא עשו זאת משום שהם רצו לשאת את הסבל של המהות האנושית כמו שהוא מבוטא בפסוק "כִּי עָפָר אַתָּה וְאֶל עָפָר תָּשׁוּב"[4], ולפיו האדם צריך לחזור אל העפר דווקא. (כך אמרו גם על האריז"ל והבעש"ט). על כל פנים, בניגוד לדמויות הללו, אליהו הנביא עלה בסערה השמימה.

העלייה הזו היא חלק מהותי מדמותו ופעולתו בעולם. היא קשורה לכך שעל אף גדולתו הייחודית הוא לא סיים את מה שהוא רצה והתחיל לעשות. במובן מסוים אליהו הנביא הוא האיש שלא מומש. אף על פי שהקדוש ברוך הוא נתן לו כוחות דומים לכוחות שנתן למשה רבנו, הוא לא הצליח לעשות את הדבר הגדול שהוא רצה.

3. ישעיה ו, א.
4. בראשית ג, יט.

מה אליהו רצה לעשות? אליהו רצה להפוך את מדינת ישראל של אז מהקצה אל הקצה. אליהו לא הסכים שעגלי הזהב יישארו בעולם. את כל העבודה שלו ואת כל המופתים שלו הוא עשה רק בשביל שאנשי מדינת ישראל יגידו סוף סוף: "ה' הוּא הָאֱלֹהִים".

ואכן כולם צעקו בהר הכרמל: "ה' הוּא הָאֱלֹהִים". אבל מה הם עשו אחר כך? הרי הם ראו אותו שוחט את נביאי הבעל שלהם, ואיש לא נקף אצבע לעזור להם ולהציל אותם מידיו, כולל כל החסידים והמלווים שלהם. הטרגדיה היא שאחר כך הגיע הערב; הם הלכו הביתה לאכול סעודת לילה, וכשהם קמו בבוקר הם היו בדיוק אותם אנשים שהיו אתמול.

במובנים רבים אליהו השאיר את המשימה שלו בלתי גמורה. אליהו הנביא עמד בחצי ימיו, בחצי מפעלו. הוא התחיל דבר בעולם, אבל הדבר הזה יקבל משמעות רק אם יגיע לידי גמר. והנה מדינת ישראל דאז הלכה והידלדלה עד שהפסיקה להתקיים.

לאחר מעמד הר הכרמל, אליהו מגיע אל הקדוש ברוך הוא. אחרי שהוא נאלץ לברוח ולהתחבא והיה מנודה מהחברה ומהעולם, הוא אומר לקדוש ברוך הוא: "רציתי לעשות משהו בעולם. עמדתי על הר הכרמל לעיני כל ישראל והראיתי להם שאתה אלוקים באופן הכי דרמטי שיכול להיות; והנה מתברר שלא עשיתי כלום, שלא גמרתי שום דבר. המקום נשאר אותו מקום, המלך נשאר אותו מלך, המלכה נשארה אותה מלכה, הילדים הלא־יוצלחים של המלך והמלכה נשארו בשלהם. נשארתי אני לבדי נביא לה' ולא הצלחתי לסיים את העבודה שלי בעולם".

התשובה שה' עונה באותה נקודת הזמן של הסיפור בספר מלכים, היא כזו: "תראה, יש כמה משימות למלא: צריך להמליך מלך חדש בארם, אבל לא אתה תעשה את זה; צריך להקים בית מלוכה חדש שידיח את בית המלוכה הקיים, אבל לא אתה תעשה את זה". אבל באופן מהותי הקדוש ברוך הוא אומר לאליהו דבר נפלא ונורא: "אתה לא גמרת. זה נכון. אקח אותך אליי לתקופה מסוימת, אבל

את עבודתך, את המשימה שלך, ה'קנוא קנאתי' שלך, אתה תשלים בסופו של דבר".

קנוא קינאתי

באיזה אופן אליהו משלים וישלים את פעולתו בעולם? בשביל לענות על השאלה הזו צריך להבין לעומק מהי מהותו של אליהו הנביא, ומה הפעולה שפעל בעולם.

בהתגלות שהייתה לאליהו בחורב הוא בא בטרוניה אל הקדוש ברוך הוא ואומר: "קַנֹּא קִנֵּאתִי לַה'".[5] אליהו מתואר בתור ה"איש אשר קנא לשם האל".[6] יש שני מובנים שונים בתכלית למילה 'קנאה': יש קנאה במישהו, ויש קנאה למישהו. הקנאה במישהו פירושה הרצון להיות כמותו, או הרצון שיהיה לי מה שיש לו. לעומת זאת הקנאה למישהו היא תביעת הבלעדיות על הקשר איתו. אליהו מקנא לה', כלומר בוער באש למענו.

כך מתפרשת גם הקנאה למשה בדברי משה ליהושע: "הַמְקַנֵּא אַתָּה לִי".[7] זוהי אותה הרגשה ממש: יהושע היה מסור למשה בכל ליבו ובכל נפשו, ולכן מייד כשהוא ראה את אלדד ומידד מתנבאים במחנה, הוא אמר: "אֲדֹנִי מֹשֶׁה כְּלָאֵם".[8] משה ראה במעשה הזה מעשה של קנאה לו – יהושע אהב אותו עד כדי כך שהוא לא יכול היה לסבול שיש נביא מלבדו.

גם כשאומרים על אליהו או על כל אדם אחר שהוא מקנא לאלוקיו, מתכוונים שאין לו חשבונות אחרים מלבד הקדוש ברוך הוא. אדם שמקנא לה' אינו יכול להתפשר ואינו יכול להסכים לכך שיהיו אנשים שיפסחו על שתי הסעיפים, או על סעיף וחצי. הוא קם וצועק: "אני מקנא. זה כל הלב שלי. זו כל האישיות שלי".

5. מלכים א' יט, י.
6. מופיע בזמירה למוצאי שבת 'אליהו הנביא, אליהו התשבי'.
7. במדבר יא, כט.
8. במדבר יא, כח.

זהו פירוש הפסוק "עַזָּה כַמָּוֶת אַהֲבָה קָשָׁה כִשְׁאוֹל קִנְאָה".[9] הקנאה מתחילה מאהבה שהיא הרבה מעבר לאהבה הרגילה. זוהי עוצמה של אהבה שאינה משאירה מקום לשום דבר אחר.

את השניות של הקנאה והאהבה אפשר לראות גם במזמור 'ברכי נפשי'. אין עוד מזמור שעוסק כל כך הרבה ביופי ובהרמוניה של העולם. והנה בסיומו של המזמור הזה אנו מוצאים את הפסוק "יִתַּמּוּ חַטָּאִים מִן הָאָרֶץ וּרְשָׁעִים עוֹד אֵינָם".[10] מהיכן הפסוק הזה בא, ואיך הוא מתקשר לתיאור היפה וההרמוני שבשאר המזמור? כאשר מסתכלים על תמונת ההרמוניה ועל היופי של העולם, ופתאום מישהו בא וזורק קצת זבל באמצע התמונה, אי אפשר לסבול את קיומו של הזבל הזה. לא מפני שיש מלחמה עם הזבל, אלא מפני שבתוך התמונה הזאת של העולם הוא בלתי נסבל. באותו האופן הקנאה הקשה כשאול היא בעצם אהבה עזה כמוות. אם אני אוהב עד הסוף, אינני יכול להתפשר, ואינני יכול לסבול שום דבר שעומד כנגד האהבה הזו.

ההבנה הזו של הקנאה עונה גם על שאלה גדולה על דמותו של אליהו הנביא. בספר מלכים מצטייר אליהו כאדם שקוטל כך וכך בריות בהסתכלות אחת וכאדם שמקלל: "אִם יִהְיֶה הַשָּׁנִים הָאֵלֶּה טַל וּמָטָר כִּי אִם לְפִי דְבָרִי".[11] הוא איננו רק אש להבה לעצמו אלא גם שורף אנשים בפועל ממש – אחרי שהוא מראה לעם ישראל שה' הוא האלוקים, הוא שוחט, במקום המכונה כיום מוחרקה, מאות מנביאי הבעל וזורק אותם בנחל קישון.

לעומת זאת, בכל הסיפורים על אליהו הנביא, גם בדברי חז"ל וגם בסיפורים שסיפרו עליו לאורך הדורות – ויש בלי ספק אלפי סיפורים כאלה – אין שום דבר שמזכיר את הדמות הקשה הזו מספר מלכים. אליהו הנביא מופיע בהם בתור דמות של חסד, שמקיימת

9. שיר השירים ח, ו.
10. תהלים קד, לה.
11. מלכים א' יז, א.

מצווה פה ומצווה שם, שמסייעת לאדם שטעה בדרך, שעוזרת לאדם שנמצא בצרה.

למעשה, הדימוי של אליהו בתור דמות של אהבה וחסד אינו מתחיל להופיע רק בסיפורי הצדיקים ואפילו לא בדברי חז״ל אלא בדברי הנביא מלאכי. בסוף ספר מלאכי כתוב: ״הִנֵּה אָנֹכִי שֹׁלֵחַ לָכֶם אֵת אֵלִיָּה הַנָּבִיא לִפְנֵי בּוֹא יוֹם ה׳ הַגָּדוֹל וְהַנּוֹרָא״.[12] מה יעשה אליהו הנביא לפני בא יום ה׳? הוא לא מתכנן להרוג או להעניש אלא להשיב ״לֵב אָבוֹת עַל בָּנִים וְלֵב בָּנִים עַל אֲבוֹתָם״.[13] זוהי מלאכתו של אליהו הנביא אחרי שהוא עלה לשמיים.

איך הדמות הזו עולה בקנה אחד עם הדמות של אליהו הנביא מספר מלכים? השורש של אליהו אינו שנאה. כל עניינו הוא אהבה. הוא כל כך אוהב עד שאיננו יכול לסבול את ההפך ממושא האהבה שלו. הקנאה של אליהו נובעת אך ורק מאהבה שאין לה סוף. אליהו איננו רק מלאך הברית, הוא שייך לבחינת חסד של מעלה.

רוצים את החצי השני

גם ההזכרה של אליהו הנביא והציפייה לבואו בליל הסדר קשורות לאותו עניין. אנחנו שרים את הפיוט ׳ויהי בחצי הלילה׳, שבו יש רשימה ארוכה של אירועים וניסים שקרו בחצי הלילה לאורך ההיסטוריה, ובעצם שואלים: מה לגבי החצי השני של הלילה? מה ההמשך של הסיפור? בליל הסדר אנחנו רוצים את החצי השני. אנחנו אומרים לקדוש ברוך הוא: ״עשית לנו סדר פסח. גאלת אותנו ולקחת אותנו לך לעם. עכשיו בוא ותשלים לנו את החצי השני״. אנחנו אומרים לה׳: ״ריבונו של עולם, לא גמרת את העבודה. נכון, הוצאת אותנו ממצרים; גמלת עמנו חסדים רבים. דיינו, דיינו, דיינו. אבל האם הצלחת במשימה שלך? אחרי שעשית את כל הניסים והנפלאות, אחרי סדר הפסח שערכת לנו במופתים בשמיים ובארץ שגרמו לכל העולם לרעוש

12. מלאכי ג, כג.
13. מלאכי ג, כד.

ולגעוש, נכנסנו למקומנו והתיישבנו בארצנו, נעשינו בורגנים קטנים ואחר כך גם עובדי עבודה זרה קטנים. הייתכן? האם אפשר להסתפק בכך? האם העבודה נגמרה?" בליל הסדר אנחנו שואלים מתי יבוא אליהו משום שעד עכשיו עסקנו בחצי הראשון, וכעת אנחנו רוצים את החצי השני. אנחנו רוצים שאליהו יבוא לסיים את עבודתו.

הטרגדיה של אליהו היא טרגדיה של מי שלא הגיע לחצי השני. אדם שעשה מופתים בשמיים ובארץ, עצר את הגשם והוריד אש מהשמיים, אך לא הצליח לסיים את מלאכתו. הטרגדיה איננה בעלייה שלו ברכב אש לשמיים, אלא בכך שכשהעלו אותו באש השמימה, בעצם הוציאו אותו על כורחו לפנסיה מוקדמת. מצד עצמו אחרי שעמד בנקרת הצור ואמר: "קַנֹּא קִנֵּאתִי", הוא אולי היה רוצה שהקדוש ברוך הוא ייתן לו כוח לפעול יותר בעולם. את הכוח הזה הוא לא קיבל אז. מתי הוא יקבל אותו? "לִפְנֵי בּוֹא יוֹם ה' הַגָּדוֹל וְהַנּוֹרָא"; כאשר ייגמרו כל החשבונות, יבוא היום. אז ייתנו לאליהו הנביא את החצי השני, ואז הוא יוכל לסיים את העבודה.

זה עניינו של אליהו הנביא, וזה גם מה שאנחנו זוכרים ממנו. אנחנו זוכרים את אליהו לא בגלל דברי תורה שאמר; הרי בספר ישעיה, ירמיה, או אפילו עובדיה אפשר למצוא הרבה יותר ציטוטים ממה שנוכל לצטט בשם אליהו. העניין של אליהו הוא לא מה שהוא אמר ולא מה שהוא עשה, אלא מה שהוא היה. הוא היה אש שירדה מלמעלה ובערה כאן, למטה. מהאש של אליהו אי אפשר היה להתעלם, לא רק בחייו אלא גם לאחר שהסתלק ברכב אש. לא כל כך משנה אם אליהו חי או מת משום שבמובן החשוב ביותר אליהו ישנו. אני לא צריך להכריז שהוא חי וקיים משום שאני יכול לפגוש אותו גם היום, מחר או מחרתיים. אנחנו זוכרים את אליהו בתור מלאך הברית משום שאנחנו מחפשים את המלאך שיעשה ברית בינינו לבין הקדוש ברוך הוא.

נשארו הגעגועים

כל זה היה משל למה שניסה הרבי לעשות. כאמור, בסך הכול הוא

רצה לעשות דבר אחד בלבד – להביא את המשיח. הטרגדיה של הרבי דומה לזו של אליהו הנביא.

אכן, היו אנשים גדולים שסיימו את עבודתם: האר"י הקדוש אמנם לא גילה את כל הסודות שרצה לספר, והוא בוודאי קיווה שתהיה לו עוד הזדמנות, ומי יודע מה עוד היה מתגלה אילו הוא היה מדבר עוד, שהרי כל מה שנשאר לנו מתורת האר"י הוא פירות של שנתיים בלבד. ובכל זאת האר"י בנה בניין, והבניין הזה עומד עד היום. במובן הזה מלאכתו נשלמה. גם הבעש"ט בנה בניין. שניהם רצו לבנות דבר בעולם, והם אכן בנו דבר מפואר. הם הסתלקו מהעולם משום שסיימו את עבודתם.

לעומתם, העבודה של אליהו לא הושלמה, ולכן הוא לא ממש הסתלק מהעולם. אליהו הנביא השאיר אחריו ליהודים בכל הדורות, עד דורנו, געגועים. כאשר שרים על אליהו הנביא, אליהו התשבי, אליהו הגלעדי, שרים על הגעגוע לאליהו הנביא. המופתים שעשה אליהו הנביא והדברים שאמר כבר אינם חשובים; חשובה עצם הווייתו – חשוב שאדם כזה אכן היה קיים, שאפשר לסמוך עליו, ושההבטחה שיש בו היא הבטחה אמיתית. לכן אנחנו מנסים לזכור את האיש שהיה על ידי סיפורים שונים.

כאמור, גם הרבי לא השלים את עבודתו. הוא אמנם בנה לא מעט ופעל לא מעט בעולם; הוא עשה דברים גדולים וחשובים ששינו את פני היהדות, אבל לא זה מה שרצה לפעול. את הבניין שהרבי רצה לבנות הוא לא השלים. הגעגועים שהרבי מעורר הם במידה רבה געגועים אל ההוויה שלו, שהייתה בעולם ולא סיימה את עבודתה.

הבשורה של הרבי

כתוב בגמרא שרבי יהודה הנשיא אמר שהוא זכה לחוכמתו היתרה רק מפני שראה את רבי מאיר מאחוריו.[14] הרבה חסידים זוכים לראות את הרבי מאחוריו, מספריו ומהתמונות שלו, אבל לא זו המהות הפנימית

14. עירובין יג ע"ב.

של הרבי. גם לא חשוב כל כך כמה חסידים היו לו; ייתכן שהיום יש לרבי יותר חסידים ממה שהיו לו בחייו. גם המופתים הנכונים או הבלתי נכונים שמספרים עליו אינם העניין; מהבחינה הזו המופתים והסיפורים שמספרים כעת על הרבי הם כמו המופתים שמספרים על אליהו הנביא. מה שחשוב הוא ההוויה של הרבי שנשארת גם עכשיו. כמו אליהו הנביא, הרבי משמעותי כל כך בגלל הבשורה שיש בדמות שלו.

מי היה הרבי? הרבי היה אדם שהתחיל לחלום על מה שיהיה כשיבוא המשיח עוד כשהיה ילד קטן, והמשיך לחלום על כך יותר משמונים שנה לאחר מכן – מפני שהציפייה למשיח הייתה עיקר ההוויה שלו. באופן פורמלי כולנו יודעים שצריך לחכות למשיח, הרי כתוב שאחת השאלות ששואלים אדם למעלה היא: "ציפית לישועה?"[15] אבל אצל הרבי בציפייה לישועה היו משוקעים כל כוחו וכל המהות שלו. כל שאר הדברים שעשה היו מבחינתו דברים טובים, חשובים ומפוארים, אבל השאלה היחידה שהוא שאל הייתה – איפה המשיח? המשיח עומד אחר כותלנו, מציץ, רואה, מסתכל, אבל איפה הוא? איפה פעמי משיח?

בראשית החסידות אמרו שבדורות הראשונים היה זמן שעוד יָנקו מאורו של בית המקדש; אחר כך הייתה תקופת חושך שבה הכול היה אפל; ועכשיו, אמרו הצדיקים, אנחנו מתחילים להגיע לצד השני של המנהרה. איננו רואים את האור כולו, אבל אנחנו מתחילים לראות איזו נקודה של אור. כל זמן שיש איזו נקודה של אור אפשר להיאחז בה, לדעת שיש פתח למנהרה, שקול דודי הנה זה בא. איננו יודעים מתי, איננו יודעים איפה; אין לנו מושג, אבל אנחנו בכל זאת שמים לב.

הרבי הוא האיש שהשאיר לנו את מורשת הגעגועים והציפייה למשיח. עם כל העטיפות, עם כל החוכמה, הכישרון וכל שאר המעלות שהיו לו, היה לו בעצם רק חזון אחד, וכל חייו הוא צעד לקראתו. זוהי המורשת של הרבי: כאשר אני מסתכל לצד אחד, ואני רואה חושך ואפלה ומרה שחורה, הוא מסובב את הראש שלי ואומר לי: "תסתכל

15. שבת לא ע"א.

לצד השני, אתה רואה נצנוצים של אור? הנצנוצים שאתה רואה הם נצנוצי אורו של משיח, והם פועלים".

את היום הזה אנחנו חוגגים משום שהאישיות שראינו בעיני בשר אמרה שיש אור, ושאנחנו צריכים לבקש ולרצות ולראות את החצי השני.

15

עניינו של יום הולדת

מעשיו של אדם והווייתו

אנחנו עורכים כעת חגיגת יום הולדת לרבי מליובוויץ'. דיברתי פעמים רבות על כך שלגבי רוב הצדיקים וגדולי הדורות אנחנו יודעים רק את תאריך היארצייט, ואותו זוכרים ומציינים, ולא את תאריך יום ההולדת.

כמה פעמים הסברתי שהמעלה של יום ההולדת נובעת ממה שמציינים ביום הזה. לעומת ההערכה שמעריכים אדם אחרי מותו, שבה מעריכים מה הוא עשה, יום ההולדת מדגיש הערכה מסוג אחר, שבה שואלים מה אותו אדם היה. יש אנשים שאפשר לחשב ולסכם את מה שהם עשו, ויש אנשים שהנקודה החשובה לגביהם איננה מה היו המעשים הגדולים שעשו אלא מי הם היו.

באמצעות ההבחנה בין הוויית האדם ובין העשייה שלו אפשר לבחון דמויות שונות. יש דמויות שהשיגו הישגים מרשימים. ההישגים הגדולים הללו תופסים, בדרך כלל, את עיקר תשומת הלב, אבל לא פעם הם משפיעים רק בטווח הקצר, ולא נותר מהם דבר שייזכר לדורות. לעומת זאת, יש דמויות שאנו זוכרים אותן לדורות בגלל מה שהיו ומי שהיו; לעיתים מדובר באנשים שעשו דברים גדולים, ואף על פי כן, עצם העובדה שהיה אדם כזה בעולם היא הנקודה החשובה והמשמעותית. הווייתם של אנשים אלה הייתה חשובה מעשייתם.

אחת הדוגמאות של אדם שמעשיו הגדולים אינם נזכרים היא ירבעם השני. ירבעם השני היה שליט גדול, ובזמנו גבול ישראל הגיע מלבוא חמת עד ים הערבה, כלומר הוא הצליח להגדיל את השטח של ישראל אפילו מעבר למה שהיה בימי מלכות דוד ושלמה. למרות זאת, הוא מוזכר בנביא בקיצור גדול, ובקושי אנחנו זוכרים את שמו. הדבר המרכזי שמופיע ביחס לירבעם השני הוא שבזמנו התגשמה נבואתו של יונה שגבול ישראל יתרחב לממדים כאלו. והנה, לעומת יונה, שאמנם לא היה מלך ולא ניצח במלחמות, ובכל זאת אנחנו זוכרים אותו גם אלפי שנים אחרי שנפטר, את ירבעם כמעט איננו זוכרים. התברר שהמעשים של ירבעם, כולל אלו שהיו ראויים להישאר בכל ספר היסטוריה ופוליטיקה, לא היו חשובים מנקודת המבט של העתיד. השטחים שכבש והגבול שהגדיל שָׁבו להיות כמו שהיו לפני ירבעם, ומה שנשאר הוא זיכרון פשוט שהיה אדם כזה ולא יותר.

מספרים שמלך פרס אסף פעם את גדולי המלומדים שבארצו וביקש מהם לכתוב יחד ספר שיספר את כל תולדות העולם, את מכלול ההיסטוריה האנושית. המלומדים שמעו את בקשת המלך והתיישבו לעבוד. כעבור עבודה מאומצת של עשרים שנה סיימו המלומדים את העבודה והגישו למלך חבילה גדולה מאוד של כרכים שמסכמים את כל ההיסטוריה. המלך הסתכל בכרכים ואמר להם: "תראו, כשאמרתי לכם לכתוב את הספרים הללו, הייתי אולי בן שלושים. כעת אני כבר יותר עסוק ויותר עייף; קצרו את הספר כדי שאוכל לקרוא אותו". ישבו המלומדים שוב כך וכך שנים, עמלו וקיצרו את ספר היסטוריה של העולם עד שהוציאו מתחת ידם ספר מתומצת בן שנים עשר כרכים. הביאו את הכרכים אל המלך, אך בינתיים חלפו עוד עשר שנים, והמלך אמר: "קשה לי עכשיו לקרוא את שנים עשר הכרכים שלכם, קצרו אותם לכרך אחד שיחזיק בתוכו את כל שנים עשר הכרכים". ישבו המלומדים שוב ועבדו שנים על גבי שנים, עד שיצרו את הכרך הסופי. ההיסטוריון הראשי, שהיה אחראי על הספר, כבר היה זקן ובקושי יכול היה ללכת, הוא הגיע אל המלך והספר בידו, והגיש לו את העבודה המוגמרת. המלך עצמו

שכב כבר על ערש דווי ואמר למלומד: "תראה, אני הולך למות. אינני יכול לקרוא עכשיו את הספר הזה. אולי תגיד לי בתמצית גמורה מה ההיסטוריה של העולם?" המלומד הזקן ענה למלך: "הם נולדו, הם סבלו, הם מתו". זה סיפור יפה גם מצד עצמו וגם מצד האמת שיש בו. מבחינה מסוימת כל ההיסטוריה הכללית של העולם והפרטית של האדם מסתכמת במילים "הם נולדו, הם סבלו, הם מתו", ומעבר לכך אין לה כל קיום ומשמעות.

מן הצד השני, יש אנשים שחייהם הם חיים של מהות. זו מדרגה נדירה ולא כל אדם זוכה לה; לא כל אדם זוכה שיהיה ראוי לחגוג את יום ההולדת שלו, בין אם הוא נמצא איתנו או לא. מעניין, למשל, שיש דיונים על ימי ההולדת של האבות הקדושים, אבל לא יודעים מתי היארצייטים שלהם. זה קשור לכך שעניינם של האבות הוא בעצם מהותם ולא במעשיהם. אבל מהותו של האדם עצמו, שהיא מעל ומעבר לרשימת הישגיו, אינה משמעותית רק בהקשר של צדיקים גדולים אלא גם בהקשרים רחבים הרבה יותר. יש אדם שכשאני נזכר בו אני יודע שהוא היה אדם מיוחד, יש אדם שאני יכול להגיד עליו שהיה צדיק, ויש אדם שאני יכול להגיד עליו שהיה חסיד. יש אדם שאני יכול להגיד עליו שהיה חונן דלים, ויש אדם שאני יכול לומר עליו ש"מִדֵּי דַבְּרִי בּוֹ זָכֹר אֶזְכְּרֶנּוּ עוֹד עַל כֵּן הָמוּ מֵעַי לוֹ".[16] אלה קשורים להווייתו של האדם ולא להישגיו.

בפרק שלישי של מסכת תענית בתלמוד הבבלי (פרק שנקרא 'פרקא דחסידים' משום שהוא מדבר על מעשים של צדיקים, חסידים וישרים) מסופר שרבי ברוקא הלך עם אליהו הנביא בשוק, ושאל אותו אם יש שם אדם שהוא בן עולם הבא. אמר לו אליהו: "אין כאן אדם כזה". אחר כך נכנסו שני אנשים לשוק, ואליהו אמר לרבי ברוקא: "עכשיו יש כאן שניים שהם בני עולם הבא". רבי ברוקא שאל אותם: "מה מעשיכם?" הם ענו לו: "אנחנו אנשים מבודחים, וכשאנחנו רואים אדם שכואב לו הלב, אנחנו באים ומספרים לו בדיחות, עד שהוא

16. ירמיה לא, יט.

מתחיל לחייך".[17] ייתכן שהיו בשוק תלמידי חכמים ואנשי מעשה, אנשים שכתבו כך וכך ספרים ואנשים שיודעים לצטט הרבה ספרים, אבל מכל אנשי השוק רק שני האנשים הללו היו בני עולם הבא, והם זכו לעולם הבא בגלל הבדיחות שהיו מספרים. גם זו מדרגה הקשורה להוויה של האדם ולא להישגיו. לפעמים מתברר שהאיש שגורם לאנשים שסביבו לחייך עושה משהו משמעותי הרבה יותר מכל הפעולות הגדולות שכותבים עליהם בעיתונים.

כל זה היה מעין הקדמה בעניינו של יום הולדת, שאותו מציינים כשמדובר באנשים שאנחנו מתייחסים להווייתם ולא רק למעשיהם. אין זה אומר שלא היו להם מעשים. אדרבה, ייתכן שהיו להם מעשים גדולים ופעולות גדולות, אבל ביום ההולדת אנחנו מנסים לגעת בהוויה עצמה.

לכבוד יום ההולדת של הרבי אני רוצה לדבר קצת על ההוויה של הרבי, על הנקודות שהיו מהות חייו ועל הדברים שבהם אפשר להיאחז. ברבי היו כמה וכמה צדדים של גדולה, אבל לא עליהם אני רוצה לדבר. גם על תורתו, שפורסמה בעשרות הכרכים של המאמרים והשיחות שלו, אינני רוצה לדבר. כל אלו חשובים מאוד, אבל הם לא התמצית ולא ההוויה. אני רוצה להיאחז ברבי עצמו.

מנהיגותו של הרבי

הסכמתו להיות רבי

מבחינות רבות מסירות הנפש הגדולה ביותר של הרבי התבטאה בכך שהוא הסכים להיות רבי. ההסכמה הזו הייתה אולי הדבר הקשה ביותר בחייו משום שהוא לא רצה להיות רבי. מכתבים שונים שנשארו אפשר להתרשם עד כמה הוא לא רצה להיות רבי. מלכתחילה הוא בנה את

17. תענית כב, א.

חייו במסלול פרטי. הוא בחר לעצמו חיים שקטים וצנועים, וההחלטה להפוך לרבי הייתה בפירוש שבירה של מסלול החיים שלו.

הצעד הזה של הרבי דומה למה שמסופר על משה רבנו שהקדוש ברוך הוא היה צריך לשכנע ולפתות אותו להנהיג את ישראל. הקדוש ברוך הוא ציווה על משה רבנו להיות המנהיג; הוא שלח אותו להוציא את ישראל ממצרים ולתת את התורה לישראל, ומשה אמר: "אינני יכול, אינני רוצה, אינני מתאים". הקדוש ברוך הוא כביכול שאל את משה: "אז מה אתה רוצה?" ומשה ענה שהוא רוצה להיות רועה צאן, להמשיך לרעות את צאן יתרו ולהביא את הגדיים הביתה. הקדוש ברוך הוא הלקה אותו בכל מיני מכות ואפילו העניש אותו בצרעת מכיוון שהוא סירב לקבל את השליחות. משה רבנו בפירוש לא רצה להיות משה רבנו; וזה לא גורע מכך שגדולתו לדורות הייתה בכך שהוא אכן היה משה רבנו. גם הרבי לא רצה ובכל זאת קיבל עצמו את התפקיד.

במקום גדולתו אתה מוצא ענוותנותו

כדי להבהיר עוד את מסירות הנפש שכרוכה בהסכמה של הרבי להיות רבי, אני רוצה להסביר קצת על התפקיד הזה. בראש ובראשונה התפקיד הזה דורש לרדת ולהתעסק בקטנות ולפעמים בקטני קטנות. מסיבה זו גם משה רבנו מפעם לפעם היה מתרעם כביכול על התפקיד שהוטל עליו. הוא היה צריך לשאת את כל העם ולעיתים הוא כמעט אמר: "אינני יכול לסבול את האנשים האלה. הם משגעים אותי". משה אומר לקדוש ברוך הוא: "כמה זמן עוד אצטרך להתעסק בהחלפת חיתולים?! אין לי כוח לזה". והקדוש ברוך הוא עונה למשה: "אתה צודק, צריך להקל עליך קצת. אמצא לך עוזרים, אבל אתה חייב להמשיך לטפל באנשים האלה". הירידה הגדולה אל ההתעסקות בכל העניינים הקטנים של עם ישראל הייתה אחת מנקודות הגדולה של משה רבנו; וזו הייתה גם הגדולה של הרבי. הוא הסכים לקבל על עצמו את משא העם בכל המובנים.

להבדיל, ההנהגה הכרוכה בירידה גדולה היא מעין משל למה שאנחנו אומרים על הקדוש ברוך הוא: "בכל מקום שאתה מוצא

גדולתו של הקדוש ברוך הוא שם אתה מוצא ענוותנותו".[18] יש למשפט הזה כמה וכמה פירושים על דרך הפשט ועל דרך הדרוש. בספרי חסידות מסבירים בתבונה גדולה שכאשר אדם רואה ומשיג את גדולתו של הקדוש ברוך הוא, הוא בעצם לא משיג את גדולתו אלא את ענוותנותו. עצם העובדה שהקדוש ברוך הוא מסכים להיות מלך העולם היא ענווה שאין כמותה, וההסכמה שלו להיות מלך ישראל היא ענווה גדולה עוד יותר. תארו לעצמכם שילדים קטנים משחקים בגן משחק של חצר מלוכה – יהיה מלך, תהיה חצר מלוכה ובה משרתים וכך הלאה. הולכים הילדים ואומרים: "מי יהיה מלך? אף אחד מאיתנו לא ראוי לו להיות מלך". יוצאים הילדים לרחוב, מוצאים איזה מבוגר ושואלים אותו: "אתה רוצה למלא את תפקיד המלך אצלנו? נושיב אותך על הכיסא של הגננת, ואתה תשב ותהיה מלך עלינו". אם האיש מסכים להשתתף במשחק ולהיות המלך, האם נאמר עליו שהוא גאוותן? להפך, אנו נאמר שהוא ככל הנראה עניו ושפל ברך שהרי הוא מוכן לשמש אפילו 'מלך' לילדים. באותו האופן, האמירה שלנו על הקדוש ברוך הוא שהוא "האל הגדול הגבור והנורא" מעידה דווקא על הענווה שלו; הוא מסכים להיות בתפקיד הזה, הוא מוכן לשחק איתנו במשחק שבו הוא יהיה מלכנו ואנחנו עבדיו.

להבדיל, אפשר לראות אצל הרבי קִרבה לאותה הבחינה. גדולתו היא ענוותנותו וענוותנותו היא דווקא בכך שהסכים במידה מסוימת לשחק את התפקיד. לשם המחשה, התמונה של הרבי הייתה אולי התמונה המפורסמת ביותר בעולם היהודי, אף על פי שבאופן אישי כל תמונה כזו קרעה קרע בליבו.

הרבי מצד עצמו לא רצה להיות רבי ולא חלם להיות רבי, ובכל זאת הוא הסכים לקחת על עצמו את עול ההנהגה גם במחיר ויתור מסוים על אישיותו הפרטית. מסירותו של הרבי לא הייתה מסירות הגוף בלבד, ואפילו לא מסירות הזמן בלבד, אלא המסירות של עצם

18. סדר מוצאי שבת. וכן ילקוט שמעוני ישעיהו תפט; פסיקתא זוטרתא עקב, וראו מגילה לא ע"א.

הנפש על חלומותיה ושאיפותיה הפרטיות לטובת תפקידים ועניינים אחרים שצריכים להיעשות.

אביהם של כל ישראל

מעבר למסירות הנפש שבעצם כניסתו של הרבי לתפקיד, אני רוצה להתייחס לאופן ההנהגה שלו. בעבר היו הרבנים הגדולים חותמים את המכתבים שלהם במילים "עבד לעבדי ה' בקהילה פלונית". תפקיד הרב היה להיות עבד לעבדי ה' בקהילה פלונית. במטבע הלשון הזו אפשר לומר שהרבי היה עבד לעבדי ה' בכל העולם היהודי.

אספר לכם סיפור שמדגיש לא את גדולת הרבי ולא את קדושתו אלא את מסירותו העצומה לחסידים. היה זמן שהרבי ביקש שהחסידים שלו – וכבר היו לו לא מעט חסידים בשלב הזה – יעבירו אליו דו"חות שבועיים ובהם יכתבו מה עובר עליהם. אף על פי שבספרים כתוב שאסור לחסיד להיות טיפש, ושהטיפשות מנוגדת למהותו של החסיד, יש כנראה תאונות בעולם, והיו חסידים שבהחלט נכנסו לגדר הזה של טיפשות. החסידים הללו כתבו לרבי דו"ח שלם ובו הפרטים הקטנים ביותר בחייהם: "הלכתי ביום זה וזה בשעה ארבע בצהריים עם אשתי וקניתי גרביים. האם הרבי חושב שהגרביים שקניתי היו הגרביים הנכונים? אחר כך קניתי זוג תחתונים לילד שלי. האם אלו תחתונים נכונים?" הרבי היה קורא את המכתבים הללו מכיוון שהוא היה מנהיג ישראל, ולכן מבחינתו הוא היה צריך לדאוג לכולם. גם אם אדם כותב לו שמכנסיו נקרעו, או מספר לו על השיחה הקשה שקיים עם המורה בכיתה ג', מבחינתו הוא צריך לקרוא את הדברים הללו עד תום. הרבי קרא ושמע את כל הדברים האלו מפני שהוא חשב שתפקיד הרבי דומה לתפקיד של אבא, וכיוון שהוא הסכים להיות אבא, הוא מנהל מערכת יחסים של אבא, ולא רק של מפקד או של הממונה הכללי.

צורת ההנהגה הזו של הרבי היא ישנה מאוד, וגם היא הופיעה אצל משה רבנו. מסופר שיתרו בא ויעץ למשה רבנו איך לארגן את המשטר של עם ישראל. עולה כאן השאלה: יתרו בא ממדין, וכנראה היה איש חשוב במדין, אך משה רבנו בא ממדינה גדולה הרבה יותר,

מדינה שכבר אז הייתה לה ביורוקרטיה עצומה ונוראה. משה רבנו גדל בחצר המלכותית של המדינה החזקה בעולם, ובלי ספק הוא הבין מהי ביורוקרטיה, וכיצד מנהלים מדינה באמצעות מחלקות, תתי־מחלקות, חלוקת סמכויות וכן הלאה. לאור זאת קשה להבין מדוע משה רבנו צריך היה לשמוע את העצה מיתרו; מדוע הוא היה צריך לחכות שיתרו יציע לו לארגן את העם במערך מדורג של היררכיות.

התשובה לשאלה הזו היא שמשה לא ידע אם מותר לעשות דבר כזה לבני ישראל; אם מותר לו לחלק אותם לדרגות ולבנות מערכת של האצלת סמכויות. אכפת היה למשה רבנו מן הצורה שבה הוא צריך למלא את תפקידו מול בני ישראל. משה חש כאילו יש לו שש מאות אלף או שלושה מיליון ילדים משלו; האם הוא יכול להגיד איזה ילד חשוב יותר, ואיזה ילד חשוב פחות?! הרי כולם ילדיו! כיוון שכך, אם באה אליו אישה וסיפרה לו שהשכנה שברה לה צלחת, באופן טבעי משה רבנו עסק בעניין הזה משום שאלה הם ילדיו. לכן הוא היה צריך לשמוע מאדם אחר את העצה שתפתור לו את הבעיה. הוא היה צריך שאדם אחר יאמר לו שמותר להבחין בין הדבר הגדול, שימשיך להיות בתחום של משה, לבין הדבר הקטון, שיעבור לתחום של שרי האלפים ושל השרים שתחתיהם. משה רבנו במהותו תפס מלכתחילה את התפקיד באופן המוחלט – הוא נועד להיות אביהם של כל ישראל.

התפיסה של הרבי הייתה המשך ישיר לתפיסה הזאת של משה רבנו. הרבי היה מוכן להקדיש את הזמן והכוח להיות אבא לכל היהודים, ולהיות כתובת לכל אותן צרות טיפשיות ולכל העניינים הקטנים שהגיעו אליו.

העבודה של האב כוללת גם צדדים לא נעימים, ועליו לעשות אותם, ירצה או לא ירצה. אינני יכול להגיד: "אני אכן אבא, אבל לא התחייבתי להחליף חיתולים"; החיתולים הם חלק מהתפקיד. להבדיל, גם על קדוש ברוך הוא בכבודו ובעצמו כתוב: "אִם רָחַץ ה' אֵת צֹאַת בְּנוֹת צִיּוֹן".[19] אנשים אינם מתרגשים מהפסוק הזה, אבל אני מתרגש

19. ישעיה ד, ד.

בכל פעם מדבריו של הקדוש ברוך הוא: "בנות ציון התלכלכו ומישהו צריך לשטוף אותן, ואני עושה את זה". וכשהקדוש ברוך הוא בעצמו אומר שהוא מתעסק בדברים הללו, האם אני, האדם, יכול להגיד שהעיסוק הזה אינו נאה לי?

אש תמיד

אין מנוחה

מעבר למנהיגות של הרבי אני רוצה לדבר על דבר נוסף שקשור להוויה של הרבי, למהות שאפשר להידבק בה.

הרבי, מצד הווייתו, לא הכיר באפשרות לנוח. כשהיו שואלים אותו למה הוא אינו יוצא לחופש, הרי הוא בשר ודם, הוא ענה בערך כך: "אילו אתם הייתם עובדים, אולי הייתי יכולתי לצאת לחופש". את הרבי הניעה התחושה החריפה שהעבודה צריכה להתבצע, ושהאש מוכרחה להמשיך ולבעור. הרבי לא היה צריך לצעוק את הדחיפה הזו, או אפילו לומר אותה, משום שמבחינות רבות מהותו הייתה צועקת אותה.

אם אתה חלש – רוץ; אם אתה עייף – רוץ מהר יותר. אם לא מתחשק לך – רוץ הרבה יותר מהר. הרי אם אדם רוצה לאבד את עצמו צריך למנוע ממנו לעשות את זה, לפעמים צריך אפילו להלקות אותו קצת. באותו האופן כאשר רואים אדם שלא עושה שום דבר, צריך להקיץ אותו. זה מה שהרבי ניסה לעשות לאנשים שהוא היה איתם בקשר – לעורר ישנים מתרדמתם.

הרבי מקוצק היה אומר שיש דברים שיש להם זמן, יש דברים שיש להם מקום ויש דברים שאין להם לא זמן ולא מקום: לאכילה יש זמן, והזמן המתאים לה הוא כשאדם צעיר והוא גדל באופן פיזי; אז הוא צריך לפרנס את הגוף. לשינה יש מקום, והמקום המתאים לה הוא בקבר; שם אפשר לישון כמה שרוצים. לעצבות – אין זמן ואין מקום. באותו אופן אני אומר למי ששואל מתי הזמן לנוח: אדרבה,

חפש לך את האבן המתאימה, היכנס מתחתיה ותוכל לנוח עד בלי די. כבר כתוב במפורש: "בַּמֵּתִים חָפְשִׁי"[20] – אחרי שאדם מת, יש לו זמן ומקום לנוח.

לעשות יותר

אדם אינו יכול לנוח לא מפני שאסור לו; איש אינו עומד על גביו ואומר לו להמשיך לפעול ללא הפסקה. חוסר המנוחה נובע מהאש שבוערת בליבו בלי הפסקה שהיא "אֵשׁ תָּמִיד תּוּקַד עַל הַמִּזְבֵּחַ לֹא תִכְבֶּה".[21] צריך שהאש לא תכבה, שהאש תמיד תבער.

אולם אש התמיד הזו איננה רק שלילת המנוחה. המסר שהרבי ניסה להנחיל לכל אחד ואחד הוא: אתה עושה את מה שאתה עושה טוב מאוד – אבל עליך לעשות יותר. הרבי אמר: אם אתה עומד במקום – התחל ללכת; אם אתה הולך – רוץ; אם אתה רץ – רוץ מהר יותר; אם אתה רץ מהר יותר – עוף ונסה להגיע למעלה.

כתוב בגמרא שלתלמידי חכמים אין מנוחה לא בעולם הזה ולא בעולם הבא.[22] כשהצדיק, כביכול, יושב בגן עדן על כיסא של זהב, פתאום בא אליו הקדוש ברוך הוא ואומר לו: "אתה צדיק, אינך יכול לנוח. השאר את הכיסא למישהו אחר, אתה צריך לרוץ הלאה. אתה צדיק, וזה אומר שכבר התחלת לרוץ. אחרי שהתחלת לרוץ, אין לך מנוחה; וגם אחרי שתמשיך לרוץ, לא תהיה לך מנוחה".

כך אמר גם הרבי: כל עוד אתה חי, יש לך מה לעשות. אם הגעת למקום שאתה מרגיש שעשית כמה שאתה יכול, זה רק סימן שאינך יודע כמה אתה צריך עוד לעשות. כל מה שעשית לא מספיק. אתה צריך לעבוד יותר. לעבודה שאדם צריך לעשות יש שיעור תחתון שאסור לו לעשות פחות ממנו, אבל כמה להוסיף למעלה – לזה אין שיעור.

20. תהלים פח, ו.
21. ויקרא ו, ו.
22. ברכות סד, א.

לדחוס עד שהמהות משתנה

המכתב האחרון שקיבלתי מהרבי עסק בדיוק בעניין הזה. הרבה פעמים כתבתי אליו ושאלתי אותו בעניין שהטריד אותי: "אני עוסק בנושאים שונים שכל אחד מהם בנפרד מצדיק יום עבודה שלם. העבודות הללו נעשות כבדות יותר ויותר, ואינני מצליח להחליט על מה לוותר או להעביר לאחרים, ובמה אני צריך להמשיך ולהחזיק בעצמי". שאלתי את השאלה הזו כמה פעמים, והוא מעולם לא ענה. במכתב האחרון שקיבלתי ממנו הוא ענה לי: "את כל הדברים שאתה עושה תמשיך לעשות, ותעשה דברים נוספים".

יש סיפור מפורסם, על אדם שהיה גר בבית קטן מאוד, ולא היה לו מספיק מקום בבית. הוא הלך אל הרב, והרב אמר לו להכניס את העז שלו, שתגור איתו בתוך הבית. היהודי הקשיב לרב והכניס את העז אל תוך הבית. כעבור שבועיים הוא בא שוב אל הרב. שאל אותו הרב: "נו, האם העצה הועילה?" אמר לו היהודי: "מה זאת אומרת?! הרי כעת הרבה יותר גרוע! כבר קודם היה לנו קשה לנשום בבית, אבל עכשיו יש גם עז בבית, והיא תופשת את כל המקום!" אמר לו הרב: "עכשיו אתה יכול להוציא את העז החוצה". האיש הוציא את העז והרגיש את הרווחה הגדולה. אצל הרבי הסיפור הזה היה קורה, אבל באופן שונה לגמרי: כשאדם היה בא אל הרבי ומתלונן שיש לו הרבה עבודה, הרבי היה אומר לו: "קח עוד עבודה. אם צפוף לך בבית – קח עוד עז". לאחר זמן כשהיה אותו אדם בוכה שיש לו גם עז בבית, הרבי היה אומר לו להכניס גם את הפרה. אחרי שהיה מכניס את הפרה, הוא היה אומר לו להכניס עוד גמל או שניים.

השאלה היא: איפה הסוף? עד כמה אפשר למתוח את הגבולות? את הנקודה הזו אפשר להסביר על דרך הפיזיקה: כאשר מנסים לארוז דברים, והמזוודה אינה נסגרת בקלות, יושבים על המזוודה, לוחצים ולוחצים, והיא נסגרת. לכאורה הגבול של יכולת הקיבול של המזוודה הוא פחות או יותר כמה שאפשר ללחוץ אותה בלי שהיא תימעך. אבל האמת היא שאם יניחו עליה מכבש שימעך את התכולה בלחץ של כמה טון, אפשר יהיה להקטין את כל הדברים ולהצליח להכניס הרבה

יותר. מכאן שאפשר להרחיב את הגבול בעזרת מכבש; ועדיין ישנו לכאורה גבול היכולת של המכבש. אולם מצד האמת אנחנו יודעים שזה איננו הגבול.

ישנם כוכבים לבנים הקרויים 'ננסים לבנים', שחלקם לא הרבה יותר גדולים מכדור הארץ, ובכל זאת הם שוקלים כמו השמש, מפני שהמבנה של האטום בחומר שלהם נשבר, וכל החלל הפנוי התכווץ; נשאר רק חומר טהור. אומרים שבכוכבים האלו סנטימטר מעוקב של חומר שוקל בערך טון מפני שמהות החומר בו שונה. מתברר שאם מופעל על חומר לחץ של בערך מיליון אטמוספרות, המולקולה עצמה משתנה. באותו האופן הרבי רצה שהאנשים ישנו את האופי שלהם, שהמולקולה תשתנה. שהאדם ידחף עוד ועוד, ילחץ עוד ועוד, עד שיתחולל בו שינוי של מהות.

להמשיך את הדחיפה

היום יום ההולדת של הרבי. ביום ההולדת לא כל כך חשובים המעשים שהוא עשה, אלא מה שהוא השאיר. המורשה שהרבי השאיר, שאותה צריך לתפוש ולהחזיק, היא הקריאה להמשיך לרוץ.

תמצית ההוויה והמהות של הרבי הייתה שהיהודים יהיו בבחינת "אֵשׁ תָּמִיד תּוּקַד עַל הַמִּזְבֵּחַ לֹא תִכְבֶּה", שהאש הזו לא תדעך ולא תכבה, ואם צריך, שיוסיפו לה עוד ועוד עצים. אין לזה שיעור, ואין לזה גבול. כך הרבי עצמו פעל, וכך אמר לאחרים לעשות, עד כמה שהיה יכול היה להגיד. את זה צריך ללמוד מההוויה של הרבי.

אני רוצה להדביק כל אחד ואחד מכם בדחף הזה. הייתי שמח אילו יכולתי להעביר את התחושה הזו לאחרים, אבל אני לא יכול להעביר את הכול. אם מפעם לפעם קורה לי שאני בועט במישהו, אני עושה זאת משום שאני רוצה להמשיך את הדחיפה.

בהוצאת ספר תורה אומרים: "אנא עבדא דקודשא בריך הוא". מה זה אומר להיות "עבדא דקודשא בריך הוא"? כשאומרים לי ללכת, אני הולך; כשאומרים לי לזוז, אני זז; כשאומרים לי לא לישון, אינני

ישן. עד מתי? עד שאפסיק להיות עבדא דקודשא בריך הוא; כלומר לעולם ועד.

זה היה הרבי. אם רוצים לקבל ממנו משהו, צריך לקבל את ההרגשה החזקה שאדם עובד אצל הקדוש ברוך הוא, ובעבודה הזו אין הפסקה ואין מנוחה. העבודה הזו דומה לאש שעל המזבח, אש תמיד שאיננה מפסיקה לבעור.

לחיים!

ג׳ תמוז

ג׳ בתמוז הוא יום ההילולא של הרבי מליובוויץ׳, ר׳ מנחם מנדל שניאורסון. הרבי היה מגדולי מנהיגי דורנו. הוא היה גם הרבי של הרב עצמו, והרב היה מקושר אליו בלב ובנפש.

הרבי נולד בעיר ניקולייב שבאוקראינה בי״א בניסן תרס״ב (1902) ונפטר בניו יורק בג׳ בתמוז תשנ״ד (1994). לאחר חתונתו שהה כמה שנים בברלין, בפולין ובצרפת, שם למד, בין השאר, בסורבון. במהלך מלחמת העולם השנייה הצליח ר׳ מנחם מנדל לברוח דרך דרום צרפת החופשייה והגיע לניו יורק, לשם כבר הגיע לפניו הרבי הריי״ץ, חותנו.

בשנותיו האחרונות של הריי״ץ עמד ר׳ מנחם מנדל לימינו בהקמת מוסדות החסידות בארצות הברית, ולאחר פטירתו בשנת תש״י (1950) קיבל על עצמו את הנהגת החסידים, לאחר תקופת המתנה של כשנה. מאז ועד לפטירתו התמסר הרבי באופן מוחלט להנהגה. הוא עבד ללא הפסקה כמעט, כל יום במשך כל השנה – ללא יום חופש אחד במשך כל השנים – על מנת לתמוך, לייעץ, ללמד, להקים מוסדות ובעצם לעשות הכול למען היהודים ולמען היהדות.

הרבי הסתלק מן העולם לאחר למעלה מארבעים שנות הנהגה של חסידי חב״ד, אבל למעשה היה מנהיג כללי הרבה יותר, ליהודים וגם לגויים. את שנות נשיאותו של הרבי אפיינה החתירה המתמדת לביאת המשיח, הרצון להביא לגאולת העולם. ככל שהתקדמו השנים, הדחיפות שבדבר והתביעה שתבע הרבי מעצמו, מחסידיו ומכל מי שפגש בו רק הלכו והחריפו.

התקופה שלאחר פטירת הרבי, הייתה תקופה קשה לכל חסידיו. גם הרב חווה בה משבר וקושי נפשי גדול. מעבר לחסרון האישי הפרטי היה כאן אובדן המנהיג, אובדן האיש שהחזיק את העול הכבד של האחריות לעם ישראל בכלל ובפרט. משום כך בהתוועדויות ג׳

בתמוז התביעה האישית מכל אחד ואחד הופכת לדוחקת. תחושת האחריות הזו בצד תודעה חריפה של דחיפות עצומה לפעול למען היהדות עמדו במוקד ההתוועדויות שנערכו בג' בתמוז, יום הפטירה של הרבי.

16

הילולא לא שלמה

להשתתף בשמחתו של הצדיק

בשולחן ערוך ובספרים אחרים כתוב שביום פטירתו של אדם בניו צמים.[1] בימינו, כיוון שגברה ידם של החסידים, המנהג הזה נעשה מנהג נדיר. במקום זאת, ביום הפטירה עושים בדרך כלל 'תיקון' – מתאספים בבית הכנסת אחרי התפילה, שותים קצת משקה, אוכלים עוגה ואומרים: "שתהיה לנשמה עלייה". מבחינת עליית הנשמה ייתכן שהתיקון פועל כמו צום, ואולי אפילו טוב יותר מצום מפני שהצום הרי לא תמיד רציני, והמשקה הוא תמיד רציני, ולכן יש בו נקודה של ממשות. על כל פנים, כמו שאתם יודעים, לצדיקים עושים הילולא, חגיגה של ממש. אני רוצה להסביר את עניין ההילולא.

חוויית הפטירה של הצדיק איננה אותה חוויה שיש לאדם רגיל. בדרך כלל כשאדם רגיל יוצא מן העולם, הוא רוצה לחיות עוד – בין שיש לו סיבה, ובין שאין לו סיבה לכך. לעומת זאת, לצדיקים, שהם אנשים שבמהותם עולים מעלה מעלה, דרגה אחר דרגה, יום הפטירה הוא בעצם יום גדול של עליית הנשמה. על הפסוק "כִּי לֹא יִרְאַנִי הָאָדָם

1. ראו שו"ע יורה דעה שעו, ד.

וָחָי"[2] אמרו חכמים: "בחייהם אינם רואים אבל במיתתם רואים"; אדם לא יכול לראות את ה' בחייו, אך במותו הוא זוכה למדרגה של ראיית ה'.[3] לצדיק, שכל ימיו התגעגע להגיע למדרגה הזו ולא זכה להגיע אליה, יום הפטירה, שבו הוא סוף סוף מגיע למדרגה הזו, הוא בוודאי יום גדול.

זהו גם ההסבר לשאלה מדוע עושים הילולא. פירושה של המילה 'הילולא' הוא חתונה. באחד מספרי החסידות מוסבר הקשר בין הילולא לחתונה באופן הבא: החתן והכלה הם שתי נשמות שהיו קשורות זו לזו עוד לפני שנולדו – כמו שכתוב שעוד לפני הלידה הקדוש ברוך הוא גוזר ש"בת פלוני לפלוני"[4] – וממילא הם מכירים זה את זה כבר מאז. אלא שהם נפרדו לעשרים או שלושים שנה, ושמחת החתונה היא שמחת הפגישה המחודשת. בפטירת צדיק קורה דבר דומה: כשהצדיק ירד לעולם הזה, הוא נפרד מהעולם העליון, וכשהוא נפטר, הוא חוזר אליו, אל המקום שאליו הוא בעצם שייך. לכן מן הצד האחד הוא שמח, ומן הצד השני בעולם העליון גם כן שמחים; ולכן גם אנו שמחים בהילולא. אמנם מיתתם של צדיקים בוודאי אינה הנאה לעולם, אלא שמבחינת הצדיק עצמו הפטירה היא עלייה במעלות עליונות, וכשם שבחתונה גם אנשים אחרים שמחים בשמחתם של החתן והכלה, כך אנחנו שמחים בשמחתו של הצדיק.

החוסר האישי

בהילולא של הרבי, שאנחנו מציינים היום, יש שני צדדים שהופכים אותה למקרה שונה. הצד האחד קשור ליכולתנו לחשוב על הסתלקותו של הצדיק במנותק מההשלכות שלה עלינו. בדרך כלל בהילולא של צדיק, למשל בהילולא דרשב"י, אנחנו מסוגלים לחשוב באופן יותר

2. שמות לג, כ.
3. כלה רבתי ג; בספרא ב, יב ומדרשים נוספים.
4. סוטה ב, א.

מנותק על כך שהצדיק זוכה להגיע למעלות עליונות, לשמוח בשמחתו ולנסות ליהנות מאורו. לגבי הרבי – ההתנתקות הזו קשה יותר לא רק מפני שמדובר באדם שאני עצמי הכרתי (בניגוד, אולי, לרבים מבין הנמצאים פה), ולכן הרגשת החיסרון גדולה יותר, אלא גם בגלל צד אחר, ממשי מאוד, של החיסרון: לי ולרבים אחרים היה קשר אישי עם הרבי. מעבר לעמקות ולפנימיות של הקשר הזה, הרבי היה בחייו כתובת שיכולנו לפנות אליה לא רק בשביל לבקש תפילה או ברכה אלא גם כדי לקבל עצה או הדרכה.

לא פעם אנשים מוצאים את עצמם בבעיות ובמבוכות, ומנסים למצוא את הדרך לפתור אותן. אמנם באופן תיאורטי אדם יכול לפנות לכתובת שתמיד נמצאת – הוא יכול לדבר אל הקדוש ברוך הוא עצמו ולבקש ממנו שייתן לו חכמה, בינה ודעת, ושיעזור לו להחליט את ההחלטה הנכונה. ואכן, אם אדם רוצה לפנות אל המקור הראשון, הוא אינו זקוק למתווך – לא למלאך ולא לשליח – אלא הוא יכול לפנות ישירות אל הקדוש ברוך הוא בעצמו ולדבר אליו, כשם שבן יכול לבוא ולדבר עם אבא שלו תמיד, בין שהוא בן מוצלח ובין שהוא בן לא מוצלח, בין שהוא מלא במעשים טובים ובין שאין בו כלל מעשים טובים. הבעיה היא שאיננו שומעים תמיד את המענה מהצד השני. לא תמיד אנחנו מקבלים תשובה מהקדוש ברוך הוא. הרבי היה כתובת לפניות כאלה. אפשר היה לבוא ולשאול אותו מה לעשות בעניין זה או אחר ולקבל תשובה.

כעת, לאחר שהוא הסתלק, ההרגשה העיקרית היא חוסר גדול מאוד. אמנם יש בעולם תלמידי חכמים וצדיקים, אבל אנשים שאפשר לדבר איתם ולשאול מהם עצה ותושייה – מתמעטים והולכים. אינני אומר שאנשים אינם נותנים עצות; הרי אין דבר קל יותר מאשר לתת עצות. אבל לקבל עצה ולדעת שמאחוריה עומד מישהו רציני – זה כבר דבר שונה. קשה לעמוד מול הידיעה שאין ממי לבקש עצה יותר.

הצדיק – בגן עדן מנוחתו וטוב לו שם, אבל מי שהיה לו קשר אישי איתו, נשאר אחרי ההסתלקות מול חור, מול חוסר. בגמרא החוסר הזה מבוטא בהספד ישן שעד היום יש לו משמעות: ״בכו לאבלים

ולא לאבידה שהיא למנוחה ואנו לאנחה"[5] – אנחנו איננו בוכים על האבדה, על הנפטר, משום שהוא הלך למנוחה; אנחנו בוכים על מה שנשאר אחר כך, על החיסרון שלו בעולמנו.

אין אדם מת וחצי תאוותו בידו

צד אחר של הבדל בין פטירת הרבי לפטירות של צדיקים אחרים קשור לא רק למישור הפרטי אלא גם להיקף הכללי. כתוב שאין אדם מת וחצי תאוותו בידו; יש לו מנה – רוצה מאתיים, יש לו מאתיים – רוצה ארבע מאות.[6] מבחינה זו בוודאי אנשים רבים, כולל כאלה שעשו דברים משמעותיים והשפיעו השפעה גדולה על העולם, היו רוצים יותר. על הרמב"ם, למשל, אנחנו יודעים שהוא רצה וגם ניסה לעשות דברים שבסופו של דבר הוא לא הספיק לעשות. אילו הרמב"ם לא היה חי שבעים שנה, אלא תשעים שנה, ובנוסף לזה אילו היו נותנים לו קצת מנוחה מכל מיני עניינים שהוא היה צריך לעסוק בהם, מי יודע אלו עוד דברים גדולים היו נוצרים בעולם.

הנטייה לרצות יותר נכונה לגבי כל אדם, והיא נכונה גם לגבי צדיקים; בדרך כלל לא כל המלאכה שהצדיק עסק בה נגמרת, ולא כל רצונותיו מתממשים. אדרבה, חלק מעניינו ומדרגתו של הצדיק קשורים לכך שיש לו עוד ועוד רצונות. הוא אינו מסתפק במה שכבר עשה. הוא אינו מרגיש שאחרי שהוא עשה את מה שעשה הוא יכול ללכת לבית עולמו בשקט, בשלום ובשלווה.

כאמור, הנטייה האנושית הכללית לרצות יותר, נכונה גם באשר לצדיקים. אולם אצל הרבי הרצייה הזו הייתה מיוחדת במינה, והיא קשורה לעניינו של הרבי ולתפקידו בעולם.

מסירות הנפש של הרועה

יש אנשים שנעשו מנהיגי ציבור בישראל משום שזו הייתה דרכם

5. מועד קטן כה, ב.
6. קהלת רבה א, לד.

הטבעית; הם הלכו וגדלו בכיוון הזה עד שנעשו מנהיגים גדולים. אנשים אלה רצו מההתחלה להגיע גבוה, ולאחר שהם הגיעו למעלה מסוימת, הם שאפו למעלות יותר ויותר גבוהות, עד שהגיעו אל מעלה גבוהה ביותר.

הרבי לא היה איש כזה. הנהגת הציבור הייתה בעבורו מסירות נפש כל ימיו למען כלל ישראל. יש אנשים שמוסרים את גופם – הם אינם ישנים כך וכך לילות או שאינם אוכלים וכדומה. זוהי מעלה עליונה, אבל הרבי לא מסר רק את גופו אלא גם את נפשו, במובן המילולי של הביטוי – כשקיבל על עצמו להיות רועה ישראל הוא מסר את כל הווייתו, את כל אישיותו. משקיבל על עצמו את התפקיד הזה, כבר לא עמד באותה מעלה שבה הוא עמד קודם לכן. הוא החל לעסוק בעבודת הרועה – להתעסק בזנבות של הכבשים, בלכלוכים של הכבשים ובכל צורכיהם. זו הייתה עבודתו, ולמענה הוא עשה את כל מה שעשה.

מבחינה זו, אפשר להשוות את הרבי למשה רבנו. גם משה רבנו קיבל על עצמו את תפקיד הרועה מתוך מסירות נפש. בגלל הוויתור שכרוך בתפקיד הזה משה רבנו לא רצה את השליחות שהקדוש ברוך הטיל עליו. הרי את עצם הקשר עם הקדוש ברוך הוא ואת הדיבור איתו משה רבנו בוודאי רצה; הוא אפילו עשה מין תרגיל שאולי לא היה כל כך הוגן – הוא שאל מה שמו של הקדוש ברוך הוא: ״וְאָמְרוּ לִי מַה שְּׁמוֹ מָה אֹמַר אֲלֵהֶם״,[7] ואחרי שהוא שמע מה שמו, הוא אמר לקדוש ברוך הוא: ״בכל זאת אינני רוצה ללכת בשליחותך״. לדעת מה שמו של הקדוש ברוך הוא – בזה הוא היה בהחלט מעוניין, זהו רווח נקי, אבל ללכת ולמלא את השליחות לבני ישראל – בזה הוא לא רצה משום שידע, גם בכללות וגם בפרטות, מה משמעותה של מנהיגות בישראל. כשמשה היה לבדו עם הכבשים, הוא היה יכול לשבת, להתבודד עם הקדוש ברוך הוא, לדבוק בו ולעסוק בדברים ששייכים למדרגתו כאדם. לעומת זאת, כשהוא נהיה מנהיג ישראל,

7. שמות ג, יג.

הוא כבר אינו יכול לשבת לבד ולעשות את מה שבאמת היה אמור לעשות לפי מדרגתו. במקום זאת הוא עוסק בכל הצרכים של בני האדם, ובפועל האנשים האלה באים אליו פעמים רבות בדברים של מה בכך. את הבנת הקושי שכרוך בהנהגה מסר משה בסוף ימיו ליהושע. הוא אמר לו שיקבל על עצמו לשאת את ישראל על מנת שהם סרבנים, טרחנים, רגזנים, רשעים, מציקים, נודניקים וכך הלאה.[8]

זוהי גם העבודה שהרבי קיבל על עצמו כשקיבל את ההנהגה. היו אנשים שכתבו לרבי דין וחשבון על כל מאורעות חייהם, וביניהם היו גם 'חסידים גדולים', גם אם הם לא היו חכמים גדולים. הם לא סיפרו לרבי רק על עבודתם והצלחתם בתור שליחים או מורים, אלא היו מספרים לו, למשל, גם על כך שהם עומדים לקנות רהיטים, והיו שואלים אותו אם לקנות רהיטים מסוג זה או מסוג זה וכדומה. היו אנשים שהיו שולחים אל הרבי בכל שבוע מחברת גדולה מלאה בכל הפרטים והדקדוקים – שפלוני התקוטט עם אשתו, והוא אמר לה כך, והיא ענתה לו כך, וכך הלאה. זו אינה בדיחה; אני מכיר כמה מהאנשים שהיו שולחים אליו מכתבים ובהם כל פרטי חייהם ושאלות לגביהם. תארו לעצמכם שהרבי, שהיה אדם גדול באמת, צריך היה לקרוא את כל הסיפורים הללו, ולפעמים גם לענות עליהם. בכל היהודים הללו הוא היה צריך להתעסק, והוא לא יכול היה להגיד שהוא לא רוצה להתעסק בהם.

למה הרבי לקח על עצמו את העבודה הזאת בכל זאת? כמו משה רבנו הרבי מסר את נפשו על כלל ישראל, ומסירות הנפש לא התבטאה במעשה מסוים למען עם ישראל אלא בכך שקיבל עליו את ההנהגה, ובכך הוא ממש מסר את נפשו, את חייו, את מחשבותיו ואת רצונותיו למען יהודים מכל המינים.

חצי הילולא

היו אנשים, וביניהם גם מגדולי הצדיקים, שעשו בחייהם דברים שהיו

8. ראו שמות רבה ז, ג ורש"י במדבר כז, יט.

שייכים לנשמותיהם, וכשהם נפטרו לבית עולמם, הם היו יכולים לומר: ״ריבונו של עולם, העמדתי כך וכך תלמידים, תיקנתי כך וכך תקנות טובות, כתבתי כך וכך ספרים – עשיתי משהו בחיי״. על צדיקים כאלה אמרו שלאחר שנשמתם עולה למרום, היא מתעלה ממדרגה למדרגה, וככל שעובר הזמן, והנשמה עולה עוד ועוד, הצדיקים הללו שוכחים את ענייני העולם הזה. בעולם הזה הם עשו דברים טובים, אבל לאחר שהם עולים למרום, הם כבר אינם שייכים לעולם הזה ולכל ענייניו.

בעניין הזה יש סיפור על רבי מוטל׳ה מצ׳רנוביל, שהיה אחד הצדיקים המפורסמים והחשובים בזמנו, ועל אביו רבי נחומק׳ה מצ׳רנוביל שהיה איש המעלה. (סיפרו שפעם כשהוא התארח בבית של הבעל שם טוב, אמר הבעל שם טוב לאשתו: ״תיזהרי מהיהודי הזה, הוא גנב״. לאחר שהיא הסתכלה על מעשיו והתנהגותו, אמרה לבעלה: ״הוא דווקא נראה יהודי צדיק ולא גנב״. אמר לה הבעל שם טוב: ״היהודי הזה רוצה לגנוב את כל העולם הבא בשביל עצמו...״). יום אחד התרגשה איזו צרה על ישראל, ובאותו זמן אחד מחסידיו של רבי מוטל׳ה נטה למות. רבי מוטל׳ה שלח את אותו חסיד אל אביו, רבי נחומק׳ה מצ׳רנוביל, שכבר היה בעולם האמת באותו הזמן, למסור לו מכתב ממנו. רבי מוטל׳ה השביע את החסיד שלאחר שהוא ימלא את השליחות, הוא יבוא אליו בחלום ויספר לו מה אמר אביו. השליח עשה שליחותו, ואחרי זמן הגיע בחלום לבן וסיפר לו שכשהוא הגיע לשמי מרום, הוא אמר שיש לו שליחות לרבי נחום מצ׳רנוביל. בתחילה אמרו לו שהוא לא יוכל להגיע לרבי נחום מפני שרבי נחומק׳ה מצ׳רנוביל נמצא בעולם עליון מאוד, שאליו הוא, החסיד, איננו שייך. אבל החסיד התעקש ואמר שהוא שליח, והוא צריך למלא את שליחותו. לבסוף הביאו אותו לרבי נחום. הוא סיפר שהוא פגש את רבי נחומק׳ה ואמר לו: ״רבי, הבן שלך שלח בידי מכתב אליך״. רבי נחומק׳ה הסתכל עליו ושאל אותו: ״מה זה ׳בן׳?״ מסתבר שכאשר הוא עלה לעולמות עליונים, הוא שכח את כל ענייני העולם הזה; הוא לא שכח רק עובדות פשוטות כמו מה עושים בנעליים, אלא שכח גם דברים משמעותיים יותר כמו מהו בן, מכיוון שהוא חי בעולם כל כך

מופשט, שההוויה של בן כבר אינה משמעותית בו. צדיקים במדרגה הזאת עולים ממעלה למעלה, יושבים בעולמות עליונים, ולמעשה עוזבים ושוכחים את העולם הזה ואת כל אשר בו.

מנגד, יש צדיקים שאינם עוזבים לגמרי את העולם הזה. אלה הם צדיקים שעסקו בתיקונו של העולם הזה ובהנהגת עם ישראל, והם נשארים כאן מפני שעדיין יש להם מה לעשות. גם כשהם יכולים לשבת בגן עדן העליון, הם אינם רוצים להיות בו. מכיוון שהם מסרו את נפשם על כלל ישראל בחייהם, הם נמצאים יחד עם כלל ישראל גם אחרי פטירתם, וממשיכים למסור את עצמם למען ישראל. על שבעת הרועים אומרים שאף שהם עלו לדרגה עליונה בשמי מרומים, הם עדיין רועי ישראל עד היום הזה. לאמיתו של דבר, העניין הזה אינו חל רק על שבעת הרועים; למעשה, כל מי שהיה רועה ישראל נשאר רועה ישראל גם אחרי פטירתו, ולכן הוא קשור לעולם הזה גם כשהוא מגיע לעולם העליון.

הרבי בוודאי היה מאלה שמסרו את נפשם כדי להיות רועי ישראל, ולכן הוא לא לגמרי יצא מתוך העולם הזה; במובן מסוים הוא עדיין נמצא בעולם הזה מפני שעדיין יש לו מה לעשות כאן. כאמור, הרבי רצה להשיג יותר ממה שהוא עשה בחייו לא רק בגלל הנטייה האנושית הטבעית אלא מפני שבמשך כל שנותיו עמד על כך שהוא רוצה רק דבר אחד – להביא לגאולת ישראל. ומבחינה זו, גם אם הוא עשה דברים גדולים, כתב ספרים, אמר דרשות והגיע להישגים, את מה שהוא באמת רצה לעשות הוא לא גמר. אכן במשנה כתוב: "לא עליך המלאכה לגמור",[9] אבל כשאדם בכל זאת מקבל על עצמו מלאכה, גם אם הוא יכול לומר: "ריבונו של עולם, לקחת אותי מן העולם; זוהי הגזרה שלך, ספרי החיים והמתים בידך, ואתה גוזר כל דבר לפי רצונך" – עדיין הוא מסתלק בהרגשה שהמלאכה לא נגמרה. כל זמן שהמלאכה של הרבי לא נשלמה, ההילולא שלו איננה הילולא

9. אבות ב, טז.

שלמה; היא חצי הילולא ואולי פחות מכך. גם אם הכול מבטאים שמחה, עדיין אין כאן חתונה.

הקטנות שאנחנו יכולים לעשות

בהרבה ימי הילולא מדברים בשבחו של הצדיק שנפטר ומספרים על מעשיו – כל צדיק לפי מדרגתו ומעלתו. הסיפור בשבחי הצדיק הוא עניין גדול, ויש לו גם מקור קדום: כתוב על גיחזי שפרנסתו הייתה לספר את ״הַגְּדֹלוֹת אֲשֶׁר עָשָׂה אֱלִישָׁע״.[10] אלישע היה צדיק גדול, וגם אם הוא לא השאיר לנו אפילו קטע כתוב אחד, ואיננו יודעים אלו חידושי תורה או דברי נבואה הוא אמר, אנחנו יודעים שהוא היה בעל מופתים בשמיים ובארץ. גיחזי היה מסתובב ומספר את המופתים של הרבי שלו (אינני יודע אם הוא סיפר גם שהרבי זרק אותו; הרי גם הסיפור הזה היה קשור במופת...). אפשר לומר שהמנהג לספר סיפורי צדיקים קשור לתפקידו של גיחזי לספר את הגדולות שעשה אלישע.

אבל בהילולא של הרבי לא מתאספים יחד בשביל להספיד הספדים, לדבר בשבחו או לספר את מעשיו. את אלה מתאים לעשות רק בהילולא של מי שכבר גמר. ההילולא הזו היא בעיקר בשביל לעשות דבר אחד – לדבר על הדרכים שבהן אנחנו יכולים להמשיך את עבודתו. לא מתאספים בשביל לדבר על המתים שהוא החיה או על מעשי צדקותו אלא בעיקר על מה שהוא היה רוצה שידברו – מה עושים כדי להמשיך את עבודתו.

הייתה תקופה שכשהרבי התפלל, הרבה חסידים היו יושבים ומסתכלים איך הוא מתפלל. כמה וכמה פעמים הוא עמד וצעק: ״אני לא מבין את האנשים האלה! במקום להתפלל לקדוש ברוך הוא הם עומדים ומסתכלים מה עושה בן אדם!״; זה כמעט עצם לשונו. כלומר, במקום להסתכל עליי, עליכם לעשות מה שאתם צריכים לעשות.

אנחנו יושבים ומדברים בהילולא של הרבי על מה שכל אחד מאיתנו יכול לעשות, כדי שהתמצית של כל מה שהרבי עשה לא

10. מלכים ב׳ ח, ד.

תיקטע ולא תסתיים. איננו יושבים כאן בשביל לדבר עליו או על מה שהיה בזמנו, גם אם לפעמים קורה שמזכירים אותו או את מה שהיה; בעיקר אנחנו מדברים על ההווה ועל העתיד.

אומרים שביום ההילולא יש התגלות גדולה יותר של נשמת הצדיק, וממילא אפשר להידבק בו יותר, ואפשר גם לקבל כוח וחיזוק לְמה שצריך. כדי להידבק ברבי וכדי לעשות לו נחת רוח אמיתית, אין צורך לספר בגדולתו, אלא לעשות מה שהוא היה רוצה לעשות. זוהי תמצית העניין: אנחנו יושבים ומדברים לא כדי לדעת את הגדולות אשר הוא עשה, אלא כדי לדעת את הקטנות אשר אנחנו יכולים לעשות.

להביא לימות המשיח

העיסוק של הרבי במשיח

בשנים האחרונות של הרבי הוא דיבר שוב ושוב על ביאת המשיח. האמת היא שמי שעקב אחריו יכול היה לשים לב שכבר מהפעם הראשונה שהוא דיבר ברבים, ובמשך כל השנים, הוא דיבר בכל מיני אופנים על המשיח ועניינו.

באופן מעניין, בהתוועדויות הרבי תמיד דיבר ביידיש. אני מניח ששבעים וחמישה אחוזים מהקהל הגדול שהיה שם לא ידעו יידיש ולא הבינו את ההתוועדות. אנשים רבים עמדו על הרגליים והקשיבו לו ארבע או חמש שעות, ולפעמים אפילו שמונה שעות, בלי להבין כלום. הרבי היה מדבר בקטעים באורך של רבע שעה או עשרים דקות – מפני שהוא הניח, בצדק, שלקהל שלו אין יותר קשב מהזמן הזה – ובמשך שנים על גבי שנים כמעט כל קטע כזה הוא היה מסיים במילים: "שנגיע לגאולה שלמה על ידי משיח צדקנו". בכל פעם שהקהל – שרבים מתוכו הבינו רק את המילים הללו מכל דבריו – היה שומע את המילים הללו, הוא היה עונה בקול גדול: "אמן". זו הייתה חוויה מרשימה – שמיעה של ארבעת אלפים או חמשת אלפים איש שעונים ביחד 'אמן'.

על כל פנים, הנושא של המשיח לא נכנס במפתיע לשיחותיו של הרבי בשלב מסוים. תמיד הוא חשב עליו ועסק בו, אבל העיסוק הזה נעשה יותר ויותר אינטנסיבי עם השנים.

המשיח והחיים הנוחים

מספרים שכששאלו את האדמו״ר הזקן מתי יבוא המשיח, הוא אמר: ״אינני יודע למה אתם צריכים לדעת את זה; הרי המשיח שאתם מצפים לו אף פעם לא היה ואף פעם לא יהיה, ואת המשיח שבאמת יבוא אתם לא רוצים״.

הרבה אנשים מצפים לביאת המשיח, במיוחד כשיש להם צרות. פעמים רבות אדם מניח הנחה כזו: עכשיו אין לי כסף, כשיבוא המשיח יהיה לי; עכשיו יש לי אישה רעה ומכוערת, כשיבוא המשיח היא תהיה יפה וטובה; עכשיו אני מוכר בחנות ואינני מרוויח הרבה, אם ירצה ה׳ כשיבוא המשיח ארוויח פי שלוש; וכך הלאה. כל אחד מצפה למשיח לפי החשבונות שלו. זו לא בדיחה; תשאלו אנשים ברחוב מה יהיה כשיבוא המשיח, והם יגידו לכם: ״יהיה טוב, כל מה שאני רוצה יקרה״. אלה הן הציפיות.

אני רוצה להבהיר: מצד האמת, כתוב שכל ישראל בני מלכים, ובתור בני מלכים באמת מגיע להם כל טוב: חיים טובים ומאושרים, פרנסה והצלחה, נחת רוח מהילדים וכל הדברים הטובים. אף על פי שכתוב בגמרא שיאה העוני לישראל כמו מתג אדום לסוס לבן,[11] אנחנו מוכנים לוותר על היופי הזה; לא את כל מיני היופי אנחנו צריכים.

אכן, לפעמים הצרות מעוררות את הכוונה. הכרתי איש אחד שהיה בתחתית הסיטרא אחרא, ומאסר של עשרים שנה בסיביר גרם לו לחזור בתשובה שלמה, והוא התהפך ממש מקצה לקצה ונעשה יהודי כשר. אבל לא לכל אחד הייסורים עוזרים: יש כאלה שסובלים ונשארים מנוולים. אדרבה, לפעמים דווקא כשאדם מרוויח, מתעוררת

11. על פי חגיגה ט, ב.

אצלו האמונה באלוקים; באצטדיון כדורגל אפשר לפעמים לראות יהודי שהקבוצה שלו מנצחת, והוא מרים את ידיו וצועק: "יש אלוקים" בלב שלם ובכוונה שיכולה להיות רבה יותר מכוונתם של יהודים שמתפללים בבית הכנסת. (ייתכן שהיהודים הללו שצועקים: "יש אלוקים" עושים דברים שהיה כדאי לא לעשות, ולא עושים דברים שהיה כדאי לעשות, אבל בסך הכול הם מאמינים בני מאמינים). ומכאן שגם כשיש לאדם עושר וכבוד וכל טוב, הוא יכול להגיד: "יש אלוקים".

צדיק אחד דרש על המשנה "כל המקיים את התורה מעוני סופו לקיימה מעושר וכל המבטל את התורה מעושר סופו לבטלה מעוני",[12] שהתנא אמר את המשפט הזה לקדוש ברוך הוא בדרך תפילה. הוא אמר לו: "ריבונו של עולם, עשה שכל היהודים בעולם יהיו עשירים, מפני שמי שמקיים את התורה מעוני, סופו לקיימה מעושר. אם כך, אפשר כבר עכשיו לעשות אותו עשיר. ומי שמבטל את התורה מעושר – האם אתה חושב שאם הוא יהיה עני, הוא יתחיל לקיים את התורה? גם כשהוא יהיה עני, הוא לא יקיים אותה".

בנוסף לכך, הרי כתוב "הֲיַד ה' תִּקְצָר?!"[13] האם יש לו פנקס של הכנסות והוצאות?! האם הוא מוגבל לתקציב, ולכן אם פלוני נהיה עשיר יותר, מישהו אחר חייב להיות עני יותר?! הקדוש ברוך יכול לגרום לכל האנשים להיות מרוצים, ולכן אין שום סיבה שלאדם מישראל יהיו צרות הגוף או צרות הנפש.

את כל זה אני אומר לא רק כדי לא לקטרג על ישראל, אלא גם כדי להתפלל עליהם – שיהיה להם כל טוב – כל אחד לפי ההשגות שלו: בין מי שבשבילו הטוב הוא ללמוד מסכת נדרים עם פירוש הר"ן, ומזה הוא מפיק עונג, ערבות ומתיקות, ובין מי שבשבילו הטוב הוא לאכול שוקולד. אבל אחרי כל האיחולים הללו רציתי לומר שביאת המשיח לא תגרום לאנשים שיהיה להם נוח יותר בעולם.

12. אבות ד, ט.
13. במדבר יא, כג.

ביאת המשיח – סוף ההיסטוריה

ביאת המשיח היא התופעה שאנשים קוראים לה ׳סוף ההיסטוריה׳. ימות המשיח הם מה שמכנים, לא תמיד באופן מדויק, ׳קץ הימים׳ – לא שאין יותר ימים או שנים, אלא שאין יותר היסטוריה.

ההיסטוריה מורכבת בדרך כלל מצרות. מלחמות, מגפות, רעידות אדמה וכדומה הם שיוצרים היסטוריה. לכן אמרו שעם מאושר הוא עם שאין לו היסטוריה, בדיוק כפי שעם שלא כותבים עליו בחדשות הוא כנראה עם שחי בשלווה, וכפי שאפשר לכתוב ספר גדול על הרפתקאות, על צרות או על ייסורי הנפש, ואילו על אדם שחי חיים טובים ומאושרים אי אפשר לכתוב יותר מכמה שורות.

אין זה אומר שבמהלך ההיסטוריה לא נעשה שום שינוי לטובה בעולם. במשך הדורות נעשו הרבה שינויים על ידי אנשים פרטיים או על ידי אנשים כלליים, ובחלק מן השינויים הללו הייתה גם קִדמה או עלייה. אולם כמו שאפשר לראות במאה השנים האחרונות, גם כשקורים דברים גדולים וטובים, יש להם סוף, במוקדם או במאוחר, ואחריו המצב הולך ומתדרדר. גם כשנדמה שנעשה איזה שינוי גדול, הוא לא נשאר קיים אלא עובר כמו חלום.

ההיסטוריה מתקדמת כמו מי שמנסה להעלות כדור לראש ההר, וכשהוא כבר כמעט מגיע לראש ההר, הוא מעלה את הכדור עוד עשרה מטר, והכדור נופל חמישה עשר מטר למטה, והוא שוב צריך להמשיך ולטפס. כאלה הם תולדות ימי העולם. יש שני חרוזים הבנויים על שמות טעמי המקרא הספרדיים ומבטאים את עליות החיים ומורדותיהם וגם את שינויי הזמנים בעולם: ״אדם אומלל, אל תיאנח, כי אחרי טרחא יבוא אתנח. אל תתהדר, אדם גביר, כי אחרי דרגא יבוא תביר״. אופי ההיסטוריה קשור למהות העולם: ברגע שפותחים פתח בצד אחד, נוצרות בעיות מצד אחר. כל דבר שיש בו צדדים טובים של קידום ותועלת, יש בו גם צדדים לא טובים. לפעמים מה שפותר בעיה מסוימת, גורם בעצמו לבעיה אחרת. אמנם העולם אינו תמיד חוזר בדיוק לאותו מצב שהיה, אבל בסך הכול המצב נשאר דומה.

המשמעות של סוף ההיסטוריה היא סוף מהלך החיים העולים ויורדים, המתקדמים ונסוגים, מהלך החיים שבו מגיעים דברים יפים, ולאחריהם דברים מכוערים.

גלות – עליות וירידות

העולם אכן מלא בצרות, לא עלינו ולא עליכם, צרות קטנות וגדולות, בעיות הפרט ובעיות הכלל; אבל הציפייה לביאת המשיח אינה קשורה רק לצרות ולכאבים הללו. לא בגללם מצפים למשיח. מצפים למשיח משום שהעולם אינו זז כראוי – לאחר כל התקדמות באה נסיגה, ולאחר כל עלייה באה נפילה, ואין בו איזו תזוזה גדולה שכל כולה מכוונת למעלה.

למעשה, זוהי ההגדרה של הגלות; בגלות אנחנו נמצאים מתחת לדריסת המגף של ההיסטוריה, וגם אם לפעמים איננו נרמסים תחתיו אלא חיים בין הפסיעות ומגדלים איזה פרח לפי שעה – אין לזה קיום. מי שמצפה למשיח בעצם אומר: "די. היינו מספיק זמן בגלות הזו"; ובשביל לומר את זה לא צריך להיות בעל רוח הקודש.

יש המאמינים שמדינת ישראל היא ראשית צמיחת גאולתנו. יש מקום לפקפק באמונה הזו, לא מפני שעשו במדינה הזאת דברים לא טובים בפרט כזה או אחר – אדרבה, עשו הרבה דברים טובים – אלא שהדברים הטובים הללו הם חלק מהחיים, וכל עוד הם אינם הולכים רק קדימה או למעלה הרי שגם אם לפעמים נראה שקרו דברים משמעותיים, בסוף הכול חוזר לקדמותו.

אני זוכר, למשל, את השירים שחיברו במהירות רבה אחרי מבצע קדש. בעקבות המבצע כל סיני היה בידינו, ואנשים הלכו לצפות בהר שמקובל לקרוא לו הר סיני (אף על פי שלפחות לפי חז"ל הוא בוודאי לא הר סיני), והיה אפילו מי שתקע בשופר. אחד השירים ששרו אז היה "לא אגדה, רעי, ולא חלום עובר; הנה מול הר סיני, הסנה, הסנה בוער". אלא שאחרי שכתבו את השיר עבר פחות מחודש וחצי, וצבא ההגנה לישראל כבר הספיק לקפל את הזנב בין הרגליים ולצאת מכל סיני בלי שריד ופליט, אפילו בלי סנה קטן, בוער או לא בוער.

מסתבר שבעולם שלנו קורים לפעמים דברים שאנחנו שמחים בהם, אלא שהם לא נמשכים. עובר זמן, הגלגל עושה עוד סיבוב, ואז מתברר שמה שהרווחנו לא הרווחנו, מה שקיבלנו לא קיבלנו, ומה שחשבנו שקרה לא קרה. כשמחשבים את החשבונות לאחר כמה שנים, מה נעשה, מה נוצר, ולאן העולם הולך – מגלים שנשארנו באותה בעיה. בסך הכול אנחנו נמצאים בעוד סיבוב של גלות.

יש גלות קשה, יש גלות רכה, ויש גלות שמכיוון שהיא כל כך רכה, אנשים נרדמים ונשארים בה. הסוג הזה של הגלות דומה לאדם עייף שנופל בשלג ונרדם. מכיוון שהשלג מלא אוויר חם לו, הוא אינו מרגיש את הקור של השלג, ופשוט מת. יש מקומות שבהם היהודים נכנסים לתוך הגלות בדיוק כך. הם חיים שם, לא עושים להם יותר מדי צרות, חם להם והם מכוסים במין שלג לבן ויפה, וכך הם נשארים לישון ולא קמים; ובסוף, כשמנסים להסיר מהם את השלג, מתברר שהם כבר לא ממש יהודים. על כל פנים, כל עוד העולם מתנהל בעליות ומורדות, זהו עולם של גלות – בטוב וברע, בנחת ולא בנחת.

אחרי ביאת המלך המשיח ילכו כל ימי העולם בתנועה אחת בלבד – רק קדימה ולמעלה, בלי ירידות ונפילות. בתוך החיים ובתוך העולם שיווי המשקל רופף, ואנחנו רוצים להביא את הדברים לשיווי משקל יציב, לזמן שבו הדברים יעמדו במקום שהם ראויים לעמוד בו, ושתהיה התקדמות. זהו כל העניין של ימות המשיח – בין בניסוחו של הרמב"ם ובין בניסוחים אחרים התמצית היא תמיד אותה תמצית: אחרי שיבוא וייראה ויתגלה המלך המשיח, בעיות העולם ילכו וייפתרו, האנושות תיעשה טובה יותר, ואז נוכל להמשיך הלאה בדרך ישרה במה שנקרא 'חיי העולם הבא'.

לא לקבל את הגלות

הדיבור של הרבי בעניין 'להביא לימות המשיח' נועד להבהיר שאיננו רוצים עוד את העליות והירידות הללו. הרבי ניסה להביא אנשים להבנה שאי אפשר להמשיך לקבל את המהלך המתמיד של עליות

וירידות, את קיומן של בעיות ללא פתרון שנמשכות והולכות בלי סוף. איננו רוצים להישאר בתוך המציאות הזו.

לפעמים נדמה שאנחנו די קרובים לימות המשיח, ושאם נעשה עוד מאמץ אחד קטן, אם נצעד עוד כמה פסיעות, נגיע לשלב הבא. אבל כדי להגיע לשלב הבא לא מספיק לצפות למשיח כמו שאנשים בדרך כלל מצפים. אנשים מצפים לביאת המשיח בתנאי שהוא לא יבוא היום ומחר, משום שהיום יש להם איזו עבירה לעשות, ומחר יש להם כמה עסקים לעשות – שיבוא בזמן יותר נוח. יש הרבה אנשים שזה מה שהם מרגישים, גם אם הם אינם אומרים את זה בגלוי.

אנשים צריכים לשאול את עצמם: איך אפשר לסיים את המציאות הזו? איך אפשר לעשות שינוי שאחריו לא יהיו עוד תהפוכות? הרי אנחנו, בני האדם, יודעים לעשות רק דבר אחד באופן סופי וגמור – רק כשהורגים מישהו עושים מעשה בשלמות, בצעד בלתי הפיך. השאלה היא איך אפשר לעשות שינוי נחרץ כל כך בצד השני; איך להביא את העולם אל המנוחה ואל הנחלה; איך להיות מסוגלים סוף סוף להמשיך ללכת בלי לחשוש שבכל רגע נמעד ונחליק למטה. הרבי דיבר על 'להביא לימות המשיח' – קודם כול כדי שאנשים יהיו מודעים לעניין הזה.

הפרופורציות של העולם

מעבר לעצם המודעות למשמעות של ביאת המשיח, הדיבור עליה משפיע גם על המעשים שאדם מנסה לעשות בעולם ועל האופן שבו הוא מודד את מעשיו.

לפעמים אדם מסתפק בהישגים קטנים, ולכן הוא אינו מגיע ליותר מהם. כאשר כל עולמו של אדם קטן ומוגבל, הוא כבר אינו יודע מה הם העניינים הגדולים. הכרתי פעם אדם שהיה לוקח הלוואות, ובכל פעם שהיה מוצא הלוואה חדשה שבה הוא יכול לשלם את החובות הקודמים, הוא היה שש עליה כמוצא שלל רב. ההלוואה החדשה לא פתרה לו את הבעיה; הוא בסך הכול מצא עוד הלוואה, ואחריה הוא היה צריך ללוות עוד הלוואה אחרת. זוהי הבעיה של

אנשים שמרוצים מההישגים והרווחים הקטנים שלהם – בעצם אלה הן הלוואות שאינן פותרות אף בעיה. גם אם אדם עושה משהו, מתברר שלאחר העשייה לא קרה שום דבר. גם אם אדם תקע איזו יתד, הניח אבן פינה או כתב כתובת על מצבה – שום דבר מהדברים הללו לא הזיז דברים של ממש.

כדי שאדם לא יסתפק במעשים הקטנים, גם אם אלו מעשים שהוא יכול להתפאר בהם בפני אנשים, הוא צריך לדעת פרופורציות. העיסוק ב׳להביא לימות המשיח׳ מלמד את הפרופורציות הנכונות; רק דברים שאינם חולפים כמו חלום הם דברים גדולים באמת, בבחינת ׳להביא לימות המשיח׳.

אמנם, כל מעשה טוב שאדם עושה נכתב בשמיים, וכנראה בשמיים יש מקום לכל ספרי הזיכרונות – אלה של המעשים הגדולים ואלה של מעשים הקטנים. למשל, כשאדם עומד לקלל, וברגע האחרון הוא מתחרט ואינו מקלל – מן הסתם רושמים לו בשמיים שלוש נקודות טובות. אבל לא זה העניין של ׳להביא לימות המשיח׳.

כתוב שעד היום היו בעולם תשע שירות – שירת הים, שירת הבאר וכדומה – ולעתיד לבוא, בבית השלישי, יהיה שיר חדש. כל אחת מן השירות שהיו בעולם היא בבחינת נקבה – היא מתעברת ויולדת; יש גאולה מצרה, שרים עליה שירה, ואחר כך היא מתעברת, ויש שוב צרה חדשה, ואז שרים שוב שירה חדשה על הגאולה הבאה וכך הלאה. לאחר תשע השירות לא תהיה עוד שירה, אלא שיר – שיר חדש, והוא לא יתעבר יותר, משום שזה יהיה הסוף. לשיר שיר חדש – פירושו להיות מודע להבדל בין דברים חולפים לדברים קבועים; ומתוך כך לעשות באופן מושכל דברים שיש להם משמעות אמיתית, דברים שמשנים את העולם ומביאים אותו צעד אחד קדימה.

כשאנחנו מדברים על ימות המשיח איננו מתכוונים לימים שבהם יהיה עוד רבי חדש בעולם, או לימים שנוכל לבנות בהם את בית המקדש על הר הבית. תארו לעצמכם שהכול אפשרי: כל השטח של הר הבית פנוי; את הכסף הרי אין שום בעיה להשיג – אני בטוח שהוא יגיע מכל מיני יהודים, אפילו כאלה שלא ירצו שיכתבו את

השם שלהם. חותמים חוזה עם חברת 'סולל בונה' והיא בונה את בית המקדש על הר הבית. הרי מן הסתם, יעשו בבית הזה את מה שעשו בשני הבתים שקדמו לו: אנשים שהמצפון מציק להם. יביאו אליו קרבן של שור, עז, כבש, תור או בן יונה – שזו דרך קלה הרבה יותר מחרטה – וירגישו מאושרים. אבל מה יהיה הסוף? הרי הבעיה איננה לסמן 'וי', להגיד שעשינו את זה, שבנינו את בית המקדש בירושלים. הבעיה היא איך לגרום לשינוי גדול בעולם.

חשוב להבחין בין הדברים הגדולים לדברים הקטנים. הדברים הגדולים הם אלה שמקדמים את העולם לקראת השינוי הזה, והדברים הקטנים הם כל מיני דברים אחרים שנעשים בעולם שכל אחד מהם הוא יפה וטוב, אך בסופו של דבר הם אינם מעלים ואינם מורידים. אנחנו צריכים להעמיד את הדברים בפרופורציות ולשאוף אל הדברים הגדולים באמת. כל זמן שהרבי היה יכול לדבר, הוא לא הפסיק לדבר על המשיח כדי שנדע מה הם הדברים הגדולים, כדי שנדע שהדברים שאנחנו עושים הם דברים קטנים ושאנחנו צריכים לעשות דברים גדולים.

מעשים שיש להם קיום

איך עושים דברים גדולים? קודם כול, אדם צריך לשאול את עצמו אילו דברים שלא ירדו ויפלו הוא יכול לעשות.

יוצא לי לפגוש זוגות לפני החתונה, והרבה פעמים אני אומר לבחורה: "תראי, עכשיו את עדיין יראה ושלמה ומתפללת שלוש פעמים ביום, אבל לפני שאת מתחתנת כדאי שתחליטי על דבר אחד שתמשיכי לעשות במשך שנות הנישואין, והוא לא יתבטל. ההחלטה הזו חשובה משום שיש הרבה אנשים ונשים שיום חתונתם ויום שמחת ליבם הוא היום האחרון שבו הם בני אדם. מהיום ההוא והלאה הם 'נכרכים מתחת לסינור', שוקעים בחיי המשפחה עד מעל הראש, ואין להם כבר תקומה".

דברים דומים אני אומר גם לבחור בן ארבע עשרה: "במקום להחליט החלטות שאתה לא תעמוד בהן, החלט החלטה אחת; ובלבד שההחלטה הזו תהיה כמסמר נטוע, שאי אפשר לעקור אותו".

איך אדם יכול להביא את המשיח? ייתכן שאם אדם היה קם, יוצא לרחוב וזועק זעקה גדולה ומרה: ״ריבונו של עולם, הבא את המשיח!״ – תפילתו הייתה נשמעת במרום. אבל אם אדם אינו יכול להביא את המשיח באופן הזה, והוא בכל זאת רוצה ללכת לקראת ימות המשיח, הוא צריך לבנות בניינים של אמת; לעשות דברים, ולו גם דברים קטנים שיחזיקו מעמד לעולם, שיהיו ״כְּהַר צִיּוֹן לֹא יִמּוֹט״;[14] לקבל על עצמו החלטות שיעמדו לעולם; להתקדם אפילו צעד אחד, אבל צעד שיחזיק לעולם ועד.

על המאמר: ״פתחו לי פתח כחודו של מחט ואני אפתח לכם פתח כפתחו של אולם, פתח שעגלות וקרוניות נכנסות בו״, אמר הרבי מקוצק: פתח כחודו של מחט הוא אולי קטן, אבל הוא מפולש ועובר מקצה לקצה. אדם צריך לחרוץ עוד ועוד עד שהוא יצליח להגיע לצד השני; רק אז הוא עשה משהו, ומכאן והלאה נפתח פתח שמרכבות ועגלות נכנסות בו, נפתח פתח כפתחו של אולם. אבל צריך לגרום לכך שהחריץ לא יימחק.

שלמה אומר: ״בָּנֹה בָנִיתִי בֵּית זְבֻל לָךְ מָכוֹן לְשִׁבְתְּךָ עוֹלָמִים״.[15] גם אם אדם יכול לבנות רק בית קטן, הבית הזה צריך להיות ״מכון לשבתך עולמים״. את ׳הבית הגדול והקדוש שנקרא שמך עליו׳ בונים מלבנים שהמאפיין הבסיסי שלהן הוא האמת. האמת, כפי שהרמב״ם מגדיר אותה, נשארת לעולם.

בסופו של דבר, לא את כל המעשים הגדולים ולא את כל המהלכים הגדולים אנחנו עושים. אנחנו צריכים לעשות את מה שאנחנו יכולים לעשות; ואנחנו יכולים לעשות גם דברים גדולים וגם דברים קטנים. אבל גם כשאנחנו עושים דבר קטן, אנחנו צריכים לדאוג שהדבר הקטן הזה יהיה דבר אמת. ביאת המשיח מתקדמת צעד אחרי צעד. היא איננה יכולה להתקדם כמו הליכה על קרח חלקלק, אלא

14. תהלים קכה, א.
15. מלכים א׳ ח, יג.

כמו עלייה במדרגות. ייתכן שאלו הן מדרגות קטנות, אבל כל מדרגה היא מדרגה. וכאמור, המציאות של ימות המשיח לעולם לא תתמוטט.

הרי יש לנו מלחמה מתמדת עם הסטרא אחרא; לפעמים אנחנו מפסידים במלחמה ולפעמים מנצחים, אבל גם אם אנחנו מנצחים ולוקחים משהו מהסטרא אחרא, השאלה היא אם, כדברי השיר, "שטח משוחרר לא יוחזר". לפעמים אדם יודע שהוא נלחם בסטרא אחרא או בדברים יותר נמוכים בעולם הזה וניצח, אבל הניצחון הזה אינו אלא חלום עובר. השאלה היא אלו צעדים של התקדמות אדם יכול לצעוד כך שהתקדמותו תחזיק מעמד. שאלה זו נובעת מהמחשבה על המשיח.

כדי שתגיע עת קץ – לא רק כדי שבשנה הבאה יהיה טוב, אלא שתהיה באמת ישועה ונחמה – היחידים צריכים לעשות מעשי אמת, ללכת צעד אחד קדימה שממנו הם לא ייסגו אחור. גם אם זהו צעד של שני סנטימטרים, שני הסנטימטרים הללו לא יחזרו לעולם ועד.

ביאת המשיח היא צעד גדול לכל ישראל ולכל העולם, אבל אדם צריך לשאול את עצמו: איך אני בעצמי יכול להביא לימות המשיח. אדם מביא לימות המשיח אם הוא עושה צעד אחד שבזכותו זז בעולם משהו, גם אם הוא לא יעשה שום צעד נוסף. אם יהיו יותר ויותר אנשים שיעשו צעד כזה, אנחנו סוללים את הדרך ובונים את המדרגות כדי להביא לימות המשיח.

גדולים וגם קטנים

על מה דיבר הרבי? מצד אחד, כשהרבי דיבר על 'וִיקָרֵב קֵץ מְשִׁיחֵהּ', הוא דיבר על דברים גדולים. כאמור, ביאת המשיח אינה ביאתו של עוד צדיק אחד שיהיה בעל מופת יותר מהבעל מופת הקודם, ויהיה לו שטריימל יותר גדול וזקן יותר ארוך מהצדיקים הקודמים. ביאת המשיח היא שינוי ממה שהיה במשך אלפי השנים האחרונות בכל סדרי העולם. הרבי רצה שנחשוב על ההיקף הגדול ושנדע לאן צריך ללכת.

ומצד שני, הרבי לא רצה שנבוז ליום קטַנות. הוא אמר: "אל תמעט בחשיבותו של שום דבר, גם לא בחשיבותו של דבר קטן. אל תעסוק רק בדברים הגדולים". אדם צריך לעסוק בכל הדברים שהוא

יכול לעסוק בהם, בין דבר יציב ובין דבר עובר, בין דבר שמשנה את העולם ובין דבר שעושה טובה לאדם אחר.

היום אמר לי מישהו: ״עשיתי דבר מסוים ולקח לי הרבה זמן, אני חושב שהיה בזה יותר מדי השתדלות ופחות מדי תוצאות״. אמרתי לו: ״תראה, אם אתה יושב עם מישהו, ואתה מדבר איתו דברים בטלים, ועל ידי הדברים הבטלים הללו הוא מסיח את דעתו מהדאגה שלו – עשית מצווה״. לא תמיד אדם צריך לומר לאדם הראשון שהוא פוגש בדרך: ״בוא נביא, שנינו יחד, את הגאולה״. אמנם אם זה אפשרי, זה דבר גדול, אבל לפעמים אדם צריך לומר לזולת דברים בטלים, לטפוח לו על הכתף, אפילו לספר לו בדיחה, ואם הוא הצליח לגרום לו לחייך חיוך קטן – הוא עשה דבר טוב, ואני בטוח שבשמי מרום מחייכים יחד איתו.

אסור לזלזל בדברים הקטנים, קודם כול מפני שלפעמים פרוטה ועוד פרוטה מצטרפות לחשבון גדול. בנוסף לכך, לפעמים אדם אינו יודע מה יצא מהדברים שהוא עושה. כתוב: ״בַּבֹּקֶר זְרַע אֶת זַרְעֶךָ וְלָעֶרֶב אַל תַּנַּח יָדֶךָ כִּי אֵינְךָ יוֹדֵעַ אֵי זֶה יִכְשָׁר״.[16] לפעמים אדם חושב שהוא עושה דברים גדולים, ובסוף מתברר שמהדברים הגדולים הללו יוצאים בסוף רק הבל ורעות רוח; ולעומת זאת, הדברים הקטנים שהוא עושה יכולים לצמוח ולעשות שינוי אמיתי וממשי בעולם. אי אפשר לדעת מה קורה כתוצאה ממעשים קטנים לא רק בעולמות העליונים, אלא גם בעולם שלנו. על פי תורת הכאוס, ייתכן שאדם מוחא כפיים במקום אחד, וכתוצאה מכך כוכב לכת במקום אחר מתפוצץ, והוא מאיר פי אלף מהשמש. זה יכול לקרות. לא תמיד אפשר למדוד את היחס בין הדברים הקטנים והדברים הגדולים.

מצד שני, אדם צריך להתבונן בפרופורציות של העולם ולדעת מה הוא דבר גדול ומה הוא דבר קטן, כדי שאם הוא יכול לעשות דברים גדולים הוא לא ישתקע בדברים הקטנים, ולבסוף ימצא את עצמו יושב ומחפש בפחי אשפה שמא ימצא שם משהו. אמנם הוא

16. קהלת יא, ו.

לא צריך לעסוק רק בדברים הגדולים ולהימנע מהדברים הקטנים, ואם יש דבר אחד שהוא יכול לעשות, הוא צריך לעשות אותו כאן ועכשיו גם אם הוא קטן. ועם זאת, אדם צריך לבנות מסגרת גדולה שבתוכה הוא עובד ולהבהיר לעצמו מה הוא צריך לעשות, כדי שלא ישקע ויבלה את הזמן רק בדברים קטנים וחסרי ערך.

על רבי יוחנן בן זכאי כתוב שלא הניח דבר גדול ודבר קטן שלא למד. הגמרא מפרשת ש'דבר גדול' – זה מעשה מרכבה, ו'דבר קטן' – זה הוויות דאביי ורבא.[17] הוא היה אחד מאלה שצפו במרכבה, ועם זה הוא פלפל בהוויות אביי ורבא. ולפעמים אדם צריך לעסוק אפילו בדברים קטנים יותר.

שני הצדדים האלה הם חלק מהדיאלקטיקה של שמיים וארץ. השמיים גבוהים למעלה מעלה עד אין קץ, והארץ היא למטה, ובה יש קיום וזכות קיום גם לביצי כינים. הקדוש ברוך הוא דואג גם לעולמות הגדולים וגם לדברים הקטנים. הוא דואג לביצי כינים וגם לדברים הרבה יותר גדולים מקרני ראמים.

לדאוג לאובדים ולנידחים

אשר איננו פה עמנו היום

אני רוצה להתייחס לנקודה נוספת שעליה הרבי דיבר. משה רבנו אמר: "וְלֹא אִתְּכֶם לְבַדְּכֶם אָנֹכִי כֹּרֵת אֶת הַבְּרִית הַזֹּאת וְאֶת הָאָלָה הַזֹּאת. כִּי אֶת אֲשֶׁר יֶשְׁנוֹ פֹּה עִמָּנוּ עֹמֵד הַיּוֹם לִפְנֵי ה' אֱלֹהֵינוּ וְאֵת אֲשֶׁר אֵינֶנּוּ פֹּה עִמָּנוּ הַיּוֹם".[18] אנחנו צריכים לחשוב מה אנחנו יכולים לעשות כדי לדאוג לאלה שאינם איתנו פה היום.

מחמת חולשת הגוף וחולשת הנפש אנחנו נוטים להסתכל קרוב. אמנם כתוב גם בהלכה שנתינת צדקה מתחילה בקרובים ומתפשטת

17. סוכה כח, א.
18. דברים כט, יג-יד.

מהמרכז החוצה, ומי שקרוב יותר – מוקדם יותר. ואכן פעמים רבות אדם יושב – בענייני צדקה או בעניינים אחרים – בתוך המסגרת שלו והמעגל שלו, בין אם המעגל הזה הוא אני ועצמי, אני ומשפחתי, אני והשטיבל שלי או אני והחברים שלי. אני רוצה להבהיר: המעגל הזה הוא אכן מעגל חשוב. חשוב שיהיו לאדם מעגלים קרובים ומעגלים הדוקים; חשוב שהאדם יקרב את קרוביו, וחשוב שיהיו לו אוהבים וידידים בגוף ובנפש שבהם הוא נקשר ואיתם הוא עולה. אכן, אדם יכול לשמוח בחלקו במעגלים שלו, אבל עם זה הוא צריך לזכור ״את אשר איננו פה עמנו״.

כשאדם בא לבית הכנסת, הוא רואה את אלה שמגיעים לבית הכנסת, ולפעמים אלה שנמצאים ממלאים את כל בית הכנסת, אבל הוא אינו רואה את אלה שאינם מגיעים. הוא צריך להיות מוטרד מהשאלה מה קורה לאלה שאינם נמצאים, מה קורה לאלה שאינם פה עימנו היום. האנשים האלה אשר אינם פה עימנו העסיקו את הרבי. הוא אמר שצריך שיהיה לנו אכפת מהם ושמצבם ייגע לנו.

האובדים והנידחים שבהר הקודש

אנחנו צריכים להיות מודעים למי שאיננו פה עימנו מפני שהוא אינו יכול לבוא, למי שאיננו פה עימנו מפני שהוא אינו רוצה לבוא, ולמי שאיננו פה עימנו מפני שכלל לא רלוונטי שהוא יבוא.

בעבר, כלל העולם היהודי שני מעגלים עיקריים: המעגל הקטן שהקיף את מי שנקרא בתורה ׳עמיתך׳ – מי שאיתך בתורה ומצוות, בחוכמה ובתבונה; והמעגל של עמי הארצות. בימינו, לצער הלב, הבעיה איננה עמי הארצות, ואפילו לא אפיקורסים – אני בקושי מוצא אפיקורס אחד או שניים, וגם לגביהם אני לא בטוח אם הם באמת אפיקורסים. הבעיה היא אנשים שעומדים במדרגה פחותה עוד יותר.

אחד ממנהיגי הציונות שהכיר את תיאודור הרצל והעריץ אותו, כתב עליו דברים יפים מאוד, ובדרך אגב הוא כתב: ״הרצל לא ידע שום דבר על יהדות עד כדי כך שאפילו לא היה אפשר לקרוא לו ׳עם הארץ׳״. אם את הרצל אי אפשר היה להגדיר אפילו בתור עם הארץ,

האנשים שחיים כאן היום אינם נכנסים בשום גדר כלל. הם רחוקים כל כך, שלגבי כל מעגל שנצייר – הם יימצאו מחוצה לו.

אנחנו צריכים להשתדל ככל האפשר לעשות משהו שיגע אפילו באלו ש"אֹבְדִים בְּאֶרֶץ אַשּׁוּר" וש"נִּדָּחִים בְּאֶרֶץ מִצְרָיִם",[19] אלו שלא רואים אותם ולא שומעים אותם ולא יודעים עליהם. לפעמים הם נמצאים בקצה העולם, ולפעמים הם נמצאים פה, סמוך אלינו.

יש לי ידיד שאוסף את עשרת השבטים. הוא נוסע למדינות נידחות ומגלה עוד שבטים נידחים שהם אולי עשרת השבטים האבודים. אמרתי לו פעם: "למה לך לחפש את עשרת השבטים כל כך רחוק? הלא בעיר ניו יורק אתה יכול למצוא מיליון וחצי אנשים שהם בטוח מזרע ישראל. למה שלא תאסוף אותם?" והאמת היא שיש אנשים כאלה גם בירושלים ובתל אביב. הם אינם חיים בצד השני של הסמבטיון אלא בצד השני של הירקון.

סיפרו על צדיק אחד שקירב באופן מיוחד אדם פשוט אחד, וכך הוא הסביר: כתוב שכשהמלך המשיח יעלה וימשול על עולם, כל מלכי אומות העולם יהיו משועבדים לו וחייבים בכבודו ויביאו לו שי. מה כבר אפשר להביא למשיח שמושל על כל העולם, בידו כל הכסף שבעולם וכל הכוח שבעולם? איזו מתנה אפשר לתת לו? על כך כתוב: "וְהֵבִיאוּ אֶת כָּל אֲחֵיכֶם מִכָּל הַגּוֹיִם מִנְחָה לַה' בַּסּוּסִים וּבָרֶכֶב וּבַצַּבִּים וּבַפְּרָדִים".[20] וכך הצדיק הסביר את הפסוק: המתנה שהגויים יביאו למשיח תהיה יהודים. אבל אלו יהודים הם יביאו לו? הרי כל היהודים ששמעו את קול השופר, כל אלה שנגעה יראת ה' או אהבת ישראל בליבם יבואו מעצמם; מי מהיהודים יישאר אצל הגויים ולא יבוא אל המשיח? יישארו המתבוללים שבמתבוללים, הנמוכים שבנמוכים, אלה שיאבדו בין הגויים, שאולי הם לא ידעו על עצמם וגם אחרים לא ידעו עליהם שהם יהודים. אלו הם היחידים שלא יבואו. לכן כשמלכי האומות ירצו לתת מתנה למלך המשיח, הם

19. ישעיהו כז, יג.
20. ישעיהו סו, כ.

יערכו במדינה חיפוש גדול, וכשימצאו יהודי כזה, הם ישמחו ויאמרו: ״אה! יש לנו במדינה יהודי אחד!״ ישימו אותו בעגלה מפוארת, יקשטו אותו בפרחים, ויביאו אותו שי למלך המשיח. הסביר אותו צדיק: ״אם יהודי כזה הוא שי למלך המשיח – אני אזרוק את המתנה של מלך המשיח?!״

על המתנות האלה אני מדבר. אלא שכדי למצוא אותן – את הנידחים והאובדים – לא צריך לנסוע לקצות העולם, ואפילו לא לארץ אשור או לארץ מצרים; גם ״בהר הקֹדש בירושלים״ יש בריות כאלה.

הגוף החולה של כנסת ישראל

הדאגה ליהודים רחוקים שברחוקים איננה רק כדי להוציא יקָר מִזּוֹלֵל, אף על פי שגם זה עניין גדול בפני עצמו; הדאגה הזו נובעת קודם כול מההבנה שגם אנשים כאלה שאינם נמצאים פה עימנו היום – גם הם עברו בברית עם הקדוש ברוך הוא, שהרי הברית הזאת נכרתה עם כל העם.

האנשים הללו, שמתנתקים מעם ישראל ומהזהות היהודית שלהם, מזכירים את המחלה שנקראת, כנראה בטעות, צרעת. זוהי מחלה שתוקפת אנשים, לא עלינו ולא עליכם, ואוכלת אותם לאט לאט. אדם שהמחלה הזו תוקפת אותו, איבריו נרקבים ונושרים. יום אחד נושרת לו בוהן, לאחר כמה ימים נושרות אוזניים וכך הלאה. הרבה לפני שאיבר מסוים נופל, הוא כבר רקוב עד היסוד. אין בו עצבים או כלי דם, ולמעשה הוא כבר אינו חלק מהגוף אלא רק דבוק אליו. אדם שחולה במחלה הקשה הזו – בין שנושר אפו או האצבע הקטנה שברגלו – נמצא במצב איום ונורא. גם מהגוף של קהל עדת ישורון, הגוף שנקרא כנסת ישראל, נושרים חלקים. אותם אנשים שעליהם אני מדבר הם האיברים שמידלדלים ונושרים, מידלדלים ונושרים.

באותו אופן אפשר להבין גם מדוע חשובה השאלה אם אנחנו מרגישים את האנשים הללו שהולכים ומתנתקים מעם ישראל. אחד הסימנים לכך שחלק מסוים בגוף עוד חי, שיש בו עדיין קצת חיות,

הוא שהאדם מרגיש אותו. את האבחנה הזו אפשר לראות אצל אנשים שחולים, לא עלינו ולא עליכם, בניוון שרירים, שגם היא מחלה לא סימפתית. מחלה זו מתחילה ברגליים ומתקדמת לאט לאט עד שהחולה כבר לא מסוגל ללכת; ואז היא מגיעה לידיים וכך הלאה, עד שהאדם כבר אינו מסוגל לעשות כמעט כלום, ואפילו לדבר הוא אינו יכול משום שהמחלה משתקת גם את הפה. הגוף של מי שחולה במחלה הזו נראה בסדר גמור, וקשה לדעת עד איפה המחלה מגיעה. כשרוצים לבדוק זאת, נועצים מחט בקצה של הגוף ושואלים את החולה מה הוא מרגיש. אם המחלה הגיעה לשם, הוא אינו מרגיש דבר; ואז צריך להתקדם ולהמשיך לדקור אותו בעוד ועוד מקומות, עד שמגיעים למקום שבו הוא מרגיש משהו. כשאדם כזה מפסיק להרגיש כאב בקצה הרגל, הדבר צריך להדאיג לא רק את קצה הרגל אלא את האדם כולו. אם אדם אינו מרגיש את איבריו – סימן שהוא חולה. זה אינו סימן שאיבריו חולים, משום שחולי איננו שייך לחלק זה או אחר, אלא למהות הכוללת; אם המהות הכוללת חולה, היא מפסיקה להרגיש את הכאב. באותו אופן אם אנחנו איננו מרגישים את הכאב על האנשים שהולכים ומתנתקים מאיתנו – הדבר דומה לאבחון של רופא; כאילו רופא בדק ודקר מקום מסוים בגוף ולא מצא בו שום הרגשה, והוא רושם: "האיש הזה חולה בניוון שרירים מתקדם, והוא עומד למות". לא רק האצבע הקטנה של הרגל שלו עומדת למות אלא הוא, מתחילתו עד סופו, עומד למות. מצד שני, כל עוד אדם מרגיש כאב כלשהו – זה מעיד שהוא עדיין לא מת. גם אם הוא חולה וסובל, עדיין יש לו תקווה.

במשנה כתוב מה השכינה אומרת כשאדם מישראל מצטער משום שמוציאים אותו להורג. בשביל שיוציאו אדם להורג הוא צריך להיות רשע שעובר עבירה לאחר התראה ובנוכחות עדים; ועל אדם כזה השכינה מצטערת ואומרת: "קַלַּנִי מראשי, קַלַּנִי מזרועי"[21] – אוי, כואב לי הראש, כואבת לי הזרוע. אדם צריך לומר לעצמו שאם

21. משנה סנהדרין ו, ה.

השכינה בוכה כך על הרשעים הללו שחייבים מיתה, הוא צריך לפחות להיות מודע לעניין הזה.

אכפתיות

הרבי הדגיש מאוד שחשוב שהאנשים שאינם פה עימנו היום יהיו חלק מהמחשבות שלנו. לפני שנעשה משהו בעניין – נניח להם תפילין או נדליק להם נרות שבת – חשוב שפשוט יהיה אכפת לנו מהם, שהם יהיו חלק מהתמונה שלנו, מפני שהם שייכים להשלמת התבנית הגדולה. הרבי דאג לכך לא כדי לכבוש לבבות אלא משום שרצה שנרגיש אחריות כלפיהם. עצם העובדה שאדם מודע למצבם, שאכפת לו ושהוא מרגיש את הכאב היא משמעותית, גם אם לא תמיד הוא יכול לעשות הרבה.

לפעמים כשאדם שומע על אדם קרוב אליו שהשתמד והוא מסתובב עם גויה הדבר נוגע לו מאוד, לא מפני שהוא לא שמע על סיפורים כאלה, אלא מפני שהסיפור הזה קרוב אליו יותר. הוא חושב: ״זה אדם שהכרתי, שהיה יכול להיות חבר טוב שלי, והנה הוא הלך עד לקצה האחר״. לעומת זאת, כשמדובר באדם רחוק, הוא יותר אדיש. לאמיתו של דבר אדם צריך להיות מסוגל ללכת לקצה העולם כדי לעשות משהו בשביל יהודי שהוא כלל אינו מכיר.

אסיים בסיפור מופת על הרבי. אחד החסידים של הרבי שהיה שליח במקום נידח, סיפר שהרבי אמר לו להביא מצה למישהו. הוא חיפש את האיש הזה ומצא אותו והביא לו מצה. האיש הזה התרגש מאוד ואמר לו: ״אתה יודע מה עשית לי? אני נמצא פה לבדי. כל משפחתי נהרגה באירופה, ושום דבר לא נשאר ממנה. אמרתי בליבי: ׳זהו זה. אין לי קשר או שייכות ליהדות׳. קבעתי עם עצמי שאם היום לא יתגלה לי איזה סימן, אני משתמד וגומר את הסיפור. והנה הבאת לי את המצה, ואני חושב לעצמי: עדיין יש מישהו שחושב עליי, עדיין יש מישהו שקשור אליי!״. אותו אדם שינה את עולמו וחזר ליהדות.

לא סיפרתי את הסיפור הזה כדי לספר ״את הגדלות אשר עשה״, אלא כדי לעורר את המודעות לכך שיש בכלל יהודים כאלה. גם

אם אדם מרגיש שאין ביכולתו לעשות הרבה בפועל עבור היהודים הללו, עצם ההרגשה שהם שייכים אליו ונוגעים לחייו חשובה. כל עוד אנחנו מודעים לקיומם של היהודים הללו ודואגים להם, הגוף היהודי עדיין חי.

לחיים!

17

מהו חידוש

שיר חדש

אמרתי הרבה פעמים שכמעט כל הדברים שנחשבים לסימני ההיכר של תנועת החסידות או למאפייניה אינם מקוריים. אמנם אפשר למצוא בה פה ושם דברים חדשים, אבל ככלל – הדברים כבר היו לעולמים.

כאן ראוי לשאול שאלה ראשונית יותר: מהו דבר חידוש? האם רק יצירת דבר שלא נראה כמותו, כמו ציור של חיה ולה ראש של פיל ורגליים של עכבר הוא דבר חידוש? לאו דווקא. חידוש יכול להיות גם ציור של פרחים שנראים בדיוק כמו פרחים, לא נוספו להם פרצופים או עיניים, ולא הכניסו בהם שום חלקים אחרים.

הדבר הזה נכון לא רק בדברים מתחום האמנות או הרגש אלא גם בדברים מתחום השכל: לא תמיד החדש הוא דבר שלא שמעתו אוזן מעולם. לפעמים דבר שכבר נאמר יותר מפעם אחת הוא בכל זאת חדש; האופן שבו מבטאים אותו הוא שהופך אותו לחדש.

בתהלים כתוב כמה פעמים: "שִׁירוּ לַה' שִׁיר חָדָשׁ".[22] בהרבה מן המקרים הללו השיר החדש הוא למעשה לא חדש; הוא עשוי מעין שירים קודמים. שיר חדש יכול להיות שיר שבבסיסו נושא ישן שכבר

22. תהלים צו, א; צח, א; קמט, א.

דיברו עליו, שיר שביסודו דברים שנאמרו חמש ועשר פעמים ויותר, והוא בכל זאת שיר חדש.

כך הדבר גם בנוגע להרבה דברים שקשורים לחסידות: אלו דברים שכבר היו לעולמים אשר היו מלפנינו. דווקא אותם צדדים הדומים לחדשים הם ישנים, אלא שכשהם נאמרים באופן אחר, הם משתנים לחלוטין. חלק גדול מכוחה של החסידות – לא בפרטים מסוימים אלא בעצם המהות – היה ביכולתה למצוא חידוש בדברים שכבר היו קיימים לפניה.

חדש שהוא ישן וישן שהוא חדש

השאלה על טיבו של החדש איננה רק שאלה פילוסופית עקרונית, אלא היא נוגעת לאדם מישראל בכל יום. איפה ומתי אדם מתחדש? היכן הוא מעורב בחידוש העולם יחד עם 'המחדש בטובו בכל יום תמיד'? ומנגד, מתי הוא אפילו לא בגדר נייר ממוחזר אלא פשוט העתק דהוי של עצמו – לא ההעתק השני אלא ההעתק השנים עשר – שמיום ליום דוהה יותר?

אחת הבעיות הקבועות, העמוקות והבסיסיות ביותר של היהודי היא התפילה. הבעיה איננה אמירת המילים שכתובות בסידור, והיא גם איננה אותן המילים הקשות שאולי נמצאות בו. הבעיה היא אחרת: אדם עשוי לשאול את עצמו: מה הטעם באותה תפילה שמתפללים שלוש פעמים כל יום? הרי התפילה הזו חדשה רק מבחינת מספר התפילות שאדם התפלל, אבל היא בלה מזוקֶן כבר בשעה שהיא יוצאת מבית החרושת!

התלמוד הירושלמי דן בשאלה אם אדם יכול להתפלל תפילה חדשה, וכתוב שם שאחיתופל היה מתפלל שלוש תפילות חדשות בכל יום.[23] מסתבר שעם כל תפילותיו החדשות הוא נשאר אחיתופל, שאין לו חלק לעולם הבא. על כל פנים, מדוע באמת איננו שרים שירה חדשה או מתפללים תפילה חדשה בכל יום?

23. ירושלמי ברכות ד, ד.

התשובה לשתי השאלות הללו היא שמצד אחד, אדם יכול לחבר שירה חדשה, שלאמיתו של דבר היא שירה ישנה, ולפעמים היא רק שירה־לכאורה ובעצם אינה שירה כלל. היא יכולה להיות כתובה טוב מאוד ולהיאמר טוב מאוד, ובכל זאת אין בה דבר אחד חדש. מנגד, אדם יכול לומר דברים ישנים שבישנים, ובכל פעם הם יהיו שירה חדשה ממש. לשם כך הוא אינו צריך לחבר מילים חדשות ולא להלחין מנגינות חדשות.

באופן דומה, יש קטעים ומשפטים שאומרים ברציפות כמה פעמים; למשל, אומרים שבע פעמים: ״ה׳ הוא האלוקים״ במוצאי יום הכיפורים. האם זהו משפט אחד שנאמר שוב ושוב, או שנאמרים שבעה משפטים שונים? אותן שלוש מילים בדיוק יכולות לקבל עולמות שונים של משמעות.

פעם הביאו אמריקאי אחד לראות את הכותל המערבי, וכששאלו אותו אחר כך איך היה, הוא ענה: ״זה כותל מערבי כמו כל הכתלים המערביים בעולם״. מי שיכול להבחין בדבר חדש רואה מיד את ההבדל. אין צורך להציג בפניו שום הצגות חדשות.

אדם שיש לו עדיין אישיות ורעננות יכול לגלות בדבר ישן טעמים חדשים. על המן כתוב: ״וְהָיָה טַעְמוֹ כְּטַעַם לְשַׁד הַשָּׁמֶן״.[24] ובמדרש המשילו את הביטוי הזה לתינוק שבכל פעם מוצא בשד של אימו טעמים חדשים, לפי מה שהיא אוכלת.[25] פעם נתתי לאדם אחד כרך של הגמרא שלי, והוא אמר לי: ״תודה רבה, אבל תדע לך שאני לא אלמד בזה מפני שאני נוהג כפי שהיה נוהג בנו של הבעל שם טוב – כאשר הוא הזקין, הוא למד רק מסכת אחת, מסכת ברכות, שוב ושוב. גם אני כעת, כאשר הזקנתי, לומד רק מסכת ברכות״. אם האדם מתחדש, עולמו חדש, וממילא בכל יום תפילתו חדשה ותורתו חדשה; ואם הוא אינו מתחדש – דבר לא ישנה את המצב; הכול ייעשה שעמום אחד גדול.

24. במדבר יא, ח.

25. ראו ספרי במדבר בהעלותך פיסקא פט (וראו גם עירובין נד, ב).

יש דברים שהם לכאורה חידוש עצום שמעולם לא היה כמותו, אך לאמיתו של דבר – אין להם כל ערך. דוגמא ברורה לזה, גם אם לא יפה במיוחד, היא כמה וכמה מפלגות פה בארץ, שהן חדשות כביכול, אבל למעשה אינן אלא סמרטוטים ממוחזרים. והדבר נכון באופן כללי – כל המפלגות, הדתיות ושאינן דתיות, מתאחדות, מתפצלות, נפרדות, נפגשות, כביכול מתחדשות, ואינן אלא ממוחזרות.

העניין הזה קשור בסדר העבודה היומיומי וגם בסדר הלימוד היומיומי. יש אנשים שיש להם האפשרות לראות שפנים חדשות באו לכאן, ויש אנשים שלעולם לא יכירו בפנים חדשות. כל הדברים החדשים דומים בעיניהם לישנים.

דשנים ורעננים יהיו

הקדוש ברוך הוא מחדש בטובו בכל יום תמיד מעשה בראשית, אבל לא תמיד אפשר לראות זאת בקלות. לפעמים רואים היטב את החידוש בכל יום, ולפעמים אדם נדרש לשבת ולהתבונן בעולם בשביל להבחין בחידוש. מי שֶׁיֵּשב כל יום ליד הגינה יראה – הנה, היום צמחו שני עלים חדשים פה, היום צמח פרח חדש שם.

מי שהיה לו תינוק בוודאי יודע שתינוקות הם מבחר המין האנושי. נמצא לפניך אותו תינוק, הפרצוף שלו לא השתנה מהפרצוף שהיה לו אתמול, אבל זהו תינוק חדש. הוא מתחדש בכל יום. מבוגרים עלולים להשתעמם, ואילו תינוקות אינם משתעממים מפני שהם רואים בכל פעם עולם חדש, לא משום שמראים להם ביום אחד את אסיה, וביום שלאחר מכן אחריו את אירופה, את אמריקה ואת שאר פלאי העולם, אלא שכשתינוק מסתכל על היד שלו עוד ועוד, הוא מבין פתאום דבר שלא הבין לפני כן. עולה בו הבנה חדשה בנוגע ליד שלו, והוא גם לומד לעשות בה דברים חדשים, ומזה עולים בדעתו עוד כל מיני עניינים. לכן לא משעמם לו. אחיו המבוגר, שהוא כבר בן עשרים, משועמם כל ימיו משום שהוא כבר יודע הכול על ידיים ועל רגליים, על חידושי המדע ועל חידושי הפילוסופיה. דבר לא חדש לו.

יש מחלה נוראה שנקראת פרוגריה, שלא ידוע עדיין מה בדיוק

גורם לה – ילדים שנולדים להיות זקנים. מבחינה קוגניטיבית הם אינם מתפתחים באופן יוצא דופן, אבל מבחינת ההתפתחות הגופנית הם מתפתחים בערך פי שבע ושמונה מהר יותר מאחרים. כשילד כזה מגיע לגיל שלוש על פי מניין שנותיו, כבר יש לו שפם ומתחיל לצמוח לו זקן, וכשהוא מגיע לגיל שבע־שמונה הוא ישיש וכפוף. זוהי מעין זִקנה שקופצת על אדם שלא לפי ערך גילו כלל. בגשמיות זה קורה במקרים מועטים, ולא ידוע כיצד אפשר לטפל בזה. אך לפעמים זה קורה לאנשים לא בגשמיות אלא ברוחניות – הם אינם מגדלים זקן בגיל שנתיים, אבל כאשר הם בני שבע ושמונה הם כבר זקנים ותשושים כבני שישים: את הכול הם ראו, את הכול הם שמעו, את הכול הם יודעים. יש מכם כאלה שכבר כשהיו בני חמש עשרה, אמרתי שאני רואה עליהם את הקרחת ואת הכרס. הקרחת כבר נמצאת – אמנם לא רואים אותה משום שהיא עדיין מכוסה בשערות, אבל היא נמצאת בפועל; הכרס כבר נמצאת – עוד לא בגילוי, אבל גם היא נמצאת בפועל ממש.

אדם בהחלט יכול להיות בצד השני של המתרס. אחת התפילות שראוי לאדם להתפלל היא שהוא לא יבוא חלילה לידי זִקנה. אינני מדבר על זקנה בשנים – אני מאחל לכולכם אריכות ימים, עד מאה ועשרים ומעבר לזה – אבל שהאדם לא יזדקן בתוכו, שבגיל שמונים ובגיל תשעים יהיה לו הכוח להסתכל על דברים כפי שהוא הסתכל עליהם כשהוא היה בן שנתיים, לראות עולם חדש ודברים חדשים. גם אדם שכבר עבר את גיל ארבע אינו חייב להיות מיובש ומצומק, מקורח ומכורס.

הכרתי יהודי בשם הרב אברהם סופר שרייבר, תלמיד חכם שהוציא לאור את רובם הגדול של חידושי המאירי. אני יכול להאריך ולספר על חייו, על מעשיו ועל הליכותיו, אבל אגיד עכשיו רק מקצת שבחו. הכרתי אותו כשכבר היה די זקן בשנים; הייתי פוגש אותו בשטיבלאך של קטמון, בסביבת מגוריו. יום אחד עבר שם חסיד קרלין, שהיה מלא וגדוש, וסיפר לו איזה מעשה או מאמר בשמו של הרבי מקוצק. כשהיהודי הזה, שהיה כבן שבעים או אולי יותר, שמע

אותו, הוא עמד ורקד מרוב התפעלות באמצע בית הכנסת. תארו לעצמכם: יהודי זקן עומד ורוקד באמצע בית הכנסת רק מחמת השמחה שהתעוררה בו כששמע דבר תורה שמרנין את הלב. מפעם לפעם רואים ילד קטן שעומד ורוקד משום שאירע לו משהו משמח, אבל אדם זקן שעושה כך הוא פחות מצוי. אבל בתהלים כתוב שכך צריך להיראות צדיק: "עוֹד יְנוּבוּן בְּשֵׂיבָה דְּשֵׁנִים וְרַעֲנַנִּים יִהְיוּ".[26] גם בשיבה – דשנים ורעננים.

אני מציע לכם לחשוב מעט על אותו שיר חדש, שיר שאין בו שום דבר חדש מלבד החידוש שהאדם עצמו עושה בו. אולי כך תזכו למעט מן היכולת הזו.

עניינו של רבי

מעלותיו של תלמיד חכם

אחרי ההקדמה הזאת אני חוזר למה שאמרתי שרוב רובם של הדברים שנחשבים כענייני החסידות, כנכסי צאן ברזל שלה, אינם חידוש מקורי. הרי החסידים לא המציאו את התוספת 'וְיַצְמַח פֻּרְקָנֵיהּ', לא את נוסח ספרד ולא את הגארטל.

אחד הדברים שנחשבים כאופייניים ומהותיים לחסידים ולחסידות – ובניגוד לקודמים הוא באמת עניין מרכזי – הוא עניין הצדיק או הרבי. היו אפילו היסטוריונים שכינו את החסידות 'תנועת הצדיקיזם' – אלו שהולכים בעקבות הצדיקים. האם הצדיק הוא המצאה של החסידות? מתברר שגם אם בחסידות הצדיק קיבל גוון חדש, בבחינת "שירו לה' שיר חדש", במהות הדבר כל מה שהחסידים אמרו על רבותיהם כתוב על תלמידי חכמים בגמרא ובזוהר, בראשונים ובאחרונים.

26. תהלים צב, טו.

מכמה וכמה מקומות בספרים הקדושים עולה בבירור שתלמידי חכמים הם אנשי מעלה לא רק בתורה, אלא גם במעשים טובים וביראת שמיים, ומי שאין בידו את המעלות הללו אינו נחשב לתלמיד חכם. תלמיד חכם אינו מי שיודע כך וכך משניות או גמרא בעל פה; אדם כזה נקרא, ולא לשבח, ״צנא דמלי סיפרי״ – סל מלא ספרים, או בנוסח אחר – ״חמור נושא ספרים״; הרי גם בספרייה יש הרבה ספרים, וזה לא עניין גדול. גם את דואג ואחיתופל ראו חז״ל כגדולי הלומדים, ובכל זאת הם גינו אותם ולא הכניסו אותם לגדר תלמידי חכמים.

כשחז״ל, הזוהר וספרים אחרים משבחים את תלמידי החכמים, הם אינם מתייחסים לאלו שיודעים רק ללמוד. כלפי אנשים כאלה יש יחס שונה. יש בגמרא סיפור ארוך על חכם צעיר שיצאו עליו שמועות רעות, ורב יהודה נידה אותו. כשרב יהודה עמד להיפטר מן העולם, הוא ראה את אותו חכם וחייך. תמה עליו האיש: ״לא די שנידית אותי, אתה גם מחייך עליי?״ רב יהודה ענה לו: ״אינני צוחק ממך. אני מחייך מפני שאני נהנה, שאפילו לחכם כמוך לא החנפתי״.[27]

הרבה מאוד דברים נכתבו בכל הדורות במעלת חכמים. מה שנאמר בספרי חסידים על האדמו״רים אינו שונה כלל מן הדברים הללו. הדברים כתובים לא רק בזוהר אלא גם בספרי הנגלה: למשל, בתלמוד הירושלמי כתוב ״׳וה׳ בהיכל קדשו׳ – הא רבי יצחק״.[28] מה אפשר לומר יותר מזה? לכאורה, אלו דברים נוראיים, כפירה ואפיקורסות, ובכל זאת הם כתובים בתלמוד הירושלמי.

בפרקי אבות מופיעה רשימת המעלות שהתורה נקנית בהן – שהן גם מעלות שהתורה מקנה אותן – וברשימה הזו יש מעט למדנות והרבה מאוד דברים אחרים.[29] רוב העניינים אינם נוגעים ישירות לשאלה אם פלוני יודע לפסוק הלכה על כשרות של קדרה שנפל לתוכה נ״ט בר נ״ט בין השמשות של ערב שבת כשיש אורחים.

27. מועד קטן יז, א.
28. ירושלמי ביכורים ג, ג.
29. אבות ו, ו.

בכמה וכמה ספרים על הגאון מווילנה נכתבו שבחים שמצד תוכנם וסגנונם היו יכולים להיכתב על כל אחד מהאדמו"רים החסידיים. במובנים רבים המחלוקות שהיו על החסידים היו אד-הומינם – התנגדות לאדם המסוים. התווכחו אם אדם מסוים באמת ראוי להיחשב כבעל כל המעלות האלה, או שהוא אינו איש מעלה כזה (וגם אלה היו לפעמים ויכוחים של הבאי); העיקרון עצמו, שתלמיד חכם הוא אדם שיש לו מעלות שונות ושראוי לשבח אותו, מעולם לא הוטל בספק.

תפילותיו ועצותיו של הצדיק

כבר בגמרא כתוב שאדם שסובל מצרות יפנה לתלמיד חכם כדי שיתפלל עליו.[30] תלמיד חכם הוא איש המעלה, ולכן כדאי לבקש ממנו להתפלל על מי שזקוק לכך. הוא יכול לטעון שהוא מומחה רק בהוויות דאביי ורבא, ושאין לו עסק בשום דבר אחר, אבל לאמיתו של דבר, בתור תלמיד חכם הוא איש המעלה והוא יכול גם להתפלל.

כבר בספר בראשית מופיע עניין כזה: אלימלך בכה והתלונן על צרותיו, והקדוש ברוך הוא אמר לו: "לך אל הרבי, אל אברהם, 'כִּי נָבִיא הוּא וְיִתְפַּלֵּל בַּעַדְךָ'".[31] הנימוק אינו שהוא אדם חכם, אלא שהוא אדם קדוש. הרעיון שהרבי ראוי להתפלל על אחרים, ושתפילתו נשמעת, כתוב אם כן, במקרא, שנוי במשנה, משולש בתלמוד ומופיע הלאה אין ספור פעמים בכל מיני חיבורים אחרים.[32]

צד אחר של עניינו של רבי מופיע בפרקי אבות, ברשימת הדברים שלהם זוכה מי שעוסק בתורה לשמה. זוהי רשימה מכובדת שמזכירה את התיאורים שמתארים חסידים את רבותיהם, ואחד מהפרטים ברשימה הזו הוא "נהנין ממנו עצה ותושיה".[33] לפי ההיגיון לכאורה לא כדאי להתייעץ עם מי שעוסק בתורה לשמה, שהרי הוא 'בטלן'

30. ראו בבא בתרא קטז, א והמאירי שם.
31. בראשית כ, ז.
32. ראו למשל רש"י איוב לו, לב; עלי תמר מועד קטן פ"א ה"ב ועוד.
33. אבות ו, א.

ומן הסתם אינו מבין דבר בענייני העולם הזה ואינו יודע כלום מענייני בריאות הגוף או הנפש, ובכל זאת חז״ל אומרים ש״נהנין ממנו עצה ותושיה״. גם כאן אפשר לשאול אם אדם מסוים באמת הגיע למדרגה הזאת או לא, אבל אין זו שאלה על עצם העיקרון.

אפילו בעל התניא – שהתנגד מאוד לפנייה לרבי על מנת לשאול ממנו עצה בענייני העולם, וטען שכל זה אינו מעניינו של רבי והתלונן שמבזבזים את זמנו על שאלות כאלה וכתב על כך ביטויים קשים – אפילו הוא, נשאל שאלות מן הסוג הזה וגם פתר אותן עד יומו האחרון.

כשפונים לתלמיד חכם להתייעץ איתו, לא עושים זאת בגלל שכלו המפותח והמחודד. יש אנשים שמפורסמים כגדולי תורה, והם באמת גדולים בתחומם, ואינם יודעים כלום לגבי מה ששייך להבנת העולם. יש תלמידי חכמים שהם חריפים יותר ויש כאלה שפחות; יש תלמידי חכמים שמבינים בהוויות העולם הדק היטב, ויש מי שאינם בדיוק במעלה הזאת.

כשאדם שואל עצה מהרבי בענייני עסקים, הוא לא עושה זאת מפני שהרבי מומחה במניות, וגם לא מפני שמכוח עיונו בסוגיה בבבא מציעא הוא מעלה חידושים בענייני מסחר בבורסת ניו יורק. הנקודה היא אחרת: מעלות התורה אינן רק מעלות אינטלקטואליות אלא הן גם קשורות גם לאישיותו ולהתנהגותו המכשירות אותו להיות כלי לתורה; אדם כזה הוא בגדר של ״לִי עֵצָה וְתוּשִׁיָּה אֲנִי בִינָה לִי גְבוּרָה״[34] משום שכל התכונות הללו מתלוות להיותו גדול בתורה. ייתכן שהוא ייתן עצה טובה אף על פי שהוא בעצם לא הבין את השאלה שכן העצה הזו באה מלמעלה ולא מלמטה.

הצדדים האלו אינם הנקודה העיקרית שרציתי לדבר עליה, אבל הם יש בהם גוונים מסוימים של עניינו של הצדיק.

34. משלי ח, יד.

ההתקשרות בְּרבי

הנקודה העיקרית ברבי היא הרבה מעבר להיותו איש המעלה שהולכים אליו לבקש ברכה ותפילה ונהנים ממנו עצה ותושיה. היא גם מעבר לשאר מעלותיו של החכם שכתובות בתורה ושנויות ומשולשות באינספור מקומות נוספים, והיא גם איננה הרעיון של קבלת מרות או סמכות, נתינת כבוד, ממון או דברים אחרים. הנקודה המהותית – שהיא הנקודה החסידית בנושא – היא ההתקשרות. ההתקשרות לא נובעת מהבנה טובה של דבריו של רב פלוני או מהנאה מדברי תורתו. זוהי תחושת הקשר שאדם חש, משום מה, אל האיש הזה דווקא. אולי אחר כך הוא יבקש ממנו עצות או תפילות למענו, אך ייתכן גם שהוא שלא יבקש; לא בזה תלויה ההתקשרות.

פעם ישבו כמה חסידים ודיברו על גדולת רבותיהם, וכל אחד סיפר אותות ומופתים על הרבי שלו. אחד מגדולי חסידי חב"ד שישב איתם סיפר גם הוא מופת: "הלכתי אל הרבי הרש"ב, וביקשתי ממנו איזו עצה בעניין עסקי. הוא נתן לי עצה. עשיתי כעצתו, והכול ירד לטמיון לחלוטין. זהו המופת". שאלו אותו: "איזה מין מופת זה?" ענה להם החסיד: "המופת הוא שאני נשארתי חסיד שלו בדיוק כמו שהיה קודם לכן". מה אותו חסיד רצה להגיד? הרבי נתן לו עצה שלא עלתה יפה, אפשר לתלות זאת בכל מיני גורמים, ובכל זאת הוא נשאר חסיד, מכיוון שמלכתחילה הוא לא נעשה חסיד שלו משום שהוא היה זקוק ליועץ עסקי, אלא משום שהוא היה זקוק למשהו אחר; ולגבי אותו עניין שום דבר לא השתנה.

חסיד גדול של הרבי מבעלז, משופע בעושר ובכבוד, היה מגיע לבעלז מפקידה לפקידה, בעיקר בשביל לשמוע ולהתייעץ על שידוכים. הוא היה מגיע אל הרבי ושואל אותו: "מציעים לבן שלי או לבת שלי כמה שידוכים – במי לבחור?" והרבי היה שואל אותו: "ומה הלב שלך אומר בעניין הזה?" החסיד היה אומר לו: "הלב שלי אומר שפלוני ראוי להיות חתני", והרבי אמר לו: "עשֵׂה כך". גם בפעמים הבאות הוא שאל באופן כזה, וקיבל תשובה דומה: "אחרי מי הלב שלך נוטה?" – "עשה כך". לאחר זמן הגיע שוב הזמן לסכם על שידוך,

והוא רצה לחזור אל הרבי. היה שם אדם אחד, קצת משכיל קצת מתנגד, ששאל אותו: ״מה אומר לך הרבי כשאתה בא אליו?״ אמר לו החסיד: ״הרבי שואל אותי לאן ליבי נוטה, ואומר לי לעשות כך״. אמר לו האיש: ״אם כך, בשביל מה אתה צריך לנסוע לרבי, הרי אתה יודע מה הוא יגיד?!״ ואכן, הוא הפסיק לנסוע. לאחר זמן הוא חזר לרבי, ובפיו שאלה דומה. בתוך השיחה שאל אותו הרבי: ״ולמה לא ראינו אותך איזה זמן?״ הוא סיפר לרבי את האמת כהווייתה, והרבי שאל אותו: ״הרי הוא אמר לך דברים של טעם. למה באת?״ ענה לו החסיד: ״למה באתי?! מפני שמאז העצה ההיא הלב שלי כבר אינו נוטה לשום צד...״.

עוגן להיאחז בו

כתוב: ״עשה לך רב וקנה לך חבר״.[35] קנייה של חבר היא דבר מובן – לפעמים אנשים נעשים חברים בפשטות ובלי שום מאמץ; אבל לפעמים כדי להשיג חבר צריך להתאמץ ולחזר אחרי אותו אדם באופנים הראויים. בעבור קניית חבר משלמים. לגבי האמרה ״עשה לך רב״, אחד הביאורים שהדעת אכן נוטה אליו, הוא שיותר משיש כאן מציאה, יש כאן החלטה ומעשה. אדם צריך לעשות לו רב כי ״לֹא טוֹב הֱיוֹת הָאָדָם לְבַדּוֹ״,[36] וכנראה אדם אינו צריך רק עזר כנגדו אלא גם מישהו מעליו.

נראה כי ההוראה ״עשה לך רב״ קשורה לצורכי הנפש. מתוך עיסוקי עם בני אדם, לטוב או לרע, אני פוגש הרבה אנשים, מכל המינים והסוגים. אחד הדברים שאני רואה, בין אצל אנשים שהם בריאים ושלמים ובין אצל אלו שיש להם חולאים קטנים או גדולים, הוא שהאנשים שאין להם עוגן נמצאים במצב הנורא ביותר. אדם שיש לו עוגן שהוא יכול להיאחז בו ולומר: ״זהו החוף שלי״ – יש לו תקווה. אם הוא חולה, על פי רוב הוא יירפא; אם הוא מסכן באופן

35. אבות א, ו.
36. בראשית ב, יח.

אחר, על פי רוב הוא ישתחרר ממצוקתו. אלו שאיבדו את העוגן או אלו שמעולם לא היה להם עוגן, מתהלכים בעולם בתחושה קשה מאוד; אך לא זו בלבד, הם מצויים במצב המסוכן והפגיע ביותר. כל זמן שאדם חסר עוגן חי את חייו הרגילים – הוא, למשל, פקיד בקופת חולים, מגדל את ילדיו, שולח אותם לישיבה קטנה ואחר כך לישיבה גדולה – הוא אינו מזיק לעצמו ולאחרים. אבל כאשר יש לו בעיה – אין לו במה להיאחז.

מי היא הסמכות העליונה

בדורות האחרונים היו אנשים או אפילו חברות שלמות בעולם היהודי שהעדיפו שבאופן עקרוני לא יהיה להם רב. התופעה הזו בעייתית; היא יצרה באותם אנשים וחברות מין חולי, משום שלאנשים וחברות כאלה חסרה הידיעה הברורה שנמצאת אצל אדם שיש לו רבי: שהעולם הזה איננו עולם של הפקר שבו אני הוא הכול.

הכרתי פעם מרחוק יהודי מעניין מאוד, שהוא ואחיו היו בניו של אחד מראשי הישיבה הגדולים בליטא, ושניהם התפקרו. התופעה הזו הייתה כמעט חלק מובנה מרוח הזמן ההוא. שניהם נעשו ממנהיגי התנועה האנרכיסטית בברית המועצות, שהרעיון הבסיסי שלה הוא שהמדינה והחברה אינם הדברים המשמעותיים, אלא הכול מתחיל ונגמר באינדיבידואל, ולכן היא שאפה להשמיד לא רק את המשטר אלא את המדינה, את המסגרת, את המנגנון עצמו. חברי התנועה הזאת השתמשו בטרור לשם כך והרגו בפועל כמות הגונה של אנשים, לא מעט מהם אנשים מפורסמים. כמה מבין אלו שהיו שייכים לתנועת האנרכיזם הגיעו לארץ והיו מבוניה החשובים. התנועה הזו הייתה בשעתה אחת התנועות החזקות והמושכות בעולם, עד כדי כך שכשהבולשביקים צברו כוח, זו הייתה אחת הקבוצות שהם טיפלו בה היטב וניסו להשמיד באופן מוחלט. בסופו של דבר, כדי להיפטר מהאנרכיסטים לנין התנהג אליהם בחביבות וכינס אספה גדולה שלהם, וכשכולם התקבצו, כולל כל מנהיגיהם, ירו בכולם ופתרו את הבעיה. אבל ביהודי הזה לא ירו, ולנין שילח אותו לחופשי. אחרי

שהיה יוצא ובא בבתי הסוהר בברית המועצות, הוא הצליח לצאת משם והיה מסתובב בעולם. לבסוף השתקע בהרצליה, היה יושב שם ומלמד שיעורים על יהדות ואנרכיזם – הרי הוא היה בן גדולים, עד גיל מסוים הוא ישב ולמד בשקידה, ומאוחר יותר הוא בוודאי למד בעל פה את מרקס ואנגלס. בספר שלו הוא כתב שתמצית היהדות היא אנרכיזם. הראיה הראשונה שלו לכך הייתה מעשרת הדיברות: איך מתחיל הדיבר הראשון? ״אָנֹכִי – ה׳ אֱלֹקֶיךָ...״.

אדם שאין לו רבי אומר באופן זה או אחר: מי היא הסמכות העליונה? מי קובע מהי אמת ומהו ושקר, מה נכון ומה לא נכון? אני.

עשה לך רב

לפעמים אדם זוכה לפגוש דמות שהיא יחידה בדורה. כשאדם פוגש מישהו והוא מרגיש כאילו הוא פגש את הר האוורסט, ברורה לו מיד מהות היחסים ביניהם. כשפוגשים אדם שמכל צד ופינה ובכל עניין נמצא מעליך, אין צורך במאמץ של עשיית הרב. אבל לא תמיד הדבר קורה בפשטות כזאת. אדם צריך לקיים בעצמו ״עשה לך רב״. אם אדם מצא לו רב – מה טוב, ואם לא – הוא פשוט צריך לעשות אותו. לפעמים זו החלטה של רצייה, ולפעמים זו החלטה שרירותית.

יש אנשים – לא פעם מדובר בבעלי תשובה – שהולכים בכל פעם לצדיק אחר, כמעט כמחזרים על הפתחים. הם עוברים מן הצדיק שנמצא ברחוב השני, אל הקדוש שנמצא בעיירה האחרת וכך הלאה.

אכן, יש עניין גדול בראיית אנשים גדולים וקדושים. פעם ישבתי אצל הרבי הזקן מסלונים, והוא סיפר לי סיפורים מסיפורים שונים, גם על עצמו ועל חייו. בצעירותו הוא היה נאמנו ושליחו של האדמו״ר מסלונים של זמנו, שניסה להקים גוף שיאחד את היהדות החרדית, עוד הרבה לפני אגודת ישראל. הרבי מסלונים שלח אותו לכל גדולי הדור לדבר איתם בעניין, וכך יצא שהוא דיבר כמעט עם כל האנשים החשובים שבדור. הוא סיפר לי שכאשר ביקר אצל אחד האדמו״רים, אותו אדמו״ר אמר לחסידים שיסתכלו על האורח משום ש״אשרי העיניים שראו את העיניים״. לפעמים

עצם העובדה שלאדם מסוים הייתה הזכות לראות עין בעין את כל גדולי הדור מקנה לו איזה מעמד.

מצד שני, ההסתובבות הזו יכולה גם להביא לידי סכנה. כשמבקשים מכל אחד מהצדיקים הללו עצה, וגם מנסים לעשות כעצתם, נוצרת בראשו של האדם מהומה בלתי אפשרית, לא מפני שכל אחד מהרבנים אמר דברי שקר, אלא מפני שהדברים אינם מצטרפים יחד. גם כאן נכנס הציווי "עשה לך רב" ודורש החלטה וחיתוך של הדברים.

המפתח למנעול שלי

כשאדם צריך להחליט מי יהיה הרבי שלו, הוא צריך לעיתים לחפש את האדם שמתאים לו. מבחינה מסוימת מציאת רב דומה למציאת שידוך. שם באופן מובהק הדברים אינם מתנהלים לפי גודל המעלה אלא לפי ההתאמה. כשאדם נושא אישה, הוא אינו חושב בהכרח שאין יפה ממנה או שאין חכמה ממנה, אבל הוא יודע שבשבילו היא הנכונה ביותר. גם בנוגע לעשיית רבי יש בחינה של מציאה – וגם זו היא מציאה פרטית שהרבה מאוד ממנה הוא עניין אישי.

פעם כשהיו חסידים נוסעים לרבי מסוים, והיו שואלים אותם אם פלוני, רבי אחר, אינו גדול יותר מהרבי שלהם, הם היו עשויים לענות במישרין: "בוודאי פלוני גדול יותר מהרבי שלנו". יתר על כן, לא מעט פעמים – באוקראינה הדבר היה נפוץ יחסית – היה רבי של הרבה חסידים נוסע מפעם לפעם לרבי אחר. זה לא היה דבר סוד; הוא לא היה לובש שחורים ומתעטף שחורים לפני שהלך לראות את הרבי שלו. הכול ידעו את הדבר. אם כך, מדוע החסידים שלו הסתפקו ברבי מדרגה ב'? משום שהיחסים בין רבי וחסיד דומים ליחסים של מנעול ומפתח – אצלי יש מנעול, ובידו של פלוני המפתח המתאים. אולי זה שנושא את המפתח אינו הגדול ביותר, אבל הוא מחזיק את המפתח שלי. אדם אחר, אולי גדול ממנו לאין ערוך, מחזיק אצלו את המפתח לליבו של הרבי שלי, אבל את המפתח שלי – אין לו. ייתכן שיש אדם שבידו המפתחות לכל החדרים הסודיים ביותר במדינה, לכל

הכספות השמורות ביותר בארץ, והוא יכול לפתוח אוצרות חושך, אבל הוא לא יכול לעזור לי לפתוח את הדלת שלי. לכן בחיפוש אמיתי אחרי רב האדם אינו מחפש את האדם הגדול ביותר בתורה, בחוכמה ובמעשים טובים, ששמו נודע בכל העולם, אלא את מי שמחזיק את מפתח לבבו, ואם יש כזה – הוא הרבי שלו.

הסתלקותו של הרבי מליובוויץ׳

מה עושים כשהשמש שוקעת

כאן אני מגיע לייחודו של היום. הסתלקותו של הרבי מליובוויץ׳ הייתה כרוכה בבעיה גדולה. אחרי הסתלקותו כמעט כל חסידיו לא חיפשו ולא מצאו רבי, בין היתר, משום שהסתלקותו גרמה לחשכה גדולה ביותר, מפני שהוא האפיל בחייו על הרבה מאוד אנשים.

בהתחלה היה מאור גדול, והיו גם פנסים קטנים, ואנשים ידעו שהם יכולים להשתמש גם בפנס. עם הזמן דעכו כל הפנסים, ונשאר רק מאור אחד גדול. כאשר המאור הזה שקע, כאשר נעלם אור השמש, רבים עמדו מול בעיה של ממש – אין להם נר, והם אפילו אינם יודעים איך להדליק נר. הם מגששים באפלה ועלולים להיכנס למאורת נחשים, ואפילו לרצות לשבת שם מכיוון שאינם יכולים להיעזר בשום מקור אור.

כתוב בגמרא ״זקנים שבאותו הדור אמרו: פני משה כפני חמה, פני יהושע כפני לבנה; אוי לה לאותה בושה אוי לה לאותה כלימה״.[37] השמש שקעה כבר; יהושע, אף על פי שמשה האציל עליו מחוכמתו ונתן לו מכוחו, ואף על פי שהוא היה מלא חוכמה ובינה, לא היה יכול לעשות מה שמשה עשה. ובכל זאת, יהושע היה מאור גדול, גם אם הוא לא הפך למשה. מה היה קורה אילו לא היה יהושע? ולחלופין, מה קרה כאשר שקע אורו של יהושע? השמש שקעה – הולכים לאור

37. בבא בתרא עה, א.

הירח במשך שנים, ואז גם הירח שקע. מה עושים? מסתובבים אנה ואנה? מי יציל אותנו מהפחתים?

בכל הדורות במצבים כאלה היו מדליקים נר או מוצאים לפיד. בעומק העניין, אורו של כל נר הוא מעין אורה של השמש. מבחינה פיזית, כל מקורות האנרגיה המצויים בעולם שאינם כרוכים באנרגיה אטומית, הם בחינה של אור השמש. לפעמים אור השמש מאיר דרך כל החורים והסדקים, ולפעמים אור השמש מאיר דרך נר של שעווה; אבל כולם הם אותו אור. ברור שאבוקה אינה דומה לשמש, אבל אפשר ללכת לאורה, ולוּ כדי לדעת, ברמה מסוימת של ביטחון, לאן הולכים; ולוּ רק כדי שלא ליפול לבור הראשון שנקרה בדרך.

גם כאשר הקדוש ברוך הוא לקח מהיהודים את הצדיקים הגדולים, הוא השאיר להם צדיקים קטנים יותר, אפילו צדיקים זעירים, לפי ערך האנשים וגודלם. לפעמים אנשים רוצים ללכת לאור השמש, אבל אור השמש חזק ומסנוור אותם, ואולי יש כאלה שגם אור הלבנה מסנוור אותם. להם אין ברירה אלא ללכת לאור הגחליליות. ברצינות גמורה – גם זה אור.

הוראותיו של הרבי מליובוויץ'

לא פעם מתעוררות שאלות שדורשות הכרעה, וביניהן גם שאלות הלכתיות. אחד הדברים האחרונים והמשונים שהרבי מליובוויץ' הורה לכל חסידיו, הוא לקיים "עשה לך רב" – לבחור לעצמם רב ולשאול אותו בכל ענייני התורה והמצוות. מעבר להוראה הכללית הזו הרבי התווה כללים עקרוניים גם ביחס לכמה תחומים אחרים: בבעיה רפואית הולכים לשניים או שלושה רופאים שהם גם ידידים, שואלים אותם ועושים כדבריהם. כשיש בעיה בענייני מסחר ועסקים, פונים לשלושה ידידים מבינים, ועושים כעצתם.

למעשה, הרבי אמר שכבר אין אפשרות לקבל הדרכה מלמעלה באותו אופן. כעת אפשר בעיקר להדליק נרות – נר לעניין הזה ונר לעניין אחר. כשאור היום שקע, אדם צריך להדליק לו אבוקה וללכת לאורה.

האם החסידים רוצים לקבל את ההוראה הזו? רוב החסידים הגדולים אינם רוצים. "לֹא יַחְפֹּץ כְּסִיל בִּתְבוּנָה כִּי אִם בְּהִתְגַּלּוֹת לִבּוֹ"[38]; הרוב מחפשים למצוא מישהו שיאשר את מה שעולה על ליבם. מבחינה זו רבי מת הרבה יותר נוח לי מרבי חי מפני שאני יכול לתלות בו את מה שאני רוצה.

אספר לכם סיפור שנשמע כמו מילי דבדיחותא אף על פי שהוא באמת אינו בדיחה: התארחתי פעם במקום מסוים בחוץ לארץ. הגיעה תפילת מוסף של שבת, והכהנים עלו לדוכן לברך ברכת כהנים. אמנם בבתי כנסת ספרדיים הכהנים עולים לדוכן בכל יום ובכל מקום, אבל בבתי כנסת אשכנזיים בחוץ לארץ עושים זאת רק פעמים ספורות בשנה. אף פעם לא שמעתי על מנהג של כהנים אשכנזים לעלות לדוכן בחוץ לארץ בשבת רגילה. אנשים אחרים במצב כזה אולי היו קמים מיד ומוחים, אבל אורח צריך להיות מנומס, ואף על פי שזה לא בדיוק האופי שלי, השתדלתי ושתקתי. לאחר זמן, כטוב ליבנו במאכל ובמשתה, שאלתי – באמת בנימוס גדול – מה מקור המנהג שראיתי. המארח השיב מיד: "הרבי אמר לי". חשבתי לעצמי: נו, אולי. מצד הסברה אפשר למצוא בזה הרבה מאוד היגיון; הרי היו עשרות רבנים, אם לא מאות רבנים, מכל הסוגים והזרמים שכתבו שלוּ היה בידם כוח, היו מתקנים לברך ברכת כהנים בכל יום, משום שהטעמים שבגללם לא נוהגים בזה קלושים. ובכל זאת – הם לא עשו כך בפועל. לאחר זמן חישבתי את השנה שבה אותו אדם הגיע לאותו מקום, והתברר שהוא פשוט לא היה יכול לשאול את הרבי בשנה הזו משום שלא היה את מי לשאול. הבנתי את כוונתו – הוא פתח את האיגרות וקיבל תשובה...

הבעיה האמיתית בספר האיגרות היא שאין בו מפתח. אם רוצים, נאמר, למצוא עצה בענייני שידוכים – הרי יש עשרות ומאות מכתבים בענייני שידוכים, ועם כל ההסתייגויות אפשר לקבל מושג לא רע על עמדות עקרוניות של הרבי בנושא. אם רוצים לשאול שאלה

38. משלי יח, ב.

בענייני פרנסה – יש אינספור תשובות שאפשר להיעזר בהן. במקום זה פותחים דף באקראי. והרי ייתכן שבדף הקודם הרבי גילה דעתו בשאלה שמעסיקה אותי באופן ברור ומפורש, אבל אני פתחתי במקרה את הדף הבא. אני משער שיהודי הזה, שהייתה לו שאלה בעניין ברכת כהנים, פתח את ספר האיגרות, ובוודאי מצא שם מכתב שכתוב בו: "ונכון לעשות כך". מצוין – הרבי הורה; עם רבי כזה קל מאוד להסתדר.

כתוב בזוהר: "צדיקא דאתפטר אישתכח בכולהו עלמין יתיר מבחיוהי".[39] לצדיק יש השפעה גם בתוך העולם הזה, וכוחותיו פועלים גם כאן. בכל הספרים הקדושים כתוב שגדולי ישראל, ועוד יותר רועי ישראל, מאברהם אבינו ועד דוד המלך, ממשיכים להנהיג את ישראל גם אחר הסתלקותם. ובכל זאת, יש הבדל בין הצדיק שעומד ומשמש בשמיים לצדיק שעומד ומשמש בארץ, ולו מבחינת בהירות הדברים – כאשר דברי הצדיק שנפטר מן העולם מופיעים בעולם, לא צמודים אליהם השם והכתובת שאליהם הם מיועדים.

אדם שמתעוררת אצלו שאלה או בעיה, והוא סומך לגמרי על חסדי ה' ומתפלל בלב שלם – אולי יצליח לקבל תשובה מהשמיים. אבל התשובות שבאות מהשמיים דומות לתשובות שנמסרות דרך הצדיקים שכבר אינם פה בעולם הזה. הן אינן תמיד בהירות מספיק. הרי לאמיתו של דבר, אפשר להתייחס גם לטבע כהוראות מהשמיים. מישהו כתב על כך פעם דבר יפה: מהו הטבע? הקדוש ברוך הוא כותב ספר, והוא אינו רוצה לחתום את שמו, ולכן הוא חותם בכינוי – 'הטבע'. הקדושה באה לעולם בכל מיני דרכים, לפעמים היא מופיעה בחתימת שם ולפעמים בלי חתימת שם.

יש זמנים שאפשר לראות עין בעין, ויש זמנים שבהם המורה או המאור עטוף ואפוף, ואי אפשר למצוא אותו או לראות אותו; זמנים

39. זוהר ח"ג עא ע"ב.

שבהם עדיין לא מתקיים הפסוק ״וְלֹא יִכָּנֵף עוֹד מוֹרֶיךָ״[40] וגם אם לפעמים אדם שומע קול, קשה לו לזהות אותו.

ויתור על פתרון אופטימלי

גם כאשר השמש שקעה, אם רוצים מקור אור – אפשר למוצאו, אם לא רוצים – בוודאי שלא מוצאים דבר.

פעם ראו את היהודי הקדוש יושב מודאג. הוא הסביר: ״אני צופה על הדורות הבאים. בהתחלה הנהיגו את ישראל הנביאים. אחר כך הגיעו התַּנאים, אחריהם האמוראים, אחר כך הגאונים. לאחר מכן באו הרבנים, ואחרי שגם זמנם נגמר, באו האדמו״רים. אני רואה שגם זמנם עומד להסתיים, ואינני רואה מה יבוא אחר כך״.

אני מדגיש את הדאגה הזו של היהודי הקדוש משום שיש ניסיונות בעייתיים של תשובות לדאגה הזו, כמו האמירה: ״אֵין עוֹד נָבִיא וְלֹא אִתָּנוּ יֹדֵעַ עַד מָה״,[41] ולכן איננו יכולים לעשות דבר. התשובה הזו לכאורה מלאה באמונה וביראת שמים, אבל בפועל היא מביאה לידי הפקרות גמורה. לפעמים האמונה הגדולה אינה אלא כיסוי להפקרות.

בכל דור ודור ובכל יום ויום הבעיה הזאת חוזרת ועולה בכמה מישורים: מה קורה כאשר אדם נעשה מנותק ממקור האור? במשך כל הדורות פעלו בדרך הפוכה: חיפשו, גם אם חיפוש נואש, אחרי משהו שיאיר.

אכן, לכל בעיה מכל סוג שהוא יש, עקרונית, פתרון אופטימלי. למשל, הפתרון האופטימלי לתנועה יעילה ולבעיית החיכוך הוא ליצור מכוניות מקרח שיחליקו על קרח. זהו מינימום החיכוך האפשרי. ומה עושים כשאי אפשר ליצור מכונית של קרח שתחליק על קרח? לוקחים מכונית רגילה ומכניסים בה שמנים, וכך הלאה. אמנם הפתרון הזה רחוק מלהיות אופטימלי – לא מגיעים לחיכוך אפס – אבל

40. ישעיה ל, כ.
41. תהלים עד, ט.

הוא הטוב ביותר במצב הנוכחי. יש כאלה שרושמים על פתק לבן בבחירות: "הפתרון היחיד – משיח בן דוד". אין ספק שזה הפתרון האופטימלי. בפועל המעטפות ובהן פתקי המשיח הולכות לאבדון. הפתרון האופטימלי אינו עוזר כאן.

אשר על כן אמרתי: תמיד צריך לנסות. יש כאלו שיכולים, באיזה מידה, בגלוי או בסתר, לקבל מעין הוראות מלמעלה (ואינני מדבר על כל אלו שמציעים את המרכולת מהסוג הזה בחנויות, שמציעים פתרון בעיות דרך תקשור לכל המרבה במחיר). אבל מה עושים כל אלה שאינם יכולים? קודם כול, מוחקים את האפשרות הזו, מפסיקים לעמוד ולחכות עד שהאוזן תשמע מאחריה קול שאומר: "זֶה הַדֶּרֶךְ לְכוּ בוֹ כִּי תַאֲמִינוּ וְכִי תַשְׂמְאִילוּ".[42] אמנם אני מקווה שכבר מחר בבוקר יישמע בחוצות ירושלים הקול שיאמר לכל אדם מה עליו לעשות; אבל עד אז עלינו להמשיך ולנסות, ולנהוג כמו אותם שכותבים בהזמנה לחתונה: "החופה תתקיים אם ירצה ה' בחצרות בית המקדש; ואם, לא עלינו, לא נזכה – ברחוב פלוני בבורו פארק".

דיברתי אתכם על דברים חשובים. אינני יודע מה תעשו בהם. הרי אפילו משה רבנו, ששכינה דיברה מתוך גרונו, שיכול היה ביד אחת להוריד תורה מן השמים, וביד השנייה לגרום לאדמה לפתוח את פיה ולבלוע את מתנגדיו, כשהוא עומד בשיא גדולתו ותפארתו ומדבר אל עם ישראל, מסיים ואומר: "אני מכיר אתכם. אני יודע שלא תשמעו לכל מה שאני אומר לכם. הרי בסוף תעשו מה שעולה על דעתכם. אבל אני אומר לכם שאחרי שלא תשמעו, יפקדו אתכם כל כך הרבה צרות עד שתתחילו לחשוב על כך מחדש". כוחי אינו ככוחו של משה בשום עניין; אני יכול רק להגיד לכם שאם תעשו כך וכך, חוששני שתתצאו ורגליכם שבורות, ידיכם שבורות וראשכם מלא פצעים. כשזה יקרה, לפחות תזכרו שאמרו לכם שיש דרך אחרת. אולי אפילו תעלו עלֶיהָ.

לחיים!

42. ישעיהו ל, כא.

י"ב-י"ג תמוז

בי״ב ובי״ג בתמוז מציינים חסידי חב״ד את שחרורו של האדמו״ר הריי״ץ, רבי יוסף יצחק שניאורסון, הרבי השישי בשושלת חב״ד, מבית הכלא ברוסיה הסובייטית בשנת תרפ״ז (1927). הריי״ץ נאסר על ידי השלטונות בסיון של אותה שנה ונידון למוות בשל פעילותו למען שימור הגחלת היהודית ברחבי ברית המועצות. בעקבות לחץ בינלאומי הומתק עונשו לגלות ולבסוף בוטל לגמרי, והוא גורש מן המדינה. הודעת השחרור אירעה בי״ב תמוז אך האישור הרשמי התקבל בי״ג תמוז. גם לאחר שהריי״ץ עצמו יצא מרוסיה, התשתית שהשאיר אחריו וכן המוני חסידיו שנותרו מאחור המשיכו להחזיק את היהדות תחת המשטר הקומוניסטי האנטי־דתי לאורך שנים ארוכות, בתנאים כמעט בלתי אפשריים.

הריי״ץ תיעד ביומנים מפורטים (שיצאו לאור בתוך כרכי ׳ליקוטי דיבורים׳) את מעצרו, את החקירות שעבר ואת שחרורו. ברשימות אלו הוא כתב גם את תחושותיו ומחשבותיו תוך כדי המאורעות. תיאור המאורעות ביומן נותן הצצה לדמותו המופלאה של הריי״ץ, לעוז הרוח שלו ולמסירותו המוחלטת ליהדות וליהודים גם תוך סיכון ממשי של חייו.

כאשר הרב דיבר על הריי״ץ, הוא תמיד דיבר עליו כמופת של מסירות נפש ושל אהבת ישראל ודאגה ליהודים ברוחניות, ולא פחות מכך – בגשמיות.

18

מסירות נפש על היהדות

ראש בני ישראל

חג הגאולה שחוגגים בי״ב-י״ג בתמוז הוא לכבודו של הרבי הריי״ץ, שיצא בתאריך זה ממאסר בכלא ברוסיה.

ראשית, אני רוצה להסביר את תפיסת המנהיגות הרחבה של הריי״ץ ושל אדמו״רי חב״ד בכלל. אגיד תחילה דבר שאולי אינני ראוי מספיק להגיד אותו: בזמן שהריי״ץ פעל חיו כל מיני אדמו״רים שעסקו בתורה, בתפילה ובמעשים טובים ועודדו את החסידים שלהם, אבל לא היה אדמו״ר שיחרוג מעבר לזה, שיראה בעצמו בעל הבית שצריך לטפל ביהודים על כל צרותיהם. היו אדמו״רים גדולים שהיו להם אלפי חסידים, אבל הם לא עסקו באופן מקיף ועקרוני בשאלה ממה היהודים יחיו. עד כמה שידוע לי, רק אדמו״רי חב״ד ניסו לדאוג ליהודים שלהם באופן גשמי, בצורה כזו שעוסקת גם בתשתית של מצבם הכלכלי ושל המבנה הכלכלי של חייהם.

אפילו האדמו״ר האמצעי, שנראה אדם שכולו רוחניות, עשה זאת. הוא דאג לפרודוקטיביזציה של היהודים; הוא עודד את היהודים לעזוב מקצועות כמו רוכלות ופונדקאות ולעבוד את האדמה. בלי ספק לא היה קל להפוך אנשים עירוניים חסרי כל ניסיון, יהודים שבקושי יודעים איפה הזנב של העז, לחקלאים. האדמו״ר האמצעי ניסה לעשות

גם פרודוקטיביזציה במפעלים וכיוצא בזה. הוא לא היה רק 'יהודי טוב' שיושב לו בשוליים, אלא אדם שהרגיש שהאחריות רובצת על כתפיו.

גם היום יש רבנים גדולים בישראל – מי מהם יושב ודואג לצרות ישראל? יש רבנים שעוסקים בגמ"חים, יש רבנים שעוסקים בכל מיני תמחוי וצדקה, אבל האם יש בהם מי שדואג לשאלה מה יהיו מקורות הפרנסה של היהודים? אפשר לטעון שזה אינו התפקיד של הרבי, לא של הרב, לא של הרבנות הראשית ולא של הרבנות המקומית. השאלה היא של מי התפקיד הזה? מי צריך לדאוג לשאלת פרנסתו של פלוני והכנסתו של אלמוני? אינני אומר שהרב צריך להתעסק בכלכלה דווקא, אבל אדם שהוא מנהיג ישראל צריך לדאוג לצרות של ישראל.

האדמו"ר הזקן מסביר בספר התניא שמנהיג הוא ראש בני ישראל.[1] אחת ההגדרות של ראש היא שהוא מרגיש את הכאבים של כל הגוף. אם הוא אינו מרגיש את כאבי כל הגוף, צריך לחשוש שמא הוא אינו ראש. אמנם הוא נמצא במקום הנכון, אבל אולי זה לא האיבר הנכון. תארו לעצמכם שיש ראש שאומר: "אני יודע רק מה שקורה עד הסרעפת, מתחת לסרעפת – אינני יודע מה קורה, ולגבי מה שקורה בבטן – מעולם לא שמעתי על כך". יש היום הרבה ראשים שכנראה יודעים כל מיני דברים, אבל בוודאי אינם יודעים מה שקורה יותר למטה. ראש שאינו יודע את הדברים האלה – איזה מין ראש הוא? אולי לא על כל אדם מותר לשאול שאלה כזאת, ובכל זאת, זוהי שאלה גדולה. אינני מבקש לדבר בגנותם של מנהיגים אלו ואחרים אלא להדגיש את הייחוד של אנשים שחושבים מחשבה גדולה על עם ישראל על כל ענייניו.

המדינה הקומוניסטית ומלחמת האזרחים

הריי"ץ היה בן יחיד. כשהיה בן 15, אביו, הרש"ב, מינה אותו להיות המנכ"ל של המוסדות, ומאז במשך שנים רבות הוא התעסק בניהול

1. תניא, לקוטי אמרים פרק ב.

הישיבה בפרט ובפעילות ציבורית בכלל. בשנת תר"ף (1920) הסתלק הרבי הרש"ב, והריי"ץ מילא את מקומו בהנהגה – לא מייד, מפני שבדיוק אז הוא חלה בטיפוס ושכב חולה כמה חודשים. כשהריי"ץ הבריא, הוא היה צריך להתמודד עם מצב חדש לגמרי – מדינה קומוניסטית בשלבים שבהם היא הייתה עדיין מלאה באידיאולוגיה ואידיאולוגים.

המפלגה הקומוניסטית עצמה הייתה מיעוט בתוך החברה, אבל היא הייתה מאורגנת, ועם הזמן הצטרפו לחבריה עוד אחרים. כבר מתחילת שליטתם של הקומוניסטים במדינה הם השליטו טרור כבד מאוד, ובין השאר השתתפו בו יהודים. יש ציטוט של לנין, שעמד אז בראש המפלגה: "כשחוטבים עצים, נושרים שבבים". כמה שבבים נשרו אז? מיליון, שניים, ארבעה מיליון; שבבים טובים, שבבים רעים, שבבים מכל הסוגים. אמרו שראש המשטרה החשאית דזרז'ינסקי חתם אישית על כמיליון פסקי דין מוות. והלוא רק החתימה על מיליון פסקי דין מעייפת את הידיים! – מסתבר שהוא עשה זאת במסירות נפש.

כשהריי"ץ עלה לנשיאות בשנת 1920 עוד לא נגמרה מלחמת האזרחים והמצב היה קשה. היו מקומות שבהם הצדדים לחמו זה בזה, היו מקומות אחרים שעברו מיד ליד, אבל בכל המקומות, קודם כל – הִכו את היהודים; בתור קפיטליסטים, בתור ריאקציונרים, בתור קומוניסטים או בתור תומכי קומוניזם. מישהו שכתב ספר על מלחמת האזרחים תיאר זאת כך: מה ההבדל בין ה'לבנים' (הימין) לבין הקומוניסטים? המקום שבו הם אומרים 'יהודי מלוכלך': הקומוניסט אומר את זה בבית שלו, בחשאי, וה'לבן' אומר את זה היישר מול פני היהודי. בכל הצדדים הרגו יהודים, גם מסיבות אידיאולוגיות וגם מכיוון שלאיש לא היה אכפת שהורגים יהודי.

המדינה הקומוניסטית לא הייתה מסודרת לגמרי. אמרו אז שהחוקה הסובייטית היא פנטסטית – אילו מישהו היה מיישם אותה. החוק נתן כל מיני זכויות והנחות, אבל בפועל כל זה לא התממש. תיאורטית היה חופש דת; באופן רשמי וחוקי היה אפשר לעשות כל דבר דתי, אבל בפועל השליחים היהודים ביבסקציה, שהיה להם

עניין מיוחד לטפל ביהודים, השקיעו מאמץ רב להשמיד ולדכא את היהדות. באותו זמן המדינה הקומוניסטית הייתה מלאה בטרור, שלא תמיד היה מבוקר. על כן גם אנשי היבסקציה השתמשו בטרור, ולכן גם לא היה ברור אף פעם אם המאבק נגד היהדות הוא מטעם המדינה.

הרבי הריי״ץ מתאר בזיכרונותיו פגישות שהיו לו עם קומוניסטים. הם היו מין ׳שבאב׳, אבל הם החזיקו בשלטון, ואיש לא העז להתנגד להם. הם לא רק התנהגו בגסות רוח – על כך אולי אפשר היה למחול להם – אלא הם גם שברו והרסו דברים שלא הייתה להם רשות לשבור ולהרוס.

פיכחון, כושר ארגון, אומץ

לפני מלחמת העולם הראשונה רוסיה הלבנה, אוקראינה ובכלל מזרח אירופה היו מלאים ביהודים וביהדות. היו באזורים הללו בתי כנסת, מקוואות ובתי מדרש – גם אם הם לא היו מאורגנים מאוד.

תחת שלטון הקומוניסטים נעשה קשה מאוד להחזיק את היהדות משום שהשלטון תמך במגמה להרוס הכול. המדיניות הזו לא נבעה מאנטישמיות, שהרי לא מעט מהקומוניסטים היו יהודים, אלא משנאת יהדות. למשל, הקומוניסטים היו מפיצים כמות אדירה של תעמולה אנטי־דתית לפני החגים ואחריהם. התעמולה הזאת הייתה מגוונת מאוד – מנימוקים תיאורטיים, פילוסופיים ומדעיים ועד לסתם בדיחות גסות, והיא הייתה מצויה תמיד ובשפע הודות לתמיכת השלטונות. אל מול כל זה היה צריך לעמוד הרב המקומי, ופעמים רבות הוא היה בסך הכול פועה ואומר: ״נו, נו, ס׳איז עפעס נישט שיין״ – זה לא כל כך נאה.

באותו זמן קשה היה לראות את התמונה השלמה ולהבין אותה. היו אנשים, בהם רבנים, צדיקים וטובים, שאמרו: ״נו, טוב, עוד יום או יומיים, שנה או שנתיים זה יעבור״. הם חשבו שהקומוניסטים לא יחזיקו מעמד. אבל הקומוניסטים החזיקו מעמד והתחזקו יותר ויותר. לפעמים מדהים אותי לחשוב על אנשים שיכולים היו לעבור על

הגמרא מקצה לקצה ולהבין אותה ישר והפוך, אבל להבין מה קורה לעם ישראל, ליהודים וליהדות – הם לא הצליחו.

לריי"ץ הייתה יכולת ראייה של המציאות. הוא ראה שיש דברים שצריך לעשות, והוא התחיל לפעול. היה לו גם כושר ארגון בולט, והוא עבד עם אנשים שחלקם שמעו בקולו. בנוסף לכך, לעומת הרוב הגדול של הרבנים, שאם רק הבהילו אותם, הם מיד ברחו – הריי"ץ לא פחד. הוא הסתכן ועשה דברים שלא היו לגמרי על פי החוק, ובוודאי לא היו לרצון עסקני המפלגה.

חינוך – לפני הכול

הריי"ץ ניסה להתחיל לארגן את המוסדות היהודים, וביתר שאת. הוא התחיל לארגן את מוסדות החינוך היהודי משום שכבר בשלב מוקדם הבין שהחינוך הוא נקודת החולשה.

ישנה תופעה רווחת: כשבאים יהודים ממקומות שונים לעיר חדשה או למדינה חדשה, מתקיימת התפלגות: כל אחד מהם ינהג לפי המוצא שלו. חב"דניקים ינסו לבנות תלמוד תורה; ספרדים יבנו בית כנסת, יניחו בו ספרי תורה ויקשטו אותו; אחרים יקימו מסעדה כשרה. אכן, אוכל כשר הוא דבר חשוב, ומי שמספק אותו מקיים מצווה גדולה ומציל אנשים מעבירה; מי שבונה בית כנסת בוודאי עושה מצווה גדולה; אבל מוסדות חינוך חשובים במיוחד משום שהחינוך נוגע בשאלת העתיד שלנו.

ואכן, בתחום החינוך המצב ברוסיה לא היה פשוט כלל. חמותי גדלה ברוסיה במשפחה של חב"ד. היא מעולם לא הלכה לבית ספר, והיו במקומה עוד ילדים כמותה שלא הלכו לבית ספר משום שבית הספר היה אפיקורסי – לא משום שהיו שם גויים, אלא משום שעסקו בו באפיקורסות ממש. אי שליחת הילדים לבית הספר הייתה כרוכה בסכנת נפשות; היה הייתה עלולה בפשטות להביא לעונשי מאסר על ההורים. ובמשימה שהריי"ץ קיבל על עצמו – לבנות מוסדות חינוך, בין שהם היו מוסדות חוקיים לגמרי ובין שהיו חצי חוקיים – בוודאי היה סיכון גדול.

ארגון המאבק

אחד הדברים הראשונים שהריי"ץ עשה היה גיוסם של חסידיו. הוא לא הצליח לגייס את כל חסידיו, אבל הוא הצליח לגייס מספר אנשים שהיו מוכנים למסור את נפשם. הוא החדיר באנשיו את מסירות הנפש למען החינוך היהודי.

הריי"ץ ניסה לארגן גם את הרבנים, לאסוף רבנים משלו ורבנים שאינם משלו. אחד האנשים שנשאר ברוסיה אחרי שהריי"ץ עזב היה הרב אברמסקי. הרב אברמסקי היה רב גדול באמת ומתנגד גדול, רחוק מחב"ד עד כמה שרק אפשר, אבל הוא ועוד אנשים דוגמתו הבינו שעכשיו הבעיה איננה אם להתפלל נוסח ספרד או נוסח אשכנז אלא אם יתפללו בכלל; הבעיה איננה אם להניח תפילין של רבנו תם או תפילין של רש"י אלא אם יישארו בכלל תפילין; הבעיה איננה אם יהיה כתוב בספר תורה "דַּכָּא" באל"ף או "דַּכָּה" בה"א[2] אלא אם יישאר בכלל ספר תורה. כשביקרתי ברוסיה, הראו לי מחסן של הקומוניסטים שהיו מונחים בו שמונה מאות ספרי תורה שכנראה הוחרמו באותה תקופה.

הארגון של הריי"ץ היה איתן די הצורך כך שגם כאשר הריי"ץ עזב את רוסיה, הוא המשיך להתנהל על ידי מעין מפקדים מקומיים שהוא העמיד בראש מפעליו. קודם יציאתו הוא פעל לבסס שוב את השיטה שעבדה עד אז, ואכן היא המשיכה לעבוד גם אחרי שהאנשים שעמדו בראשה יצאו מרוסיה.

הריי"ץ אף פעם לא היה משופע בכסף, והוא היה זקוק למשאבים כספיים בשביל לארגן שיעורים, להסיע אנשים ממקום למקום ובשביל פעילויות רבות אחרות. הוא היה שולח שליחים ומנסה להשיג כסף. בין השאר הוא בנה יחסים טובים עם הג'וינט, אבל אנשי הג'וינט, שהיו אנשים טובים בסך הכול, לא הבינו מה קורה ברוסיה ולא עמדו

2. ברוב ספרי התורה מקובל לכתוב "דכה", ואילו בספרי התורה התימניים מקובל לכתוב "דכא" וכך גם במסורת חב"ד לפי הנוסח האשכנזי הקדום.

על החשיבות המכרעת שיש לכל סכום שהם שולחים לו, ולכן הם תמכו רק בסכומים קטנים.

הריי"ץ לא רק בנה אנשים אחרים; הוא גם הראה דוגמא אישית. הוא היה מדבר בגלוי בגנות המפלגה, מדיניותה והאידיאולוגיה שלה, אף על פי שהוא ידע שבבית הכנסת אנשים רושמים כל מילה שהוא אומר, ושאמירות כאלה עלולות להביא לסופו בכל רגע. כפי שאמרתי, היה לו הרבה אומץ.

עם הזמן התברר לשלטונות יותר ויותר שה'שניאורסון' הזה איננו תופעה מקומית, שהוא אינו רב בעיר קטנה זו או בעיר קטנה אחרת, אלא דמות שמובילה מהלכים. שום שלטון טוטליטרי לא יכול לסבול תופעה כזאת, והשלטון הסובייטי דאז, על כל היהודים שהיו מעורבים בו – עוד פחות סבל את זה. אף על פי כן, הריי"ץ המשיך לפעול.

עמידה מול מדינה של גיהינום

בכל הדברים שהריי"ץ עשה הייתה בנייה, לא לגמרי מסודרת, של כוח שיוכל לעמוד לא רק נגד גזרה מסוימת, אלא מול מדינה של גיהינום, שגם אם היא לא הייתה אנטישמית, היא הייתה נגד יהדות באופן ברור מאוד. הריי"ץ קיבל על עצמו לבנות בתוך המדינה הזאת, העוינת יהודים באופן בולט, מערכת שלא תשמש רק לזמנה ולמקומה, אלא שתהיה לה המשכיות גם מעבר לכך.

במשטר הרוסי הייתה הרבה אכזריות, לאו דווקא אכזריות לשמה, אלא תפיסה אכזרית שלפיה אין הבדל אם אדם חי או מת. דוגמה לדבר: לאחר תכנון של מאות שנים בנו ברוסיה תעלה חשובה מאוד בין נהר הוולגה ונהר הדון שאורכה בערך מאה קילומטר. לפי החשבון, על כל מטר מאורך התעלה מת לפחות אדם אחד במהלך העבודות, כך שאם אורך התעלה הוא מאה קילומטרים – מאה אלף אנשים מתו בבנייתה. גם כאן אינני אומר שהרוסים רצו להרוג מאה אלף אנשים, אלא שהם חשבו שצריך לחפור תעלה, וקיבלו בפשטות שלשם כך אנשים מתים.

דודי המנוח סיפר לי שהוא היה בשיירה של אנשים שאשמתם העיקרית הייתה שהם ברחו מפולניה כשהייתה תחת שלטון היטלר, לרוסיה. תפסו את כולם בתור מרגלים, אנשים שנכנסו למדינה בלי רשות, ושפטו אותם. כך ערכו השופטים את המשפט: שלוש שנים, חמש שנים, שלוש שנים, חמש שנים – זאת אומרת, שלוש שנות גלות במקום נידח או חמש שנות גלות בו. הם לא רצו, חלילה, להרוג את האנשים, אלא רק לשלוח אותם לעבודת כפייה, כגון כריתת עצים, אבל אם מישהו מת בעבודות הללו, קברו אותו ולא עשו מזה עניין גדול. אני יכול לספר לכם הרבה סיפורים אחרים דומים. גם אם לא היה לרוסים עניין להרוג אנשים, חיי אדם היו שווים בעיניהם פחות משווה פרוטה.

למרות כל הדברים שהרוסים עשו, הבירוקרטיה שלהם אף פעם לא הייתה יעילה, ומשום כך היו בה סדקים. הרב שלמדתי אצלו סיפר לי שהוא היה נודד ממקום למקום כרב. בכל עיר שהגיע אליה, למחרת היום שהגיע כבר ידעה המשטרה החשאית שהוא שם. אולם מכיוון שבאופן רשמי לא היה אף מסמך כנגדו, הוא היה יושב בעיר חודש, חודשיים, ארבעה או חמישה חודשים עד שמישהו היה מגיש תלונה שהוא עושה תעמולה דתית, ואז הוא היה צריך להתחמק ולברוח לעיר אחרת. בעיר הבאה הכול היה חוזר על עצמו משום שהרוסים לא שלחו מברק לעיר האחרת להודיע שזהו אדם מסוכן שצריך לאסור אותו; ברגע שהמשטרה סילקה את האיש מהמקום שבו ישבה, מבחינתה נגמר העניין.

במשך שנים צורת ההתנהלות הזאת של המדינה הייתה יתרון ליהודים. המדינה לא הייתה יעילה מספיק לבער את היהדות, וכך נשארו משפחות יהודיות על אף הגלות, הסבל והאימה הגדולה והמתמשכת, ואף על פי שאי אפשר היה לסמוך על שום אדם מפני שהיו מלשינים בכל מקום. היו 'חדרים', היו ילדים יהודים שלמדו תורה, היו יהודים שקיימו מצוות בצורה זו או אחרת, אבל הכול בדוחק גדול, בקושי גדול ובייסורים גדולים.

העניינים הללו לא התארגנו מעצמם; היה צריך שמישהו ישלח

מלמד למקום שאין בו מלמד, ואם יש מלמד, צריך היה לדאוג שיהיו לו המקום והאפשרות ללמד, וכך הלאה. הרבי הריי"ץ ומספר מצומצם של אנשים שהיו סביבו עשו את כל זה. הם שמרו על המסגרת שתאפשר לילדים ללמוד ושתאפשר למשפחות להמשיך לקיים חיים יהודיים. כל זה נעשה במסירות נפש. את מסירות הנפש הזאת הריי"ץ הצליח להנחיל לאחרים.

סיפור הגאולה

לפני שארחיב בעניין מסירות הנפש הזו, אסיים את סיפור הגאולה. בתוך סיפור המאסר והגאולה היו ניסים – לא ניסים שבקעו את השמיים אלא צירופי מקרים שהם בוודאי צירופים ניסיים. הריי"ץ השאיר אחריו את 'רשימת המאסר', רשימה שכתובה בשפה ברורה מאוד ובכתיבה חמה מאוד, ובה הוא מתאר חלק ממה שהוא עבר. סיפורים נוספים הוא סיפר מאוחר יותר בעל פה. אלו תיאורים מופלאים עליו ועל מה שעבר במאסר ובחקירות. הוא מספר ברשימותיו שכאשר הגיע לכלא, הוא חשב שתוך יום או יומיים יוציאו אותו להורג, וכך גם הסבירו לו הסוהרים שקיבלו אותו. לא היה חשוב להם באיזה סעיף יואשם – קודם כול הם היו הורגים, ואחר כך ממציאים סיבה.

הריי"ץ מספר שבשלב מסוים נתנו לו הוראה לצאת מחדרו, ללכת לצד אחד במסדרון ולדפוק בדלת של חדר. הריי"ץ לא זכר לאיזה כיוון אמרו לו לפנות, ולכן אמר לעצמו: "כל פינות שאתה פונה – לא יהו אלא דרך ימין". הוא פנה ימינה והלך במסדרונות עד שנכנס לחדר. החדר שאליו נכנס היה חדר הרישום, ומבחינת המדינה זאת הייתה טעות גדולה – מראש שלחו אותו לחדר שמוקדם יותר לקחו אליו שנים עשר מנהיגים של דתות שונות וירו בהם בזה אחר זה, אבל כיוון שהריי"ץ נכנס לחדר הרישום ונרשם בו, כבר אי אפשר היה להמית אותו כך, מפני שהוא כבר היה רשום, והרשויות לא היו יכולות לטעון שהוא נעלם.

הרישום של הריי"ץ עיכב את הוצאתו להורג. בינתיים החסידים פרסמו שאסרו את הרבי, והציבור היהודי של אז, כולל הציבור היהודי

בארצות הברית, שהיה חלש מאוד ובכל זאת היה חזק דיו לעשות רעש, העלה את הנושא לעיתונים. גם הסובייטים לא היו חזקים כל כך באותו הזמן, והרעש שנעשה סביב המאסר של מנהיג דתי והתכנית להוציאו להורג בוודאי לא הועיל להם. כך נדחה העניין ביומיים או שלושה.

בצירוף מקרים מוזר מאוד ישב באותם הימים בלטביה יהודי דתי שהיה חבר הפרלמנט הלטבי. הוא לא היה חב״דניק אבל היה קרוב לחב״ד. הוא שמע על המאסר של הריי״ץ, והייתה לו הזדמנות יוצאת מן הכלל לסייע לשחרורו. לממשלת לטביה של אז היה רוב רעוע מאוד, והיא הייתה זקוקה להצטרפותו לרוב. כך הייתה לו היכולת לבקש בקשות, ואחת מבקשותיו הייתה שממשלת לטביה תתערב למען שחרורו של ריי״ץ. לממשלת לטביה היה כוח בעניין זה מפני שבאותו זמן הסובייטים היו מבודדים לגמרי מבחינה פוליטית; שום מדינה לא יצרה איתם קשרים, והם היו מעוניינים מאוד בקשרים עם לטביה. לכן כשהלטבים ביקשו מהסובייטים לשחרר את הריי״צ, הסובייטים הסכימו. זה היה הגורם המכריע בשחרורו של הריי״ץ.

אחר כך הופעלו על הסובייטים עוד ועוד לחצים, ובסופו של דבר, בתאריך ג׳ בתמוז הם פסקו לריי״ץ שלוש שנות מאסר בגלות ועל ראשו כבר לא ריחף גזר דין מוות. מייד היו חסידים שניסו לבנות לריי״ץ מקום לגור בו, במקום שאליו הוא היה אמור לגלות. הפעולות הללו נעשו בזכות אותם החסידים שדיברתי עליהם. יש אנשים שעובדים בפקודה, יש אנשים שעובדים תחת הרבה פקודות, אבל עבודה במסירות נפש יעילה יותר מכל פקודה, וכך פעלו החסידים הללו.

כעבור כשבוע וחצי, בי״ב בתמוז שהיה יום ההולדת של הריי״ץ, הודיעו לו הסובייטים שהוא משוחרר לגמרי. אחר כך הם הסבירו לו שבעצם הם מעדיפים שהוא יצא מהמדינה. הריי״ץ לא כל כך רצה לצאת, אבל לא השאירו לו הרבה אפשרויות. הוא ניסה ככל יכולתו להתארגן ליציאה. הריי״ץ ארגן גם את הוצאת חתנו, הרבי, מרוסיה. הוצאת המשפחה מרוסיה לא הייתה פשוט כלל. על כל אחד מהאנשים

שהריי"ץ רצה שיצאו איתו, הוא הסביר לסובייטים למה הוא צריך אותו: "זאת אשתי", "זאת בתי", "זה המזכיר הפרטי שלי" ו"זה המיועד להיות חתני". אמרו לו הסובייטים: "מילא, אתה צריך מזכיר איתך, אבל מדוע אתה צריך את מי שמיועד להיות חתנך? שהבת שלך תמצא חתן אחר". ענה הריי"ץ: "חתן כזה לא אמצא". בסופו של דבר הסובייטים הוציאו גם את הרבי באותו זמן.

בסופו של דבר גם הרב אברמסקי הצליח לצאת מרוסיה, וגם הרב זוין, שהיה האיש השני בהנהגה של חב"ד אחרי הריי"ץ, יצא בשלב כלשהו. עם זאת, כאמור, הם הפקידו את הפעילות בידי אנשים שנשארו אחריהם, וכאשר כל אחד מהם יצא, הוא מינה אדם אחר שימשיך את הפעילות במקומו.

הצלתו של הריי"ץ הייתה חגיגה גדולה. זה היה מין ניצחון על אימפריית הרשע. איש לא שמע על אדם שיצא מתחת ציפורני החיה הרעה שהשמידה מיליוני אנשים, משלהם ולא משלהם, בלי להתחשב בדבר. מיליונים מתו תחתיה כמו זבובים, והנה אדם אחד – על ידי צירופים מוזרים ומשונים – ניצל.

חיים על קידוש ה'

אי אפשר להתעלם ממסירות הנפש של היהודים ברוסיה. הם עמדו בפני קשיים עצומים. כדי לחיות חיים יהודיים נדרש מהם מאמץ גדול בכל עניין: לאכול כשר, להצליח להתפלל, לארגן מניין לתפילה, להצליח לערוך התוועדות מפעם לפעם ובעיקר – לדאוג לקיים לימוד תורה של ילדים. למשל, היו מקומות שהצליחו להחזיק מקווה, אבל הדבר לא היה פשוט, ולא בכל מקום היה מקווה; היו נשים שהיו קודחות חור בקרח של הנהר וטובלת בו.

יהודי אחד זקן סיפר לי על חייו וחוויותיו בבית הסוהר הסובייטי: הוא סיפר איך הוא הצליח להדליק נרות חנוכה בתוך בית הסוהר, דבר שהיה אסור באיסור גמור. הוא המציא המצאות: עלה בדעתו שלשם הכנת קעריות השמן אפשר להשתמש בבצל, אם פותחים אותו בצורה נכונה; בתוך הבצל יש קליפה בתוך קליפה, ומהן הוא

הכין את הקעריות; שמן לקח משיירי קופסאות סרדינים; פתילות הוא הוציא מהמזרונים. כך הוא הדליק נרות בשמונת ימי החנוכה. בהדלקה עצמה קרה פלא גדול: כל האסירים, שהיו כולם גויים, יצרו מין חומה אנושית מסביבו כדי שהסוהרים לא יראו שהוא מדליק נרות.

אני מדבר על הקושי של אדם שיודע שהוא יחיד ומבודד, ואינו יודע מה קורה ומה יהיה, ונוסף על כך, הוא אף פעם אינו בוטח באנשים אחרים משום שבכל מקום היו מלשינים, ובכל זאת הוא נאבק להמשיך. אנשים חיו את המאבק הזה בכל מיני מקומות ובכל מיני דרכים. באירופה, ברוסיה הלבנה, ליד מוסקבה ובארצות הרפובליקה האסייתיות של רוסיה המשיכו שוב ושוב לבנות את ה'חדר', שוב ושוב עשו דברים שיאפשרו ליהודים לחיות כיהודים. זאת אינה הגבורה של אדם שקופץ לאש, אלא גבורה קשה הרבה יותר – אדם שגוזר על עצמו לשבת בתוך האש ולהמשיך לשבת בפנים עוד ועוד.

המשימה הקשה הייתה לעשות דברים שיחזיקו מעמד. שיהודי פשוט, שיושב היכן שיושב, לא רק יזכור שהוא יהודי, אלא גם שיעמדו לו הכוחות להחזיק יום אחרי יום, שנה אחרי שנה, באימפריה שאי אפשר לדעת כמה שנים היא תחזיק מעמד, אימפריה שהולכת וגדלה, הולכת ומתפתחת ואינה מראה שום סימני דעיכה, אימפריה שאין רואים את סופה. ההנחה הייתה שמרוסיה לא יוצאים. אדם רואה שעובר דור אחרי דור, ושלטון הרשע עדיין נמשך. אדם חווה ירידות ומפלות, ובתוך כל אלה הוא מחזיק באמונה ש"נֵצַח יִשְׂרָאֵל לֹא יְשַׁקֵּר".[3]

פגשתי את האנשים הללו שהגיעו מרוסיה; רובם לא היו גדולי תורה, אבל כולם ידעו להתפלל. האם הם הבינו הרבה מהתפילה? אינני יודע. האם הם עסקו בהתבוננות של אהבה ויראה? גם בזה אני מסופק. אבל הם חיו חיים יהודיים בתנאים קשים, לא יום אחד ולא שנה אחת, אלא שנה אחרי שנה.

בספר התניא כתוב שכל אדם מישראל, אם הוא מגיע לשעה

3. שמואל ב' טו, כט.

שהוא צריך לבחור בין החיים לבין כפירה באלוקי ישראל – יבחר למות ולא לכפור.[4] מסירות הנפש ברוסיה לא הייתה באופן הזה – רגע אחד של החלטה – אלא אהבה במדרגת ״בכל מאֹדֶך״ – אהבה והתקשרות בה׳ שנמשכות מיום ליום ומחודש לחודש.

יצירת אנשים

חג הגאולה הזה נועה, בין השאר, לזכור את האנשים שהריי״ץ השאיר אחריו ברוסיה. הריי״ץ הצליח לעורר באנשים אהבת ישראל, אהבת התורה ואהבת הקדוש ברוך הוא. לפעמים אלה היו אנשים שלכאורה לא היה להם כמעט שום קשר ליהדות. ובכל זאת מהמעט שנשאר, הריי״ץ הצליח לשאוב את הכוח שלא הכול יאבד, שלא הכול ימות.

לא כל האנשים הללו היו ענקי רוח, אבל במה שהם עשו הם ביטאו אהבת ה׳ והתקשרות שהיא מעבר לכל הגבולות. יצירה של אנשים כאלו איננה דבר של מה בכך. אילו ידעתי שאני מצליח ליצור דבר כזה באיש אחד, בשני אנשים או בשלושה אנשים, זה היה מבטיח לי שכשאגיע לעולם הבא, וירצו לזרוק אותי החוצה, אוכל להגיד להם: ״אבל רְאו, עשיתי אדם שהחזיק מעמד״.

האם מה שהריי״ץ עשה שינה את כל התמונה כולה? לא. ובכל זאת חשוב לשאול ולהבין מאין בא הכוח הזה. לריי״ץ היו גם הכוח, גם המרץ וגם האומץ לעמוד מול מציאות כזאת, והעמידה הזו לא הגיעה משיגעון אלא נבעה מהחלטה – מבחינה מסוימת החלטה קרה – שהוא החליט: ״אני הולך לעשות את הדברים הללו על קידוש ה׳״. לריי״ץ לא היו כל כך הרבה אנשים, אבל את האנשים שהיו לו הוא השביע לחיות על קידוש ה׳.

הדבר המרשים הוא שהבניין הזה היה קיים במשך שנים. הריי״ץ פעל בזמן שהוא היה שם, והוא הצליח לפעול גם כשהוא כבר לא היה שם. גם אחרי שהוא עזב את רוסיה, היו מנסים לפעמים להתכתב איתו, לבקש עצה מה׳סבא׳ – בשמו המחתרתי – או לשאול מה

4. תניא פרקים יח-יט.

ה'סבא' אומר. מה שהריי"ץ פעל בעולם הזה היה פלא גדול. הוא לא היה רק המנוע שהניע אנשים לעשות מעשים מסוימים; מפעליו גם גרמו לאנשים, שחלקם היו חסידים גדולים או אנשים מורמים מעם וחלקם היו יהודים פשוטים, להמשיך להחזיק ביהדותם במסירות נפש.

ישראל אשר בך אתפאר

אני מדבר איתכם על המאבק הזה משום שאלו דברי אמת, והם חלק מההיסטוריה של עם ישראל.

באחת הערים בפורטוגל חיו יהודים בסתר כאנוסים במשך ארבע מאות וחמישים שנה. כשאני חושב על היהודים האלו, שבמשך דורות לא ידעו שקיימים יהודים מלבדם בעולם וניסו לשמור כמה מצוות שיכלו – להכין מצות לפסח, להתפלל בראש השנה וביום הכיפורים וכך הלאה – אני שואל את עצמי מה היה מקור כוחם לעשות זאת יום אחרי יום, שנה אחרי שנה, מאה שנה ועוד מאה שנה?

זהו בעצם "גאון יעקב" האמיתי. תפארתו של העם היהודי היא על היהודים האלה. אנשים שהיו להם ראשים טובים, אלו שרצו לכתוב – מתפרסמים על ידי הספרים שכתבו, ואילו את האנשים האלה, שמסרו את הנפש בשקט, איש אינו מפרסם. אני מכיר כמה מבניהם של יהודים שנשלחו אז לגלות. הם אינם יודעים מה קרה לאבא שלהם; הוא פשוט נעלם. היו אנשים רבים שאיש לא קיבל דו"ח מה קרה בסופם; הם פשוט נעלמו בין הבירוקרטיה לאכזריות. אבל תפארתו של העם היהודי על היהודים הפשוטים הללו, שחיו, מתו ומסרו את נפשם על המשך היהדות.

חג הגאולה הזה אינו נחגג רק על ההצלה של הריי"ץ אלא גם על מה שהוא השאיר אחריו ברוסיה. מישהו פעם כתב שהמתנגדים יצרו ספרים, ואילו החסידים יצרו אנשים. אינני יודע אם ביחס לחסידות בכללה האמירה הזאת נכונה בשלמות, אבל במקרה של הריי"ץ היא נכונה. הריי"ץ השאיר ברוסיה אנשים במלוא מובן המילה. לא כל האנשים הללו היו גדולי המחשבה וגדולי הלמדנות, אבל עליהם נאמר:

"יִשְׂרָאֵל אֲשֶׁר בְּךָ אֶתְפָּאָר".[5] הקדוש ברוך הוא מתפאר באנשים האלה שאומרים בעצם חייהם: "כִּי עָלֶיךָ הֹרַגְנוּ כָל הַיּוֹם",[6] אנשים שמוכנים למסור את הנפש על ה', לא בהחלטה של רגע אלא כסמל של חיים.

מסירות נפש כיום

המציאות שלנו היא בוודאי שונה. האם יש פה מי שצריך לעבור בתוך מאבק כזה, לא במלחמה חד־פעמית אלא דבר יום ביומו? האם יש פה אדם שצריך בכל יום לחשוב מה יהיה עתיד ילדיו, להתמודד עם השאלה מה עליו לעשות כדי שהם יישארו איתו ויקבלו את החינוך שהוא רוצה להקנות להם, כדי שהם ידעו אל"ף-בי"ת, כדי שאם הם יישלחו לגלות, כפי שקרה לרבים מיהודי רוסיה – שיֵדעו איך להתקיים שם כיהודים?!

אם כן, איזו מסירות נפש נדרשת היום? מסירות הנפש של היום היא להישאר יהודי כמו שיהודי צריך להיות. העולם מְזַמֵּן היום דברים אחרים, שאלות חדשות שצריך להחליט החלטות לגביהן. אדם צריך לשאול את עצמו מה הוא מעביר לילדיו. בין שאר הדברים, הורים מעבירים לילדיהם את התפיסה שלהם לגבי השאלה: מה הם הדברים החשובים? ועל השאלה הזאת צריך להיאבק.

ייתכן שלאנשים היום יש חיים נוחים יותר מהחיים בעבר. יש לאנשים קריירה, ואנשים אפילו יוצאים לבלות. החיים כיום אינם אלימים כמו שהיו בעבר, אבל הם תוקפניים לא פחות וגורמים לאותן תוצאות. לכן נשארה גם היום אותה שאלה – מה אני מעביר לבניי אחריי?

רובכם בחורים צעירים; חִשבו מה אתם רוצים להעביר לילדיכם, ואיך אתם מעבירים להם את זה. אדם יכול לגרום לבניו להיות תלמידי חכמים, אבל אין בזה די כי אחר כך הם יעשו מה שהם רוצים; יש תלמידי חכמים מקולקלים מכל המינים, יש כאלו שהפסיקו להיות

5. ישעיהו מט, ג.
6. תהלים מד, כג.

תלמידי חכמים וגם בכלל להיות בני אדם. השאלה היא איך שומרים שיישאר הגרעין הבוער. זה היה העניין של הריי"ץ. כשאני חושב על הריי"ץ מסביב לחג הזה, אינני חושב הרבה על הגאולה אלא על השאלה איך מעבירים הלאה את הגרעין הבוער.

למען אשר יצוה את בניו

הקדוש ברוך הוא אומר על אברהם אבינו: למה אני אוהב את אברהם? "כִּי יְדַעְתִּיו לְמַעַן אֲשֶׁר יְצַוֶּה אֶת בָּנָיו וְאֶת בֵּיתוֹ אַחֲרָיו וְשָׁמְרוּ דֶּרֶךְ ה'".[7] אברהם מסר את נפשו אל קדושת ה', נלחם עם המלכים ואפילו ישב בקואליציה אחת עם חמשת המלכים של ערי הכיכר בלי להקיא מגועל. אבל לא אלו הדברים שה' מזכיר; ה' אוהב את אברהם – "למען אשר יצוה את בניו".

במובן מסוים, בשביל הדבר הזה הקדוש ברוך הוא חיכה לאברהם. לפני אברהם חיו כל מיני צדיקים. אומרים שמתושלח היה צדיק, חנוך בוודאי היה צדיק, אולם הבנים שלהם היו כלומניקים. גם הבנים של נח היו בסך הכול "בני נח". לעומת זאת, אברהם אבינו מצווה את בניו ואת ביתו אחריו, ולכן בניו שונים. כאן מתחיל דבר יציב. כל החשיבות של אברהם היא בכך שהדבר שמתחיל בו יישאר הלאה, וזה מה שהקדוש ברוך הוא מחפש. זה גם מה שמשה רבנו אומר שנים רבות לאחר מכן, בתפילתו על עם ישראל לאחר חטא העגל: ריבונו של עולם, בנית משהו כדי שיישאר.

אחזור בפניכם על דבר שקראתי. בספר 'ביקורת התבונה הטהורה' שכתב קאנט, הוא כותב על האנטינומיות, על דברים מסוימים שהם בעיות יסוד בפילוסופיה משום שאי אפשר להוכיח אותם וגם אי אפשר לפרוך אותם. כיוון שיש שיקולים לכאן ולכאן, הבעיות הללו נשארות תלויות ועומדות. בתוך רשימת הבעיות היסודיות הללו הוא מונה גם את האמונה במציאות האל. הוא מונה נימוקים בעד ונימוקים נגד, והוא אינו מכריע בעניין. קראתי שקאנט אמר שבאופן פרטי, לא

7. בראשית יח, יט.

בתור פילוסוף, הוא נוטה בכל זאת להאמין במציאות הבורא בגלל שתי סיבות: הסיבה האחת היא ההרמוניה שהוא רואה באסטרונומיה, היוצרת את הרושם שיש בורא, והסיבה השנייה היא הקיום של עם ישראל.

בספר ישעיהו כתוב: "וְאַתֶּם עֵדַי נְאֻם ה' וַאֲנִי אֵל".[8] המדרש אומר על הפסוק הזה: "כשאתם עדי – אני אל, וכשאין אתם עדי – אין אני אל".[9] התפקיד הגדול שלנו הוא להיות העדים של ה', ואנחנו צריכים לדאוג שהבאים אחרינו, משפחותינו והמשפחות הרחוקות מאיתנו, ימשיכו להיות העדים. כשישלח ה' מהרה משיחו תהיה לנו פחות עבודה בעניין הזה, אבל אין לנו שום הבטחה מתי זה יקרה.

לא דיברתי איתכם דברי תנחומים, וגם לא סיפרתי סיפורי מופתים. ניסיתי לדבר איתכם על דברים שאני חושב שיש בהם ממש: איך אנחנו יכולים לגרום לכך ששום דבר לא ישבור את עצם הלוז שלנו, איך נפעל שהקיום היהודי יישאר לעולם.

לחיים לחיים!

8. ישעיה מג, יב.
9. ספרי דברים פיסקא שמו.

19

כשקשה ולא נוח

האנשים שהם המופת

אנחנו מתוועדים לכבוד חג הגאולה של הרבי הקודם מליובוויץ׳, הריי״ץ.

הריי״ץ התחיל להיות אדמו״ר של חב״ד בשעה שברוסיה כבר שלטו הקומוניסטים. באותו זמן השלטון היה בידיים רעות, אכזריות ומכוונות מאוד; באופן חצי רשמי, רבע רשמי או לא רשמי בכלל הם עקרו כמעט הכול.

הריי״ץ עמד כנגד המשטר הזה ונאבק על המשך היהדות ברוסיה. בעקבות הפעילות הזו אסרו אותו ודנו אותו למוות. לאחר מכן דינו הומתק ודנו אותו לגלות. לבסוף הוא שוחרר ונגזר עליו לעזוב את גבולות המדינה. זהו סיפור ארוך שחלק ממנו הריי״ץ סיפר בעצמו ב׳רשימות המאסר׳ שהוא כתב. אולם חג הגאולה שאנחנו חוגגים היום אינו רק על הגבורה של הריי״ץ אלא גם על עמידתם האיתנה של האנשים שהוא השאיר אחריו.

זמן קצר אחרי שהריי״ץ השתחרר מהכלא הוא עזב את רוסיה משום שתנאי השחרור שלו דרשו שיסתלק מהמדינה. הוא השאיר

אחריו קבוצה לא גדולה של כמה אלפי אנשים, שמסרו את נפשם בפועל ממש על קידוש השם. חלקם גורשו ונשלחו לכל מיני מקומות, ורבים מהם מעולם לא חזרו מהמקומות הללו, אך למעשה הסכנה ארבה לא רק לאלו שעבדו במחנות, משום שהרוסים הרגו אנשים גם מחוץ למחנות, כחלק משגרת החיים. על כל פנים, היום אינני רוצה לדבר על אלו שמתו, אלא על אלה שדנו את עצמם לחיים יהודיים קשים מנשוא תחת השלטון הקומוניסטי.

זה לא היה תרגיל של יום או הפגנה של יומיים; אנשים חיו כך במשך שנים, בלי לדעת מה יהיה ובלי שום מושג לגבי העתיד. איש לא הבטיח להם שבעוד חמש שנים או עשר שנים יהיה טוב יותר. במובן מסוים, הם חיו במציאות הזו בהרגשה דומה להרגשה שיש ליהודים ביחס לגלות בכללה – יהודי שחי בגלות יודע שהגלות הזו תימשך עד עולם, עד עת קץ. הוא יכול לצפות למשיח, אבל הוא אינו יכול להתכונן לביאתו בקרוב. אין לו לאן ללכת, והוא יודע שחייו יימשכו באותו אופן. אם הוא דל ועני קרוב לוודאי שימשיך לחיות חיי דלות ועניות; אם הוא מקבל מכות, ככל הנראה הוא ימשיך לקבל מכות. כמה זמן? כל ימי חייו, בחיי ילדיו וגם הלאה.

חלק מהנס הגדול של חג הגאולה הזה הוא שהאנשים שהמשיכו להחזיק ביהדותם תחת השלטון הסובייטי המשיכו להיות קשורים זה לזה ולאחוז זה בזה. כשהריי"ץ יצא מרוסיה נשארו אחריו אנשים, שבזמן שהכול היה מלא שקר ומלשינות, אפשר היה להאמין להם. האנשים הללו שנשארו הם מופת משמעותי הרבה יותר מאשר נס השחרור של הריי"ץ מהכלא.

יש בספרייה שלי ספר זיכרונות שכתב יהודי שהיה בונדיסט ולא האמין לא בה' ולא במשיחו, ולכן עדותו טובה הרבה יותר מאשר עדות של יהודים יראי שמיים, משום שהוא לא נוגע בדבר. הגלו אותו, הוא חי במחנות ובכל מיני מקומות אחרים, ובספר הוא מספר על המחנות ועל החיים ברוסיה בכלל. הוא מספר איך אנשים במחנות ומחוץ למחנות הפסיקו להיות בני אדם בעקבות פעולותיו של השלטון, והוא כותב שהאנשים היחידים שהיה להם 'צלם אלוקים' היו חסידי חב"ד.

יש פסוק מתהלים ששרים אותו בהקשר של היציאה מהמאסר: "פָּדָה בְשָׁלוֹם נַפְשִׁי".[10] הפדות והגאולה של היום הזה עומדות על מה שכתוב בהמשך הפסוק: "כִּי בְרַבִּים הָיוּ עִמָּדִי" – לא מדובר על איש אחד שקרה לו נס פרטי, אלא על אלפי שותפים בנס. גם אלה מתוכם שמבחינת ידיעתם בתורה אולי היו אנשים קטנים, נעשו גדולים מכוח מדרגת "ובכל מאֹדך" שלהם, מכוח הוויתור שלהם על כל סוגי הנוחות בשביל הדבקות בה'.

אנחנו מדברים בהתוועדות על היכולת שיש לאדם לסבול את הכול ולהמשיך להחזיק ביהדותו. אנחנו מדברים על אנשים שקמים בבוקר בידיעה שהיום החדש יהיה קשה, ושבו הם יצטרכו שוב לנסות לחיות, לנסות לשמור על אמונתם וגם על איזשהו מבנה של משפחתם. על היכולת הזאת, לסבול ולהמשיך להחזיק, עומדים הדברים הרציניים.

היכולת לשאת ולסבול

אני רוצה לדבר על הנקודה המשמעותית בעבורנו בתוך כל אותו הסיפור: מה קורה כשאדם יודע שהוא מיעוט, והרוב מנסה למחוק אותו? לשם השוואה: אדם שימחה פה בארץ נגד המשטר, אולי יכניסו אותו לבילוי בבית הסוהר. הסיכוי שישברו לו ידיים ורגליים הרבה יותר קטן, והסיכוי שמישהו ייהרג מזה אינו קיים. ברוסיה המצב היה שונה לחלוטין. היו שם אנשים שירו באמת והרגו באמת. משפט הם היו עושים רק אחרי שהאדם כבר מת, או שבכלל לא התקיים משפט. השאלה היא: מה אדם עושה כשהוא נמצא במצבים כאלה? איך הוא מנסה להחזיק את עצמו?

אני יודע שהחיים של כל הנמצאים כאן שונים לגמרי. ובכל זאת, אדם צריך שתהיה לו היכולת לקבל על עצמו דברים כאלו. אינני מתכוון לקבלת ייסורים באהבה, אלא ליכולת לעשות דברים אף על פי שהוא אינו יודע לאן הם מקדמים אותו, ואף שלא ברור לו שהמעשים

10. תהלים נה, יט.

האלה יגרמו לכך שבעוד חמש שנים יהיה לו בית ומשפחה כפי שהוא חולם. זוהי הנכונות לוותר על המיצובישי, על מכונת הכביסה ועל עוד כל מיני עניינים של נוחות ושל איכות חיים. היכולת הזו להחזיק, גם במצבים לא נוחים, היא עניין רציני שעליו הדברים עומדים.

הדבר הזה נכון באופן כללי. מישהו טען, ובצדק, שבמלחמות של ימינו לא מנצחת המדינה החזקה יותר אלא המדינה שיכולה לקבל יותר מכות. השאלה איננה מי חזק יותר אלא מי מוכן לסבול יותר, מי מוכן לשלם יותר. הבעיה הזו עומדת במרכז חיינו. כשאני מוכן לשלם בעד דברים, אני החזק; כשאני מוכן לסבול בעד דברים, אני חזק עוד יותר; וככל שאני מוכן לסבול יותר למען דברים אני חזק יותר.

אילו אנשים פה בארץ היו מוכנים לוותר על כל מיני דברים, כוחנו היה רב ועצום. לצער הלב, אנשים אינם מוכנים, וזה הדבר שפוגע בנו – מלמטה עד למעלה. תארו לעצמכם שיקום מנהיג וינסה להוריד את רמת החיים קצת, נניח בעשרה אחוזים. אפילו לא תהיה התקוממות, פשוט איש לא יקשיב לכך.

חוסר הנכונות לשאת ולסבול הוא מה שמחליש והורס, ואילו לקבוצה של אנשים שמוכנים לסבול יש כוח גדול לפעול.

ללמוד כמו משוגע

רובכם יושבים ולומדים בישיבה. כשאדם יושב ולומד, הוא צריך לנסות לעשות זאת טוב ככל האפשר. הרי אפשר לשחק בלימוד, אפשר לשחק בישיבה, אפשר לשחק בכל הדברים שבעולם. לעומת זאת, אדם יכול להגיד לעצמו שהוא נמצא בתוך מסגרת מסוימת שבה צריך לשבת וללמוד, ולכן עכשיו זאת המשימה שלו, ועליו לעשות אותה כראוי, כשם שכל אדם אחר צריך למלא את תפקידו כראוי. הרי מבחינה מוסרית, דתית ועניינית ההצדקה שבחור ישיבה אינו משרת בצבא שלוש שנים היא שתיאורטית הוא צריך לעבוד בישיבה קשה יותר מאשר בצבא. בעיני בחור ישיבה הצבא צריך להיות מקום מנוחה – אם קורה שקצת קשה לבחור בישיבה, והוא מתעייף, אפשר לשלוח אותו לצבא לחצי שנה או שנה בשביל לנוח. אם בישיבה הוא עבד כמו

משוגע ולא אכל ולא ישן, כשהוא הולך לצבא או לכל מקום אחר, הוא מרגיש כמו אדם שיוצא לחופש.

בפועל פעמים רבות נראה שבשנים הרבות שבהן בחור יושב בישיבה, הוא לומד רק איך לחיות חיים נוחים. לא הכרחי שכך יהיה. אפשר גם ללמוד באינטנסיביות ובשיגעון. אמנם אתה עכשיו יושב בישיבה, לא בבית סוהר ולא בטירונות, ובכל זאת, בוא נראה אותך עובד כמו משוגע.

כל אחד מכם יכול וצריך ללמוד לפי עניינו – אחד יכול להחליט לעבור במשך שנה על כל הש"ס, אחר יכול להחליט לכתוב חיבור על הלכות נטילת ידיים, והשלישי אולי יחליט ללמוד ש"ס משניות בעל פה; אבל כל אחד צריך להיות מסור לחלוטין למה שהוא עושה ולעבוד על כך ביום ובלילה. גם אדם שאינו מוכשר, גם מי שאינו מפסיק לפהק בשיעור עיון בגמרא, מי שאינו מבין את הגמרא ומסתכל בתוספות כמו תרנגול בבני אדם, יכול בכל זאת ללמוד דברים בעל פה. בשביל זה לא נדרש מהאדם שום דבר חוץ מהיכולת לשבת. אדם יכול להחליט ללמוד ספר תהלים בעל פה כמה שיותר מהר, ולחזור עליו חמישים, שישים או שמונים פעמים – עד שיצליח.

עֲשו דברים חשובים. יש הרבה דוגמאות של אנשים בגילכם שעשו דברים גדולים. הש"ך, למשל, חיבר את הספר שלו כשהוא היה בן עשרים וארבע פחות או יותר. אמנם הוא היה גאון בתורה, אבל בשביל לכתוב ספר כזה לא די בגאונות, צריך גם ללמוד משהו. אינני מזכיר את הש"ך משום שאני חושב שכל אחד צריך להיות גדול כמוהו, אלא משום שהיכולת שלו ושל אנשים כדוגמתו באה מכך שהם הקדישו את חייהם למה שעשו, בלי להתחשב בנוחיות.

לא כל אחד יכול להגיע לאותם הישגים. הקדוש ברוך הוא לטובה ולברכה לא ברא את כל הראשים באותו גודל, והוא גם אינו מבקש מכל האנשים את אותן בקשות. ובכל זאת, אנשים יכולים להגיע להרבה מאוד אם הם משקיעים הרבה מאוד. גם מי שאינו יכול להיות גדול הדור, אין שום מניעה לכך שהוא ידע דברים ברמה שהוא מסוגל לדעת. אדם שאינו חריף – אולי הוא יכול להיות בקיא; אם הוא אינו

יכול להיות בקיא – הוא יכול ללמוד בעל־פה. את זה כל אחד יכול לעשות. הלוא בסבלנות ובעיקשות אפשר ללמד אפילו פרעושים לקפוץ ואפילו ג׳וקים לשחות. האמת היא שאפשר לאלף פרעושים מפני שאיש אינו חס עליהם; אילוף בחורי ישיבה הוא קשה יותר משום שהכול חסים עליהם. אומרים להם: ״תאכלו, תשתו, תנוחו. אם אתם עייפים, תנוחו עוד קצת; ואם אתה מרגישים, חלילה, שהראש כואב מרוב לימוד – תירגעו קצת״. והתוצאה היא בהתאם לכך.

אדם יכול לדעת את מעלות התורה ואת קדושתה; השאלה החשובה היא כמה הוא מוכן לשלם בעבורה? אם את הנוחיות הפנימית והחיצונית שלו הוא אינו מוכן לשלם למענה, הוא לא יגיע רחוק.

אם תבקשנה ככסף

הדברים שאני אומר, אין מטרתם לעודד לימוד תורה דווקא, אלא להבהיר שאם אדם רוצה לעשות משהו, הוא נדרש, בין השאר, להקריב את הנוחיות שלו. הדרישה שאדם יעבוד קשה ויתאמץ מאוד אינה מופנית רק כלפי בחורי ישיבה שלומדים תורה, אלא כלפי כל אדם.

הייתה לי בת דודה, עליה השלום, שלמדה בתיכון דתי על שם צייטלין בתל אביב. יום אחד היא החליטה על דעת עצמה, לא בגלל ההורים, שהיא רוצה ללמוד גם בסמינר למורות של ׳בית יעקב׳. לא היה פשוט שיקבלו אותה, אבל היא הצליחה לשכנע את הסמינר. היא למדה גם בבית הספר התיכון וגם בסמינר עד שגמרה את שני המוסדות. היא הייתה צעירה מאוד מאוד כשהיא גמרה את הלימודים והלכה ללמד בכיתה א׳. היא סיפרה לי שהיא התחילה ללמד את הילדים אל״ף־בי״ת, ואחרי חודש היא גילתה שלא כל הילדים יודעים לקרוא. היא התאכזבה מאוד והרגישה שנכשלה. לאחר מכן, היא השקיעה את נשמתה בעבודה קשה, וכבר בחנוכה לא היה ילד אחד בכיתה שלא ידע לקרוא. איך קרה הדבר? קודם כול, משום שהיא הייתה מורה צעירה, ולכן היא לא ידעה שגם בכיתה ב׳ יש ילדים שעדיין אינם יודעים לקרוא. מעבר לכך, ההצלחה הזאת נבעה מהעבודה העצומה שהיא השקיעה בכך.

כל מורה יכול לעשות דברים כאלה; זה תלוי רק באופן שבו הוא עושה את עבודתו. הוא יכול לעבוד כמו מורה טוב: להיכנס לכיתה, לשבת בנחת, בידו כוס תה, וללמד את השיעור שלו. אחר כך הוא ישמע את השאלות של הילדים ויענה עליהן כמיטב יכולתו, בסוף הוא ינוח קצת ובסך הכול יחיה חיים טובים. ההנחה מאחורי צורת עבודה כזו היא שהחיים נוחים בסך הכול, ולכן אפשר לפעול ברגיעה ובנחת. אמנם גם בשביל להגיע לחיים הנוחים צריך לעשות משהו, אבל אדם מנסה לעשות מינימום עבודה במקסימום זמן. לעומת זאת, אדם יכול ללמד, אפילו את האל"ף־בי"ת, כמו משוגע: כשהוא רואה ילד שאינו לומד, הוא יושב ומקדיש לו זמן ותשומת לב עד שהדברים ייכנסו לראשו.

בספר משלי כתוב: "אִם תְּבַקְשֶׁנָּה כַכָּסֶף וְכַמַּטְמוֹנִים תַּחְפְּשֶׂנָּה, אָז תָּבִין יִרְאַת ה'".[11] אם אדם חופר בנחרצות – במעדר או בשיניים ובציפורניים, הוא ימצא את האוצר. לעומת זאת, אם הוא חופר כמו חבר בקבוצה שהטילו עליה לחפור איזו חפירה קטנה, הוא לא יוציא מהאדמה שום דבר חשוב.

אני שומע מאנשים שונים את המשפט: "בהתמדה ויגיעה אפשר לעשות הכול". זה לא נכון: בהתמדה ויגיעה אדם יכול להשיג מה שקיים בפוטנציה שלו. אם הוא ישקיע מאוד הוא יגיע קצת מעבר לזה, אבל הוא אינו יכול להיות גבוה בשלושה ראשים יותר ממה שהוא עכשיו. ובכל זאת, אין לי שום ספק שאנשים יכולים להשיג יותר ממה שהם משיגים בפועל, והם אינם משיגים זאת מפני שהם אינם מתאמצים. לעיתים קורה שאפילו אדם מישראל נעשה 'בן נוח' – הוא נכנס לחבורת האנשים הללו שחיים בנוחות. בהחלט לא נוח לעבוד ולהתאמץ. ועם זה, אנשים שעובדים ומתאמצים יכולים לפעמים, בלי לשים לב, להגיע למיצוי שלהם.

11. משלי ב, ד-ה.

אשריך בעולם הזה

כל מה שאמרתי מתייחס לא רק לחיי העולם הבא אלא גם לחיי העולם הזה. כתוב בתהלים: "יְגִיעַ כַּפֶּיךָ כִּי תֹאכֵל אַשְׁרֶיךָ וְטוֹב לָךְ",[12] וחכמים אמרו על כך: "אשריך – בעולם הזה, וטוב לך – לעולם הבא."[13] ההבטחה שיהיה טוב לעולם הבא היא פשוטה; הרי אדם שישב ועסק בתורה ובמצוות ועשה את כל הדברים כראוי, בוודאי יהיה לו טוב לעולם הבא. ההדגשה היא שכאשר אדם עובד, טוב לו גם בעולם הזה.

חלק מצרות העולם הזה בא דווקא מכך שאנשים אינם רוצים לשאת עול, מכך שאנשים אינם מוכנים לסבול. זה פוגם לא רק בעולם הבא שלהם אלא גם בעולם הזה שלהם. אני מכיר יהודי אחד בן שמונים וחמש שחי חיים של מסכנות, ואני חושב שהסיבה לכך היא שהוא לא עבד בחייו. הוא ירש ירושה גדולה מאביו, ולכן לא היה צריך לעבוד. אילו הוא היה עובד, הוא לא היה מסכן כל כך.

גם בחיי העולם הזה אפשר לפעול הרבה. אדם שאינו עושה, כנראה אינו רוצה לעשות מפני שהוא מ'בני נוח'. יש אנשים שיודעים לכתוב – למה הם אינם כותבים? מפני שהם עצלים; יש אנשים שיודעים לשיר – למה הם אינם שרים? מפני שהם עצלנים; יש אנשים שיודעים לעשות דברים אחרים – למה הם אינם עושים אותם? מפני שהם בטלנים. הקדוש ברוך הוא בוכה על אנשים רבים שמתבזבזים; הוא נתן לאדם ראש, והאדם אינו משתמש בו. אז בשביל מה היה צריך להשקיע בו כל כך הרבה?!

אדם יכול לעשות הרבה דברים, אבל לשם כך הוא צריך להשקיע, לעבוד קשה, ולהתייגע. ביום שלם אדם יכול לעשות הרבה מאוד; לא רק בעשרים וארבע שעות או בשמונה עשרה שעות, אפילו בשתים עשרה שעות הוא יכול לעשות עולם שלם של דברים, אם הוא רק מתאמץ, והוא קצת משוגע. לא אמרתי שצריך להיות משוגע גמור,

12. תהלים קכח, ב.
13. אבות ד, א.

אבל צריך להיות קצת משוגע. השאלה היא אם יש באדם נקודת אמת, נקודת חיים, נקודת שיגעון. אם יש בו מכל הדברים הללו – אשריו בעולם הזה וטוב לו לעולם הבא.

יש אנשים שרוצים את ההיפך הגמור. האידיאל שלהם וחזון הנפש שלהם הוא בינוניות. אדם שהחליט להיות רשע גמור – אני יכול להבין אותו; אינני בעדו, אני יכול להגיד שסופו יורש גיהינום, אבל לפחות הוא יורש גיהינום בכנות. אבל מה בדבר האדם שלא ייכנס לגיהינום רק מפני שבאופן פורמלי הוא נימול, והרי כתוב במדרש שאברהם אבינו דואג שהנימולים לא ייכנסו לגיהינום? לאן הוא כן ייכנס? אדם כזה יושב וחולם להיות לא שחור ולא לבן, לא חם ולא קר. היה פתגם באידיש שאמר כך: "בינוני הוא לא טיפש קטן ולא חכם גדול"; באופן אחר אמרו: "בינוני הוא לא 'סור מרע' ולא 'עשה טוב'".

כתוב: "הִשָּׁמְרוּ לָכֶם עֲלוֹת בָּהָר וּנְגֹעַ בְּקָצֵהוּ"[14] – אם אתה כבר עולה בהר, אף על פי שאסור, עלה עד הקצה, עד המקום "אֲשֶׁר שָׁם הָאֱלֹהִים".[15] מדוע במקום זה אתה יושב למטה להתגרד באבנים קדושות?! אכן, אדם שרוצה לכבוש את העולם, קרוב לוודאי לא יצליח, ובכל זאת הוא מנסה לעשות את כל מה שהוא יכול, ואילו אדם ששואף לבינוניות משלים לכתחילה עם אי־ההצלחה.

מה אפשר לעשות בשאריות?

לפעמים אדם מגיע למסקנה שהוא יישאר כלומניק, ומתנחם בכך שהוא לפחות ידאג לילדיו. הבעיה היא שגם ילדיו יאמרו כך, והדבר נמשך דור אחרי דור. אבל אדם יכול גם לחשוב אחרת; גם אם הוא רואה שעברו כך וכך שנים, והוא לא נהיה האדם שהוא חשב שיהיה, את אותם דברים שהוא כן יכול לעשות הוא יכול להחליט לעשות כראוי. גם אדם שאינו עוסק בתורה ולא בחכמה, אם ינסה בכל זאת לפעול, הוא יכול לעשות דברים גדולים וקדושים.

14. שמות יט, יב.
15. שמות כ, יח.

אדם יכול להגיד: "הראש שלי גרוע. מה אני יכול לעשות בשאריות שיש לי בתוכו?" דעו לכם שאפשר לעשות הרבה מאוד בשאריות המועטות. יש אנשים פשוטים שבפשוטים, שמוציאים משהו מתוך עצמם.

היה אדם מעניין שהיה אלוף ארצות הברית בריצת 15,000-10,000 מטר. כשהוא היה ילד, הוא חלה בשיתוק ילדים, ושרירי הרגליים שלו אף פעם לא היו חזקים מספיק. לכן חיברו לו ברזלים לרגליים, ובעזרת הברזלים הללו הוא רץ ונהיה אלוף של מדינה גדולה בריצה. מתברר שאפילו ילד שיש לו שיתוק ילדים יכול להיות אלוף בריצה.

בילדותי הכרתי יהודי מסכן שהיה שואב המים בשכונתנו. היו לו ארבעה אחים שכל אחד מהם היה רב בעיר אחרת, ואילו הוא כנראה נחבל בראשו בתור ילד וסבל מפיגור כל חייו. הייתה לו דעת של ילד בן שמונה בערך, והוא עשה מה שהוא יכול היה לעשות והיה שואב מים. הישרות שלו הייתה מופלאה. יום אחד מישהו שכר אותו להביא חבית משכונת בית ישראל לקטמון. הוא היה איש קטן ולא חזק, והוא גלגל את החבית עוד ועוד עד שהגיע לאמצע הדרך והבין שאין לו כוח. כיוון שכך הוא גלגל את החבית בחזרה. היהודי ששכר אותו רצה לשלם לו משום שבכל זאת הוא עבד כל היום, אבל שואב המים בשום פנים ואופן לא רצה לקבל את הכסף. הוא אמר: "הייתי צריך לעשות עבודה ולא עשיתי אותה. לכן לא מגיע לי שום דבר". ליהודי הזה היה מנהג: אם הוא היה מקבל על כל פח מים, נניח, חמישה מיל, הוא נהג להפריש מתוכם מיל אחד לצדקה. בסוף ימיו הוא השאיר אחריו ערמות של פרוטות, שאת כולן הפריש לצדקה. האיש הזה שסבל מפיגור עשה מה שהיה יכול לעשות לפי דעתו הקטנה, והוא היה ירא שמיים "הוֹלֵךְ תָּמִים וּפֹעֵל צֶדֶק".[16] אני מכיר הרבה אנשים שאינם סובלים משום פיגור, אבל אי אפשר לסמוך עליהם לא בענייני צדקה ולא בענייני מעשים טובים. אדם יכול לסבול

16. תהלים טו, ב.

מפיגור ולחיות בקדושה ובטהרה, ואילו אדם שאינו סובל מפיגור עשוי להיות אין ואפס גמור.

אי אפשר לתבוע מאדם שיעשה יותר ממה שהוא מסוגל, אבל אפשר לתבוע ממנו שיעשה חלק ממה שהוא מסוגל. לא תמיד פשוט לפעול. תמיד קל יותר לשבת ולא לעשות דבר. תירוצים וסברות למה לא לעשות יש תמיד, אבל אדם יכול לעבוד קשה מאוד, והוא יכול לעשות הרבה מאוד.

דבר אל בני ישראל ויסעו

אינני מתכוון להטיל בכם מרה שחורה. לאמיתו של דבר, כל הדברים שאמרתי אינם דברים פסימיים; הם אופטימיים לגמרי. אמנם אין בהם ליטופים ולא שום פרח ורוד, אבל יש בהם הרבה אמונה והרבה תקווה.

אולי אתם מכירים את שיר הפרטיזנים: "אַל נָא תֹּאמַר: הִנֵּה דַּרְכִּי הָאַחֲרוֹנָה". שרו אותו פרטיזנים יהודים שהמשפחות שלהם מתו, והם לא היו בטוחים שהפרטיזנים הגויים לא יהרגו גם אותם. עומדים להם פרטיזנים יהודים, ובידם נשק שאולי הם גנבו אותו; המוות נמצא לידם – לא בתור אפשרות אלא כמעט בתור וודאות – והם שרים שיר אופטימי. מתוך זה צומחים דברים.

פעם, במקום דרשה לקראת תקיעת שופר הקראתי את השיר של אברהם שטרן 'חיילים אלמונים'. זה שיר דתי מאוד וגם אופטימי. את מילות השיר הזה כל אדם מישראל צריך להגיד: "חַיָּלִים אַלְמוֹנִים הִנְנוּ, בְּלִי מַדִּים, וּסְבִיבֵנוּ אֵימָה וְצַלְמָוֶת. כֻּלָּנוּ גֻיַּסְנוּ לְכָל הַחַיִּים, מִשּׁוּרָה מְשַׁחְרֵר רַק הַמָּוֶת". זהו המנון של ממש, ואדם מישראל יכול ללכת איתו.

בתורה מסופר שלפני קריעת ים סוף משה עמד והתפלל. ה' אמר לו: "מַה תִּצְעַק אֵלָי?!" אבל מה משה יכול לעשות?! "דַּבֵּר אֶל בְּנֵי יִשְׂרָאֵל וְיִסָּעוּ".[17] מתחילים ללכת. כששואלים: "מה יהיה?" התשובה היא: "כשנגיע לים, נעבור אותו". אם אדם רוצה ללכת, והוא גם הולך,

17. שמות יד, טו.

הוא יצליח לפעול. במקום להיאנח על דברים שאדם לא עשה, הוא צריך להגיד: "צריך לעשות!"

לפעמים הבעיה היא שאדם אומר: "אמור לי מה חובתי ואעשנה". אדם אינו צריך לחכות שאדם אחר יטיל עליו חובות; הוא צריך להטיל חובות על עצמו. אחרי גיל שנתיים־שלוש מישהו מכם צריך שיקראו לו לאכול?! מתברר שאנשים זוכרים לאכול. אם כן, למה הם אינם זוכרים לעשות הרבה דברים אחרים?! למה הם צריכים לחכות שמישהו אחר יגיד להם מה לעשות?!

ג' אב – יום ההולדת

ג׳ באב הוא יום ההולדת של הרב. יום ההולדת תופס בחסידות מקום חשוב. זהו יום של חשבון נפש אישי שאדם צריך לערוך עם עצמו. בהקשר זה נוהגים חסידים לערוך התוועדות ביום הולדתם, ובהתאם לכך גם הרב נהג לערוך התוועדות לרגל יום הולדתו. בין השאר זו הייתה ההזדמנות שלו לדבר, אולי להרהר בקול רם, על יום ההולדת כיום של חשבון נפש פרטי ואישי שהאדם עורך לעצמו.

הרב תמיד ערך ׳סיום׳ כלשהו ביום הולדתו; לפעמים סיים את התלמוד הבבלי, לפעמים את התלמוד הירושלמי ולפעמים את שניהם. הסיום עצמו היה חלון הצצה להיבט אישי־פרטי של חייו. ככלל, הרב מיעט לדבר על עצמו, ובהתוועדויות הללו הייתה לא פעם תחושה של השתתפות בהתרחשות פרטית שבדרך כלל נחשפנו רק לצדדים העיוניים, החיצונים כביכול שלה. היו שנים שבהן בצבצו גם צדדים אישיים יותר שלו, מחשבות שחשב על עצמו: מה היה רוצה להספיק, במה הוא מרגיש שלא עשה מספיק, ומה רצה להשיג בכל פעולותיו. לפעמים הדיבורים היו נסובים גם עלינו, תלמידיו הסובבים אותו: ממה הוא מאוכזב, ממה הוא בכל זאת מרוצה, כיצד היה רוצה לראות אותנו, ומה היה רוצה שנפעל בעולם.

20

חשבונות נפש

את הפסוק "וְהַחַי יִתֵּן אֶל לִבּוֹ"[1] אומרים בדרך כלל על יום המיתה, אבל האמת היא שהפסוק הזה מתאים הרבה יותר ליום ההולדת, משום שאז הוא הזמן לחשבון נפש.

אכן, חשבון נפש צריך לערוך הרבה מאוד, אלא שלא תמיד שעתנו פנויה לזה. בנוסף לזה, גם אם עקרונית תמיד אפשר לערוך חשבון, יש ימים ומאורעות שמעוררים את חשבון הנפש, ואחד מהם הוא יום הולדתו של אדם.

נראה לי שיום ההולדת הוא ראש השנה הפרטי. כנגד השנה במניין העולם שמתחילה בראש השנה, קיימת השנה של האדם הפרטי שמתחילה ומסתיימת ביום ההולדת. לכן ביום ההולדת, כמו בראש השנה, צריך לערוך חשבון נפש. אבל יש הבדל בין שני החשבונות הללו.

החשבון של ראש השנה

אני רוצה להקדים ולהסביר תחילה את עניינו של חשבון הנפש בראש השנה.

1. קהלת ז, ב.

על ראש השנה אומרים: "זֶה הַיּוֹם תְּחִלַּת מַעֲשֶׂיךָ זִכָּרוֹן לְיוֹם רִאשׁוֹן".[2] האמת היא שראש השנה איננו יום ראשית העולם אלא גם הוא יום הולדת במובן המדויק של המושג – יום ההולדת של האדם. לכן בראש השנה איננו מחשבים את חשבונותיהם של ההרים, של הסלעים או של הסוסים, אלא בעיקר את חשבון האדם – איפה הוא נמצא, ומה הוא צריך לעשות.

עם זה, לבריאתו של האדם יש משמעויות נוספות. אחת השאלות הפילוסופיות הגדולות בעניין זה היא אם אפשר לדבר על זמן לפני היות האדם. רבים טוענים שאין כל משמעות לזמן ולמדידתו לפני היות האדם; לא שהזמן אינו קיים מבחינה אובייקטיבית, אלא שזמן צריך להיות מוכר, ולפני היות האדם לא היה שום יצור בעל הכרה שיכול היה להתייחס אל הזמן, ולכן הזמן לא היה מוכר (אגב, אפילו פיזיקאים מדברים על ההבדל בין הזמן הנמדד לבין תחושת הזמן, ועל השאלה אם יש בכלל זמן בלי תחושת זמן). לפי זה הזמן האמיתי, הפיזי, מתחיל אמנם בבריאת העולם ובהתחלת ההתרחשויות בעולם, המאפשרת מדידה מסוימת של הזמן, אבל זמן ההכרה מתחיל רק מהיות אדם. לכן בראש השנה, יום בריאת האדם, איננו חושבים רק את חשבונו של האדם אלא גם את חשבון הזמן, ובעצם את חשבונו של העולם כולו.

חשבונו של עולם עומד על שאלה אחת: כיוון שבראש השנה מתחיל העולם, מתחילה המציאות, עלינו לשאול מה עשינו ומה אנחנו עושים בשביל תיקונו ומהותו של העולם. ובאופן אחר – באיזו מידה יש מלכות ה' בעולם? זהו החשבון שאנחנו עורכים בראש השנה, וכל התפילות והתקיעות של ראש השנה עוסקות בו. לכן, גם אם אדם מחשב את חשבון הנפש האישי שלו בראש השנה, השאלה שהוא בוחן היא מה הוא תרם ובמה הזיק למלכות ה' בעולם במשך השנה.

2. ההקדמה לפסוקי זיכרונות ('תקיעתא דרב'); ראש השנה כז, א.

חומרת הדין

כשמגיע ראש השנה, לפעמים אדם חושב לעצמו: ״נו, אם הקדוש ברוך הוא רוצה לסמוך את מלכותו עליי – אין לה הרבה על מה להיסמך״. אולם כיוון שאנחנו צריכים להסתכל בעין טובה על אחרים, אדם צריך לחשוב: ״אולי אני חטאתי ופשעתי, אבל שכניי מימין ומשמאל הם בוודאי צדיקים, והם אלה שמקיימים את העולם״. והאמת היא שלא קשה כל כך לחשוב שאנשים אחרים צדיקים. הנקודה הזו קשורה לאופיו של החשבון שנערך בראש השנה.

החשבון הזה עלול להיות מחמיר מאוד. אמש שמעתי על אישה בת עשרים וחמש בערך שחולה בסרטן, וכיוון שביקשה ודרשה, טיפלו בה בתרופות חריפות נגד סרטן, תרופות שהן רעלים שתפקידם להרוג תאים, ולכן הן גורמות ייסורים קשים. האישה הזאת אומרת שהייסורים הללו הם תיקון לחטאיה. אלו חטאים יש לאישה צעירה שהיא יראת שמים כל כך? כאן צריך להבין שבחשבון החטאים במבט של מעלה איננו יודעים עד היכן מגיעים העונשים או התיקונים שאדם חייב בהם. כאשר אדם מורד במלך קטן, מושיבים אותו בבית הסוהר כך וכך שנים, אבל כשאדם מורד במלך מלכי המלכים, אולי אין לו תקנה כלל.

את דרך ההתייחסות הזו אפשר למצוא בכל מיני מקומות. בגמרא כתוב שכשנתהפכה רצועת התפילין של רב הונא – הוא לא הפך את הרצועה, אלא היא התהפכה לו מעצמה – הוא צם ארבעים יום.[3] אם זה החשבון, מה יהיה דינו של מי שיש לו רשימה ארוכה של מעשים לא טובים?!

לפי התיקונים שכתובים בספרים הקדושים והחשבון שמופיע בהם לגבי מספר הצומות שאדם צריך לצום על כל פגם שפגם, מתברר שיש יותר צומות שאדם צריך לצום על הפגמים שפגם בשנה, מימות השנה כולה. הרי אם כעס פעמיים בשנה, עליו לצום יותר משנה. הוא יכול אפוא לכעוס פעם וחצי בשנה לכל היותר.

3. מועד קטן כה, א.

סיפרו על רבי אלימלך מליז'נסק שאף על פי שאסר על אחרים להתענות ולהסתגף, על עצמו הוא היה גוזר כל מיני סיגופים. פעם הוא עשה תשובה והסתגף כדי לתקן את השריטות שאולי שרט את אימו כשהיה תינוק על שדיה. אם הוא עשה כזו תשובה והתענה על דבר כזה, מה צריכים לעשות בני אדם שאינם צריכים לערוך חשבונות מדוקדקים כדי למצוא את חטאיהם?!

דוגמא אחרת לעניין הזה: גזרות ת"ח ות"ט היו גזרות איומות ונוראות; הרג היהודים בהן היה, מבחינות מסוימות, גרוע כמו השואה, לא במספרים מוחלטים – מפני שאז לא היו כל כך הרבה יהודים – אלא באחוזים. מספרים שבעל 'תוספות יום טוב' שאל: על מה עשה ה' ככה? הרי בתקופה שלפני כן חיו גדולי ישראל בכל העולם, וגם אם לא כל העם היה צדיק גמור, בכללו עם ישראל היה שומר מצוות; אם כך, על מה הגיע העונש הגדול הזה? התשובה שהוא השיב על כך הייתה שהפרעות הללו באו כעונש על הדיבורים בבית הכנסת בזמן התפילה. הוא גם תיקן תפילת 'מי שבירך' לכל מי שאינו מדבר בזמן התפילה וקריאת התורה שמופיעה בסידורים גדולים. כנראה הוא ראה יחס פרופורציונלי בין הריגתם של יהודים רבים כל כך במיני מיתות משונות לדיבור בזמן התפילה. אם זה העונש המגיע למי שמדבר בזמן התפילה, מה יאמר אדם רגיל, שיש לו כל מיני חטאים אחרים?!

הנסיבות המקלות

מנגד, יש גם צד אחר לחשבון הזה. מספרים שפעם ר' דוד מללוב היה אמור להגיע אל הרבי שלו במועד מסוים, והוא איחר. שאלו אותו לפשר האיחור, והוא ענה שבדרכו ראה איש שהיה ירא שמיים מופלג, והתעכב כיוון שעמד להתבונן בו. כששאלו אותו את מי ראה, סיפר שהלך ביער וראה שם בית קטן שבתוכו אב ובנו מתקוטטים קטטה גדולה מאוד. הבן החזיק בידו גרזן ואמר: "אבא, לולי פחדתי מה', הייתי קוצץ את ראשך בגרזן הזה!". הסיפור הזה יכול להישמע כמו בדיחה, אבל האמת היא שלפי ערכו של האיש ולפי כעסו, רק יראת

שמים היא שעיכבה אותו. אותו יהודי באמת היה ירא שמים משום שלפי מדרגתו כאדם היה פשוט בעיניו להרוג את אביו, ומה שמנע ממנו לעשות זאת היה רק פחד אלוקים שעליו.

גם רבי לוי יצחק מברדיצ׳ב נהג לסנגר על ישראל בכל מיני אופנים. הוא עשה זאת בכנות ובפשטות מפני שהוא בחן את הזולת לא לאור אמות המידה שלו עצמו, כלומר לאופן ההתנהגות הראוי לרבי לוי יצחק, אלא ביחס למקומו של הזולת. מספרים שכשראה פעם עגלון יהודי מעוטר בטלית ובתפילין שמרח זפת על גלגלי העגלה שלו, אמר: ״ראו אלו יהודים יש בעולם! גם בשעה שהיהודי הזה מורח זפת על גלגלי העגלה שלו, הוא מתפלל!״ גם כאן זו אינה בדיחה. כשיורדים לדעתו של אותו אדם, שבשבילו מריחת גלגלי העגלה שלו היא חלק מחייו הבסיסיים, ואילו התפילה הרבה פחות פשוטה לו ומובנת מאליה, מבינים שעצם העובדה שהוא מתפלל ואינו מדלג על התפילה מפני שהוא צריך למרוח את הגלגלים – מעידה על יראת השמיים שלו.

כך כתוב בספרים רבים שאם מודדים בני אדם, צריך להביא בחשבון גם את תנאיהם ונסיבות חייהם, את עוצמת היצר שלהם ואת החינוך שקיבלו. רק אם מובאים בחשבון הנתונים הללו אפשר לדעת עד כמה הם בגדר רשעים ועד כמה הם בעצם בגדר מסכנים.

דור של נשמות גסות

מבחינה זו אולי בדורותינו יפטרו בשמיים את כל החוטאים מרוב העונשים חוץ מאשר את הדתיים. מה אפשר לטעון כנגד אדם שמחלל שבת? הרי לרובם הגדול של האנשים שמחללים שבת אין שום נגיעה והבנה בעניין של שבת. אם הם גרים בארץ, הם לכל היותר יודעים שהדתיים לא נוהגים כך, אבל הם רואים בשמירת שבת מנהג חסידות שאיננו מחייב. אדם כזה שמחלל שבת רואה בעצמו בסך הכול יהודי טוב שאינו מהדר כל כך ועל כן אינו שומר שבת.

להבדיל, בחוק הפלילי הכללי מי שעובר עבירה יכול להתחייב בעונש רק אם הוא יודע שזוהי עבירה. כדי שבית המשפט יוכל

להאשים אותו צריכה להיות לו כוונה להרע, כוונה לעבור על החוק. יש אנשים שפוטרים אותם מעונש מפני שהם משוגעים. אדם משוגע יכול להיות אינטליגנטי מאוד, והוא יכול אפילו להכיר את החוק הפלילי, אבל הוא אינו מבחין בין טוב לרע. מאותו טעם פוטרים קטינים או מקילים בעונשם.

מעבר לכך, בדורותינו נעשים דברים מגונים רבים שלא נעשו בעבר, ושבעבר הם כלל לא יכלו לעלות על הדעת. כיוון שהם נעשים, הם חודרים למציאות ומשפיעים על התודעה, כך שגם אם אלה דברים שאדם אינו מתכוון לעשות, הם נעשים חלק מהמציאות שהוא רואה ומכיר.

זוהי אחת הבעיות של בחורים דתיים שמתגייסים לצבא. הבעיה איננה שמכריחים אנשים לחטוא בצבא – זה קורה די מעט; הבעיה היא שבחור כזה מגיע ממקום שבו דברים מסוימים, גם אם הוא יודע שהם קיימים, אינם עולים על דעתו כלל, וכשהוא בצבא הוא חי באווירה שבה עולים על הדעת דברים שונים לאין ערוך מהדברים שאמורים לעלות על דעתו. כשאדם מגיע למקום שבו קיימים דברים – במחשבה, בדיבור ובמעשה – שלא היו עולים על דעתו, גם אם הם אינם משפיעים עליו באופן מוחלט, הם נכנסים למציאות של חייו ולהכרה שלו, ולא ייתכן שלא תהיה להם על השפעה עליו.

זהו הטעם הפשוט לכך שהקדוש ברוך הוא אסר על אדם הראשון לאכול מפרי עץ הדעת, ובכך לדעת טוב ורע. האדם אינו יכול לדעת רע בלי שתהיה לו מעורבות בו. זהו ההבדל הבסיסי בין אדם למלאך: המלאכים יכולים לדעת טוב ורע בלי שהדבר ישפיע עליהם. מבחינה זו הם דומים למחשב; הרי אפשר לכתוב במחשב דברים נוראים, והמחשב – גם אם הוא מנתח ומתקן את הדקדוק של אותם דברים – לא יזדעזע. באותו אופן גם למלאך אין מעורבות בדברים שהוא יודע, ולכן הוא יכול לדעת כל דבר בלי שהידיעה תשפיע עליו. הוא יכול לדעת אילו דיבורים מגונים אדם מדבר ואילו מחשבות מגונות הוא חושב. הוא יכול גם לרשום את כל הדברים הללו ואחר כך לומר: "טוב, עכשיו צריכים לקצוץ למישהו ידיים ורגליים לפי

סעיף 28א״ – בלי שכל זה ייגע לו. למלאך לא אכפת, זה חלק מעניינו כמלאך. לעומת זאת, כשאדם יודע דברים, הוא אינו יכול להימלט מהשפעתם עליו. כשאדם מתחיל לדעת רע, גם בלי לממש את הרע הזה, כבר יש לו איזו מעורבות ברע, והמעורבות הזאת עלולה לגדול.

כאמור, כיוון שבדורנו קיימים דברים מגונים שלא היו מוכרים בעבר, הנשמות שחיות בו גסות, ולכן אולי לרובן לא מגיעים עונשים רבים וכבדים כל כך. הרי לפי ערכן, אפילו המדרגות הפשוטות ביותר אינן נוגעות אליהן.

צדיק בדורותיו

כשלאדם בעל נפש מיוחדת או לצדיק יש פגם קטן או הרהור עבירה קטן, הוא יכול לחשוב שראוי שהוא יקבל את כל העונשים שבעולם, וכשהוא סובל ייסורי תופת, הוא מקבל אותם כמירוק עוונות. לעומת זאת, שאר האנשים, שאינם עשויים כך – קלקולם הוא תיקונם; מחמת מדרגתם הנמוכה הם אינם ראויים לעונשים הללו. בדור הזה אנשים בעלי רגישות גבוהה יותר לעבירות הם יוצאי דופן.

אומרים שהיהודי הקדוש אמר שבדור שלפני המשיח יהיה לאנשים העדינים רע גם בגשמיות וגם ברוחניות, ולאנשים הגסים יהיה טוב גם בגשמיות וגם ברוחניות. יש דורות שבהם קשה לבעלי נפשות רגישות. העולם כולו צובט אותם, מכאיב להם, מייסר אותם. כשאדם כזה רואה את מה שנעשה בעולם, הוא אינו יכול לישון בלילות; ולעומתו אדם בעל עור עבה יכול לשאת ולסבול הכול.

כתוב שמי שמפסיק בין ישתבח לברכת יוצר יכול לחזור על כך מערכי המלחמה, מפני שהוא בגדר ״הָאִישׁ הַיָּרֵא וְרַךְ הַלֵּבָב״,[4] שמא העבירה שבידו תגרום לו למות במלחמה. השאלה היא אם ההלכה הזו לא הוציאה מן המלחמה רק את הצדיקים. הרי רק הצדיק נזכר שיום אחד, נניח, שני חוטים בציצית שלו היו קרועים, ולכן הוא פטור

4. דברים כ, ח.

מהצבא; שאר היהודים, שבכלל אינם יודעים על דברים כאלה, הלכו למלחמה משום שהם לא התייראו מהעבירות שבידם.

הכרתי יהודי אחד שחזר בתשובה שלמה, והיה מגיע מדי פעם לחופשה ברחביה. הוא הראה לי יומנים פרטיים שלו. באחד מהם הוא כתב: "אני יוצא מבית הכנסת בליל שבת ומרגיש שבת ומנוחה ושלווה, ואז עובר אופנוע, והרעש שלו קורע לי את השבת. התחושה הראשונה שלי הייתה רצון לקחת אבן ולזרוק עליו". היהודי הזה לא גדל בבתי אונגרין, ובכל זאת כשאדם נעשה רגיש, כמו גם מי שיש לו נפש נקייה מלידה, והוא רואה חילול שבת – הדבר קורע את ליבו. אלא שבדרך כלל אחרי זמן מתרגלים. בעבר היו אומרים שכשקבצן מושיט את היד בפעם הראשונה לבקש נדבות, המטבע שנותנים לו צורבת חור בידו; אחרי שיש בה חור, אפשר להכניס לתוכו הרבה מטבעות.

כשאדם עומד בפני עצמו ורוצה למצוא את העבירות שלו, הוא יכול לחשוב שמגיע לו שיקצצו לו את ידיו מפני שלא דקדק בנטילת ידיים, וכך הלאה; אבל לאמיתו של דבר, בדור שלנו שבו רשימות המעשים שאנשים עושים ואינם עושים שונות לגמרי מהרשימות של הדורות הקודמים, אולי מי שלא עוסק באופן כללי ברציחת נפשות וכדומה ייחשב לצדיק. זהו אחד הפירושים לפסוק "אֵלֶּה תּוֹלְדֹת נֹחַ, נֹחַ אִישׁ צַדִּיק תָּמִים הָיָה בְּדֹרֹתָיו"[5] – בדורו הוא נחשב לצדיק, אבל אילו חי בדורו של אברהם, לא היה נחשב לכלום.

כתוב: "צִדְקָתְךָ כְּהַרְרֵי אֵל מִשְׁפָּטֶיךָ תְּהוֹם רַבָּה"[6] – לפי עומק המשפט, בדור כזה ובעולם כזה לא מגיעים עונשי ייסורים לסתם בני אדם משום שהם בריות גסות, ובתור בריות גסות יש פיתויים שאי אפשר לצפות מהן להתגבר עליהם.

כאמור, העניין הזה נובע מירידת הדורות ומכך שלצער הלב אי אפשר להשאיר אדם סגור לגמרי כמו בקופסת זכוכית אטומה. באופן גופני ניסו את הדבר בילדים שנולדו בלי שום חיסון טבעי ושאם הם

5. בראשית ו, ט.
6. תהלים לו, ז.

ייחשפו לחיידקים הם ימותו מייד; הכניסו אותם למין בלון אטום, ובתוכו הם חיו. אבל את התודעה האנושית אין שום אפשרות לבודד. לפעמים אפשר להרחיק אדם ממגע ישיר, אבל אי אפשר להרחיק אותו ממגע עקיף; אם הוא אינו יודע דברים מעצמו, הוא יודע אותם מכלי שני ומכלי שלישי. אינני אומר שהעניין הזה חיובי; הוא פשוט חלק מן המציאות. בכך אפשר ללמד זכות על ישראל, עלינו ועל יהודים אחרים שחיים בדור שלנו.

לדעת שיש שמיים

כשאדם נמצא תמיד למטה, הוא יכול לדמות בנפשו שכל העולם נמצא שם, ושאין כל אפשרות אחרת. טוב שאדם ידע לפחות שקיימת אפשרות אחרת. זוהי אחת הסיבות שטוב לשמוע סיפורי צדיקים. אמנם לפעמים כשאדם שומע סיפורי צדיקים, הוא חושב: מה זה נוגע אליי, למדרגה שבה אני נמצא?! ובכל זאת טוב שלפחות יהיה לו מושג עד איזו מדרגה אדם יכול לעלות.

הרי זהו אחד ההבדלים בין האדם לחיות. הסינים אוכלים כל יצור שמפנה את גבו לשמיים — מחזירים עד תרנגולים. היצור החי היחידי שאינו מפנה את גבו לשמים הוא האדם, ובאמת הם נזהרים ואינם אוכלים בשר אדם. היה מי שפירש כך את המילים ״עָשָׂה הָאֱלֹהִים אֶת הָאָדָם יָשָׁר״[7] — האדם הוא היצור הזקוף היחיד, הוא היחיד שרואה את השמיים, וזוהי מעלתו. לכן טוב שהאדם יעיין בדברים גבוהים יותר ממדרגתו, לא בשביל לעשות בדיוק כך — מפני שהוא אינו עומד במדרגה הזו — אלא בשביל שהוא לפחות ידע שיש שמיים, ושיתעוררו אצלו מפעם לפעם הרהורי חרטה. אדם שחי תמיד עמוק בתוך הבוץ עלול לשכוח שיש שמיים, ולהתחיל לחשוב שכל המציאות נמצאת בתוך אותה בִּיצה עכורה, ושכל ההבחנות האפשריות הן בין בוץ סמיך לבוץ דליל. עצם הידיעה שיש שמיים עוזרת לפעמים שלא לשקוע בבוץ.

7. קהלת ז, כט.

חשבונו של יום ההולדת

עד כאן דיברנו על ראש השנה. כשאדם עורך בראש השנה חשבון זכויות ועבירות, זהו חלק מחשבונו של עולם; הוא שואל מה מקבל העולם ממה שעשיתי בשנה האחרונה. ראש השנה הוא הזמן של אדם לחשוב על כך, לתקן את התיקונים הראויים ולקבל על עצמו עול מלכות שמים ככל יכולתו.

לעומת זאת בראש השנה הפרטי, ביום ההולדת, אדם צריך לערוך חשבון על עצמו. זהו איננו חשבון המצוות והעבירות; לחשבון המצוות והעבירות מיועדים זמנים אחרים: כשם שבתחומים שונים עורכים סיכום חודשי, כך יש מנהג לעשות 'יום כיפור קטן' בערב ראש חודש בשביל סיכומים כאלה; והיו מקומות שהיו עורכים בהם גם סיכומים יומיים, כמו שכתוב בספרים שראוי לעשות וכפי שבחלק מהסידורים מופיע בנוסח קריאת שמע שעל המיטה הווידוי 'על חטא'.

ביום ההולדת אדם צריך לערוך חשבון כללי על מעשיו במשך השנה. הוא צריך לשאול את עצמו מה היחס בין מה שהוא מסוגל לעשות לבין מה שהוא עשה: הפוטנציאל שלו הוא כזה וכזה, והוא מסוגל לעשות דברים מכמה מינים – האם הוא עשה את הדברים הללו? האם הוא מיצה את הפוטנציאל שלו? זה איננו חשבון ששייך לגדרי מצווה ועבירה אלא למטלות שמוטלות על אדם, הן אלה שמוטלות עליו מן החוץ, הן אלה שהוא מטיל על עצמו.

בראש השנה הכללי על כל אדם מוטלת אחריות כלל עולמית, ובתוכה החשבון האישי על מעשיו הפרטיים אינו חשוב כל כך, אבל ביום ההולדת השאלה המרכזית היא מה אדם עשה במהלך השנה שלו. זהו חשבון פרטי מאוד, והוא, כאמור, עומד על השאלה עד כמה הוא מיצה את הפוטנציאל שלו בכל התחומים שבעולם שמצוות ועבירות הן רק חלק מהם. אדם יכול, למשל, לעשות חשבון על כך שהיה יכול לנקות את החצר, והוא לא ניקה. לפעמים אדם מתחרט על דברים שהוא לא עשה, גם אם הוא לא עתיד ליתן את הדין על כך. יום הולדת אינו יום הדין, אבל הוא יום לחשבון נפש.

תדירות החשבון

למה עורכים את החשבון הזה רק פעם בשנה? גם בהערכה של מהירות נסיעה לא מחשבים את המהירות בנקודה מסוימת בנסיעה, אלא מביאים בחשבון כמה זמן בממוצע לוקח להגיע ממקום מסוים למקום אחר, וביחס למהלך הגדול הזה אפשר להעריך את הנסיעה ולקבוע אם היא הייתה איטית מדי או שהיא הייתה מספיק מהירה. באותו אופן, כשאדם בוחן שבוע מסוים בחייו, למשל, ייתכן שזהו שבוע שבמקרה לא היה מוצלח מכל מיני סיבות, ולכן הוא לא משקף את חייו בכללם. לכן צריך לקחת פרק זמן גדול יותר ולהתייחס לממוצע.

למעשה, חשבון כללי, המתייחס לכל חייו של האדם, עושים ביארצייט. אספר לכם סיפור, שיש בו כמות מסוימת של גסות חב״דית, ואני אינני אחראי לאמיתותו: בעיר דווינסק חיו שני רבנים – הרוגוצ׳ובר, ר׳ יוסף רוזין, שהיה הרב של החסידים, וה׳אור שמח׳, רבי מאיר שמחה הכהן, שהיה הרב של המתנגדים – ושררו ביניהם יחסים טובים מאוד. מספרים שכשה׳אור שמח׳ נפטר, הרוגוצ׳ובר עבר ליד גופתו, משך באוזנו ואמר: ״מאיר שמחה, מאיר שמחה, רק התחלת ללמוד קצת, וכבר אתה מת?!״

על כל פנים, יש אנשים שכשמגיע זמנם עורכים את הסיכום הגדול של חייהם, שאינו חשבון המצוות והעבירות שלהם: האדם נולד וחי חיים שלמים, והוא יכול היה לעשות דברים כאלה וכאלה – לפעמים מצד כישרונותיו, לפעמים מצד ירושתו, לפעמים מצד מקומו – מה מתוך הדברים הללו הוא עשה? ביום הולדת עורכים את החשבון הזה ביחס לשנה שהסתיימה.

חשבון אישי

קודם הסברתי שלגבי חשבון הנפש של החטאים צריך למדוד כל אדם לפי קנה מידה משלו, ושאי אפשר להשוות בין בני אדם. גם החשבון של יום הולדת איננו חשבון אובייקטיבי הנשען על השוואה בין אדם אחד לאדם אחר.

גם בתחום העסקי יש הבדל בין חברה גדולה, בין חברה קטנה ובין אדם פרטי. למשל, חברה גדולה שהרוויחה במשך השנה חמישים אלף דולר נמצאת בצרות גדולות, אבל אדם פרטי שהרוויח בשנה סכום כזה – מצבו אינו גרוע כל כך. החשבון האישי שעורכים ביום הולדת בשאלה מה יכולתי לעשות ומה עשיתי דומה לחשבון ההוצאות וההכנסות האישי, והפער בין מה שיכולתי לעשות ובין מה עשיתי הוא מעין הגירעון השנתי שלי. כאמור, בעניין הזה אין שום מקום להשוואה ביני לאחרים.

תירוצים

מצד אחר , בניגוד לחשבון המצוות והעבירות שבו אדם יכול לנסות לתרץ את עצמו, כשאדם עומד מול עצמו – התירוצים לא יעזרו לו. על חשבון של יום הולדת אפשר לומר את מה שאמר הרבי מקוצק: "תירוצים אומרים למשטרה".

בחשבון המצוות והעבירות יש מקום מסוים לתירוצים כגון: "עמד בפניי מכשול כזה וכזה", "נפלתי למקום כזה וכזה, ולכן עברתי עבירה פלונית", או: "המצב שהייתי בו לא אפשר לי לקיים מצווה". כאשר הקדוש ברוך הוא עורך את חשבון המצוות והעבירות הוא מתחשב בהצטדקויות כאלה.

זו המשמעות של האמרה "לְפוּם צַעֲרָא אַגְרָא" (לפי הצער השכר).[8] לכאורה, לאיש בעולם לא משלמים שכר לפי הצער. להפך: משכורת של פועל שחופר בור נמוכה ממשכורת של מהנדס גדול שאינו מתייגע כל כך. הנגר שהיד שלו כואבת ולכן הוא לא יכול לעבוד כראוי פשוט לא יקבל שכר, וגם אם הצער שלו גדול, השכר שלו אינו גדל באותה מידה. לעומת זאת הקדוש ברוך הוא מביא בחשבון את הצער והכאב. אם אדם קיים מצווה אף על פי שכאב לו, הוא מקבל שכר גבוה יותר. הקדוש ברוך הוא יכול לתת לאדם שלמד דף אחד של גמרא והצטער ועמל בו מאוד אותו שכר כמו

8. אבות ה, כב.

שייתן לאדם אחר שלמד עשרה דפים באותו זמן והצטער ועמל בהם הרבה פחות. החשבונות של הקדוש ברוך הוא אינם בהכרח חשבונות של ביצוע, אלא הם חשבונות המתייחסים לערך המהותי של הדברים, והוא בוודאי משתנה לפי המאמץ, לפי הכאב ולפי הצער.

הקדוש ברוך הוא אינו רק יודע מחשבות, אלא שמחשבות הן חלק מהמטבעות שבהן הוא מודד. בשיקולים של מעלה נמדדים גם המחשבות, הפיתויים, היצרים, המכשולים, הקשיים ומצבי הרוח. לכן הקדוש ברוך הוא יכול לדון אדם שכל ימיו מלאים בעבירות מול ערך המכשולים שניצבו בפניו, ולהחליט שאותו אדם עשה מה שהיה יכול לעשות. בחשבונות של העולם הזה נבחן רק מה שנעשה בפועל, ובהקשר הזה כל השיקולים הללו אינם נחשבים, האדם רק נשאל: "עשית או לא עשית?"

זה לא רק שהקדוש ברוך הוא רואה ללבב; חשבון המצוות והעבירות בעצמו מורכב יותר שכן מובאים בו בחשבון גם השיקולים של כמות הסבל והקושי שהיה לאדם עם עצמו, כמו גם כוונותיו בעשיית המצווה וכך הלאה. כשמעריכים מצווה בוחנים קודם כול איך היא נעשתה, אחר כך בוחנים אם היא נעשתה כראוי ולבסוף מה הייתה הכוונה וכמה הושקע בה. אפשר לבדוק בדיקה אובייקטיבית של האתרוג, למשל, עד כמה הוא מהודר, אבל היופי של האתרוג הוא רק שיקול קטן בחשבון המצווה, ובצידו יש עוד שיקולים, כמו המאמץ, הלב, הכוונות וכך הלאה. בעולם הזה לרוב אין כל ערך למרכיבים האלה. בעולם הזה מתייחסים רק לתוצאות – אם הדבר נעשה או לא. העיכובים, המכשולים והכוונות – כל אלה הם שיקולים שנבחנים בחשבונות של מעלה ולא בחשבונות של מטה.

ביום כיפור אדם יכול לומר: "ריבונו של עולם, אתה יודע שיש לי יצר רע גדול, והוא מפריע לי בכל מיני עניינים". כך אנחנו אומרים גם בתפילה: "כִּי הוּא יָדַע יִצְרֵנוּ זָכוּר כִּי עָפָר אֲנָחְנוּ".[9] אלוקים יכול לומר על פלוני: "אני מכיר את האדם הזה; אילו הוא היה ברייה

9. תהלים קג, יד.

מהודרת ואצילה היה מגיע לו חשבון מסוים, אבל הוא בעצם בהמה גסה, ולכן מגיע לו חשבון מסוג אחר".

כך מישהו דרש פעם: בין שלוש עשרה מידות הרחמים מופיעה מידה אחת מפתיעה: 'אמת' – והרי אמת היא מידה מאוד לא רחמנית. ההסבר הוא כזה: נניח שיש רב שזקנו מגודל ופרקו נאה, ולפי הפרצוף שלו וההתנהגות שלו, מגיע לו שידונו אותו בתור תלמיד חכם וצדיק, ושיענישו אותו על כל עבירה בעונש גדול; אבל הקדוש ברוך הוא יודע שמתחת לתחפושת ולטלית שלו עומד בסך הכול אדם פשוט, ודן אותו כראוי לפי מידת האמת, בתור אדם פשוט.

התירוצים שיכולים להועיל ליום כיפור אינם טובים ליום הולדת. בזמנים שבהם אדם עומד בפני חשבונות של הקדוש ברוך הוא יש לו מקום להצטדק, אבל ביום ההולדת אדם עושה את החשבונות של עצמו, חשבון של מטה שבוחן את השאלה הפשוטה: עשית או לא עשית? עברת או לא עברת? קיימת או לא קיימת? בחשבון כזה אין מקום לשום תירוץ.

גם בבורסה, למשל, לא מתחשבים בתירוצים: אם חברה לא הצליחה, היא שוקעת; אם היא לא הצליחה גם בפעם השנייה, היא שוב שוקעת. החברה יכולה לטעון שהמנהלים עשו הכול כמו שצריך, אבל קרה להם אסון טבע. הטענה הזאת לא תשנה דבר, החברה כבר חסרת ערך. באותו אופן, כשאדם מחשב את החשבון שלו, כל התירוצים אינם רלוונטיים ואינם מועילים.

חשבון הנפש ביום הולדת דומה לכתובת שהייתה כתובה על הקיר של בלשאצר: "מְנֵא מְנֵא תְּקֵל וּפַרְסִין"[10] – מנו ושקלו, ואתה לא הגעת למשקל הנכון. נעשה חשבון, ואתה נמצאת חסר, ולכן ראשך ירד מעליך. גם אם יש אלף סיבות טובות לכך שאתה אינך במשקל הנכון, זוהי המציאות, ולא יועיל לזה שום דבר.

לשם השוואה, אם אדם משתתף בתחרות קפיצה לרוחק ואינו מצליח לקפוץ אל היעד אלא עשרה סנטימטרים לפניו, אולי יורידו

10. דניאל ה, כה.

לו שתי נקודות, והוא יפסיד מדליה זו או אחרת, אבל אם אדם צריך לקפוץ מעל תהום בין שני הרים, והוא מפספס בעשרה סנטימטר, לא יורידו לו שתי נקודות; הוא פשוט ייפול למטה, גם אם נראה לו שהדבר אינו הוגן.

אגב, החשבון של יום הולדת אינו דומה אפילו למאזן עסקי. לפעמים המאזן העסקי הכללי תקין, אבל המאזן האישי הפרטי אינו תקין משום שיכולתי לעשות פי שניים ממה שעשיתי. גם אם באופן עסקי אי אפשר להאשים אותי, ולהפך, אפשר להגיד שעבדתי טוב ומגיע לי פרס, מבחינת עצמי לא עשיתי מה שיכולתי, ולא מגיע לי שום דבר.

לפני שנים פגשתי יהודי חשוב שאמר לי שעל כל הדברים אפשר לחזור בתשובה חוץ ממצוות שאדם לא עשה מחמת חולשת הבריאות; מצד אחד, האדם, שלא היה בריא לא יכול היה לקיים את המצווה, ומצד שני, בפועל המעשה לא נעשה. איזו תשובה אפשר לעשות על כך? תיאורטית, אפשר לעשות תשובת המשקל – שהאדם יבריא את עצמו יותר, אבל לא תמיד הדבר תלוי בידו. כשבריאותו של אדם חלשה עד כדי כך שהוא ממש אינו יכול לעשות מה שהוא צריך אי אפשר לעשות על כך תשובה מפני שהוא לא עבר עבירה, אבל החיסרון הוא חיסרון, וזוהי בעיה ממין אחר.

סליחה עצמית

פעמים רבות אדם נוטה לסלוח לעצמו על העבירות ועל החסרונות כשהוא עורך חשבון נפש, שהרי הוא גם העד, גם הדיין, גם בעל הדין, גם הקטגור וגם הסנגור. פעם שופט בית משפט באמריקה נהג במהירות מופרזת. הוא בא לבית המשפט ואמר לעצמו: ״פלוני, אתה מואשם בכך שנהגת במהירות גבוהה יותר מהמהירות המותרת. אתה מודה?״ הוא ענה: ״אני מודה״. ״יש לך הצדקות?״ ״אין לי הצדקה מספקת״. ״טוב, אקנוס אותך בסך כזה וכזה״. אף על פי שהדבר נשמע כמו בדיחה, כך אנשים נוהגים כל החיים. אדם דן את עצמו: ״היום התפללת כמו זנב של דג מלוח. אתה מודה באשמה?״ ״מה אני יכול

להגיד?! מודה". "אתה יכול להצדיק את עצמך?" "לא ישנתי מספיק", "מיהרתי", "גירד לי בצוואר" וכך הלאה. והאדם אומר: "בגלל כל הסיבות הטובות אני מוריד לך את הקנס לשלוש אגורות, ואתה תשלם אותן בהזדמנות, כשיהיה לך זמן". הבעיה היא שברוב המקרים פסק הדין מזכה את הנאשם, כמו שכתוב: "כָּל דֶּרֶךְ אִישׁ יָשָׁר בְּעֵינָיו וְתֹכֵן לִבּוֹת ה'".[11] כשאדם דן את עצמו, הוא מוצא תירוצים, ואם תירוץ אחד אינו מועיל, הוא ישתדל עוד וימצא תירוץ אחר.

הבעיה בכך שאדם סולח לעצמו קשורה במהותה של הסליחה. לפני שנים כתבתי, סביב הימים הנוראים, שבעולם שלנו, העולם המודרני, הבנוי כולו על עבודת אלילים, אין סליחה ומחילה. מי שנכשל נכשל, מי שהפסיד הפסיד. המושגים 'סליחה' או 'מחילה' אינם רציונליים. אם אדם סוטר לחברו על לחיו, והוא מבקש סליחה, וחברו סולח לו – מה משמעות הדבר? הרי אי אפשר להחזיר את הסטירה!

לאמיתו של דבר, רק הקדוש ברוך הוא יכול באמת לסלוח. הוא, ורק הוא, יכול להגיד: "מָחִיתִי כָעָב פְּשָׁעֶיךָ"[12] – היו עבירות והן הלכו, הרוח נשאה אותן. הקדוש ברוך הוא יכול להסריט, כביכול, את חייו של האדם מחדש. כשהאדם עושה תשובה שלמה, הקדוש ברוך הוא לוקח את סרט החיים שלו, וכמו שעושים בעריכת סרטי וידאו, הוא משתיל שם כל מיני דברים. למשל, הוא משתיל שגגות במקום זדונות; אם בחיים אדם עשה מעשה מסוים בכוונה, הקדוש ברוך הוא משתיל שם שהוא נפל לתוך המעשה הזה בשגגה. לפעמים הקדוש ברוך הוא אפילו הופך זדונות למצוות. הוא יכול לשנות את סדר העולם ולהקרין אותו מחדש. הוא אומר כביכול: "אתה רואה את הסרט של חייך כפי שאתה זוכר, אבל זה אינו הסרט האמיתי; הסרט שאצלי הוא האמת, ובו הכול שונה בתכלית".

העובדה שגם בני אדם מסוגלים לסלוח היא דבר גדול. גם כאן יש הבדל בין סליחה ובין תיקון הנזק שנגרם. אם התנגשתי במכונית

11. משלי כא, ב.
12. ישעיהו מד, כב.

של אדם אחר והוא סולח לי, הסליחה אינה מתקנת את המכונית, והיא תישאר מקולקלת גם אחרי שביקשתי סליחה שישים פעם; גם אם אתקן אותה – אין זה תיקון מעיקרו. נוסף לכך, קל יותר לסלוח מאשר לשכוח. גם אם אדם סלח והוא כבר אינו מתרעם על מי שפגע בו, אולי הפגיעה לא תפעיל אותו באופן רגשי או מעשי, ובכל זאת הוא לא שכח אותה. לפעמים אדם שעשה עוול לזולת מתחנן ומבקש סליחה, ואז הכאב שהוא גרם כבר אינו בוער בו כל כך, ואילו האיש שנפגע זוכר את הכאב היטב. אלא שלמרות שיכולתם של אנשים לסלוח זה לזה אינה מובנת מאליה, שכן לנו, בני האדם, אין אפשרות לכתוב מחדש את תסריט חיינו, אנחנו בכל זאת סולחים. כשאדם סולח, הוא כביכול אומר: ״אף על פי שאינני יכול לברוא עולם חדש, אני יכול לדמות לעצמי כאילו יש עולם חדש, כאילו הדבר לא קרה״.

כאמור, גם אם אנחנו משתדלים לתקן דברים שאירעו בעבר איננו יכולים לתקן תיקון שלם. לכן, גם אם אנחנו יכולים לסלוח לאחרים, וזה עניין גדול ומידה טובה, אין לנו לא היכולת ולא הרשות לסלוח לעצמנו, לא בחשבון שאנחנו עושים כלפי הקדוש ברוך הוא ולא בחשבון שנעשה כלפי המציאות. כלפי המציאות הדבר פשוט לא עובד; הרי אם אדם בנה קיר עקום, גם אם הוא סולח לעצמו, הקיר יישאר עקום, וגם אם הוא יטען שהוא לא ידע, ולא היה בקיא וכך הלאה – התירוצים האלה לא יועילו. כיוון שהחשבון של יום ההולדת מתייחס למה שאדם עשה ולא עשה **במציאות**, לא תועיל לו הסליחה לעצמו.

חשבון לפי האפשרויות

לפעמים לפני האדם פתוחה האפשרות לעשות יותר, ולפעמים הוא אינו יכול לעשות שום דבר. כשאדם יכול לעשות הרבה, תחום האחריות שלו וכמות האחריות שלו גדולים הרבה יותר.

לעומת זאת, אדם יכול לטעון בצדק שאנשים אחרים חושבים שהוא מוכשר הרבה יותר ממה שהוא מוכשר באמת, ולכן כשמאשימים אותו שלא עשה כך וכך, הוא אינו מודה באשמה מפני שהוא יודע

שהוא איננו מוכשר לעשות את הדברים הללו. ואכן כשאנשים אחרים דורשים דרישות שונות מהאדם – אלו הם החשבונות שלהם; החשבון של האדם עצמו מתייחס למה שהוא באמת מסוגל לעשות.

כאשר הייתי ילד, היו זמנים שהיו לי כל מיני חשבונות עם עצמי, הייתי משווה את עצמי לאחרים ויכולתי לפעמים להרגיש איזו התנשאות. לדוד שלי היה נדמה שאני קצת זוקף את חוטמי, והוא הראה לי קטע עיתון שבו היה מסופר על ילד שהיה בערך בן גילי, בן אחת עשרה, שידע בעל פה אלף דפי גמרא ונבחן על כך. הדוד שאל אותי: "נו, ומה אתה יודע?" לאמיתו של דבר, לא הייתי צריך להתבייש כל כך מפני שגם אילו ישבתי ולמדתי כל השנה ההיא, לא הייתי יכול ללמוד אלף דפי גמרא. למכונית שלא עשויה לנסוע במהירות של חמש מאות קמ"ש – אי אפשר לבוא בטענות שלא נסעה במהירות כזאת.

חשיבותו של חשבון ההישגים

לצער הלב, בדרך כלל אנשים אינם מרבים לציין את ימי ההולדת, וגם כשחוגגים יום הולדת, איש אינו פונה לילד קטן ביום הולדתו ואומר לו: "איך ייתכן שאתה בן שבע, ואתה עדיין לא יודע לקרוא?!" אבל בעצם זהו העניין של יום ההולדת – לבחון גם ילד בן שבע אם הוא הגיע להישגים שאליהם היה אמור להגיע.

לאמיתו של דבר, לא אומרים כך לילד גם בימים אחרים. בכמה הזדמנויות טענתי שזוהי בעיה חינוכית. אני יודע שהביקורת הזו איננה יפה, ושהיא נגד החוקים ונגד התקנות של משרד החינוך, ובכל זאת, צריך שהילד ידע, או שההורים שלו לפחות ידעו, שמצבו בעייתי. המצב הזה, שילד אינו מגיע להישגים שאליהם הוא אמור להגיע, יכול לקרות גם לילד טוב שיושב בכיתה בלי להפריע ומשתדל להכין שיעורים. על ההשתדלות הוא יכול לקבל ציון טוב, על היגיעה הוא יכול לקבל ציון טוב, על זה שהוא לא מפריע בכיתה הוא יכול לקבל ציון טוב, אבל על זה שהוא נשאר ברמה נמוכה – מישהו צריך לתת את הדין, וזה לא תמיד קורה. הרי בתחומים אחרים עורכים בדיקות:

כשילד קטן לא גדל, הולכים לרופא ומשתדלים לדעת מה המצב וכיצד לטפל בו, גם אם אין זו אשמתו של איש, משום שהבעיה איננה בעיית האשמה אלא בעיית המדידה. גם את הישגיו של הילד צריך למדוד. אם ילד בכיתה ג׳ שאמור לדעת לעשות דברים של כיתה ג׳, אינו מצליח לעשות אותם – צריך להגיד לו את זה.

גם אם זה לא ענייני ולא תפקידי, ואף על פי שבוודאי לא נעים להגיד, בכל זאת קורה שאני פוגש אדם ואומר לו: ״ראה, אינני דן בחשבון המצוות והעבירות שלך, אבל אני יכול לדון בחשבון של הפוטנציאל מול ההישגים; ואני יכול להגיד שיש לך פוטנציאל, וההישגים שלך אינם מממשים אותו. גם אם השתדלת, ההשתדלות יפה וטובה ועולה למרום, ומתחשבים בה בחשבונות שבשמיים, אבל בעולם הזה שואלים אם הגעת או לא הגעת״.

לפעמים אני שואל אדם: ״אתה בן עשרים ואחת. מה עשית בעשרים ואחת השנים הללו? אפשר לחשב כמה לחם אכלת, וזה פחות או יותר תקין; אפשר לחשב גם כמה קוקה קולה שתית וכמה בהמות ודגים הרגת ואכלת. אבל חוץ מהעובדה שהצלחת להעביר דרך צינור העיכול שלך כך וכך מזונות, מה עשית?״

מספרים שפעם באו לפני בית דין של מעלה שני אנשים וישבו בתור, והקדימו את אחד מהם. התלונן השני: ״למה הקדימו אותו? הרי אני מחכה יותר הרבה זמן!״ אמרו לו: ״הוא יותר גדול ממך״. אמר אותו אדם: ״מה זאת אומרת?! הרי אני הייתי הסנדק שלו?!״ אמרו לו: ״נכון שבחשבונות השנים אתה היית גדול יותר ממנו, אבל בחשבונות המעשים הוא נהיה אדם מגודל, ואתה נשארת ילד קטן. לכן הואל בטובך לחכות״.

כשיש גירעון

אשרי איש שיכול להגיד כל שנה שהוא היה מסוגל לעשות כך וכך, ובכל זאת הוא טרח טרחה יתרה ועשה פי שניים. אם אדם מצליח לעשות שלוש מלאכות בבת אחת, אולי יהיה לו יתרון בסוף השנה – הוא היה אמור לעשות מלאכה אחת, ובמקום זאת הוא עשה שלוש.

מה עושה אדם שכשמגיע יום ההולדת שלו הוא מגלה שהוא בגירעון? מה קורה כשאדם מגלה ששלושה חודשים הלכו לאיבוד? אם אדם עובר כך משנה לשנה, הפיגור גדל: בשנה אחת הוא פיגר בחודש לשנה, בשנה שאחריה הוא כבר מפגר בשלושה חודשים לשנה, וכך הלאה. הגירעון שלו עלול לגדול במשך כל החיים. הוא יכול לתת תירוצים, אבל התירוצים יגיעו למדור התירוצים; במדור המעשים הם לא יועילו. שם יתייחסו אליהם בדיוק כפי שמתייחסים שם לכל דבר שאינו עובד טוב ואינו מועיל; כשמישהו קנה מכונית, ומתברר שהיא פגומה ויש לה בעיות, הוא צריך לתקן אותה או לזרוק אותה.

אדם שיש לו גירעון יכול להתאמץ ולמהר יותר בשנה הבאה, לעבוד קשה יותר וללמוד קשה יותר, וכך לצמצם את הגירעון במקום להגדיל אותו פי שניים. כיוון שאני טס באווירונים לא מעט, ראיתי דבר מעניין שקשור לעניין: קורה שאווירון יוצא באיחור של חצי שעה – לפעמים בגלל סיבות שאינן תלויות בו – ולפי החשבון הוא יגיע חצי שעה מאוחר יותר. זוהי בעיה לא פשוטה, משום שנוסף על הטרחה והצער ונוסף על כך שאנשים אינם רוצים לשבת סתם ולהמתין, קיימת בעיה של התזמונים בין הטיסות. אם אווירון מגיע שעתיים אחרי הזמן, ייתכן שהאנשים שטסים בו הפסידו עשרים וארבע שעות. מה עושים? מכניסים יותר גז למנוע האווירון, וכך הוא מגיע בזמן. שאלתי: "אם אווירון יכול לנסוע, נניח, בתשע וחצי שעות מרחק שבדרך כלל הוא עובר בעשר שעות, למה הוא לא טס במהירות הזאת תמיד?" התברר שהסיבה היא שהדבר עולה יותר מדי הרבה כסף, והחברה אינה רוצה לשלם, אבל כשבכל זאת צריכים להאיץ את המהירות, מכניסים יותר גז, וכך מגיעים בזמן. כך צריך לעשות אדם שמגלה שהוא באיחור. השאלה אם הוא יעשה את זה או לא תלויה, כמו בחשבון המצוות והעבירות, בעומק החרטה ובעומק המחשבה.

* * *

אולי יש אנשים שכשהם מגיעים ליום ההולדת שלהם, הם ששים

ושמחים משום שהם ערכו חשבון, לפעמים השוו עם המאזן של השנה הקודמת או עם המאזן של לפני עשר שנים, וברוך ה׳, המאזן יצא טוב. ייתכן שיש אנשים שמגיעים ליום ההולדת ביד רמה, בקומה זקופה ובהרגשה טובה משום שהם יכולים להתפאר בכמות המעשים שהם הספיקו לעשות. אצלי, על כל פנים, כשמגיע יום ההולדת שלי, אני נכנס למרה שחורה. מדכדך אותי החשבון שלי בפני עצמי; אין טעם בכלל להשוות אותו. השאלה אם המהירות היחסית שלי גבוהה או נמוכה יותר אינה מעלה ואינה מורידה. השאלה היא אם הגעתי לפוטנציאל שלי במציאותי ובמעשיי.

על כל פנים, אני שמח שלפחות אתם משתתפים איתי. אולי אתם משתתפים בצערי ולא בשמחתי, ובכל זאת אתם משתתפים איתי. לחיים, והלוואי שבשנה הבאה נוכל להקטין את הגירעון.

21

יום הולדת 75 לרב עדין אבן־ישראל שטיינזלץ

מה העניין של יום הולדת? מה עושים ביום הולדת?

יום הולדת מתייחס לחיים הפרטיים של אדם מסוים. מבחינה זו הוא שונה מימים כלליים וציבורים – ימים הקשורים לעם או לכל העולם. השנה של יום הולדת היא שנה פרטית, ומבחינה זו דומה למושג "כֶּבֶשׂ בֶּן שְׁנָתוֹ" שמופיע בתורה שעוסק בשנה של הכבש. לכל כבש יש השנה שלו, שמתחילה ביום שבו הוא נולד; זו איננה שנת העולם, והיא גם אינה חשובה לשאר העולם. לעומת זאת, השנה שמתחילה בראש השנה היא שנה כללית.

בין יום ההולדת הפרטי ליום ראש השנה הכללי יש הבדל מבחינת החשבון שעורכים בכל אחד מהם. בראש השנה, כיוון שנגמרת השנה, אדם עורך חשבון נפש על דברים ששייכים לשנה. אמנם, אדם עורך אז את חשבון הנפש הפרטי שלו ולא את החשבון של אחרים, אבל חשבון הנפש שלו מתייחס למה שקרה בשנה הכללית הזו – למצוות ולמעשים טובים, לתועלת שהוא הביא לעולם ולנזקים שהוא גרם בעולם, וכך הלאה. כל הדברים האלה שייכים לשנת העולם שמתחילה בראש השנה, ולכן ראוי לערוך את חשבון הנפש בנוגע אליהם בראש השנה. באופן דומה, כשמתחילה שנת הכספים,

באחד בינואר או באחד באפריל, אנשים בודקים את חשבונות הכספים שלהם.

בעבירות עוסקים בראש השנה; בכספים עוסקים בתחילת שנת הכספים; לכל מיני התחייבויות אחרות יש זמנים אחרים. איזה חשבון, אם כן, צריך לערוך ביום ההולדת? ביום ההולדת אדם צריך לערוך את החשבון של שנתו שלו שאינה נמדדת בקנה מידה אובייקטיבי גדול. הרי מצוות ועבירות הם דברים שנמצאים בעולמות, ואפילו כספים הם דברים שנמצאים בעולם, ולכן לא מתאים לעסוק בהם ביום ההולדת. בראש השנה הפרטי של האדם, ביום ההולדת שלו, הוא עורך את החשבון על השנה שלו ועל מה שיש בה. הייתי אומר שאדם עורך חשבון, שאיננו פשוט כלל ועיקר, על השאלה: מה הייתי יכול לעשות במשך השנה, ומה עשיתי?

החשבון הזה שייך ליום ההולדת משום שהוא חשבון של אדם ביחס לעצמו ולא ביחס לקנה מידה חיצוני. לשם השוואה, כשבודקים כמה שוקלים הכבשים, לא עושים זאת כשהם בני שנה, לפי שנותיהם, אלא בתאריך מסוים שבו שוחטים את הכבשים. כששוחטים את הכבשים עורכים חשבון ומוצאים שאחד יצא גדול ואחר יצא קטן, כבש אחד גדל והשמין ואחר מסכן ועלוב לגמרי. כיוון שמודדים את הכבש לפי קנה מידה חיצוני ולא בפני עצמו, המדידה הזו אינה שייכת לשנתו הפרטית.

החשבון הפרטי של אדם איננו חשבון על העבירות והמצוות, שהוא חשבון אובייקטיבי, אלא הוא חשבון סובייקטיבי על מה שעשה במשך השנה. לכן, החשבון הזה אינו קשור למה שאחרים חושבים; הם יכולים לומר ולחשוב מה שהם רוצים. אם אדם זכה במשך השנה הזאת להלל ושבח או שהוא זכה לביזוי וגנאי – כל אלה הם חשבונות של אחרים. החשבון הפרטי שלו איננו מתייחס למעמד היחסי שלו מול אדם אחר או מול החברה, אלא למעמדו מול עצמו.

בחשבון הזה אדם אינו עומד מול השאלה: איפה הנשמה הקדושה והטהורה שלך שהייתה יכולה להביא אותך למרום, אלא מול השאלה: היו לך כך וכך שעות; מה עשית בהן? היו לך כך וכך

ימים; מה עשית בהם? מה הועלת? מה פעלת? החשבון הזה איננו בגדר משפט. הוא פשוט בוחן את השאלה: יכולתי לעשות כך וכך דברים במשך השנה – כמה מזה יצא אל הפועל?

אם יכולתי לעשות במשך השנה פי שניים, פי שלושה או פי ארבעה ממה שעשיתי, התוצאה העלובה היא ׳לא עובר׳, וביום ההולדת מגיעות לי סטירות.

לכן כבר הרבה שנים יום הולדת בשבילי הוא יום של מרה שחורה ברב או במעט; לא משום שיום ההולדת שלי נופל בחודש אב, אלא בגלל חשבון הנפש הזה. הייתי שמח אילו כשהייתי מגיע לסוף שנה, ליום ההולדת, הייתי יכול להגיד: ״ברוך ה׳, השנה הזו עלתה לי״. צר לי, זה לא קורה.

המרה השחורה מגיעה בכל מיני ימי הולדת. אבל יום הולדת עגול, כמו יום ההולדת הנוכחי, הוא מדכדך הרבה יותר, מדכא הרבה יותר ועכור הרבה יותר. ככל שהמספר עגול יותר הוא מפחיד יותר. 73 איננו נורא כמו 75, שנראה מספר מכובד.

אילו יכולתי, הייתי פשוט לוקח ביום ההולדת הזה חמישים שנה ומשליך אותן אל מישהו אחר. אילו הייתי עכשיו בן 25, הייתי מרגיש קצת יותר טוב. הזמן שעבר פשוט מפחיד אותי. לא מפחיד אותי שעבר כל כך הרבה זמן; הזמן שעבר עבר, ובסך הכול זה אומר שאני יכול לספר סיפורים מלפני שבעים שנה; מפחידה אותי המחשבה: מה קרה במשך כל הזמן הזה? מה היה בשנים הללו? שוב, אני יכול לשבת ולמדוד את עצמי בהשוואה לאחרים, אבל הדבר לא יעזור לי. המדידות הללו חסרות כל ערך.

כבר מזמן דיברתי על האמרה ״היום קצר והמלאכה מרובה, והפועלים עצלים והשכר הרבה ובעל הבית דוחק״.[13] הדחיקה הזו איננה דחיקה כלל־לאומית או כלל־ארצית. בעל הבית דוחק בי באופן אישי: ״הזמן קצר. המלאכה מרובה. נו, ומה אתה עשית?״ ומה אני יכול להגיד? תירוצים: ״שבת היום״, ״פסח היום״, ״חגיגה היום״,

13. אבות ב, טז.

"הייתה לי היום נסיעה", "היום ישבתי עם פלוני החשוב", "מחר אשב עם פלוני הלא חשוב" וכך הלאה. הייתי שמח אילו יכולתי להגיד לפחות: "ישבתי עם פלוני ויצרתי יצירה – האיש הזה נהיה ברייה חדשה", אבל בקושי אני יכול להגיד שאולי השארתי בו שריטה קטנה.

אילו יכולתי לזרוק עכשיו חמישים שנה, הייתי יכול להתחיל עבודה. אילו היו לי עוד חמישים שנה, הייתה יכולה להיות לי תוכנית לא רעה מה לעשות בהן (אני לא אומר שאינני עושה תוכניות כאלה; אני עושה תוכניות בלי להתחשב בהערכות של הרופאים על מצבי הרפואי). הבעיה הנוספת היא שחמישים שנה לא יספיקו לכל מה שצריך לעשות, לפי קצב העבודה שלי. לפעמים אני מקנא כשאני רואה כמה אדם אחר מצליח לעשות במשך שנה, וכמה אני אינני מצליח לעשות במשך עשר שנים. אילו הובטחו לי עוד מאה שנים, בהחלט הייתי יכול לתכנן תוכניות רציניות. העובדה שכמה אנשים בינתיים ימותו לא תעלה ולא תוריד. אינני מבקש: "אָגוּרָה בְאָהָלְךָ עוֹלָמִים",[14] לחיות עד עדי עד. הבעיה היא שמחכים עוד הרבה דברים גדולים שצריך לעשות.

אני מדבר על הורדה של חמישים שנה לא מכיוון שחמישים שנה לא עשיתי דבר מועיל; פה ושם, בטעות ובכוונה ומתוך רצון טוב יצא לי לעשות דברים מועילים. אל תחשבו שלא היה לי רצון טוב; היה לי הרבה מאוד רצון טוב, אבל ההגשמה של הרצון הטוב היא בדוחק, בדוחק גדול. ועל זה אני חושב עכשיו. 75 הוא מספר מפחיד בגלל השאלה: באמת, מה קרה בתוך השנים האלה?

לכן אני אומר שיום הולדת הוא יום של מרה שחורה. ביום אחר, נניח עוד יומיים, אשכח את העניין הזה ואמשיך לעשות מה שאני עושה כי אין לי ברירה; הייתי שמח אילו קיבלתי פתקה שחתומה על ידי הקדוש ברוך הוא שבה כתוב: "עשה כך וכך", אבל לצערי לא קיבלתי פתקה כזו, לא בחותמת הזו וגם לא בחותמת של אחרים. כיוון שכך, מה אני צריך לעשות?!

14. תהלים סא, ה.

מה שאני יכול להגיד זה שאם אני מסתכל על עצמי כמו על כבש, אני רואה שהכבש הזה, לפי הזנב שלו ולפי הרגליים שלו, ולפי סימני הלכלוך פה ושם על גופו, עדיין מנסה לעשות דברים.

מה אני מנסה לעשות? יש דברים שאני עושה כמי שעומד לעצמו. השאלה היא מה אני מנסה לעשות מעבר לכך.

דבר אחד שאני עושה – אני כותב ספרים. כתבתי די הרבה, וזה עדיין לא מספיק.

ראשית, זה לא מספיק משום שאני יכול לערוך רשימה ארוכה של כל הספרים שאני מתכנן לכתוב, לא רק של אלה שחשבתי לכתוב באופן תיאורטי, אלא גם של אלה שכבר התחלתי לעבוד עליהם והגעתי לאמצע הדרך או לשלושת רבעי הדרך. מכיוון שאני עצלן ובטלן, אינני עושה את זה בקצב הראוי.

מעבר לכך, גם כשאדם כותב ספרים ומדפיסים אותם, ואפילו כשקוראים אותם, השאלה היא אם מה שכתבתי עבר אל האחר ונכנס בו, אם משהו מזה נשאר בתוכו. רק אם דבר כזה קורה, עשיתי משהו טוב. וזה לא קרה, אפילו לא אפס קצהו. כתבתי כל מיני דברים, גדולים יותר וקטנים יותר, וכל הדפים הללו הם בוודאי יער שלם או כמה יערות של עצים שנכרתו, ואני שואל: כמה תועלת צמחה מזה? הרי היער הזה צמח, והיה יכול להצמיח אצטרובלים או אגוזים או דברים אחרים; מה הספרים מצמיחים? הייתי רוצה שיקרה מהספרים משהו, מעבר לכך שהם מונחים בארון.

אני מקנא בסופרים שכל מילה שהם כותבים יוצאת ממחצב יהלומים. אני מקנא כשאני שומע על אדם שהעורך שינה פסיק במשפט שלו, והוא התקוטט על כך במשך שבועיים. אשרי מי שמרגיש שכל מילה שלו היא אבן חן. מה אני יכול לעשות – אני אינני מרגיש את ההרגשה הזו. זה לא אומר שאינני רוצה; האמינו לי שהייתי רוצה לשבת ולכתוב שלוש שורות שיפעימו את ליבו של כל מי שיקרא אותן. הלוואי שהייתי יכול לכתוב משפט שכל אדם שעובר דרכו לא יוכל לישון כל אותו הלילה. אילו זה היה כך, הייתי אומר: ״ברוך השם, עשיתי משהו השנה!״ אבל אני לא יכול לכתוב אפילו חצי

ספר או ספר שלם שיפעל כך על בני אדם. וגם אם אשתדל ואתאמץ יותר – האם אצליח לעשות דבר כזה?

אני כותב דברי חוכמה כאלה ודברי חוכמה כאלה, ואני מרגיש כמו כל אלה שכשהם רואים מקום ריק הם מרגישים צורך למלא אותו, כאילו משמיים הם נועדו ללכלך דפים, כמו אותן תולעים שתפקידן הוא לאכול את המתים. מה יוצא מכל זה? יש אנשים שטוענים שהעולם אינו מכיר בגאוניותם, שאנשים אינם יודעים כמה הם גדולים וחכמים וצדיקים וחסידים ויראי שמיים, שאנשים אינם מבינים שכל מילה שהם כותבים חצובה מאבני שוהם. במקרה שלי אני יודע שאין זו אשמת העולם.

אינני בא להתלונן על מר גורלי. הייתי יכול להתנחם בכך שהקדוש ברוך הוא עשה ברייה כזו, כמוני. אבל אני יודע שהברייה הזו יכולה לעשות יותר טוב; הכבש הזה היה יכול לשקול עשרים קילו יותר; היה יכול להיות לו יותר צמר; הכבש הזה היה יכול להיות הגון יותר.

אני עושה, אני משתדל, אני מתאמץ פה ושם, ואחרי כל זה אני שומע איזו בת קול שאינה מחזקת את הלב, והיא אומרת משפט שאנחנו אומרים כל יום בתפילה. אני יודע שהמשפט הזה כתוב גם בסידורים שלכם, אלא שבסידור שלי המשפט הזה תמיד צועק עליי: "למען לא נִיגַע לָרִיק ולא נֵלֵד לַבֶּהלה". אני אומר את המשפט הזה בכל יום, והוא צועק עליי. זו הנקודה: אדם יכול לעשות כל מיני דברים שהם בסך הכול יגיעה לריק ולידה לבהלה.

הדבר השני שעשיתי הוא המוסדות. רוב האנשים שנמצאים כאן באים מכל מיני מוסדות שיש לי קשר כזה או אחר איתם. מה יצא מזה? כך וכך רגליים – בוודאי, כך וכך כיפות – גם כן, ולחלק מהרגליים כבר אין כיפות – גם זה קרה. אבל דבר אחד אני באמת רוצה לעשות, ואני אומר את זה פה משום שיש מכם כאלה שעוסקים בילדים גדולים או בילדים קטנים, וגם כאלה שעוסקים בעצמם. הדבר שבאמת נוגע לי, שבו אני מנסה לפעול כשאני מטפל בילדים או

באנשים, הוא שתינטע יראת ה׳ בתוכם. כשאני מדבר על יראת ה׳, אני מתכוון לכך שאדם יהיה דתי באמת.

אני נמצא הרבה עם יהודים. רוב עיסוקיי תמיד הם יהודים. פעם כשהייתי באיזה מקום נידח באמצע סיביר, קרא לי מושל המחוז. מושל המחוז הוא מין מלך קטן במקומו, וכשהוא קורא לך, אתה בא, ולו רק מחמת נימוס. באתי אליו, והוא שאל אותי: ״מה אתה עושה פה?״ עניתי לו את האמת: ״באתי כדי לבקר את משפחתי״. הוא שמע אותי, אחר כך דיברנו, וכל זה לא גרם נזק לא לי ולא לו. וזו הייתה האמת – באמת באתי לבקר את המשפחה.

בסיכומו של דבר אני רוצה לעשות שני דברים שהם דבר אחד. הם נזכרים במשפט שאומרים בתפילה: ״שומר ישראל, שמור שארית ישראל, ואל יאבד ישראל, האומרים שמע ישראל״.

אינני מדבר על השטיבל שלי, על החברים שלי, אפילו לא על המשפחה הקטנה שלי. אני מדבר על שארית ישראל, שהם נוגעים לי. אולי זו טעות; אולי הייתי צריך לחשוב רק על אלה שגרים במושבה הגרמנית, ושמא לחשוב רק על אלה שגרים ברחוב גרץ, הרחוב שאני גר בו – יש שם מספיק עניינים שצריכים תיקון ובירור; ובכל זאת, אני יושב וחושב על שארית ישראל.

ומה אני רוצה לעשות לשארית ישראל? ״שמור שארית ישראל״ – אני רוצה ששארית ישראל תישאר. גם לגויים אני מנסה להסביר, שהקיום שלנו הוא הקיום של העולם. לא מזמן אמרתי לאדם אחד שכמו שהעולם מלא בכל מיני יסודות – פחמן, מימן, הליום ועוד – ומתוכם יש כמה יסודות, פחות מאחוז אחד ממה שיש בעולם, שהם יסודות רדיואקטיביים , כלומר שכל הזמן הם פועלים ומוציאים מתוכם אנרגיה, והם אלה שמחזיקים את העולם ומפעילים אותו – כך אנחנו, עם ישראל; אם ישמידו אותנו, העולם יגווע לא הרבה זמן אחרינו.

אני מבקש: ״שמור שארית ישראל״, אבל אינני מבקש רק שנישאר בחיים ושלא יהרגו אותנו, אלא: ״שמור שארית ישראל...

האומרים שמע ישראל". זהו הדבר שאני רוצה תמיד – כשאני יושב וכותב ספרים, מדבר דיבורים או כשאני מגיע לכל מיני מקומות נידחים, לא עלינו, שנראים כאילו הם כלל אינם מקומות לבני אדם. מה אני עושה שם? אני שם בגלל המשפחה. ומה אני מנסה לעשות למשפחה? לפעול ככל יכולתי שהם יאמרו 'שמע ישראל'. את הדבר הזה אני מנסה לעשות לכל אלה שאני יושב איתם, הקטנים עם הגדולים. את הדבר הזה אני מנסה להנחיל כמה שאני יכול לכל מי שאני פוגש – שיגידו 'שמע ישראל', שישאגו 'שמע ישראל', ש'שמע ישראל' יהיה בתוכם.

האם עשיתי את זה? הוצאתי כך וכך ילדים שיש להם כיפות, כך וכך ילדים שלובשים טלית קטן וכך וכך בנות שלא יצאו לתרבות רעה. אבל האם אני יכול להגיד שהם גם אומרים 'שמע ישראל'? בין שאני יושב עם ילד קטן בכיתה א', ובין שאני יושב עם בחור בישיבה, אני שואל: האם השארתי אצלו את הנקודה הזאת? אמנם הוא יושב ולומד גמרא, אבל את הגמרא הוא יכול לשכוח; תוך חצי שנה הוא יכול לשכוח את כל הגמרא שלמד במשך עשרים שנה. השאלה היא אם הוא ימשיך לומר 'שמע ישראל', ואם זה יעורר אותו.

אוֹמַר עוד משהו, שבעיניי אינו סותר את הדבר הראשון. הייתי רוצה להרגיש שאותם אנשים שישבתי איתם, לא רק יהיה להם ניצוץ ואש יוקדת בליבם פנימה, אלא שיהיה להם ערך. אינני רוצה שכולם יהיו שווים זה לזה, אבל הייתי רוצה שכולם יהיו שווים משהו. ועל זה אני בוכה – אינני בוכה כי הם אינם דומים זה לזה, אלא משום שהם לא שווים הרבה.

רבי נחמן מברסלב אמר פעם לחסידיו שהוא רוצה חסידים טובים יותר. החסידים חשבו שבוודאי הרב הצדיק מדבר על כל מיני עניינים, וכולם נשאו אליו את העיניים המנצנצות של החסידים השוטים. הם שאלו אותו למה הוא מתכוון ב'חסידים טובים יותר', והוא ענה: "יותר עשירים, יותר למדנים, יותר יחסנים". כשהוא ביקש חסידים טובים יותר, הוא לא ביקש אנשים שיכולים להתבודד במשך שעה וחצי, אלא חסידים יותר עשירים, יותר למדנים ויותר מיוחסים. כך גם אני

אומר: הייתי רוצה את הלמדנים, את העשירים ואת היחסנים. לא לכל אחד חייבות להיות כל המידות האלה יחד, אבל לפחות שתהיה לו אחת מהם – שאחד יהיה עשיר, השני יהיה למדן, והשלישי – יחסן.

עברה שנה מאז יום ההולדת הקודם. גם אז ישבנו יחד. אני עדיין מנסה לעשות את מה שניסיתי לעשות אז. האמינו לי, זה מה שאני רוצה לעשות. עברה שנה, עברו שבעים וחמש שנה, ואני יושב ומצפה.

מישהו שאל אותי אם אני יכול לספר זיכרונות. אמרתי לו: מה אני יכול לספר? לא עליתי על הקילימנג׳רו, ההר הגבוה ביותר באפריקה, אבל יש בבית שלי חרב כזו שעשויה להרוג אריות. יש שבט שבו כשבחור מגיע למעין בר־מצווה, נותנים לו חרב כזו ואומרים לו להיכנס לג׳ונגל ולהרוג אריה, או שהאריה יאכל אותו. עליו לבחור: או שיביא את הזנב של האריה ויראה שהרג אותו וקיצץ את זנבו, או שהאריה יַראה את הזנב של הבחור הזה למשפחה שלו. אבל אף על פי שיש לי חרב כזו, לא הרגתי אריה. בעניין הזה, המבצע הגדול ביותר שעשיתי היה כשהייתי בן עשר: הצלחתי אז איכשהו להשיג תלתל מרעמה של אריה. קשה להאמין, אבל עשיתי את זה, בין השאר כדי להשוות בין צבע השיער שלו לצבע השיער שלי – באותו זמן היה לנו בדיוק אותו צבע. הסכימו איתי שזה לא דבר שראוי לאדם להשתבח בו, לא בעולם הזה ולא בעולם הבא.

במה כן ראוי להשתבח? תארו לעצמכם שאגיע לכאן בשנה הבאה – אולי אחרי כל הדברים הנוראים שאמרתי עליכם, כולכם נעלבתם, ולכן אשב כאן רק עם חצי או רבע מהאנשים – ואולי בזכות דברים שכתבתי או דברים שאמרתי בעל פה, ולפעמים גם בזכות איזו מכה שנתתי, אני אראה אנשים שבתוך כל אחד מהם אש יוקדת, שמשהו בוער בהם. לא תמונה של אש שנעשתה בצילום תלת־ממדי, אלא אש אמיתית. אולי אני אראה אנשים שעליהם אוכל להגיד: "יִשְׂרָאֵל אֲשֶׁר בְּךָ אֶתְפָּאָר",[15] אנשים שכשאסתכל עליהם, אוכל לומר: "אה!"

15. ישעיה מט, ג.

היו כמה אנשים כאלה, שהם כבר אינם בעולם הזה, שעזרתי להם לצאת מעולם קשה לעולם יהודי, ולכן עכשיו אני יודע שלא ייקחו אותי לגיהינום, משום שכשיבואו לקחת אותי לשם, בצדק גמור, הם יעמוד בדלת ויגידו: ״האיש הזה היה המורה שלנו! אתם רוצים לזרוק אותו לגיהינום? איננו מרשים״. אני יודע שיש לי קצת הגנה; אני לא בהכרח רוצה יותר מדי, אבל שיהיו לפחות כמה אנשים שאני אוכל לסמוך עליהם שאם אלך לגיהינום, אוכל לפחות להגיד: ״השארתי אותם אחריי. הם יגנו עליי ויחוסו עליי קצת אם אצטרך״. וכל זה אינו מפני שאני חושש כל כך מפני האש של גיהינום, אלא מפני שאני חושב על מה שבאמת ראוי לעשות. אני חושב על שארית ישראל.

ראו, הביאו לי היום בקבוק וויסקי ליום ההולדת. הוויסקי טוב, אלא שאני לא כל כך שותה וויסקי, ובכלל לא שותה את המשקאות הללו להנאתי. אבל מה שחשוב הוא שהאיש נתן לי את הוויסקי משום מה אוהב אותי אהבה גדולה, ולמרות שקצת קשה לו והוא נשען על מקל, בכל זאת הוא בא אליי וטרח והביא לי את הוויסקי. אני מסתכל על האיש הזה: יהודי בן תשעים וארבע שעדיין מסתובב בין מדינה למדינה, ואני אומר: יש לו תקווה. זוהי מתנה יפה; לא הוויסקי, אלא העובדה שהוא הביא את עצמו, שהוא פשוט בא.

אם בשנה הבאה אראה פה אדם, לא בהכרח בן תשעים וחמש, שאוכל להגיד: ״אה! ריבונו של עולם, ראה. יש פה אדם כזה, ולי יש יד בזה״ – שישלחו אותי לאן שישלחו. בספר ׳ראשית חכמה׳ יש תיאורים מפורטים של הגיהינום; לא אכפת לי מהתיאורים האלה. אכפת לי שאני אוכל להסתכל ולהגיד: ״עשיתי משהו ששווה איזה דבר״, שאני אוכל להגיד: ״תראו, העמדתי איזו נפש״. יש פה אנשים שאני חושב עליהם ואומר: ״נו טוב, השנה הם רק התחילו. בשנה הבאה הם יֵלדו ילדים״. זה באמת דבר גדול. אמנם גם יצורים אחרים יודעים לעשות את זה, אבל בכל זאת זה לא אותו דבר. ברוך ה׳, אשרי חלקי. ובכל זאת, אולי אוכל גם להגיד: ״אה! מה שיצא מהאיש הזה! ישבתי עם פלוני. אינני יודע אם בזבזתי את הזמן, אבל משהו נדבק״. אמרתי לכם: הדיבוק הזה הוא מה שבאמת נוגע לי, שיצא דבר

שראוי להסתכל עליו, ש"תפארת לעושיה ותפארת לו מן האדם".[16] כשיוצא אדם שיש בו אש – זהו "תפארת לעושיה"; כשיוצא אדם שיש לו איזה ערך בעולם – זהו "תפארת לו מן האדם". מה עוד צריך לרצות? זה מספיק.

בינתיים, השתתפו בצערי שיש לי יום הולדת כזה, ואולי לשנה הבאה נראה איזה שינוי, אלו חידושים.

לחיים טובים, ותודה רבה שטרחתם לבוא. ייתכן שאילו הייתי אומר לכם כמה אתם חמודים וכמה אתם יפים, כל אחד היה מביא איתו בשנה הבאה עוד חמישה אנשים שישמעו את המחמאות. במקום זאת, צעקתי על כולכם, גם אם צעקתי רק ברמז.

אני טוען שאני אופטימיסט יהודי. אופטימיסט יהודי אומר כך: העולם שחור ומכוער, אבל יש איזו תקווה. מי שחושב שהעולם שונה, אני חושב שהמשקפיים שלו אינם טובים או שיש לו בעיה בעיניים שבגללה הוא רואה צבעים לא נכונים. אני חושב שאני רואה את הצבעים הנכונים, וכך נראה העולם: גם שחור וגם מסריח. אבל הוא לא חייב להישאר כזה, ומכוח התקווה הזו אני חי.

תודה רבה, לחיים!

16. אבות ב, א.

מפתח התוועדויות:

ספר זה לא היה יכול לראות אור לולא עזרה רבה של תלמידי ותלמידות הרב שהשתתפו במלאכת יצירתו:

חן פרנקל
טמיר פלנט
דביר גלסר
מזמור הלל
אביטל הכהן
שלומית וייט
יונתן זמרת
נתן צייטלין
כפיר ורהפטיג
אור דרעי
רעות מדר
רפאל ברטמניאן
דוד שמחון
יואל שפיץ
אוריאל סגל
מרדכי בילט
שוקי זקבך
דניאל גדסי
מיטל ישראלי
פרומה הולנד
סוניה יולוס-זיסקינד
אלי בן־עמרם
שרה גדסי
נחמה הולנד
תודה מיוחדת לרב יוסי בן־ארזה